# Carthage

l'histoire,

sa trace et

son écho

Une exposition des musées de la Ville de Paris

sous l'égide de la Mairie de Paris,
du ministère français des Affaires étrangères,
du ministère tunisien de la Culture et
dans le cadre de la Saison tunisienne en France.

Une exposition réalisée et coproduite par Paris-Musées,
l'Association Française d'Action Artistique et
le ministère tunisien de la Culture.
Avec le concours de l'Institut national du Patrimoine de Tunisie.

Commissariat délégué : musée du Petit Palais.

Cette exposition a bénéficié du soutien
de la Fondation Electricité de France et
de la Société Tunisienne d'Electricité et de Gaz (STEG).

Tunis Air : transporteur officiel de l'exposition.

EN COUVERTURE

*Masque « Carton »*
III<sup></sup>

III$^{e}$-II$^{e}$ siècle avant J.-C.
Terre cuite
Carthage, musée national

*La Bataille de Zama*
Attribué à Giovanni Francesco Penni
Encre et lavis
Paris, musée du Louvre

Les Musées
de la Ville de Paris

musée du Petit Palais
9 mars
2 juillet 1995

# Carthage

## l'histoire, sa trace et son écho

PARIS musées

***Association Française d'Action Artistique***
*ministère des Affaires étrangères*

*La Saison tunisienne est placée*
*sous le Haut Patronage de*

| | | |
|---|---|---|
| MONSIEUR FRANÇOIS MITTERRAND<br>Président de la République française | *et* | MONSIEUR ZINE EL-ABIDINE BEN ALI<br>Président de la République tunisienne |

# La Saison tunisienne

## France

COMITÉ D'HONNEUR

*Président*

M. Philippe Séguin,
président de l'Assemblée nationale.

M. Alain Juppé,
ministre des Affaires étrangères.
M. Jacques Toubon,
ministre de la Culture et de la Francophonie.
M. Jacques Chirac,
ancien Premier ministre, maire de Paris.
M. Alain Decaux,
de l'Académie française,
président de l'Association Française d'Action Artistique,
ministère des Affaires étrangères.
M. Edgard Pisani,
président de l'Institut du Monde Arabe.
Mme Françoise de Panafieu,
député de Paris, adjoint au maire chargé des Affaires culturelles.
M. Jean-Noël de Bouillanne de Lacoste,
ambassadeur de France en Tunisie.
M. Jean-David Lévitte,
directeur général des Relations culturelles, scientifiques et techniques, ministère des Affaires étrangères.
M. Yves Aubin de la Messuzière,
directeur de la Coopération culturelle et linguistique,
ministère des Affaires étrangères.

*Comité d'organisation*

M. Jean Digne,
directeur de l'Association Française d'Action Artistique,
ministère des Affaires étrangères.
M. Jean-Jacques Aillagon,
directeur des Affaires culturelles de la Ville de Paris.
Mme Chantal Colleu-Dumond,
chef du département des Affaires internationales,
ministère de la Culture et de la Francophonie.
M. Mohamed Bennouna,
directeur de l'Institut du Monde Arabe.
M. Gilles Bonnaud,
conseiller culturel, ambassade de France en Tunisie.
M. Claude Mathis,
secrétaire général de l'Association Française d'Action Artistique,
ministère des Affaires étrangères.
M. Jean-Claude Capedevielle,
conseiller culturel adjoint, ambassade de France en Tunisie.
Mme Marie-José Taube,
coordination géographique, Association Française d'Action Artistique, ministère des Affaires étrangères.
Mme Sophie Aurand,
directeur de Paris-Musées.
M. Jean-Pierre Heintz,
chargé de mission, département des Affaires internationales,
ministère de la Culture et de la Francophonie.
M. Khémaïs Khayati,
responsable du bureau de presse, Institut du monde arabe.

COMMISSARIAT GÉNÉRAL

M. Frédéric Mitterrand

# La Saison tunisienne

## Tunisie

COMITÉ D'HONNEUR

*Président*

M. Habib Boularès,
président de l'Assemblée nationale.

M. Habib Ben Yahiya,
ministre des Affaires étrangères.
M. Salah Bekkari,
ministre de la Culture.
M. Slaheddine Maaoui,
ministre du Tourisme et de l'Artisanat.
M. Mohamed Ghannouchi,
ministre de la Coopération internationale.
M. M'Hamed Ali Bouleyman,
maire de Tunis.
M. Abdelhamid Escheikh,
ambassadeur de Tunisie en France.
M. Tahar Sioud,
ambassadeur, directeur général Europe
au ministère des Affaires étrangères.
M. Abdelaziz Daoulatli,
directeur général de l'Institut national du Patrimoine.

*Comité d'organisation*

M. Abderrazak Gregueb,
directeur général de l'Agence nationale
d'Exploitation du Patrimoine.
M. Mohamed Moncef Ben Temessek,
directeur général de l'Agence tunisienne
de Communication extérieure.
M. Wahid Brahim,
directeur général de l'Office du Tourisme.
M. Abdelhafidh Herguem,
directeur général de l'Etablissement
de la Radio Télévision Tunisienne.
M. Tahar Haj Ali,
président-directeur général de Tunis Air.
M. Moncef Ben Abdallah,
président-directeur général de
la Société Tunisienne d'Électricité et de Gaz.
M. Mohamed El Kadhi,
attaché culturel à l'ambassade de Tunisie.
Mme Leila Bellalouna,
directeur des Relations extérieures au ministère de la Culture.

*Coordination à Tunis*

Mme Amel Jédidi,
chargée des programmes
Mme Ilhem Haouaoui

*Coordination à Paris*

Mme Anissa Barrak

*Photographe*

M. Hamideddine Bou Ali

COMMISSARIAT GÉNÉRAL

M. Mohamed Raja Farhat

*Parmi les héros que notre enfance privilégia figure sans nul doute cet Hannibal qui sut donner à l'histoire les dimensions du mythe. Peut-être est-ce parce que l'on ne redoutait pas, en ces temps de l'avant-guerre, d'accorder des couleurs à l'histoire enseignée, que nous avons tant rêvé sur le héros s'élançant des rivages de l'Afrique pour traverser l'Espagne, la Gaule, les Alpes – ah ! les éléphants d'Hannibal ! – et enfin menacer Rome. Dans nos cours de récréation, les uns tenaient pour Scipion l'Africain, d'autres dont j'étais ne juraient que par le Carthaginois – sans doute parce que ses exploits déchaînaient notre admiration autant que la défaite finale excitait notre compassion.*

*Plus tard nous avons lu* Salammbô *et Carthage s'est gravée – à jamais – dans notre mémoire comme dans notre cœur.*

*Ce que démontre l'exposition du Petit Palais, c'est que le rayonnement de Carthage n'a pas cessé de nous éblouir. S'inscrivant dans le cadre de cette Saison tunisienne à laquelle l'AFAA accorde tout son soutien, elle propose tant d'images, d'objets, de documents – dont un grand nombre n'ont jamais été vus à Paris – que l'on peut bien parler de résurrection.*

*Que ceux qui ont permis que notre rêve se prolonge par une réalité si remarquable veuillent bien trouver ici l'expression de ma gratitude.*

Alain Decaux
de l'Académie française,
Président de l'Association Française d'Action Artistique

# Carthage
## l'histoire, sa trace et son écho

COMMISSARIAT DE L'EXPOSITION

*Sous la direction de*

M$^{me}$ Aïcha Ben Abed,
maître de recherche à l'Institut national
du Patrimoine de Tunisie.

M. Jean-Jacques Aillagon,
directeur des Affaires
culturelles de la Ville de Paris.

M. Alain Daguerre de Hureaux,
conservateur au musée du Petit Palais.
M. José de Los Llanos,
conservateur au musée du Petit Palais.
M$^{me}$ Paulette Pelletier-Hornby,
conservateur au musée du Petit Palais.
M$^{me}$ Alia Ben Younès,
chargée de recherche à l'Institut national du Patrimoine de Tunisie.
M$^{me}$ Zeineb Ben Abdallah,
chargée de recherche à l'Institut national du Patrimoine de Tunisie.

*Commissariat administratif*

M$^{me}$ Sylvie Celdran,
secrétaire général, musée du Petit Palais.
M. Pierre Bonzi,
responsable des Affaires administratives et financières,
Association Française d'Action Artistique, ministère des Affaires étrangères.
M$^{me}$ Marie-Claude Vaysse,
chargée du Patrimoine, Association Française d'Action Artistique,
ministère des Affaires étrangères.
M$^{me}$ Evelyne d'Aspremont,
responsable des expositions, Paris-Musées.
M$^{me}$ Sophie Kuntz,
responsable administratif et financier, Paris-Musées.

*Scénographie*

M. Didier Gomez (agence Ory-Gomez) ; M$^{me}$ Florence Cayet, chef de projet.

*Graphisme*

M. Christophe Ibach.

# Carthage
## l'histoire, sa trace et son écho

*L'exposition est placée sous la présidence de*

M. Jacques Chirac
ancien Premier ministre, maire de Paris

M. Salah Bekkari
ministre de la Culture de Tunisie

M. M'Hamed Ali Bouleyman
maire de Tunis

COMITÉ D'HONNEUR

Mme Françoise de Panafieu,
député de Paris, adjoint au maire chargé des Affaires culturelles.

M. Claude Goasguen,
député de Paris, adjoint au maire chargé des Relations internationales.

M. Jean-Jacques Aillagon,
directeur des Affaires culturelles de la Ville de Paris.

M. Didier Quentin,
directeur des Relations internationales de la Ville de Paris.

M. Jean Digne,
directeur de l'Association Française d'Action Artistique, ministère des Affaires étrangères.

M. Édouard de Ribes,
président de Paris-Musées.

M. Abdelaziz Daoulatli,
directeur général de l'Institut national du Patrimoine de Tunisie.

M. Abderrazak Gregueb,
directeur général de l'Agence nationale d'exploitation du Patrimoine de Tunisie.

M. Marcel Boiteux,
membre de l'Institut, président de la Fondation Electricité de France.

M. Moncef Ben Abdallah,
président-directeur général de la Société Tunisienne d'Electricité et de Gaz.

M. Tahar Haj Ali,
président-directeur général de Tunis Air.

*Comité d'organisation à Paris*

Mme Thérèse Burollet,
directeur du musée du Petit Palais.

M. François Laquièze,
sous-directeur chargé de la coordination administrative
et financière et des relations internationales,
direction des Affaires culturelles de la Ville de Paris.

Mme Sophie Durrleman,
chef du bureau des musées,
direction des Affaires culturelles de la Ville de Paris.

Mme Sophie Aurand,
directeur de Paris-Musées.

M. Claude Mathis,
secrétaire général,
Association Française d'Action Artistique,
ministère des Affaires étrangères.

Mme Marie-José Taube,
coordination géographique,
Association Française d'Action Artistique,
ministère des Affaires étrangères.

Mme Marie-Claude Vigna,
délégué général, Fondation Electricité de France.

M. Serge Pouxviel,
secrétaire général, Fondation Electricité de France.

*Comité d'organisation à Tunis*

M. Khéreddine Annabi,
Institut national du Patrimoine de Tunisie.

M. Habib Ben Younès,
directeur du musée du Bardo.

M. Abdelmagid Ennabli,
directeur du musée de Carthage.

M. Hédi Slim,
directeur du musée d'El Jem.

M. M'Hamed Fantar,
directeur du musée de Kerkouane.

M. Mustapha Khanoussi,
directeur du site de Chemtou.

Mme Latifa Slim,
directeur du musée de Nabeul.

M. Férid El Almi,
secrétaire général de la Saison tunisienne.

Mme Anissa Barrak,
responsable de la coordination
pour la Saison tunisienne à Paris.

M. Mongi Boulouednine,
technicien supérieur.

M. Abdelaziz Belhaj,
musée du Bardo.

M. Jemmal Aoun,
musée du Bardo.

# La Saison tunisienne en France

En France, que sait-on en fait de la Tunisie, hors un ensemble d'impressions favorables mais trop superficielles pour ne pas laisser échapper l'essentiel d'un pays auquel on s'attache profondément dès qu'on le connaît ?

Le souvenir de Carthage et son expression romanesque à travers le *Salammbô* de Flaubert ; l'écho d'une longue histoire commune, assourdi par bien des simplifications et des non-dits ; les multiples liens de sympathie tissés par les voyages, le tourisme ; la présence d'une importante communauté tunisienne en France justement appréciée pour toutes ses qualités ; la perception d'une histoire moderne brillamment ouverte par un homme d'État de très grande envergure, histoire dont le nouveau cours est à l'évidence caractérisé par le progrès, la tolérance et la raison dans un monde qui en est si cruellement dépourvu ; les signaux épars mais tous très attachants que le cinéma nous fait parvenir sur nos chaînes de télévision ; le sentiment diffus mais généralement partagé qu'il s'agit, si près de nous, d'une terre d'ouverture et d'amitié où il fait certainement bon se rendre et séjourner.

Toutes ces indications retenues par notre mémoire collective sont vraies, et chacune d'entre elles saurait déjà susciter notre intérêt et notre considération. Cependant, la réalité est beaucoup plus riche, fruit de la conjugaison exceptionnelle d'une histoire parmi les plus anciennes et les plus diverses du monde, d'une géographie qui place la Tunisie au carrefour de la Méditerranée et d'un peuple chaleureux, paisible et industrieux qui a toujours su se servir de ses héritages pour les échanges et la création plutôt que pour les affrontements et les fractures. De fait, le développement extrêmement rapide que connaît aujourd'hui la Tunisie comme la solidité de son image politique s'appuient sur cette profusion de caractères favorables.

La Saison tunisienne en France entend les mettre en pleine lumière et en faire apprécier la valeur et il est certain que l'ensemble des manifestations prévues devrait permettre d'élargir considérablement le champ de nos connaissances et d'enraciner un peu plus notre estime et notre attachement pour un pays dont le seul tort est d'être resté longtemps modeste sur ses capacités et trop discret sur ses réussites.

Car en vérité, il n'est pas de domaines relevant de l'idée même de la civilisation où la Tunisie n'ait un jour excellé. À tel point que l'établissement du programme de la Saison tunisienne, résultat d'une coopération si profonde et si heureuse, a imposé des choix puisqu'un bilan véritablement exhaustif ne pouvait se contenter d'une présentation en quelques mois. Ces choix ont mis l'accent sur l'avenir vers lequel se tourne une société extrêmement dynamique où un regard neuf et sans préjugé accompagne une éclosion de talents dans tous les arts, leur pratique et leurs innovations. Ce souci de l'avenir implique aussi évidemment le souhait d'un rapprochement encore plus net entre nos deux pays. En nous offrant d'admirer un remarquable florilège de sa civilisation, la Tunisie apporte une contribution considérable à cette entreprise ; le public français saura y répondre afin que cette Saison tunisienne ne soit que le début de nouvelles œuvres communes induites par les mêmes valeurs et une affection réciproque.

*Frédéric Mitterrand*
Commissaire général pour la France

# La Saison tunisienne en France

Entre la Tunisie et la France, le temps n'est plus à la réaffirmation de liens étroits d'amitié et de coopération.

Leur longue histoire commune, leurs multiples convergences humaines et culturelles, les grandes familles qui se sont naturellement constituées entre leurs rives méditerranéennes, autorisent aujourd'hui les Français et les Tunisiens à considérer comme superflues les formules codées et prudentes qui organisent les relations entre États étrangers les uns aux autres.

En cette fin de siècle aux secousses parfois dramatiques, les deux peuples, les deux cultures, ont atteint un degré et une qualité de communication qui leur permettent de transgresser librement la géographie et ses éphémères exclusives, pour une communion de valeurs spirituelles, d'intérêts mutuels et d'intenses aspirations à la Paix.

La Saison tunisienne est l'expression de cette communion, de cette exigeante amitié.

La conception des programmes de cette Saison ne fut pas aisée. Les attentes et les désirs de montrer, d'expliquer, de découvrir les mille facettes de ce vieux pays sont parfois passionnels, souvent complexes.

Les créateurs, les spécialistes, les amis de la France et ceux de la Tunisie enrichissaient tous les jours notre approche, forcément sélective, de séduisantes rencontres, de savantes architectures, ou tout simplement d'un voyage dans le temps qui verrait Français et Tunisiens fêter ensemble, dans les plus grands musées et les plus beaux théâtres de France, les cités, les figures et les œuvres illustres de l'ancienne et mythique Africa.

Didon, Énée, Magon, Hannibal, Salammbô, Apulée, saint Cyprien, saint Augustin, Genseric le Vandale, Bélisaire le Byzantin, Oqba l'Arabe, la Kahena juive et berbère, Sahnoun, le législateur kairouanais, Ibn El Jazzar, le médecin, Zazia, la princesse hilalienne, Zacharia le Hafside, saint Louis à la sculpture carthaginoise, Ibn Khaldoun le braudélien, Charles Quint et Cervantes de la Goulette, l'amiral ottoman Sinan Pacha, les ombres lumineuses des immigrés andalous juifs et musulmans du XVII^e^ siècle, le geste étrangement tuniso-corse des corsaires, les clameurs de la révolution de 1789 et de l'épopée napoléonienne dans la cour du bon Hammouda Pacha, suivies des réformes hardies du XIX^e^ siècle, œuvre de brillants mandarins dont l'important Ibn Abi Dhiaf, auteur de la Constitution libérale de 1861, et le visionnaire général Khereddine, qui avaient fréquenté Paris au milieu du siècle et annoncé dans leurs ouvrages l'inéluctable entrée de leur Tunisie dans l'ère coloniale, unique et cruelle accession à la modernité occidentale.

Les frères Lumière, dont nous fêterons le centenaire pendant la Saison, laisseront quelques images de la Tunisie mutante d'alors ; Kandinsky et Paul Klee captèrent le soleil et les ombres chaudes du pays qui s'éveillait grâce notamment aux instituteurs de la nouvelle école franco-tunisienne.

Un air de nostalgie bon enfant, ou faussement bon enfant, dans nos programmes, souhaite répondre à l'attente de nombreuses et fébriles mémoires hantées par les contrastes de la première moitié de ce siècle où se mêlent les chœurs de la cathédrale Saint-Louis de Carthage et les airs des opéras cairotes ou napolitains du Théâtre municipal de Tunis, et les refrains mille fois repris des tours de chant d'Edith Piaf ou d'Yves Montand au Casino du Belvédère.

La Saison de la Tunisie va devoir jouer tous les actes de la difficile représentation de l'aventure commune qui, après l'indépendance de 1956, connaîtra une vigueur nouvelle grâce aux multiples connivences des élites des deux pays. Depuis, le nombre des Tunisiens francophones fut multiplié par trente, il n'y a pas un champ de coopération culturelle, scientifique ou technique qui n'ait été développé, amplifié.

Les colloques et les rencontres prévus dans nos programmes feront le point et prospecteront les voies futures. Car au-delà des héritages, des actions présentes, de l'air de fête, ce qui nous importe aujourd'hui, c'est demain.

Puisse cette Saison franco-tunisienne, fruit de nos intelligences et de nos sensibilités réunies, servir ce que le président Ben Ali appelle « la grande espérance d'une nouvelle civilisation de notre Méditerranée ».

*Raja Farhat*
Commissaire général pour la Tunisie

*« Carthage, la vieille Carthage bien entendu, la Carthage tyrienne ou phénicienne, la Carthage d'Annibal, la rivale et l'ennemie de Rome, a, comme toute ville importante, deux origines : l'origine historique et l'origine fabuleuse, l'origine que lui ont faite les archéologues, et l'origine que lui a faite Virgile.*

*Il va sans dire que l'origine des archéologues, c'est-à-dire la vraie, est obscure, incertaine, perdue dans cette nuit des temps où la science n'apparaît jamais qu'à l'état d'aurore boréale.*

*Il va sans dire que l'origine fabuleuse est claire, précise, probable, et, ce qui ne gâte rien à la chose, poétique en même temps. »*

En 1847, dans son court récit de voyage, *Le Véloce,* Alexandre Dumas, lors de sa visite des ruines de Carthage, évoque ainsi la dualité des sources et du regard, telle qu'elle apparaissait aux esprits éclairés mais combien romantiques du milieu du XIX^e^ siècle. Cent cinquante ans plus tard ces données ont changé : l'archéologie s'est faite plus performante et par là-même s'est rapprochée des vérités historiques et les mythes ont perdu une part de leur aspect légendaire par l'analyse de leur origine et l'exégèse de leurs sources.

C'est donc une grande joie pour nous de pouvoir offrir durant quelques mois au public français et international cette importante manifestation qui regroupe pour la première fois une exceptionnelle sélection du remarquable fonds du musée du Bardo et des pièces rares de tous les musées archéologiques de Tunisie avec des œuvres de grande qualité d'origine européenne évoquant les figures mythiques de l'histoire antique tunisienne : Didon, Hannibal, Scipion l'Africain ou saint Augustin. Cette nouvelle approche qui, tour à tour, confronte et réunit, étudie et rêve, scrute et admire, nous a, dès la mise en place du projet, paru bien séduisante.

Que tous ceux qui nous ont permis de pousser plus avant cette démarche soient vivement remerciés : les commissaires de la Saison tunisienne, MM. Raja Fahrat et Frédéric Mitterrand qui nous ont largement encouragés, M. Abdelhaziz Daoulatli, directeur de l'Institut national du Patrimoine de Tunisie qui a eu à cœur de toujours répondre à nos désirs, M. Jean-Jacques Aillagon, directeur des Affaires culturelles de la Ville de Paris et tous ses collaborateurs qui ont fait leur ce projet et nous ont soutenus tout au long de sa préparation, M. Jean Digne, directeur de l'Association Française d'Action Artistique et son équipe qui ne nous ont ménagé ni leur réel intérêt ni leur aide efficace.

Que la Fondation Electricité de France et son président M. Marcel Boiteux, trouvent ici l'assurance de notre reconnaissance pour leur soutien généreux.

Nous exprimons, bien sûr, nos remerciements les plus chaleureux à M^me^ Aïcha Ben Abed pour avoir assuré en Tunisie la lourde responsabilité de l'élaboration de l'exposition et pour la qualité humaine et scientifique de sa collaboration. Nous voulons dire aussi notre gratitude à tous les responsables de musées tunisiens qui ont accepté de se séparer durant quelques mois des chefs-d'œuvre de leurs collections pour participer à cette aventure de comparaisons et d'amitié, en particulier MM. Habib Ben Younes, Abdelmagid Ennabli, Hedi Slim, Serge Lancel, Azaiez Antil et M^me^ Latifa Slim.

Notre reconnaissance va évidemment à l'équipe de conservateurs du musée du Petit Palais qui, en troïka, ont assumé la vaste tâche de la conception de cette exposition, le choix des œuvres et la coordination du catalogue. Qu'il me soit permis de louer M. Alain Daguerre de Hureaux pour son énergie vitale, son sens de l'organisation et sa persévérance en toutes choses, M. José de Los Llanos pour le choix des œuvres européennes anciennes et sa notion subtile des correspondances, M^me^ Paulette Pelletier-Hornby pour sa large connaissance du monde antique et sa compréhension réfléchie des résonances.

Je tiens à souligner une fois encore le travail exemplaire de M^me^ Sylvie-Jan Celdran, secrétaire général du musée, qui a assumé l'organisation administrative et technique de cette exposition, ainsi que la conscience professionnelle de M^me^ Liliane Gondel dans la mise en place et le suivi de transports délicats.

Que toutes les personnalités tunisiennes et françaises qui ont apporté leur contribution au catalogue trouvent de même ici l'expression de notre reconnaissance.

Nous désirons enfin exprimer notre gratitude à M. Didier Gomez et à M^me^ Florence Cayet-Dubus pour la superbe scénographie qu'ils ont créée pour cette exposition ainsi qu'à M. Christophe Ibach pour la conception graphique du catalogue et de la signalétique.

À cette exposition, à sa présentation, nous souhaitons un accueil chaleureux du public, cet accueil que n'a pu recevoir, dans l'admirable *Citizen Kane* d'Orson Welles, Susan Alexander, interprétant, dans l'imposant opéra de Chicago construit pour elle, le rôle de Salammbô. Que de lyrisme pathétique dans ce fragment d'opéra imaginaire, dont la musique originale a été créée par le compositeur du film, Bernard Hermann ! Si nous n'avons pu voir et entendre Mademoiselle Clairon incarner avec passion la Didon de Lefranc de Pompignan, nous possédons ce trésor, tout en contrastes de noir et blanc et la vision des jambes superbes de Dorothy Comingore dans son extraordinaire costume byzantino-baroque, aux yeux de Kane, Salammbô *for ever.*

*Thérèse Burollet*
Directeur du musée du Petit Palais

*C'est la quatrième fois en deux ans que la Fondation Electricité de France apporte son concours à une exposition consacrée au patrimoine et à l'évolution de l'art dans les pays de la Méditerranée. En 1993, c'était* Luce per l'arte, *à l'Espace Electra, mise en lumière des chefs-d'œuvre italiens. En 1994,* Egyptomania, *au musée du Louvre, montrait l'influence du culte pharaonique sur l'art occidental, et* L'Art de l'azulejo *à l'Espace Electra exprimait une tradition ornementale séculaire.*

*L'occasion nous est donnée aujourd'hui de participer à la mise en valeur des relations entre la Tunisie et l'Europe, de l'époque carthaginoise au XIXe siècle.*

*De même que les institutions culturelles des deux pays se sont concertées pour rendre hommage à l'influence, partout visible en Europe, de la cité mythique de Carthage, de même nous avons associé à notre parrainage l'homologue d'Electricité de France en Tunisie, la Société Tunisienne d'Electricité (STEG). Entre nos deux compagnies, en effet, existent des liens solides issus d'une large coopération dans le domaine économique et social. Nous sommes heureux que ce partenariat actif s'étende au domaine culturel par la présence de la STEG, au côté de la Fondation EDF, sur cette prestigieuse exposition.*

*Notre intérêt pour le patrimoine archéologique s'exprime également par un apport technologique, souvent associé aux actions culturelles de la Fondation : des fragments de stèles puniques, votives et funéraires, ont été récemment traités par électrolyse, selon des méthodes mises au point dans les laboratoires d'Electricité de France.*

Fondation Electricité de France

*Prêteurs*

À Agen, musée des Beaux-Arts, Mlle Yannick Lintz, conservateur.
À Aléria, musée Jérôme Carcopino, M. Jean-Claude Ottaviani, conservateur en chef.
À Caen, musée des Beaux-Arts, M. Alain Tapié, conservateur général.
À Dijon, musée des Beaux-Arts, M. Emmanuel Starcky, conservateur en chef.
À Dole, musée des Beaux-Arts, Mme Anne Dary, conservateur.
À Limoges, musée de l'Évêché, Mme Véronique Notin, conservateur.
À Lyon, musée des Beaux-Arts, M. Philippe Durrey, conservateur en chef, M. Christian Briend, conservateur ; musée de la civilisation gallo-romaine, M. Jacques Lasfargues, conservateur en chef.
À Nancy, musée des Beaux-Arts, Mme Claude Pétry, directeur ; musée de l'École de Nancy, M. Georges Barbier-Ludwig, directeur.
À Troyes, M. Robert Galley, maire de Troyes, M. l'abbé Bouard.
À Paris, bibliothèque de l'Arsenal, M. Jean-Claude Garreta, directeur ; bibliothèque historique de la ville de Paris, M. Jean Dérens, directeur ; bibliothèque nationale de France, M. Jean Favier, administrateur général, Mlle Andrée Pouderoux, M. François Avril, conservateurs en chef, Mme Fabienne Lebars, conservateur ; bibliothèque Sainte-Geneviève, Mme Geneviève Boisard, directeur. musée Carnavalet, M. Jean-Marc Léri, directeur, M. Christophe Leribault, M. Jean-Marie Bruson, conservateurs ; musée du Louvre, M. Pierre Rosenberg, président-directeur ; Mme Annie Caubet, conservateur général au département des Antiquités orientales ; M. Daniel Alcouffe, conservateur général au département des Objets d'Art ; M. Jean-Pierre Cuzin, conservateur général au département des peintures ; musée d'Orsay, M. Henri Loyrette, directeur ; Mme Anne Pingeot, conservateur général, Mlle Catherine Chevillot, conservateur ; Versailles, musée national du château et des domaines de Versailles et de Trianon, M. Jean-Pierre Babelon, directeur ; Mme Claire Constans, Mme Suzanne Hoog, conservateur en chef.
À Barcelone, museo arqueológico, M. Ricard Batista i Noguera, directeur.
À Baltimore, Walters Art Gallery, M. Joaneath Spicer, conservateur.
À Ibiza, museo arqueológico, M. Jorge H. Fernández, directeur
À Londres, The Tate Gallery, M. Nicholas Serota, directeur ; Mme Imogen Winter ; au Victoria and Albert Museum, Mme Judith Crouch, M. Richard Dunn, conservateurs.
À Madrid, Patrimonio Nacional, M. Román Ledesma Rodríguez, sous-directeur.
À Newcastle upon Tyne, The Laing Art Gallery, Mme Sarah Richardson, conservateur.
À Weimar, Kunstmuseum, M. Hermann Mildenberger, conservateur.

*Cette exposition n'aurait pu avoir lieu sans le concours de :*
*à la direction des Affaires culturelles de la Ville de Paris,*
Mme Marthe Steffann et M. Martin Béthenod, chargés de mission auprès du directeur ; Mme Maryvonne Deleau, chef du service de la communication ; Mme Antonia Bachetti, chargée des relations internationales ; Mme Florence Duhot, chargée des relations extérieures ; M. Jean-François Salaun, chef de la section du personnel ; Mme Carmen Sokolenko, adjoint administratif ; Mme Arlette Treille, régisseur des musées ; M. Robert Desechalliers, chargé de la sécurité des musées, M. Michel Gratio, chef de service et son équipe de l'atelier des musées ;
*à Paris-Musées,*
Mme Annie Pérez, responsable de la communication ; Mme Corinne Pignon, service des expositions ; M. Arnauld Pontier, responsable des éditions, et Mmes Sabine Brismontier, Nathalie Radeuil ; M. Jean-Luc Pichon, responsable de la diffusion ; Mme Catherine de Bourgoing, responsable de l'action culturelle ; Mme Pascale Brun d'Arre, responsable des produits dérivés, et Mme Catherine Alestchenkoff ; Mme Catherine Carrasco, assistante promotion ainsi que leurs équipes ; M. Christophe Walter, photographe.
*pour l'Association Française d'Action Artistique,*
M. Jean-Pierre Marcie-Rivière, délégué général du Comité des Amis de l'AFAA ; Mme Marie-Paule Serre, conseiller pour les arts plastiques ; Mme Véronique Leprette, chargée de l'édition ; Mme Yamina Naili, chargée des relations publiques ; M. Franck Villaz, chargé de mission ; Claudine Colin Communication ;
*pour la presse,*
Mme Martine Carrichon et Mme Lisa Jouvet au musée du Petit Palais.

*Que soient remerciés pour leur aide précieuse au musée du Petit Palais l'ensemble des conservateurs et particulièrement :*
M. Gilles Chazal ; M. Pierre Curie et M. Ralph Grossmann qui nous ont aidés dans le fastidieux travail de relecture des épreuves, M. Dominique Morel ; Mme Marie Lhébrard et Mme Sophie Lagier, stagiaires au musée ; Mme Manuela Masquelier-Boucher, responsable du service d'action culturelle et ses collaboratrices, Mme Angélique Di Mantova, restauratrice ; Mme Denise Kaminskis, responsable du secrétariat ainsi que Mme Marie-Pascale Valmorin et Mme Marie-Marcelle N'guyen ; M. André Valli, inspecteur et tout le personnel de surveillance du musée ; Mme Marie Mouhagamadou ; M. Michel Héris ; M. Bruno Tuheille ; M. Michel Técher ; M. Fortuné Babouram, chef de l'équipe des travaux et ses collaborateurs ; et enfin Mme Sabine Faust, responsable de l'antenne de la librairie du musée d'Art moderne au musée du Petit Palais.

*Nous voudrions enfin exprimer notre reconnaissance à tout ceux qui, à des titres divers, ont contribué à la réalisation de cette exposition, et notamment*
H. Ben Frej, au centre culturel international de Hammamet.

*L'équipe tunisienne adresse ses remerciements à :*
Mme Mounira Chapoutot, professeur à l'Université de Tunis ; M. Abdelhakim Gafsi, chargé de recherche à l'Institut national du Patrimoine de Tunisie ; M. Mourad Rammah, conservateur du site et du musée de Kairouan ; M. Mohamed El Aziz Ben Achour, conservateur du musée de Ksar Saïd ; M. Féthi Béjaoui, chargé de recherche à l'Institut national du Patrimoine de Tunisie ; M. Néjib Bellazreg, chargé de recherche à l'Institut national du Patrimoine de Tunisie ; Mme Leila Sebaï, chargée de recherche à l'Institut national du Patrimoine de Tunisie ; M. Mongi Ennaïfar, maître de recherche à l'Institut national du Patrimoine de Tunisie, Mme Salwa Zanguer, maître de recherche à l'Institut national du Patrimoine de Tunisie ; M. Azaiez Antit, conservateur du musée de Sousse ; Mme Bochra El Malki, Agence tunisienne de communication extérieure ; M. Mohamed El Kéfi, photographe à l'Institut national du Patrimoine de Tunisie ; M. Ali Kraïri, musée du Bardo ; M. Ahmed Chkondali, musée de Carthage ; Mme Ibtissem Ben Mlouka, ministère de la Culture de Tunisie ; Mme Leïla Ben Frej, ministère de la Culture de Tunisie ; M. Sahbi Aloui, assistant réalisateur.

*À toute l'équipe du bureau de la Saison tunisienne à Tunis et particulièrement à :*
Mme Ilhem Haouaoui, M. Amor Ghazouani, M. Hamdi Aoun et M. Slim Ellouze.

*Ainsi qu'à*
M. Hachemi Ben Frej, administrateur du Centre culturel international de Hammamet ; M. Mohamed Laïd El Khamassi, ancien chef de l'atelier du Bardo ; M. Abdesselem Loussaïef, chef des travaux du musée du Bardo, M. Mabrouk Hamrouni, responsable technique du site et du musée d'El Jem ; M. Mohamed Ben Smaïl, chef des mosaïstes du musée du Bardo ; M. Hédi Kochbati, mosaïste au musée du Bardo ; M. Mohamed Dakhlaoui, mosaïste au musée du Bardo ; M. Ali Dridi, mosaïste au musée du Bardo ; M. Alaya Bouzid.

*Des remerciements particulièrement chaleureux sont adressés à nos amis et collègues français qui, par leur aide, leur soutien et leurs suggestions, ont permis la réalisation et le succès de cette exposition*
M. Jean-Claude Piet, ancien conseiller culturel à l'Ambassade de France en Tunisie ; M. Gilles Bonnaud, conseiller culturel à l'Ambassade de France en Tunisie ; M. Jean-Paul Capedevieille ; M. Noël Duval, professeur à l'Université Paris IV ; Mme Catherine Balmelle, directeur au CNRS ; M. Alain Rebourg, maître de conférence à Poitiers ; M. Jean-Pierre Darmon, directeur de recherche au CNRS ; M. Roger Hannoune, professeur à l'Université de Lille ; M. Henri Broise, architecte à l'Ecole française de Rome.

*À toute l'équipe de la Maison Chenue et tout spécialement à :*
MM. Daniel Rudeau, Patrick Delauche, André Poulain, Olivier Denimal, Jean-Pierre Leprout, Olivier Courtois, Fabrice Pascot.

# Une ville toujours nouvelle

À mes amis
Aïcha
et Frédéric

Le Greco
*Enterrement du comte d'Orgaz*
Saint Augustin enterrant le comte
Détail
Église Saint-Tomé
Tolède

*Carthage, la « ville nouvelle » est morte. Son nom demeure accolé à celui de Tunis dans la dénomination de l'aéroport de la capitale tunisienne. Le petit train de Tunis à Sidi Bou Saïd y a une station qui porte encore son nom. Tunis est devenue la grande ville, la métropole. Tout autour des ruines de la Carthage punique et romaine, ce sont des quartiers résidentiels qui animent désormais joliment son beau paysage. La seule présence monumentale sur l'acropole est celle de la cathédrale Saint-Louis, désaffectée pour avoir voulu, trop bruyamment sans doute, marquer la reconquête par la chrétienté latine de cette terre qui fut l'un des ses berceaux. Rien de spectaculaire dans les ruines qu'on visite. Aucun Parthénon. Aucun Panthéon. Pas de thermes de Caracalla, la ville est retournée à la poussière. Et pourtant peu de villes comme celle-là hantent la mémoire de l'Occident. Tyr, Babylone, Sparte moins que celle-là continuent à l'inviter au rêve, à la réflexion, à l'imagination. Embusquée au fond de la grande steppe des astres qu'on croit morts, cette étoile-là, paradoxalement au même titre presque que Rome, leur lance, trois mille ans après sa fondation, ses ondes.*

*Cette rivale, à travers laquelle Rome s'est faite avant de nous faire, nous sollicite avec une infinie tendresse, avec une âpre délicatesse aussi.*

*Inscrite au haut du promontoire tunisien, point de partage méridional entre l'Orient – dont elle est née – et l'Occident dont ses navigateurs furent parmi les premiers à explorer les côtes, selon les époques sud du nord ou nord du sud, cette ville résonne de façon particulière dans notre propre histoire, c'est-à-dire dans l'histoire de l'Occident européen.*

*Le propos de cette exposition est justement d'évoquer cette extraordinaire résonance de l'Antiquité tunisienne dans notre sensibilité, notre mémoire, nos rêves, en un mot notre culture. Son propos c'est cet entrelacs subtil que forment l'histoire, sa trace et son écho sur le sol de cette ville dont le nom semblait pourtant devoir n'être voué qu'à l'anéantissement, à la disparition :* Delenda est Carthago...

*Le parcours auquel elle nous invite, parcours de l'Antiquité tunisienne, de la fondation de Carthage en 814 avant notre ère à l'évanouissement de la province byzantine pourtant durement reconquise par Bélisaire sur les Vandales en 548, en passant par ces dates-clés que sont la destruction de la Carthage punique en 146 et sa reconstitution en colonie romaine en 44 avant J.-C., a été rendu possible grâce aux magnifiques ressources de l'archéologie si généreusement offertes par nos amis tunisiens, l'espace de quelques mois, au public parisien. Il nous renvoie sans cesse à notre propre culture, culture que nous avons parfois reçue de notre passé commun, de notre romanité commune, de notre christianisation commune. Il nous rappelle enfin que nos rêves d'Orient nous ont maintes fois conduits à Carthage, la Carthage punique, pour y trouver des images nouvelles, des sensations inespérées, des émotions étourdissantes.*

*Oui, du fond de l'abîme du tophet, l'étoile morte de Carthage continue de nous envoyer sans cesse des signaux et des rêves. Ce sont ces signaux, ces rêves qui, comme un contrepoint, accompagnent les grands moments de l'exposition pour bien illustrer le destin étrange de cette ville qui, lointaine, nous est proche, qui, différente, est devenue un pan de notre propre identité. Carthage n'a pas été détruite, pas plus que Rome, sa jumelle, mise à sac par les Vandales vingt ans avant elle. Carthage est vivante à travers Didon, à travers Hannibal, à travers Salammbô, à travers Cyprien, à travers Augustin.*

*Que serions-nous sans la romanité chrétienne de la Tunisie, sans saint Augustin qui a tant reçu de Carthage, le droit, la rhétorique, avant de parcourir les routes de son diocèse d'Hippone pour prêcher, administrer et surtout lutter contre les hérésies, celle des manichéens, celle des donatistes, celle des pélagiens et imposer le profil même de ce qui allait devenir l'orthodoxie latine et les bases de l'autonomie doctrinale de l'Occident par rapport à l'Orient ? Son influence théologique, philosophique et littéraire est essentielle. Elle fonde un pan incontournable de l'aventure intellectuelle de l'Occident. Saint Thomas d'Aquin, Luther, le plus célèbre des Augustins, ce quatrième ordre fondé en 1256 par Alexandre IV, qui se référait, comme les frères prêcheurs ou les frères mineurs, à la fameuse règle de saint Augustin établie dès le début du* VI^e^ *siècle par saint Césaire, évêque d'Arles, Jansenius enfin se référeront à la pensée de ce « Père » par excellence et reprendront son questionnement sur les graves questions de la Chute, de la Grâce et du Salut. Comment ne pas noter ce que le genre littéraire des mémoires, des confessions doit à l'évêque d'Hippone, qui nous a livré avec ses Confessions un modèle de l'introspection où Michel de Montaigne et Jean-Jacques Rousseau trouveront leurs racines les plus profondes ?*

*Avant saint Augustin, c'est la chrétienté d'Afrique qui déjà avait imposé, ou plus exactement offert, le latin comme langue de la liturgie et de la formulation de la foi à l'Église d'Occident naissante. C'est avec Tertullien et Cyprien de Carthage que la pensée chrétienne s'exprime dans la langue de Virgile, quand Justin de Rome ou Irénée de Lyon le font encore en grec, la langue de l'« ecclesia ».*

*C'est sur ce terreau que s'est développée la formidable personnalité d'Augustin, sur ce terreau enrichi du sang des martyrs du* III^e^ *siècle, du sang de Perpétue, de Félicité et de Cyprien lui-même, livré au glaive le 14 septembre 258. C'est sur ce terreau qu'est née la première pensée universelle de l'Occident moderne.*

*Lorsqu'Augustin s'empare de l'Être, c'est pour lancer des pistes et appeler de loin en loin d'autres grands esprits comme Descartes ou Heidegger. Lorsqu'il*

*Luther brûle la bulle du Pape*
Détail
XVI^e^ siècle
Suisse
Paris, Bibliothèque nationale de France
Cabinet des Estampes

Jansenius
*Augustinus*
Frontispice
1641
Bibliothèque de Saulchoir

Pierre et Gilles
*Saint Augustin et sainte Monique*
Salvatore et Farida
1991

*s'empare de Dieu c'est pour parler avec Pascal, Hölderlin et Claudel. Lorsqu'il évoque le soleil, le parfum des aromates, la douceur de vivre, c'est François d'Assise qu'il semble annoncer.*

*Comme cette ville, Carthage, où il fut pendant treize ans étudiant puis professeur, il est un passeur, un de ces géants qui, comme l'écrira bien plus tard Adalberon de Laon, nous portent sur leurs épaules démesurées pour nous permettre de voir plus loin.*

*Comment s'étonner alors de la prodigieuse fortune iconographique d'Augustin, tout aussi ample que sa fortune littéraire ? Les plus grands s'y sont frottés, Fra Angelico, Greco, Carpaccio, Botticelli, Rubens, Le Corrège, Murillo, le représentant toujours avec ses attributs de pasteur et de docteur, d'évêque et d'écrivain. La toponymie elle-même rend grâce à son influence. Quatre villages portent en France le nom du jeune homme de Thagaste. À Paris, une station de métro, proche de l'église éponyme, perpétue sa mémoire. Cette église, chef-d'œuvre de Baltard, construite entre 1860 et 1871, sur ordre de Napoléon III, marquait alors ce même mouvement d'intérêt non dépourvu d'arrières-pensées et de convoitise pour l'histoire chrétienne de l'Afrique du nord qui, quelques siècles plus tôt, avait déjà poussé Louis IX à assiéger Tunis et à y mourir sur les ruines de Carthage.*

*En dehors de son destin chrétien, la Carthage romaine nous lance moins de feux. Quel paradoxe ! De toutes les strates historiques de la ville, c'est celle dont il reste le plus de vestiges : thermes, villas, théâtre, temples, forum. La ville dans laquelle certains auteurs voient une « Rome africaine » est, malgré les Vandales, malgré l'abandon, malgré les pillages du Moyen Âge et de la Renaissance, encore lisible. La cadastration de la Colonia Julia-Carthago offre le même tracé que celui de la cité punique primitive, tracé qui s'appuie sur la colline de Byrsa, tout comme la centuriation agraire romaine qui marque encore si fortement le paysage agricole de la Tunisie contemporaine.*

*L'écho de ces siècles d'appartenance commune à l'Empire romain est moindre dans notre mémoire. Elle est moindre sans doute parce que pendant ces siècles nous avons appartenu au même monde, nous en avons reçu les mêmes modèles, nous avons contribué à son éclat dans le cadre de la même citoyenneté. L'Afrique donne à Rome son blé tout comme le fait la Narbonnaise. Ce sont les mêmes divinités – parfois teintées d'antiques identités autochtones – qui ornent les temples et les forums de Carthago, d'Hadrumetum, de Bulla Regia comme ceux de Lugdunum, de Vasio ou de Lutecia. L'Afrique donne à la littérature latine Apulée comme la Gaule lui donne Trogue Pompée, Ausone ou Sidoine Apollinaire.*

*Lui donne-t-elle, comme le prétendent certains, la mosaïque, punique à l'origine ? On peut en douter, même si cet art atteint dans l'Afrique carthaginoise un degré d'excellence qui fait aujourd'hui du musée du Bardo le grand musée de la mosaïque romaine.*

*De cette époque dont la trace est si riche, l'écho est bien mince tout simplement peut-être parce que nous nous renvoyons alors la même image, la même identité.*

*Ce sont les guerre puniques qui ont ancré Carthage dans notre mémoire. Ce sont elles qui y ont entretenu l'écho le plus intense, où se mêlent l'horreur pour un monde différent – barbare – et l'attirance pour un exotisme proche et donc*

Charles Marville
*Église Saint-Augustin*

accessible. En détruisant Carthage, les Romains lui ont donné une éternité que leurs propres historiens se sont chargés de garantir. Polybe, Tite-Live, Diodore de Sicile, en célébrant la victoire de Rome, célèbrent aussi la force, la puissance et donc la grandeur de Carthage. Plus d'un siècle de guerres, tantôt sur le sol de l'Afrique, tantôt sur celui même de l'Italie, tantôt sur mer, tantôt sur terre, guerres où s'illustrèrent Hamilcar Barca, Hannibal, Scipion l'Africain, ont fait entrer Carthage dans le champ de notre mémoire historique et romanesque : la chevauchée d'Hannibal à travers l'Espagne, la Gaule, les Alpes jusqu'au lac Trasimène, menaçant Rome ; une ville qui brûle, des éléphants caparaçonnés d'étoffes bariolées, les larmes d'un général vainqueur, une patricienne se jetant dans les flammes des ruines fumantes – plus courageuse que son mari Hasdrubal, renouant in fine avec le sacrifice d'Élissa s'offrant au feu pour le salut de la ville –, tout cela allait forger une légende où se mêlent la haine et la pitié, l'attirance et la répulsion, la curiosité et la passion. Ce sont les guerres puniques et la fin tragique de Carthage qui ont fait de cette ville ce territoire étrange de notre sensibilité historique, territoire où les ennemis de ce que nous sommes censés essentiellement être, c'est-à-dire Rome, nous intriguent, nous obsèdent, nous séduisent, parce qu'ils résistent à l'oppression d'un ordre universel et que nous avons érigé la résistance à l'oppression en valeur morale, parce qu'ils se battent avec grandeur.

Hector Berlioz
*Les Troyens*
Acte II
*Le Sénat de Carthage*
mise en scène Pier Luigi Pizzi
1990

À partir du XIXe siècle, c'est l'attirance pour l'exotisme qui prend le dessus, Carthage devenant l'incarnation d'un Orient étrange et crépusculaire tout comme la Palestine de Salomé ou d'Hérodias.

Salammbô, fruit du récit des guerres puniques, des premières campagnes de fouilles sur le site de Carthage, d'un voyage en Tunisie de Flaubert au printemps 1858, Salammbô paru en 1862, allait provoquer un engouement extraordinaire pour la Carthage d'Hannibal. Le génie de Flaubert est d'avoir ajouté à l'exotisme géographique un exotisme historique et offert dans le même roman à ses lecteurs un voyage dans l'espace et un voyage dans le temps et cela d'entrée de jeu : « C'était à Mégara, faubourg de Carthage, dans les jardins d'Hamilcar... ». Le succès du roman fut immense. La mode était lancée. Il fallait rêver à Carthage. Salammbô, telle une Didon d'un nouveau genre allait inspirer peintres, graveurs, sculpteurs et cinéastes. C'est ainsi qu'on ricanera avec Folammbo ou les cocasseries carthaginoises (pièce de Laurencin et Clairville représentée le 1er mai 1863 au théâtre du Palais-Royal), qu'on s'adonnera aux délices fin-de-siècle des œuvres de Rivière (Salammbô chez Mâtho), de Buffet (Le Défilé de la Hache), ou encore à celles de l'opéra d'Ernest Reyer joué le 10 février 1890 à la Monnaie de Bruxelles. Au-delà de la malheureuse histoire du manteau de Tanit, le roman de Flaubert va populariser la ville et les guerres puniques. On y scrute un monde qu'on croit différent du monde si apparemment paisible du Second Empire, un monde dominé par un dieu brûlant avide de chair fraîche, Baal Hammon, un monde de sauvagerie, de sacrifices d'enfants, de cultes obscurs, de viols de vierges et d'exactions, un monde dont on croit – on se trompe ! – que la civilisation, la machine à vapeur et l'instruction publique, ont à tout jamais expurgé l'univers.

*Cabiria*
Film de Giovanni Pastrone
1912-1914

La mode était lancée. Dès 1910, c'est-à-dire quinze ans après sa naissance, le cinéma s'emparait de Carthage (Dans les ruines de Carthage, de V. Jacet en 1910, Cabiria de Pastrone en 1912-1914), et de ses héros, de Didon (Didon

Esther Williams dans
*Jupiter's Darling*
Comédie musicale de George Sydney
1955

abandonnée *de L. Maggi, 1910), à Hannibal* (Delenda Carthago *de L. Maggi, 1910). Qu'eût pensé ce dernier (!) de la comédie musicale de George Sydney,* Jupiter's Darling *(1955), où la destruction de Carthage est rythmée par les ébats nautiques de la grande Esther Williams ?*

*Qu'importe si les Hannibal, les Scipion, les Hamilcar « body buildés » s'agitent désormais dans des péplums aux allures de chromos puisqu'avec eux c'est toujours Carthage qui nous hante, étoile vivante au fond de l'abîme du tophet.*

*Didon plus encore que tous ces beaux héros, Didon qui appartient plus au mythe qu'à l'histoire, bien que l'histoire et le mythe tendent aujourd'hui à confondre leur chronologie, Didon-Élissa a suscité un écho retentissant. Quel contraste entre la fragilité des vestiges archéologiques et l'efficacité artistique et littéraire du mythe ! Entre la Renaissance et 1912, Didon n'inspira pas moins de quatre-vingts œuvres dramatiques et lyriques. Sous toutes les formes, plastiques, littéraires, poétiques, sa solitude, son abandon et sa mort traversent les siècles. Comment s'en étonner de la part d'une reine si justement nommée l'Errante ?*

*Pour beaucoup de ces commentateurs et illustrateurs du drame de Didon, drame de l'amour, de l'amour blessé, de l'amour tragique, la Carthage qu'elle fonde n'est que l'arène anonyme, conventionnelle, du drame. Si, par la force des choses, la référence archéologique précise y tient peu de place, il n'est cependant pas indifférent que Didon soit justement reine de Carthage. C'est Virgile tout d'abord qui universalise le mythe avec l'*Énéide, *œuvre nationale qui chante en Énée l'ancêtre mythique de Rome, Énée qui préférera son destin romain à l'amour de la belle carthaginoise, Énée songeant dès qu'il aborde les rives de Carthage à la ville que lui-même fondera « ô bienheureux dont les murs déjà montent du sol ! »* (Énéide I, 437).

*Didon s'immolant sur le bûcher, c'est Carthage qui brûle une première fois, préfigurant son destin historique, cédant l'Empire du monde à Rome.*

*Pour l'Église africaine, si vigilante à la morale, pour cette Église qui condamne le suicide, l'exemple de Didon fut l'objet d'une belle* disputatio. *Devait-elle enfreindre la loi du* non occides ? *Sa mort volontaire la délivrait-elle du déshonneur ? Les Pères de l'Église ne se sont pas risqués à condamner son geste. Tertullien en fait la « glorification de la chasteté et de la pudeur »* (Apologétique L5). *Saint Augustin avoue avoir jadis pleuré « sur le trépas de Didon morte de son amour pour Énée »* (Confessions I, 13-20-21) *et saint Jérôme écrit en rapprochant justement le destin de l'héroïne et celui de la ville : « c'est une chaste femme qui fonda Carthage et c'est à nouveau dans la gloire et la chasteté que la même ville finit. »* (Lettres, 123-7).

*C'est cette double lecture de Virgile et de sa glose par les Pères qui nourrira l'extraordinaire fortune des « amants de Carthage ». Ce qui fascine, c'est bien évidemment le tragique et la place de la tragédie au cœur de l'épopée. Des douze chants de l'*Énéide, *le quatrième ne demandait qu'à être développé. Chaque époque y inscrira sa problématique. Le Moyen Âge en fait une épopée chevaleresque, la Renaissance, l'articulation de la morale et de la politique, l'époque classique, l'expression du sens tragique de la destinée, Didon devenant la sœur d'Andromaque, de Bérénice, de Médée et d'Armide. Entre « les soupirs de la sainte et les cris de la fée », son lamento va résonner pendant tout le XVIIe siècle, conduit à la perfection dramatique par Purcell dans son* Dido and Eneas *composé en 1690.*

Jessye Norman en Didon
Dans *Didon et Énée* de Purcell
Mise en scène de Nicolas Joël
1984

*C'est alors, au cours des deux derniers siècles, que le mythe connaît une relative désaffection, commune à tous les mythes qui avaient pendant des siècles fondé l'imagination artistique, que le vrai visage de la fondatrice de la ville et, à travers elle, le vrai visage de la ville, se découvrent. Les champs de ruines qui avaient tant déçu Chateaubriand en 1811, vont progressivement révéler la vraie Carthage. Les pierres, les inscriptions, les tracés vont désormais rendre une consistance historique à la sédimentation des villes et des drames sur ce site unique.*

*L'archéologie corrige la légende. Elle la confirme aussi jusque dans le récit de la fondation de cette ville du « Middle West » phénicien, à mi-chemin entre Tyr et les Colonnes d'Hercule, remplaçant la vieille ville d'Utique, dont le port s'ensable inexorablement. Elle en confirme la puissance, si redoutable à Rome qui, dans sa prétention d'être LA ville, ne pouvait tolérer longtemps l'insolente splendeur de sa rivale.*

*Tout ce qu'écriront les auteurs grecs et latins à propos des sacrifices d'enfants, des cultes obscurs aux lourds relents de soufre et de mort, de la sauvagerie hallucinée des coutumes carthaginoises, ne trouve sa raison d'être que dans la coupable concurrence que cette ville pouvait faire à l'autre. Était-il alors possible qu'une telle civilisation existât sans verser implacablement son tribut aux ténèbres ?*

*Le Tombeau étrusque*
Sacrifice humain à Baal Hammon
*Les aventures d'Alix*
par Jacques Martin
Éditions Casterman

*À la fin du Moyen Âge, et pendant la Renaissance encore, Carthage servit de carrière, comme la Rome antique, sa fausse jumelle, non seulement à la construction des mosquées tunisiennes mais aussi à celle – dit-on – de la cathédrale de Sienne et de bien d'autres monuments de l'Occident chrétien. Cet Occident qui, à travers la croisade de Louis IX, l'expédition tunisienne de Charles Quint où Don Juan d'Autriche s'illustra par sa férocité, la compétition avec les « barbaresques » aux XVII^e^ et XVIII^e^ siècles, les expéditions des voyageurs, écrivains, archéologues, photographes et peintres aux XIX^e^ et XX^e^ siècles, cohorte où se retrouvent Chateaubriand, Flaubert, Kandinsky, Klee à côté des militaires et de ces missionnaires auxquels les études historiques doivent tout, sans cesse poursuivra ce passionnant dialogue avec la terre tunisienne. Ce dialogue se nourrit de l'histoire, c'est-à-dire de la consistance du temps passé. Il est avide des traces, pour vérifier le sort des choses. Sans cesse aussi, il tend l'oreille à l'écho où se mêlent l'évocation de réalités évanouies et les musiques de l'imagination.*

*Il n'est pas jusqu'aux hasards, aux accidents qui prennent alors un relief surprenant, un sens extraordinaire. Le trésor de Mahdia, déposé par quelque tempête au large de la Tunisie, ne témoigne-t-il de l'impérialisme romain, celui-là même qui jeta bas Carthage en 146 et mit Athènes à sac en 86 avant J.-C.*

*Cette exposition qui évoque, suggère, ne tente jamais de démontrer. Elle indique les voies d'une passion unique qui attache notre sensibilité à un cap de l'Afrique où, il y a plus de quinze siècles, quelques fugitifs venus de Tyr engagèrent une aventure peu commune. Presque tout de la ville qu'ils ont fondée a été dispersé. Carthage est désormais partout, sous nos pas, dans nos yeux, dans nos rêves. Ce dernier acte marque la fin du cycle commencé sous le signe de Tanit. L'éternité enfin…*

Jean-Jacques Aillagon

1 *Baal Hammon*
Thinissut, Ier siècle après J.-C.

2 *La « Dame de Carthage »*
Carthage, VIe siècle après J.-C ?

3 *Sarcophage dit de la Prêtresse ailée*
Carthage, nécropole des Rabs
IVe - IIIe siècle avant J.-C.

4 *Mosaïque tombale de l'Ecclesia Mater*
Tabarka, Ve siècle après J.-C.

5 *Stèle à Saturne*
Environ de Béja, dédié en 323 après J.-C.

6 *Stèle au cavalier numide*
Henchir Abassa, Ier siècle avant J.-C.

7 *Hercule dit de Massicault,*
Statue funéraire de Borj El-Amri
IIIe siècle après J.-C.

8 *Dea Nutrix*
Thinissut, Ier siècle après J.-C.

9 *Korè*
Korba, IVe - IIIe siècle avant J.-C.

10 *Hercule ivre*
(Thibar, IIe siècle après J.-C.

11 *Stèle votive à Saturne*
Siliana, IIIe - IVe siècle après J.-C.

13 *Enfant noir à la colombe*
Sousse, IIe siècle après J.-C.

14 *Virgile méditant l'Énéide*
Sousse, début IIIe siècle après J.-C.

15 *Le Sacrifice d'Abraham*
Carreau chrétien
Hajeb El-Aïoun, Ve - VIe siècle après J.-C.

16 *Baptistère*
Békalta, VIe siècle après J.-C.

17 *Pilier hermaïque*
Mahdia, vers 125 avant J.-C.

18 *Lions dévorant un sanglier*
El-Jem, milieu IIe siècle après J.-C.

19 *Préparatifs d'une procession dionysiaque*
El-Jem, IIIe siècle après J.-C.

20 *Tête de Méduse*
Sfax, IIIe siècle après J.-C.

21 *Deux lutteurs et leur arbitre*
Gafsa, fin IIe - début IIIe siècle après J.-C.

# La Carthage punique

# Carthage et les échanges culturels en Méditerranée

Plus d'un siècle après les premières recherches des pionniers de l'archéologie carthaginoise – au premier rang d'entre eux, à Carthage, le père Alfred-Louis Delattre –, on peut, avec le recul du temps, mieux mesurer les difficultés qui les attendaient dans l'appréciation exacte de leur objet et, surtout lorsqu'il s'agissait de la toute première Carthage, celles qu'ils appréhendaient dans la fouille des nécropoles.

Parmi les fondations occidentales dues aux Phéniciens entre la fin du deuxième millénaire avant notre ère et le début du premier, la colonie de Tyr occupe une place singulière. Il ne s'agit pas d'une « tête de pont » vers l'extrême ouest ou vers les côtes du Maghreb, à l'instar des premières fondations de la phase « précoloniale » (Gadès, Lixus, Utique) ; ni d'un comptoir ou d'un lieu de production au potentiel limité et de destin fragile, à l'instar des établissements de la côte andalouse. La cité fondée par Didon et ses compagnons est une « ville », et les textes qui, sous le couvert d'une trame romancée, établissent une relation d'*apoikia,* de déduction coloniale, entre Tyr et Carthage montrent aussi que la « Nouvelle Tyr » sera dotée, avec un large échantillonnage d'immigrants, d'une stratification sociale complète. À côté d'Utique, mais avec un décalage dans le temps qui suggère à lui seul une autre vocation historique, Carthage s'installait, à la fin du IXe siècle avant J.-C., dans une forte position géopolitique à la pointe médiane de l'Afrique méditerranéenne. L'archéologie la plus récente, qui s'est attachée ces dernières années à définir l'étendue et la qualité de l'habitat de la Carthage archaïque, montre, en confirmant ce que l'investigation ancienne des nécropoles suggérait déjà, qu'un siècle environ après sa fondation, au tournant des VIIIe-VIIe siècles, la ville est importante et brasse des richesses non négligeables. Or, l'archéologie met aussi en évidence que cette ville, au moins jusqu'au VIe siècle, n'a pas de territoire, qu'elle n'est encore qu'une tête sans corps, sans liens bien perceptibles avec le monde libyen en marge duquel elle vit, tout en lui payant tribut.

*Masque « Carton »*

IIIe - IIe siècle avant J.-C.

Terre cuite grise

H. 50 cm ; L. 41 cm ; ÉP. 17 cm

Prov. Carthage, sanctuaire de Salammbô

Carthage, musée national

*Peigne*

VIIe - VIe siècle avant J.-C.
Ivoire
H. 5,1 cm ; L. 10,3 cm ; ÉP. 0,4 cm
Prov. Carthage, nécropole
de la colline de Junon
Tunis, musée national du Bardo

Autant dire tout de suite que les traces laissées par le substrat africain sont, dans les premiers temps de la cité, quasi inexistantes. Sauf pour ce qui est de l'emploi du fard rouge – rituel funéraire minoritairement observé dans la nécropole archaïque de la pente sud de Byrsa, qui n'est pas d'origine phénicienne –, au milieu du VIIe siècle, date des inhumations de Byrsa, des éléments indigènes s'étaient déjà mêlés au peuplement initial d'origine orientale. La Carthage de cette époque regarde prioritairement vers l'Orient, comme l'indiquent les traits prédominants de sa culture matérielle : essentiellement la céramique, dont les formes (amphores, urnes, cruches à embouchure plate, lampes-écuelles, assiettes à large marli) et les décors (surtout de larges bandes d'engobe) sont directement issus du répertoire moyen-oriental. Ce qui ne signifie pas un courant d'importations venues de la Phénicie propre. Carthage a dû reproduire très vite ce mobilier céramique courant. Les fouilles récentes de la nécropole de Byrsa ont même apporté la preuve que dans un domaine de l'artisanat d'art typiquement phénicien, celui du travail de l'ivoire, on avait continué à œuvrer à Carthage, au VIIe siècle, dans la tradition des ivoires ajourés de type syro-palestinien et des plaquettes champlevées de style égyptisant. À la lumière de ce constat, il est plus facile d'admettre qu'ait pu être fabriqué à Carthage, à cette époque, tel manche de miroir en ivoire, provenant de la « colline de Junon » : une figure féminine stylisée, qui se presse les seins, et dont le visage aux yeux faits, aux oreilles démesurément agrandies, encadré par la perruque égyptienne, est celui des « femmes à la fenêtre ». Ou encore tel peigne, de même origine, dont le décor – un sphinx et un canard au milieu de fleurs de lotus – est d'inspiration égyptisante, mais incisé au lieu d'être figuré en relief, comme dans la tradition orientale. L'Égypte, précisé-

*Manche de miroir*

Milieu VIIe siècle avant J.-C.
Ivoire
H. 16 cm ; L. 5,2 cm ; ÉP. 4 cm
Prov. Carthage
Tunis, musée national du Bardo

ment, se taille la part du lion, dans cette présence massive de l'Orient dont témoigne la moisson des amulettes et des scarabées trouvés dans les tombes, publiés dans un gros recueil, il y a un demi-siècle. Mais il s'agit là, du moins pour la haute époque, de matériel d'importation, en particulier de Naucratis. Une permanence culturelle locale est dans ce cas confortée par l'existence d'un courant venu de l'est méditerranéen.

Si l'on constate sans surprise une nette prédominance des traits orientaux dans le paysage culturel de la première Carthage, on note aussi que la ville répond à sa vocation en élargissant très vite ses horizons en direction de l'Occident. Ses échanges avec les comptoirs phéniciens de la côte andalouse, notamment avec Toscanos, depuis longtemps supposés, sont attestés depuis peu grâce à des analyses pétrologiques de matériel céramique. Moins attendue et de plus grande portée est l'ouverture de Carthage sur le monde grec à une date très ancienne, vers le milieu du VIII<sup>e</sup> siècle, comme le montrent les céramiques de type eubéen mises à jour déjà anciennement, notamment par Pierre Cintas dans ses fouilles du tophet de Salammbô, et aujourd'hui dans les couches archaïques des niveaux d'habitat. C'est probablement à partir des installations eubéennes de l'île de Pithécusses (Ischia) que cette céramique s'est diffusée à Carthage, et, plus que d'une ouverture sur le monde grec, il faudrait peut-être parler d'une « réception » du monde grec. Pourtant, un vase exceptionnel, mis au jour par le père Lapeyre en 1934 dans sa fouille du tophet, suggère des liens plus complexes. Il s'agit d'une urne apode dont la forme (le fond « en sac », la carène accentuée au niveau de l'attache supérieure des anses) et le décor (de larges bandes d'engobe rouge) sont tout à fait caractéristiques des poteries de tradition phénicienne ; mais, au niveau des anses, une bande réservée montre des oiseaux – un motif eubéen – alternant avec des *diaboloi* stylisés qui appartiennent au répertoire de la céramique protocorinthienne. Le vase a pu être produit à Carthage mais décoré par un Grec, peut-être un Eubéen immigré venant de Pithécusses, et indiquerait ainsi, plus qu'un courant d'échanges, un véritable contact entre les cultures.

Un peu plus tard, dans le demi-siècle qui va de la fin du VIII<sup>e</sup> siècle au deuxième quart du VII<sup>e</sup> siècle avant J.-C., c'est la céramique protocorinthienne qui prend le relais avec des aryballes, ou petits flacons à parfums, et surtout des kotyles, ces gobelets à deux anses sur un plan horizontal, aux parois fines et tintantes. Dans la Carthage de ce temps, on dut accueillir ces vases – une merveille à la fois de robustesse et de légèreté dans les conditions techniques de la céramique antique – comme on accueillit en Occident, à la Renaissance, la porcelaine de Chine. Mais autant que par leur qualité technique et leur séduisante minceur, la présence si fréquente de ces kotyles dans le « service funéraire » – car c'est dans les tombes qu'on les trouve et ils sont très précieux pour en dater le mobilier – s'explique sans doute aussi par l'attirance que devaient éprouver ces Carthaginois, en liaison constante avec les Grecs de Sicile, pour le rituel grec de la consommation du vin dans les banquets. Et l'adoption à Carthage de cette pratique à la fois culturelle et sociale pourrait être retenue comme un des premiers traits de l'acculturation de ces Orientaux.

*Ivoire*
Milieu VII<sup>e</sup> siècle avant J.-C.
Prov. nécropole de Byrsa
Tunis, musée national du Bardo

ŒUVRE NON EXPOSÉE

*Urne de tradition phénicienne*
VII<sup>e</sup> siècle avant J.-C.
Prov. Carthage
Carthage, musée national

ŒUVRE NON EXPOSÉE

À partir du milieu du VII^e siècle avant J.-C., les horizons de Carthage en Méditerranée occidentale s'élargissent encore. De cette époque datent les premiers indices des rapports de la métropole punique avec le monde étrusque. Dans les tombes de la deuxième moitié du VII^e siècle, on trouve en abondance des vases en *bucchero nero* à parois minces, non moins fines et sonnantes que celles des kotyles protocorinthiens : des formes d'amphorettes, mais aussi des œnochoés, des vases à boire et des coupes à deux anses, en particulier une forme de *kylix* sans rebord qu'on ne rencontre guère qu'à Carthage, en dehors bien sûr des sites d'Italie continentale. Or, c'est à Caere (Cerveteri), dans un site d'Étrurie méridionale très proche de Rome, que ces types de vases sont particulièrement fréquents. Et le port de Caere est Pyrgi, où l'on a fait, en 1963, une découverte majeure, celle de deux lamelles d'or portant, l'une en punique, l'autre en étrusque, un texte dans lequel le souverain étrusque de Caere, Théfarie Velianas, exprime dans un ex-voto sa reconnaissance à la déesse punique Astarté. Il s'agissait en fait d'une véritable alliance entre Carthage et la principauté du sud de l'Étrurie, où le nom, *Punicum*, du second port de Caere nous assure de la réalité de la présence commerciale, et peut-être aussi démographique, de Carthage. On date vers 500 avant J.-C. ces lamelles de Pyrgi, soit quelques décennies après la bataille qui, à Alalia, sur la côte corse, avait vu la victoire des Carthaginois, alliés aux Étrusques, contre les Phocéens, victoire qui assurait la sécurité de la Sardaigne contre d'éventuelles entreprises grecques. Ces échanges entre le monde étrusque et Carthage persistent au moins jusqu'au début du V^e siècle avant J.-C., comme en témoigne une plaquette d'ivoire de la nécropole dite de Sainte-Monique à Carthage, sur laquelle on peut lire un petit texte étrusque apparemment écrit à Vulci : « Je suis un Punique de Carthage » ; peut-être une sorte de « carte de visite » rapportée d'Étrurie par un marchand carthaginois.

*Brûle-parfum*
*à tête de divinité féminine*
III^e - II^e siècle avant J.-C.
Terre cuite
H. 24 cm ; L. 11,5 cm ; PR. 11 cm
Prov. Carthage
Carthage, musée national

En Sardaigne, on vient de le voir, Carthage, par sa victoire sur les Phocéens à Alalia, a consolidé une mainmise qui remonte au début du VI^e siècle. Alors tombent sous le contrôle carthaginois les franges littorales de l'île où des cités comme Nora, Sulcis, Tharros témoignaient d'une implantation phénicienne ancienne (IX^e - VIII^e siècles avant J.-C.) qui fournissait aux Puniques un accès de plain-pied. Alors commence aussi entre la Sardaigne et Carthage un dialogue commercial et culturel dans lequel la métropole punique n'est pas toujours le protagoniste. Ainsi, aux VII^e et VI^e siècles avant J.-C., la magnifique orfèvrerie de Tharros a le pas sur celle de Carthage ; même si celle-ci s'en inspire sans doute parfois, comme tend à le montrer la trouvaille récente, dans une tombe de Byrsa datée de la première moitié du VI^e siècle, d'un bracelet en argent doré qu'on doit tenir pour une réplique plus modeste d'un très bel exemplaire en or de Tharros, malheureusement mal daté. À l'inverse, on a noté que les fortes influences helléniques – qui se manifestent sur les stèles de Sulcis à la fin du V^e siècle et au IV^e siècle avant J.-C. – sont venues de Carthage sans avoir apparemment transité par

*Brûle-parfum à tête de divinité masculine coiffée d'une tiare à plumes (Baal Hammon ?)*

Milieu IIe siècle avant J.-C.
Terre cuite
H. 31,8 cm ; L. 18,4 cm ; PR. 16,5 cm
Prov. Carthage, sanctuaire de Salammbô
Carthage, musée national

*Brûle-parfum*
*à tête de divinité féminine*

IIIe - IIe siècle avant J.-C.
Terre cuite
H. 22,7 cm ; L. 13,5 cm ; PR. 13,3 cm
Prov. Carthage
Carthage, musée national

*Brûle-parfum*
*à tête de divinité féminine*

IIIe - IIe siècle avant J.-C.
Terre cuite
H. 24,7 cm ; L. 14,5 cm ; PR. 12,3 cm
Prov. Carthage
Carthage, musée national

*Brûle-parfum*
*à tête de divinité féminine*

IIIe - IIe siècle avant J.-C.
Terre cuite
H. 31 cm ; L. 17 cm ; PR. 14,5 cm
Prov. Carthage
Carthage, musée national

*Brûle-parfum*
*à tête de divinité féminine*

Milieu IIe siècle avant J.-C.
Terre cuite
H. 34 cm ; L. 24,5 cm ; PR. 15,5 cm
Prov. Carthage
Carthage, musée national

la Sicile qui a pourtant joué un si grand rôle comme lieu-pivot de ces contacts culturels, en particulier dans la réception de l'art grec dans le monde punique.

Si la Sardaigne fut sans partage un territoire punique pendant près de quatre siècles, la situation se présentait de façon tout à fait différente en Sicile, champ clos des luttes acharnées entre Grecs et Puniques de la fin du VI^e siècle jusqu'au milieu du III^e siècle, lorsque Rome entra dans le jeu et imposa sa domination sur l'île à l'issue de la première guerre punique, en 241 avant J.-C.

Thucydide (VI, 2, 6) résume ainsi en un raccourci saisissant quelques siècles d'histoire de la Sicile prépunique : « Les Phéniciens habitaient çà et là dans toute la Sicile, après avoir occupé les promontoires sur la mer et les îlots près de la côte... Puis, quand les Grecs vinrent en grand nombre d'outre-mer, ils quittèrent la plus grande partie du pays et se concentrèrent à Motyé (Mozia), Solonte et Palerme, où ils habitèrent près des Élymes, rassurés par l'alliance avec les Élymes mêmes et par le fait que ce point de la Sicile était très proche de Carthage. » La proximité de la Sicile occidentale et de l'Afrique est presque tangible. Par temps clair, du mont Éryx, on devine à l'horizon la masse du cap Bon. Et, à cette extrémité ouest de la Sicile, l'îlot de Motyé, comme un navire à l'ancre dans sa lagune qu'une étroite péninsule sépare de la mer libre, est un site phénicien par excellence. La présence de la Phénicie y est ancienne, plus ancienne sans doute que la présence grecque qui l'équilibrait à l'autre extrémité, à Syracuse. Mais on y observe les signes de la reprise en main par Carthage dans un site qui n'était pas pour la métropole punique une « colonie », mais, avec Solonte, Sélinonte et Palerme, un des plus beaux fleurons de ce qu'on a appelé l'« éparchie » sicilienne de Carthage. Du milieu du VI^e siècle – époque de la prise de contrôle par Carthage de la Sicile phénicienne – date une réorganisation du tophet de Motyé avec un terrassement artificiel et une expansion de la zone réservée aux dépositions. En sont contemporaines une grande partie des centaines de stèles retrouvées, notamment au cours des fouilles récentes. Avec leur relief plat, d'une expressivité austère, elles manifestent, encore à cette époque, une totale absence culturelle du monde grec, pourtant si proche et si fortement influent. À cette époque, le torse de pierre de Marsal – probablement originaire de Motyé et conservé au musée de Palerme – qui porte un pagne à l'orientale, comme une statue égyptisante de Tyr, atteste une même fidélité à des canons de représentation totalement étrangers à l'art grec.

Pourtant, la spectaculaire rencontre, quelques décennies plus tard, de la culture orientale des Puniques et de l'art grec est illustrée par une découverte récente, faite à Motyé en 1979 : celle d'un « éphèbe » qui, à peine surgi de la terre qui l'avait miraculeusement préservé, a suscité interrogations et commentaires. Le corps est celui d'un jeune homme ; les bras ont disparu, mais on restitue aisément au moins le geste du bras gauche, grâce à la main dont les doigts écartés s'impriment sur la hanche, soulignant ainsi le mouvement de cette hanche gauche qui porte le poids du corps. Le visage encadré de cheveux bouclés sur le front – un trait archaïsant – est traité dans le style

*Statuette féminine*
IV^e - III^e siècle avant J.-C.
Terre cuite
H. 40 cm ; L. 13 cm ; PR. 9 cm
Prov. Puig des Molins, Ibiza
Barcelone, Museo Arqueológico

*Kouros de Motyé*
Vers 470 - 460 avant J.-C. ?
Marbre
Mozia (Motyé),
Fondation Giuseppe Whitaker

ŒUVRE NON EXPOSÉE

« sévère » des débuts du v^e^ siècle grec ou au plus tard du milieu du v^e^ siècle avant J.-C. Mais la marque propre à cette effigie, ce qui fait son énigmatique beauté, c'est le costume dont le jeune homme est revêtu, rompant avec l'habituelle « nudité héroïque » de l'art grec classique : cette tunique très fine, dont les longs plis fluides révèlent le corps plus qu'ils ne l'habillent. La fascination qu'exerce cette image tient à son ambiguïté, une ambiguïté avant tout culturelle. La main qui a sculpté le marbre de Motyé avec cette frémissante sensibilité est grecque : on a pensé à Pythagoras de Rhégion, actif en Grande Grèce dans la première moitié du v^e^ siècle. Mais la vêture, cette longue robe plissée d'origine orientale, est punique, comme est punique aussi le personnage, homme, dieu ou encore personnage royal : on a proposé, il y a peu, d'y reconnaître Hamilcar, le chef punique vaincu à Himère en 480 avant J.-C. À lui seul, l'éphèbe de Motyé est emblématique de ces situations de contact culturel caractéristiques des Phéniciens d'Occident.

Le monde ibérique fut également très riche de ces rencontres. Dans le quart sud-est de l'Espagne, les Phéniciens avaient précédé les Grecs, vite attirés eux-mêmes par les richesses du royaume de Tartessos. Et lorsque Carthage, avant même l'instauration du royaume barcide, après le milieu du III^e^ siècle avant J.-C., y étendit son influence, elle se heurta au rayonnement de l'Ionie, que la colonisation phocéenne avait rendu sensible surtout sur les côtes catalanes (Ampurias), mais avec des pointes jusque dans le Levant espagnol. C'est là qu'on trouve les plus belles traces d'une culture ibérique évidemment composite, mais avec de forts traits originaux. Le fleuron le plus représentatif, à coup sûr le plus célèbre, en est le buste féminin en pierre calcaire mis au jour à la fin du siècle dernier à la Alcudia de Elché. On date couramment la *Dame d'Elché* du IV^e^ siècle ou peut-être de la seconde moitié du v^e^ siècle avant J.-C. De façon saisissante, un peu insolite – on a parfois suspecté son authenticité –, ce buste illustre l'aboutissement d'un long processus d'acculturation : l'expressivité phénicienne et la rigueur grecque se sont conjuguées pour valoriser la capacité créatrice du peuple ibère. Pas seulement, d'ailleurs, dans la sculpture sur pierre. Dans un contexte géographique et culturel moins pénétré d'hellénisme, à Ibiza, où la présence punique remontait au milieu du VII^e^ siècle, la nécropole de Puig des Molins a fourni en abondance des statuettes en terre cuite datables de la fin du v^e^ siècle ou du IV^e^ siècle. Le goût local a surimposé aux modèles gréco-puniques une ornementation chargée, à la fois naïve et baroque : diadèmes immenses et très travaillés, lourdes boucles d'oreilles, colliers en forme de pectoral à plusieurs rangs couvrant la poitrine. Ces poupées de terre cuite – leur taille ne dépasse guère une trentaine de centimètres – portaient fréquemment l'anneau de nez sémitique, le *nezem,* comme les masques mis au jour dans les nécropoles de Carthage, et dont on date la production à partir de la fin du VII^e^ siècle avant J.-C.

Ces masques, sous leur forme archaïque, représentent dans le monde sémitique de l'ouest un legs de la Phénicie propre, mais un legs qui a transité par Carthage : on constate qu'ils sont pratiquement absents des sites phéniciens de l'Espagne méridionale, à haute époque, alors que, comme à Carthage, ils abondent dans sa zone d'influence directe, à Motyé, en Sicile,

*Statuette féminine*
IV^e^ siècle avant J.-C.
Terre cuite
H. 33 cm
Prov. Puig des Molins, Ibiza
Ibiza, Museo Arqueológico

*Dame d'Elché*

V^e^ - IV^e^ siècle avant J.-C.
Calcaire, traces de polychromie
Madrid, Museo Arqueológico Nacional

ŒUVRE NON EXPOSÉE

à Tharros, en Sardaigne et à Ibiza. Ils sont une marque distinctive de l'univers culturel de Carthage. La série chronologique de ces masques, de la fin du VIIe siècle aux IVe-IIIe siècles avant J.-C., témoigne aussi du cheminement qui se fait jour dans le même temps à Carthage et dans les sites de sa zone d'influence, dans l'ordre de la sensibilité esthétique. Quelle qu'ait pu être l'utilisation antérieure, autre que funéraire, de ces masques, on n'a pas de peine à prêter une fonction apotropaïque aux masques « démoniaques » les plus anciens, à forte expressivité, où l'on peut reconnaître deux grands types : un type « négroïde », à la bouche tordue par un rictus, et un type « grimaçant » ou grotesque, dont le visage est fortement plissé et ridé. Au cours du VIe siècle, apparaissent, à côté des masques proprement dits, des « protomés », c'est-à-dire des masques pleins, dont ni les yeux ni la bouche ne présentent de béance. Les exemplaires à représentation masculine se caractérisent par un traitement « pastillé » de la barbe et des cheveux, faits de petits cercles estampés, et souvent par des rehauts de couleur : un rouge vif pour les joues, du noir et du blanc pour les yeux. De cette même époque, une belle série de protomés féminines trouvées dans les tombes de Carthage illustre une évolution stylistique bien perceptible du VIe siècle à la fin du Ve siècle. Un premier type est franchement égyptisant : la figurine porte le *klaft,* qui laisse bien dégagées des oreilles aux pavillons largement ouverts, à la mode orientale ; les sourcils sont figurés en relief, à angle droit avec la ligne du nez. Un second type, qu'on appellera « gréco-égyptien », montre comment un peu plus tard (fin VIe siècle avant J.-C.) l'influence de l'art grec archaïque vient modifier des schémas de représentation qui demeurent encore fondamentalement orientaux. Le *klaft* a fait place à un bandeau lisse qui retient sur le front les cheveux rejetés en arrière et divisés de part et d'autre du visage en deux grandes masses ; on retrouve dans leur traitement les petits cercles estampés des protomés masculines à longue barbe. Un diadème fait de baguettes alternant avec des perles souligne le haut du front. L'ovale du visage est allongé, avec un bas triangulaire, un menton pointu troué d'une petite fossette ; les yeux s'étirent largement en amande ; les oreilles sont toujours importantes et bien dégagées, à la mode orientale, et les narines sont percées pour le passage du *nezem.* Plus personnalisées par les retouches faites après moulage, par les rehauts de peinture dont les traces subsistent souvent, les protomés de ce type sont moins répandues en dehors de la métropole punique, bien qu'on en connaisse un équivalent à Motyé. Un troisième type fréquemment rencontré dans les tombes de Carthage à partir du Ve siècle avant J.-C. est constitué par des protomés féminines dites « rhodiennes », parce qu'elles se rattachent étroitement au schéma figuratif des protomés fabriquées à Rhodes à partir du début du VIe siècle, probablement sous l'influence de la Phénicie avec laquelle l'île était en relation ; ces protomés ont été reproduites par la suite dans tout le monde grec et en particulier à Délos. Sous le voile qui recouvre les cheveux maintenus par un bandeau lisse, et où le traitement « pastillé » a disparu, le visage ovale est souriant. Des objets de ce type ont été mis au jour en grand nombre en Sardaigne, notamment à Tharros, ainsi que sur les sites espagnols et à Ibiza. Ils illustrent l'oblitération croissante des traits majeurs de la tradition orientale dans les secteurs du monde punique en contact avec le monde colonial grec.

*Masque d'homme barbu*
Début V$^{e}$ siècle avant J.-C.
Terre cuite
H. 20 cm ; L. 14,5 cm ; ÉP. 8,5 cm
Prov. Carthage
Tunis, musée national du Bardo

*Protomé féminine*

Fin VI^e siècle avant J.-C.
Terre cuite
H. 26 cm ; L. 16,5 cm ; ÉP. 9 cm
Prov. Carthage
Tunis, musée national du Bardo

*Protomé féminine*
Fin VI^e siècle avant J.-C.
Terre cuite
H. 31 cm ; L. 18,5 cm ; ÉP. 9 cm
Prov. Carthage, secteur de Dermech, nécropole
Tunis, musée national du Bardo

*Protomé féminine, type égyptisant*
Fin Ve siècle avant J.-C.
Terre cuite
H. 17,8 cm ; L. 10,5 cm ; ÉP. 5,5 cm
Prov. Carthage, secteur de Douimès
Carthage, musée national

On saisit, avec cette série de protomés féminines, une évolution linéaire qui conduit de façon irréversible à l'abandon progressif des modèles orientaux au profit de l'adoption sans cesse plus affirmée des modèles grecs. Mais il n'en est pas toujours de même et l'on observe souvent, dans cette Carthage de plus en plus hellénisée, des oscillations entre les uns et les autres – on en verra plus loin quelques exemples –, ou des retours aux schémas iconographiques orientaux. Tel est le cas, pour rester dans le domaine des masques, des pendeloques en verre polychrome, cette descendance miniaturisée des masques en terre cuite dans laquelle on s'accorde à reconnaître une des plus brillantes réussites de l'artisanat d'art punique, à partir du début du IVe siècle avant J.-C. Rien de moins grec, rien de plus oriental que ces petits masques masculins, auxquels des yeux exorbités, à l'iris dilaté, conféraient un pouvoir magique. Ils conservaient ainsi dans la tombe la fonction protectrice qui leur était reconnue quand, leur vie durant, les défunts les portaient autour du cou, comme l'atteste la bélière qui permettait de joindre ces masques à d'autres amulettes formant collier. De la même dynamique apotropaïque participaient – mais uniquement dans les tombes – les petites figures féminines peintes sur des fragments de coquilles d'œufs d'autruche, où l'on voit surtout deux yeux immenses, aux cils bien marqués.

## *La place singulière de Carthage dans la* koinè *hellénistique*

À Carthage, à partir du IVe siècle avant J.-C., la typologie des terres cuites, mais aussi le décor figuré des stèles votives manifestent nettement que la métropole punique est devenue un *melting pot* culturel. À sa vocation première d'être un relais entre Orient et Occident, la ville avait ajouté cette fonction, spécialement affirmée à l'époque hellénistique, d'être un centre de redistribution et un lieu d'échanges actifs aussi dans un axe sud-nord.

*Masque féminin*
IVe - IIIe siècle avant J.-C.
Polychromie sur coquille d'œuf
Carthage, musée national

ŒUVRE NON EXPOSÉE

*Masque-pendentif*
Fin IVe - début IIIe siècle avant J.-C.
Pâte de verre
H. 3,7 cm ; L. 2,7 cm ; ÉP. 2,4 cm
Prov. Carthage, nécropole
Tunis, musée national du Bardo

*Masque-pendentif*
Fin IVe - début IIIe siècle avant J.-C.
Pâte de verre
H. 4,6 cm ; L. 2,6 cm ; ÉP. 1,9 cm
Prov. Carthage, nécropole
Tunis, musée national du Bardo

Échanges de marchandises et de biens de consommation, mais aussi échanges d'idées, par exemple dans le domaine religieux, où Carthage semble avoir été plus réceptrice qu'émettrice. Avec toutefois, dans ce dernier domaine, une originalité marquée et une permanence notable : les rites accomplis au tophet – même si l'on souscrit aux interprétations récentes qui proposent d'y voir, au lieu du sacrifice si contesté, la crémation votive d'enfants morts dans la phase prénatale ou néonatale – tranchent fortement sur les pratiques en vigueur dans les civilisations du monde classique. Le début du IVe siècle a marqué à Carthage un tournant, lorsqu'en 396 avant J.-C., en réparation du sacrilège commis par Himilcon qui avait laissé piller un temple de Déméter et de Korè à Syracuse, les deux déesses siciliennes furent officiellement intronisées dans la métropole punique.

Le type iconographique des terres cuites féminines a été durablement influencé par la représentation de ces déesses. Les fouilles faites dans les niveaux du IIIe siècle et du début du IIe siècle avant J.-C. à Carthage ont multiplié les trouvailles de figurines du type de Déméter *kernophoros*, la déesse – en fait plutôt sa servante – portant sur la tête non pas un panier *(kernos),* mais plus exactement une sorte de bol brûle-parfums. On citera notamment celles qui figurent parmi un lot de terres cuites votives mis au jour par le Dr Carton dans une « chapelle », laquelle est au demeurant l'un des rares exemples – malheureusement fragmentaire – de l'architecture religieuse punique tardive. Dans ce lot, la *kernophoros* voisine avec la représentation d'un dieu barbu coiffé d'une tiare à plumes – comme le *Sardus Pater* de Sardaigne –, et dans laquelle on peut reconnaître une effigie de Baal Hammon. La déesse sicilienne est au demeurant fréquemment représentée en posture divine, assise sur un trône, avec un traitement de détail en tout point semblable à celui que lui donnent les coroplathes siciliens. De la même manière, on peut considérer que l'introduction des cultes dionysiaques dans le domaine punique a joué un rôle dans la diffusion à Carthage du type iconographique du satyre et du silène, comme l'atteste une petite collection de masques conservés notamment au musée national de Carthage. Le *Masque « Carton »*, qui date de la fin du IIIe siècle ou du début du IIe siècle avant J.-C. – ainsi que le matériel assez homogène provenant de la « chapelle » de Salammbô –, occupe une place à part à la fois du fait de ses dimensions insolites et de ses caractéristiques propres : il se rattache à la série des masques grimaçants de l'époque archaïque carthaginoise, et sa fonction apotropaïque apparaît nettement, mais avec une inflexion particulière qui l'apparente aux masques du théâtre tragique.

Dans le même temps, les artisans puniques continuent à façonner des images de piété dont la manière est souvent dans la lignée de la tradition gréco-punique archaïsante. Et, bien souvent, on observe dans leur production une coexistence des répertoires bien significative d'une culture mixte. Dans les fouilles du quartier des maisons tardives de la pente sud de la colline de Byrsa, la mission archéologique française a découvert, il y a quelques années, un local – sans doute une boutique de coroplathes – où avaient été entreposées des figurines visiblement produites à la veille de la destruction de 146 avant J.-C. À côté de la bimbeloterie hellénistique habituelle, deux statuettes du dieu Bès représenté en pied, sur un petit piédestal cylindrique, attendaient leur acheteur, avec leurs couleurs encore vives, les mêmes qui avaient émerveillé le Dr Carton lors de sa découverte des objets de sa « chapelle » à Salammbô : du brun pour la face et la ceinture nouée sur le ventre, du bleu clair pour la barbe largement étalée. Mais – concession peut-être à de nouvelles exigences ? – le dieu traditionnellement impudique était vêtu et dissimulait son sexe.

Assez paradoxalement, c'est dans le contexte culturel le plus étranger à l'esprit du monde classique – celui du tophet – qu'on observe à la basse époque punique, sur les stèles votives, la mise en œuvre de décors où le système ornemental hellénistique règne presque sans partage. Encore au Ve siècle avant J.-C., le style architectural des *cippes-naiskoi* en grès est franchement égyptisant : la façade de ces modèles réduits de temples présente un entablement dont l'architrave, en fonction de linteau, est souvent décorée du disque solaire ailé surmonté d'une corniche à frise d'*uraei* ou à gorge égyptienne. Cette corniche à gorge égyptienne demeurera d'ailleurs jusqu'à

*Masque féminin : Déméter (?)*

IIIe - IIe siècle avant J.-C.

Terre cuite

H. 46 cm ; L. 29 cm ; ÉP. 12,6 cm

Prov. Carthage

Carthage, musée national

la fin des temps puniques un élément majeur de l'art monumental dans l'aire carthaginoise : elle est présente au IIIe siècle dans le grand tombeau du Médracen, au cœur de la Numidie massyle fortement pénétrée par l'influence punique ; elle figurera, un peu plus tard, en saillie des deux étages du mausolée de Dougga. L'abandon de cette référence orientale coïncide avec le passage, pour le façonnage des monuments du tophet, à un autre matériau que le grès d'El-Haouaria, un calcaire gris, parfois bleuté, très fin et très dense, qui autorise la mise en œuvre, à partir de la deuxième moitié du IVe siècle avant J.-C., d'une ornementation sculptée plus riche et plus diversifiée. Le profil de la stèle s'hellénise, avec un fronton triangulaire souvent flanqué d'acrotères, à la manière des piliers funéraires de type grec. Dans les plus beaux exemplaires, une palmette (grecque et non plus phénicienne) occupe le champ du fronton, en alternance, fréquemment, avec l'avant-bras droit levé, paume ouverte, symbolisant la prière (ou le vœu), ou encore le signe dit de Tanit, qui s'inscrivait bien dans cet espace triangulaire. L'adoption de ce nouveau support permettait au sculpteur une mise en page plus précise et plus complexe divisée en registres séparés par des rangées de motifs (oves, perles) empruntés au décor architectural grec. Dans cette mise en page, la dédicace est en général gravée en position médiane ; le motif ornemental principal prend place au registre inférieur, souvent encadré par des colonnes à chapiteaux éoliques, pour lesquelles les Puniques semblent avoir eu une dilection particulière à partir du IVe siècle. L'artisan, pour orner cette partie inférieure de la stèle, puise librement dans des registres décoratifs très divers, floraux, animaliers, ou inspirés de la symbolique religieuse : caducée, autel, canthare. Il peut arriver que le profil habituel de la stèle fasse place à un petit monument que le tailleur de pierre s'est ingénié à façonner dans son ensemble en forme de signe dit de Tanit. Au terme de cette évolution sont des stèles d'où tout relief est banni, et dont le décor apparaît simplement incisé sur des surfaces lisses : peut-être les plus belles réussites d'un art modeste, mais souvent très élégant dans l'exécution – ici un palmier stylisé que le lierre flanque sans l'enlacer, entre deux colonnes éoliques, là une composition florale inspirée par la feuille d'acanthe, dans le même cadre architectural. Cette technique de l'incision est celle qui a été utilisée pour la célèbre *Stèle dite du prêtre à l'enfant* qui, apportée un jour de décembre 1921 à François Icard et Paul Gielly, les « inventeurs » du tophet de Salammbô, fut à l'origine de la fouille de l'aire sacrificielle.

C'est aussi cette habileté dans la gravure des artisans carthaginois, mais sur un autre support, le bronze, qui nous a valu une riche série de hachettes-rasoirs. Ces objets singuliers témoignent aussi de la coexistence de traits orientaux et de schémas de représentation empruntés à l'art classique. Pour la plupart, ces objets proviennent des tombes de la nécropole dite de Sainte-Monique ; leur décor mêle figures égyptisantes et images nilotiques – la fonction talismanique de ces hachettes-rasoirs en explique l'abondance –, rinceaux, décors floraux ou scènes de genre hellénistiques. Le groupe des hellénisants forme un ensemble remarquable par la qualité du dessin et celle de l'exécution. On les a parfois, pour cette raison, attribués à des artistes grecs établis à Carthage.

*Masque souriant*

Fin VIe siècle avant J.-C.

Terre cuite

H. 17 cm ; L. 15 cm ; ÉP. 8 cm

Prov. Carthage, secteur de Dermech, nécropole

Tunis, musée national du Bardo

*Masque négroïde*

Fin VII^e^ - début VI^e^ siècle avant J.-C.
Terre cuite
H. 21 cm ; L. 15,5 cm ; ÉP. 11 cm
Prov. Carthage
Tunis, musée national du Bardo

*Masque souriant*

Début V^e^ siècle avant J.-C.
Terre cuite
H. 16 cm ; L. 13 cm ; ÉP. 10 cm
Prov. Carthage
Tunis, musée national du Bardo

C'est le même présupposé qui a fait dire que les deux grands couvercles de sarcophages figurés du musée de Carthage, en marbre à hauts reliefs, ne pouvaient avoir été taillés et sculptés que par des mains grecques. Ne connaît-on aucun sculpteur punique ? Une base de statue trouvée à Éphèse porte, en grec, la signature de « Boethos, fils d'Apollodoros, Carthaginois », précision sans doute nécessaire pour distinguer ce Boethos de quelques homonymes, dont l'auteur du célèbre *Enfant à l'oie* conservé au musée du Capitole, à Rome, et aussi de Boethos de Chalcédoine, dont la signature figure sur le pilier hermaïque de la fouille sous-marine de Mahdia. Assurément, son nom n'a pas une consonnance punique. Mais, en dehors de Carthage, les Puniques abandonnaient parfois leurs noms sémitiques pour des noms grecs, qui sonnaient mieux dans les relations d'affaires. Une pratique qui n'est pas sans rappeler, du moins par l'esprit, la transcription en caractères grecs du nom de Magon sur des estampilles d'amphores.

Ce dernier mot nous incite à revenir au matériel céramique, évoqué au début de ces pages dans un essai d'évaluation de l'identité culturelle de la cité en ses premiers temps. Les fouilles de la Carthage punique effectuées dans les niveaux d'habitat produisent essentiellement une céramique très variée, datable du siècle – ou du siècle et demi – précédant la destruction de 146 avant J.-C., caractérisée par une spécialisation que l'analyse des céramiques de l'époque archaïque permettait déjà d'entrevoir. On y rencontre des tessons d'amphores gréco-italiques, et surtout rhodiennes, qui attestent le goût pour le vin de cette île si lointaine. Mais les grands récipients restent très majoritairement de fabrication locale, notamment ces amphores dont l'embouchure se termine par un large pavillon évasé, amphores qu'on a retrouvées un peu partout dans les sites méditerranéens : sur les rivages nord-africains, bien sûr, mais aussi en Andalousie, en Catalogne, à Marseille, à Vintimille, en Corse, à Rome et même à Athènes. Cette céramique punique traditionnelle, cependant, couvrait mal certains besoins. On a souligné plus haut la concurrence, en particulier pour le service des boissons, des produits importés de Corinthe puis d'Étrurie à la haute époque. À partir du v^e siècle avant J.-C., la céramique attique à figures rouges, et plus souvent à vernis noir sans décor – si ce n'est les palmettes imprimées –, a aussi imposé sa qualité, particulièrement pour les bols, les coupes et les assiettes. Cette céramique attique, qui arrivait à Carthage jusqu'au milieu du iv^e siècle, était nécessairement un produit assez coûteux ; non point qu'il fût très luxueux en soi, mais parce qu'il parvenait à destination au terme d'un circuit assez long, ponctué d'intermédiaires commerciaux. Le relais en fut pris à partir du iii^e siècle par des importations moins lointaines : Italie du sud et Sicile, mais aussi céramiques à pâte grise des côtes ibériques, notamment d'Ampurias en Catalogne. Les fouilles récentes du quartier tardif de la pente sud de Byrsa ont montré que Carthage, à partir de la fin du iii^e siècle avant J.-C., a été véritablement inondée par la céramique à vernis noir de Campanie – campanienne A, surtout, mais aussi campanienne B – vaisselle de table ordinaire des foyers carthaginois. Pour l'un des meilleurs connaisseurs des céramiques du monde méditerranéen occidental, Jean-Paul Morel, Carthage est sans aucun doute le site d'Occident

*Hachette-rasoir*
iv^e siècle avant J.-C.
Bronze
H. 13 cm ; L. 4,7 cm ; ÉP. 1,2 cm
Prov. Kerkouane
Tunis, musée national du Bardo

*Hachette-rasoir ornée d'un vautour et d'un taureau*

Début IIIe siècle avant J.-C.
Bronze
H. 18,2 cm ; L. 7,2 cm ; ÉP. 0,8 cm
Prov. Kerkouane
Tunis, musée national du Bardo

*Hachette-rasoir à manche en tête de canard*

IIIe siècle avant J.-C.
Bronze
H. 13,3 cm ; L. 4,5 cm ; ÉP. 0,5 cm
Prov. Carthage
Carthage, musée national

*Hachette-rasoir ornée d'une fileuse assise*

Début IIIe siècle avant J.-C.
Bronze
H. 16,4 cm ; L. 5,3 cm ; ÉP. 0,2 cm
Prov. Kerkouane
Tunis, musée national du Bardo

qui apparaît – à toutes époques et en particulier à l'époque hellénistique – le plus ouvert à la grande diversité du flux des importations, les unes banales, comme cette céramique campanienne dont on vient de parler, d'autres exceptionnelles et inattendues, comme celles de Teano au nord de la Campanie, récemment mises en lumière. On discerne à Carthage une curiosité réelle pour les produits étrangers, en même temps que, souvent, une véritable appétence pour leur reproduction. Inondés de céramiques à vernis noir, de Grèce, de Grande Grèce et de Campanie, les Puniques surent aussi les copier, souvent avec bonheur. En témoigne la « classe Byrsa 661 », une céramique à pâte ocre clair, dense et très homogène, à parois minces – surtout pour les formes d'assiettes à large marli et les pyxides –, revêtue d'un beau vernis noir mat aussi solide que les vernis attique et campanien. Jusqu'au bout, cependant, tout en montrant leur savoir-faire face aux produits importés, les potiers carthaginois ont persévéré dans leurs productions traditionnelles, en maintenant des articles qui tranchaient par leur persistance sur un fond hellénistique uniforme. Ainsi de ces terres cuites qu'on désigne faute de mieux comme des « moules à gâteaux ». L'une des plus intéressantes découvertes de P. Gauckler, à l'extrême fin du siècle dernier, a été celle d'un ensemble de fours de potiers datant des dernières années de la cité punique, au beau milieu de la nécropole archaïque de Dermech. Visiblement, ces fours avaient été en usage jusqu'à la veille de la chute de la ville au printemps 146 avant J.-C. Parmi les rebuts et les ratés de four, il y avait là, ultime production des dernières fournées, tout un lot de moules avec leurs empreintes : on pouvait y voir représentés l'ibis, l'œil *oudja* et la palmette phénicienne, éternels emblèmes d'une Carthage demeurée malgré tout orientale.

*Serge Lancel*

*Patère phénicienne de Pontecagnano*

Vers 710 - 675 avant J.-C.
Argent
H. 1,5 cm ; DIA. INITIAL 15,5 cm
Prov. découverte à Pontecagnano en 1865
Collection Dutuit
Paris, musée du Petit Palais

# I

# Didon et Énée : la fondation de Carthage

# Élisha(t)-Élissa entre le mythe et la réalité

Si l'histoire d'une nation est dominée par les légendes qui s'y rattachent, celle de la Tunisie est liée au destin d'Élissa, la fondatrice de Carthage. Personnage peut-être historique, au parcours sans faille, elle fut la fondatrice d'une ville et surtout d'un empire qui allaient, pendant de nombreux siècles, dominer tout le monde méditerranéen. Son nom et celui de Carthage sont si étroitement liés que la légende s'en est emparé. Ce destin exceptionnel a durablement impressionné historiens, écrivains et poètes. Celle que les premiers Africains appelaient déjà Dido fut l'héroïne de l'*Énéide*. De Virgile, le plus grand poète de l'Antiquité romaine, jusqu'à Léopold Sedar Senghor, l'histoire de Carthage, immense et tragique, associée au destin d'une femme exceptionnelle, ne cesse de susciter les interrogations et de déclencher les passions.

Son épopée a bénéficié de plusieurs témoignages d'auteurs anciens, grecs, puis latins, eux-mêmes tributaires de la fameuse « chronique royale de Tyr ». Timée de Taormine, vers 300 avant J.-C., avait consulté ces importantes archives ; dans son œuvre, l'héroïne porte le nom de Deidô ; vers 200 avant J.-C., Ménandre d'Éphèse l'appellera, le premier, Élissa. Il conviendra ensuite de consulter Flavius Josèphe à la fin du Ier siècle, et surtout Justin, l'abréviateur de l'*Histoire romaine* de Trogue Pompée, au IIe siècle après J.-C. Mais il ne faudra pas oublier Polybe, Appien, Servius, Eustache, Naevius, Ovide, Solin, etc., qui reprennent tous, autour de la fondation de Carthage, à peu près le même récit.

Sans entrer dans le détail de cette relation – qui puise ses origines dans une tradition orientale relayée ensuite par une tradition gréco-latine et ne cesse, encore aujourd'hui, de poser d'insolubles problèmes –, il faut savoir que tous ces auteurs sont d'accord au moins sur les origines et sur la fin d'un récit auquel il faut concéder un certain crédit. Ce récit fut enrichi, déformé par la force des choses, diversement compris ou interprété au cours des siècles.

Léonard Limosin (v. 1505 - 1575 ou 1577)
*Didon*

1540
Émail peint sur cuivre
H. 29,2 cm ; L. 23,6 cm
Hist. acquis en 1931
Peut-être à l'origine au château de Gaillon
Baltimore, The Walters Art Gallery

Léonard Limosin (v. 1505 - 1575 ou 1577)
*Énée*

1540
Émail peint sur cuivre
H. 29,2 cm ; L. 23,6 cm
Hist. acquis en 1931
Peut-être à l'origine au château de Gaillon
Baltimore, The Walters Art Gallery

## *La légende*

À travers ces divers témoignages, la légende apparaît, et se présente d'emblée comme l'histoire d'une rupture.

Tous les auteurs s'accordent au départ autour de la querelle qui opposa les deux enfants de Mutho : Pygmalion, roi de Tyr, et sa sœur, la princesse Élissa, épouse du grand prêtre du dieu Melqart, Acherbas, lequel était aussi son oncle, probablement maternel, comme l'autorise la tradition sémitique. Pour s'emparer, sans doute, des richesses considérables de cet « oncle-beau-frère » encombrant à plus d'un titre, et pour d'autres raisons mystérieuses qu'il conviendrait de découvrir, Pygmalion ne recule pas devant le meurtre et commet l'irréparable. Avertie par un songe de l'ignominie de son frère, et craignant pour sa propre vie, Élissa préfère l'exil et quitte sa patrie. Cet exil qui se fait avec toutes les précautions nécessaires – celle, entre autres, d'emporter les trésors accumulés dans le temple de Melqart – se réalise en compagnie d'hommes de haut rang – Justin parle de « sénateurs » –, sans doute des partisans. Le vaisseau cingle vers l'ouest et fait une première escale à Chypre. Là, on embarque le prêtre de Junon, sa famille et quatre-vingts vierges qui étaient sur le point de s'adonner à la prostitution sacrée dans le temple d'Astarté (Aphrodite) ; elles devaient devenir les compagnes des Tyriens fugitifs.

Après une longue pérégrination au sujet de laquelle toutes les sources sont muettes, et qui valut à l'héroïne le surnom de *Dido* (l'errante), Élissa arrive avec sa suite en Afrique. Aux dires de Polybe, les fugitifs virent « une péninsule presqu'entourée, soit par la mer, soit par un lac, et rattachée au continent par un isthme barré et par une chaîne de collines difficiles à franchir. » Géographiquement, le site était propice et bien défendu. C'est là que fut décidée l'implantation de la ville nouvelle : *Qarthadast* (Carthage). Les rites qui présidèrent à l'identification précise du lieu de fondation de la nouvelle cité sont célèbres, comme est célèbre aussi la ruse d'Élissa. Il faut ici se rapporter aux écrits d'Appien *(Lib.*, I, 2) et surtout de Justin (XVIII, 5, 8 *sq.).* Après avoir sollicité l'amitié des habitants qui la reçoivent avec des signes manifestes de joie, Élissa s'entend avec eux pour acquérir un lopin de terre de la grandeur d'une peau de vache ; mais cette peau est découpée en fines lanières, lesquelles, mises bout à bout, déterminent un vaste territoire. Arrivent alors de toutes parts des gens du voisinage et d'Utique, cette première colonie phénicienne implantée depuis longtemps à l'extrême nord de l'Afrique. Virtuellement, la cité vient de naître ; on en payera le tribut annuel. Commencent alors les véritables rites religieux de fondation, sans doute par la construction du premier temple ; on creuse et l'on découvre une tête de bœuf, sinistre présage, emblème d'un esclavage perpétuel ; on décide alors de « transporter la cité ailleurs » ; les fondations révèlent cette fois-ci une tête de cheval, augure hautement favorable, signifiant puissance, grandeur et liberté. Ce sera le symbole de la ville nouvelle.

Le règne d'Élissa pouvait alors commencer ; mais sous quelle forme ? et pour combien de temps ? Interrogations à la fois légitimes et inutiles,

William Mallord Turner (1775 - 1851)
*Didon faisant construire Carthage ou la Fondation de l'empire carthaginois*
1815
Huile sur toile
Londres, National Gallery

ŒUVRE NON EXPOSÉE

car nous l'ignorons. Seule, la fin de la princesse est connue, à travers un récit tragique et cohérent : on rapporte que le roi de la tribu autochtone des *Muxitani,* appelé tantôt Hierbas ou encore Lapon ou Lopias, avait demandé sa main. Élissa refusa cette proposition et pour sauver Carthage, pour protéger l'intégrité de sa nouvelle patrie, seuls les chemins de la mort étaient possibles ; en signe de sacrifice expiatoire, elle fit dresser un immense bûcher et se jeta dans les flammes.

## *Au détour de la légende, l'histoire*

*Divinité syrienne*
VIII^e^ siècle avant J.-C.
Argent et bronze
H. 20,1 cm ; L. 4,8 cm
Hist. acquis en 1898
Paris, musée du Louvre,
département des Antiquités orientales

Voilà pour les différentes phases d'une légende rapportée par l'historiographie antique. Il s'agit d'un récit fait de témoignages multiples, souvent concordants, jamais divergents, toujours complémentaires, enrichis par divers apports qui ne sont que le signe évident d'une perpétuelle interrogation ; un récit qui permet d'affirmer qu'on ne construit pas gratuitement une légende, qu'on essaie tout au plus d'expliquer les faits et de les comprendre, en les confrontant à la réalité du moment.

C'est ainsi qu'il faudra d'abord en retenir les vraisemblances et les « vérités », corroborées par les données nouvelles de la recherche historique, et aussi de l'archéologie moderne et de ses sciences annexes.

C'est d'abord l'onomastique qu'il faudra interroger : *'LŠt* que les grecs ont traduit par Élissa, est un nom sémitique connu, probablement d'origine nabatéenne, mais encore inexpliqué. Dans Acherbas, on reconnaît le *Zakarba al* phénicien. Malgré de nombreuses et encore récentes controverses, Pygmalion semble bien être un roi historique contemporain des événements dont il est question (Flavius Josèphe place la fondation de Carthage à la septième année du règne de Pygmalion) ; ce nom – nom de personne ou de divinité ? – se retrouve à Carthage sur un médaillon en or découvert dans une tombe punique du quartier dit de Douimès, et datant de la première moitié du VII^e^ siècle avant J.-C. (voir Ferjaoui 1992, p. 248-253). *Hierbas* est un nom libyque porté par un roi numide du I^er^ siècle avant J.-C. ; le personnage de la légende appelé aussi *Lapon* ou *Lopias* (selon Servius et Solin) a donné *Juba* chez les Latins. *Dido* est un nom africain dont on connaît la forme *Ded* ou *Didi ;* il est porté par un chef libyen du XIII^e^ siècle avant J.-C. Quant aux *Muxitani,* il a été prouvé qu'ils furent une tribu historique. (Pour toutes ces questions, voir Camps 1992, p. 51.)

L'épisode chypriote ne peut étonner quand on connaît les liens étroits unissant Chypre – escale obligée pour les navigateurs phéniciens dans leurs pérégrinations méditerranéennes – à la ville de Tyr. À Kition, principale ville de l'île, comme dans d'autres cités phéniciennes, il a été établi que l'on pratiquait la prostitution sacrée dans le temple d'Astarté (Aphrodite). Cette coutume se retrouvera plus tard en Afrique dans le célèbre temple de Vénus de Sicca Veneria (Le Kef).

La fondation de Carthage, placée par plusieurs sources anciennes aux environs de 814 avant J.-C., trouve une heureuse et quasi définitive confirmation grâce aux récentes découvertes archéologiques menées sur ce site. Les archéologues allemands ont pu démontrer l'existence d'un habitat archaïque « organisé et étendu » remontant à la première moitié du VIIIe siècle avant J.-C., et prouver la présence d'activités artisanales et métallurgiques pour la même époque, « mettant ainsi un terme à un siècle de discussions scientifiques et confirmant définitivement une fondation de Carthage à la fin du IXe siècle avant J.-C. » (fouilles allemandes, campagne UNESCO, voir Gras *et al.* 1989, p. 207).

Que Carthage soit une fondation phénicienne, cela ne fait aucun doute. Élissa et ses compagnons ne furent pas les premiers Phéniciens à connaître cette terre, pour avoir navigué jusqu'aux confins de la Méditerranée occidentale et y avoir fondé de nombreuses colonies ; déjà, avant l'an 1000 avant J.-C., on compte Utique en Afrique, Gadir en Espagne, Lixus sur la côte africaine, au-delà du détroit de Gibraltar.

Le site qui allait devenir Carthage, site désert et propice, était connu depuis longtemps de ces fameux navigateurs, car c'était pour eux la dernière « escale technique », comme on pourrait l'appeler aujourd'hui, avant d'aborder Utique.

Qu'une querelle de palais se soit produite au début de cette aventure n'a rien d'impossible, mais il semble tout de même que cette fondation ait été une œuvre préméditée dans une perspective pure et simple de colonisation. Cette fondation coïncide d'ailleurs avec le développement que connaît Tyr, à une époque où celle-ci se présente comme la ville principale d'une Phénicie menacée par l'expansion du pouvoir assyrien et qui regarde désormais vers l'Occident. Cette époque voit un courant de colonisation très particulier de la part des Phéniciens d'abord, et ensuite des Grecs. La fondation de Carthage s'inscrit dans cette course à la colonisation, et il n'est pas étonnant dans ce contexte de voir les Grecs s'emparer de ce récit pour en réunir les pièces, tenter d'en rassembler les origines et les effets, avec les déformations et les « trahisons » inhérentes à toute traduction, tenter enfin de les expliquer à travers les modèles et les mécanismes relatifs à leur propre réalité, à leur propre culture. Le rite de fondation de Carthage, qui rappelle parfaitement les rites de fondation des colonies grecques, en est le meilleur exemple. À travers la traduction de mots sémitiques qu'ils ne comprenaient pas ou qui avaient été mal retranscrits, les historiens grecs ont, les premiers, reconstruit la légende qui, de ce fait, se conforme à un modèle connu. Ainsi, *'LŠt* devenait Élissa (peut-être du grec *elissein,* enrouler) : c'est celle qui enroule la peau autour de la colline *bosra* ou *basrat* (l'escarpement), qui devient Byrsa (à cause de *bursa,* mot grec qui signifie peau tannée, cuir).

C'est à partir de cette traduction que fut construite l'histoire de la peau de vache découpée, qui constitue une partie essentielle du récit.

Enfin, la mort de l'héroïne s'inscrit, elle aussi, dans un contexte culturel connu. Élissa n'est pas la seule Carthaginoise à s'être donné la mort pour sauver sa patrie ; chacun connaît l'acte héroïque de l'épouse d'Hasdrubal, qui préféra se jeter dans les flammes plutôt que de se rendre aux armées victorieuses de Scipion, et encore le funeste destin de Sophonisbe. Le sacrifice

sous toutes ses formes et surtout l'holocauste considéré comme le sacrifice total, est une donnée fondamentale appartenant en propre au contexte psychologique et religieux des peuples sémitiques.

## *Le mythe, ou la vérité absolue*

Mais au-delà des données historiques, et de la légende, il y a bien autre chose.

En effet, entre les vérités sous-jacentes de l'Histoire et la narration d'une épopée qui a su présenter, rapporter, inventer ou interpréter les faits et les signes, s'installe avec puissance la forme du mythe qui s'impose comme matrice primordiale d'une réalité originelle, intangible et éternelle.

Reydams
(actif dans la seconde moitié du XVII^e siècle)
*La Fondation de Carthage*
1675 - 1700
Tapisserie
H. 350 cm ; L. 630 cm
Hist. découverte en 1889 dans les greniers de l'hôtel de ville de Caen
Caen, musée des Beaux-Arts

C'est précisément à travers les légendes et leurs différentes versions que l'on peut découvrir les éléments d'un mythe authentique. Pour le comprendre, il faut être attentif au moindre détail, aux sources, surtout quand elles sont très anciennes, aux noms des personnages et à leur destin, aux différentes phases du récit et aux systèmes religieux et politique, il faut aussi essayer de replacer les faits dans leur représentation rituelle primitive.

Car la compréhension du mythe est essentielle, sa caractéristique étant d'appartenir au temps sacré et immuable, à l'éternité. Il est ressenti à la fois comme une réalité passée, présente et à venir. Plus que la légende, ou même l'histoire, le mythe est vécu comme un absolu, reflet du comportement humain et du destin de l'humanité. Il est composé de ces choses dont on dit « qu'elles n'eurent jamais lieu, mais qu'elles sont toujours » (Calasso 1991).

C'est ainsi que l'histoire décrit ; la légende raconte ; le mythe est.

Dans cette optique, plusieurs éléments sont à retenir :

– Les rapports de l'Orient et de l'Occident, de ces deux mondes qui oscillent continuellement l'un vers l'autre, et qui se découvrent, sont clairement définis. Comme Cadmos, le premier Oriental fondateur de Thèbes, Élissa est celle qui part à la conquête de l'ouest, de ces terres incertaines et prometteuses. Le lien est tissé, et l'échange fructueux : d'un côté, le savoir, l'intelligence et une certaine forme de supériorité ; de l'autre, les richesses nouvelles et la perspective de lendemains heureux. À cela s'ajoute une dimension supplémentaire qui rejoint les grands archétypes des mythes fondamentaux : c'est celle de l'exil qui n'est autre qu'une quête, où le héros qui est bien sûr étranger, entreprend un voyage toujours initiatique. En signe de régénération, ce voyage s'achève souvent par la mort (voir Ions 1984, p. 7).

– Il y a aussi la présence du sacré, en tout cas de l'élément religieux indispensable à toute entreprise humaine qui se voudrait durable : le dieu Melqart, figure emblématique de Tyr, les vierges sacrées, le prêtre de Junon, la construction probable du premier temple, sont très étroitement liés à cette aventure.

– Le récit porte aussi, en filigrane, les quatre éléments primordiaux : le ciel est présent à travers le contexte religieux, l'eau est identifiée à la mer que les marins auront à traverser ; la terre sera celle de la conquête ; enfin le feu, symbole le plus important et le plus complexe, intervient dans le cadre du sacrifice de la princesse ; comme le Phénix bien nommé, elle renaîtra de ses cendres pour la sauvegarde et l'éternité de Carthage.

Il y a donc les faits rapportés et interprétés, et il y a aussi les « blancs », les « non-dits » que la légende a oubliés ou occultés. Ils sont essentiels à la compréhension historique et peuvent constituer aussi les piliers du mythe.

À propos du voyage d'Élissa, les sources sont muettes ; après le départ et l'escale de Chypre, il y a, sans transition aucune, l'arrivée en Afrique et la fondation de Carthage. Entre les deux, les pérégrinations d'Élissa en mer sont restées sans écho. L'errance de la princesse sera une énigme ; seul le surnom de Didon est là pour la rappeler. Pourrait-on penser de ce fait à la juxtaposition de deux épisodes distincts : d'abord une affaire orientale, sombre et peut-être véridique – qu'il s'agisse d'une querelle familiale ou d'une volonté politique, le résultat est le même – qui va déterminer la fuite de la princesse *'LŠt* et de ses partisans ? À l'autre bout du récit, il y a la fondation d'une ville, histoire établie peut-être, à l'origine, sur les bases d'une tradition locale. Il est en effet troublant de découvrir une analogie certaine entre l'histoire d'Élissa et ce qu'on appelle le *Drame cosmologique d'Akan :* le peuple d'Akan provenant d'une ancienne migration libyco-berbère rend un culte primitif à la lune, « adorée sous la forme de la triple déesse Ngame, identique à la Neith libyenne, à la Tanit carthaginoise, à l'Anatha cananéenne et à l'Athéna de la Grèce primitive [...] On considère qu'une princesse de sang royal, en des temps troublés, peut être investie des pouvoirs magiques de Ngame et donner naissance à une divinité tribale qui s'installe dans un sanctuaire et prend le commandement d'une troupe d'émigrants vers un pays nouveau.

Cette femme devient reine-mère, chef militaire, juge et prêtresse de la colonie qu'elle fonde. » (Voir Graves 1967, p. 31-32.)

Un autre « blanc », et non des moindres, concerne le séjour de la princesse en Afrique. Après l'arrivée et les tractations qui présidèrent à la fondation de la ville, il y a la demande en mariage et le refus. Ce refus au nom de l'intégrité, qui sert d'argument à la compréhension de l'acte final, doit être réinséré dans la narration, éclairante à plus d'un titre. Pour cela, il faut se rapporter à l'épisode de la peau de vache : « celle-ci est l'enceinte ; elle contient la ville comme elle contient l'animal » ; il s'agit d'une allusion évidente à l'entité que forme au départ cette cité peuplée de Phéniciens, qui se présente comme un tout homogène et qui refuse toute intrusion étrangère.

En dehors de cette interprétation historique qui jette une lumière nouvelle sur ce type de colonisation de peuplement sévère, le destin d'Élissa pendant son séjour en Afrique reste dans l'ombre. Or de nombreuses études ont pu démontrer que des relations étroites avaient perduré pendant près de cinq siècles entre Tyr et Carthage, cette dernière se comportant comme une vassale envers la métropole. C'est ainsi que Carthage ne fut jamais gouvernée par un souverain (voir Ferjaoui 1992, p. 27 - 53). Il y a ici une certaine divergence entre le texte et l'histoire.

Il faudra plutôt dire que plusieurs éléments dispersés, sans doute différents à l'origine, ont contribué à l'élaboration d'une épopée fantastique et extraordinairement logique et cohérente. Le ciment en est le mythe, cette vérité absolue.

Le drame, car c'en est un, commence à la faveur d'un accident, d'une discorde primordiale, et s'achève avec la disparition de l'héroïne. Entre un assassinat et un suicide, le cycle d'Élissa est achevé et correspond à la naissance d'une ville.

Et c'est bien là que réside le secret d'Élissa. À interroger une fois de plus la légende, il apparaît clairement que la princesse est présentée comme fille, sœur de roi et épouse de prêtre. À ces trois rôles importants doit s'en ajouter un quatrième, essentiel : celui de mère. Élissa n'a ni enfant, ni descendance ; elle est seulement mère-fondatrice de Carthage, qui devient ainsi la fille légitime de Tyr. C'est ce pouvoir de fécondation et de création, accordé bien sûr à une femme, comme aux premières déesses des temps archaïques, qu'il faudra naturellement retenir.

On nous rappelle à travers ce beau récit, qu'il faut partir pour créer, couper le lien pour donner la vie, refuser le compromis pour survivre, se sacrifier pour le bien-être d'autrui, et mourir pour renaître et être assuré de l'éternité. Élissa est une leçon d'abnégation et de vie. Personnage peut-être historique, en tous cas légendaire et mythique, elle est une des plus formidables figures de notre histoire, et place la Tunisie sous le triple signe de la fécondité, de l'habileté et de la grandeur.

*Leïla Ladjimi Sebaï*

# Didon et Énée, l'iconographie du mythe dans l'Antiquité et au Moyen Âge

*Didon abandonnée*
IVe style, époque de Vespasien
Peinture murale
Naples, Museo Nazionale

ŒUVRE NON EXPOSÉE

Si l'on en croit Macrobe *(Saturnales,* V, 17, 5), auteur du début du Ve siècle, le thème des amours de Didon et d'Énée fut très présent dans les arts figuratifs tout au long de l'Antiquité : « Il [Virgile] a tellement surpassé en élégance son modèle [Apollonius] que la légende des amours de Didon, tenue pour fausse dans le monde entier, a pris pour des siècles l'aspect de la vérité, et vole si bien comme telle sur les lèvres des hommes, que les peintres, les sculpteurs et ceux qui, au moyen de fils entrelacés, reproduisent en tapisserie les images humaines, retracent ce sujet plus que tout autre dans leurs représentations imagées, comme s'il n'y avait pas d'autre motif de décoration ; et c'est aussi celui que célèbrent continuellement les acteurs dans leurs gestes et dans leurs chants. »

Cependant, les documents parvenus jusqu'à nous, dans tout l'Empire romain, sont relativement peu nombreux.

Les plus anciennes représentations connues sont des peintures pompéiennes, directement inspirées du texte de Virgile. Le tableau le plus complet, de l'époque de Vespasien, dans la maison de Méléagre (VI, 9, 2), est aujourd'hui conservé au musée national de Naples. Didon en larmes est assise sur un trône, à l'intérieur de son palais ; à ses côtés, se tiennent sa sœur Anna et une servante qui l'abrite avec une ombrelle. Au fond, le bateau d'Énée s'éloigne des rivages de l'Afrique, personnifiée par une femme, debout au premier plan, portant des défenses d'éléphant sur le front. Le même épisode est aussi représenté dans la maison des Amants (I, 10, 9) : Didon, assise dans son palais, cède à la douleur sous le regard inquiet des servantes. Dans cette même maison, se trouve d'ailleurs figuré le thème voisin d'Ariane abandonnée par Dionysos. Une troisième image, dans la maison VI, 3, 7, représente également la douleur de Didon. Un dernier exemple, malheureusement fort mal conservé, dans la maison IX, 6, montre les pieds de trois personnages, dont l'un aux jambes croisées, accompagnés de l'inscription *Dido Aeneas.* D'autres peintures campaniennes du Ier siècle après J.-C. furent parfois mises

Virgile (70 - 19 avant J.-C.)
*Virgilius Romanus : Églogues, Géorgiques, Énéide*

Virgile (f° 3 v.)
VIe siècle
Ms. parch., 309 fos, 19 miniatures conservées
Vatican, Biblioteca Apostolica Vaticana

ŒUVRE NON EXPOSÉE

en rapport avec l'histoire de Didon et Énée, mais ces interprétations sont aujourd'hui remises en question.

Au siècle suivant, l'unique représentation est un sarcophage en marbre découvert sur la Via Cassia en 1964 et conservé au musée national de Rome (inv. nº 168186) : Énée, coiffé d'un bonnet phrygien, et Didon, vêtue en Diane chasseresse, accompagnés d'un Amour, partent pour la chasse *(Énéide,* IV, 130-159). Dès ce moment, les artistes paraissent avoir établi un parallèle entre le couple de chasseurs Méléagre et Atalante et celui de Didon et Énée.

Les représentations de Didon et Énée sur la mosaïque sont rares. Contrairement à ce que l'on pensait autrefois, la mosaïque d'Hadrumète (Sousse, Tunisie) provenant du quartier de l'Arsenal, près de l'endroit où fut découvert le fameux portrait de Virgile, ne semble pas du tout évoquer les adieux de Didon à Énée. En revanche, l'image associée de Didon et d'Énée apparaît sur deux pavements mosaïqués de la fin de l'Antiquité. Ainsi, dans les bains de la villa de Low Ham (Grande-Bretagne), construite au IVe siècle, une riche iconographie se développe-t-elle sur le sol du *frigidarium :* un véritable cycle narratif s'organise en quatre panneaux, autour de l'image de Vénus, depuis l'arrivée d'Énée à Carthage jusqu'à l'union des deux amants. Sur le premier voguent trois navires ; un membre de l'équipage tend à Achate la précieuse couronne d'or et de diamants destinée à la reine *(Énéide,* I, 647). Sur le second tableau, aux côtés de Vénus tenant par l'épaule Cupidon métamorphosé en Ascagne *(Énéide,* I, 688), se trouvent Énée, barbu, en guerrier, avec un bonnet phrygien, s'appuyant sur une lance, et Didon, à demi-vêtue. Le troisième tableau illustre le départ pour la chasse : à cheval, Didon et Énée galopent, précédés par le jeune Ascagne *(Énéide,* IV, 129-157). Sur le dernier tableau, Didon et Énée sont enlacés ; deux arbres encadrent le couple mais la grotte où se réfugièrent les deux héros n'est pas représentée *(Énéide,* IV, 165). Une mosaïque du VIe siècle, très mutilée, découverte à Halicarnasse (aujourd'hui Bodrum, en Turquie), devait, elle aussi, figurer l'épisode de la chasse : les deux personnages à cheval sont identifiés grâce à une inscription *deidw* et *aineac.* À l'autre extrémité, était représenté le couple Méléagre et Atalante, fragment aujourd'hui exposé au British Museum à Londres.

*Tissu copte : Didon et Énée*
IVe siècle après J.-C.
Laine de couleur rouge-violet et lin non blanchi sur trame de lin
Kunstmuseum Düsseldorf im Ehrenhof

ŒUVRE NON EXPOSÉE

Enfin, le thème de la chasse se retrouve sur un tissu copte conservé au Kunstmuseum de Düsseldorf ; l'identité des deux héros, au visage nimbé, à cheval, est précisée par une inscription : *[.]niac* et *didw.*

Mais ce sont incontestablement les livres manuscrits qui offrent les images les plus nombreuses et les plus variées.

De l'Antiquité tardive sont conservés deux célèbres manuscrits, le *Virgilius Vaticanus (Codex Vaticanus Latinus* 3225), du Ve siècle et le *Virgilius Romanus (Codex Vaticanus Latinus* 3867), du VIe siècle, tous deux à la Bibliothèque vaticane. Le premier comprend cinquante peintures, attribuées à trois ou quatre artistes ; neuf se rapportent à l'histoire de Didon et Énée, avec une grande fidélité au texte de Virgile. Ainsi, au livre I, retrouve-t-on notamment Énée et Achate admirant la construction de Carthage ; Énée devant Didon ; Vénus envoyant vers Didon l'Amour sous l'apparence d'Ascagne. Le livre IV a inspiré une abondante illustration : Didon offrant un sacrifice ; Apparition

Virgile (70 - 19 avant J.-C.)
*Virgilius Vaticanus :*
fragments des *Géorgiques* (III et IV)
et de l'*Énéide* (I - XI)

Sacrifice de Didon (fo 33 v.)
Fin IVe - début Ve siècle
Ms. parch., 75 fos, 50 miniatures conservées
Vatican, Biblioteca Apostolica Vaticana

ŒUVRE NON EXPOSÉE

Virgile (70 - 19 avant J.-C.)
*Virgilius Romanus :*
*Églogues, Géorgiques, Énéide*

Didon et Énée dans la grotte (fo 106 r.)
VIe siècle
Ms. parch., 309 fos, 19 miniatures conservées
Vatican, Biblioteca Apostolica Vaticana

ŒUVRE NON EXPOSÉE

de Mercure à Énée ; Reproches de Didon à Énée ; Didon apercevant la fuite des Troyens ; Didon sur le bûcher ; Mort de Didon. Le second manuscrit comprend dix grandes peintures illustrant l'*Énéide,* dont deux concernent Didon et Énée : le banquet offert par la reine de Carthage et l'épisode de la grotte.

Ainsi s'est élaboré un cycle narratif, déjà perceptible dans la mosaïque de Low Ham. Peut-être en était-il de même de l'histoire d'Énée représentée sur le calice en agate, monté en or, que Brunehaut, lors de son mariage avec Sigebert, en 566, offrit à l'église Saint-Étienne d'Auxerre ?

Hormis ces cycles, l'iconographie antique a surtout privilégié l'aspect amoureux, à travers deux épisodes : la chasse et l'abandon de Didon. Cette iconographie fut d'ailleurs l'objet d'une contamination avec d'autres mythes. Dans le thème de la chasse *(Énéide,* IV, 129-168), comme l'avait déjà suggéré Virgile lui-même, Énée et Didon sont parfois identifiés à Apollon *(ibid.,* IV, 144) et à Diane *(ibid.,* I, 499). À la fin de l'Antiquité, certains documents laissent même envisager une contamination avec le thème proche de Méléagre et Atalante. L'abandon de Didon par Énée n'est pas non plus sans rappeler celui d'Ariane par Dionysos.

La littérature antique s'est aussi largement attardée sur le thème de la passion amoureuse et de l'abandon de Didon. « Ainsi, tu as décidé de partir et d'abandonner la malheureuse Didon : les mêmes vents emporteront voiles et serments ? » (Ovide, *Héroïdes,* VII, 7-11). Quatre siècles plus tard, Augustin déplore à trois reprises d'avoir lui-même jadis pleuré « sur le trépas de Didon, morte de son amour pour Énée » *(Confessions,* I, 13, 21). Les accents du texte de Virgile se retrouvent dans les épitaphes tant païennes que chrétiennes, qui reprennent souvent les plaintes mêmes de Didon. Chez certains auteurs, la reine de Carthage est devenue l'une des grandes figures légendaires de la passion amoureuse. Ainsi, le poète Ausone, dans la seconde moitié du IVe siècle, nous rapporte-t-il que, sur une peinture du palais impérial de Trèves représentant Cupidon crucifié, se trouvent « Thisbé, Canacé et la Sidonienne Didon » *(Idylles, 6).*

Mais une autre image de Didon est née, dès la fin du IIe siècle, chez certains auteurs chrétiens : celle de la femme d'un seul homme, « glorification de la pudeur et de la chasteté » (Tertullien, *Apologétique,* 50, 5), qui préfère se donner la mort plutôt que d'être infidèle à la mémoire de son premier époux Sychée. Loin de la synthèse créée par Virgile, cette interprétation repose sur la tradition gréco-phénicienne, selon laquelle le roi berbère Hiarbas voulait épouser Élissa-Didon. Jérôme à son tour développera cette image à plusieurs reprises (voir notamment *Lettres,* 123, 7).

Cette multiplication des allusions au personnage de Didon à la fin de l'Antiquité ne doit pas surprendre. En ces siècles où l'Afrique occupe une place prépondérante dans l'Empire d'Occident, sur le plan de la pensée et de la spiritualité, la reine de Carthage n'est plus seulement l'*infelix Dido ;* elle est devenue une figure vertueuse, emblématique de l'Afrique. L'adjectif *Elissæus,* créé par Silius Italicus, et repris par Sidoine Apollinaire *(Carmina,* VII, 445), devient même synonyme de *Punicus.*

Virgile (70 - 19 avant J.-C.)
*Bucoliques, Géorgiques, Énéide*
Miniatures attribuées au
Maître du Roman de la Rose de Vienne
Le débarquement d'Énée à Carthage ;
Énée accueilli par Didon (f° 49 v.)
Vers 1460
Ms. parch. H. 25 cm ; L. 14,5 cm
Paris, Bibliothèque nationale de France
Inv. Ms. lat. 8200

Virgile (70 - 19 avant J.-C.)
*Énéide*
Le récit d'Énée à la table de Didon (f° 20 v.)
Vers 1470
Manuscrit flamand
La Haye, Bibliothèque royale

ŒUVRE NON EXPOSÉE

Aux siècles suivants, un hiatus peut être perçu dans l'iconographie. Bien sûr, le texte de Virgile se maintient par endroits, par le biais de l'école ; ainsi chez le poète Fortunat, au VI^e siècle, on relève plus de cent réminiscences virgiliennes.

Virgile est véritablement redécouvert à l'époque carolingienne. Il ne s'agit toutefois pas de manuscrits illustrés. Le premier manuscrit médiéval qui nous soit parvenu (Naples, Bibliothèque nationale, ms. lat. 6), du milieu du X^e siècle, reprend seulement deux scènes : le récit d'Énée à Didon et une curieuse « Didon séductrice ». Cette dernière scène est sans doute une évocation de celle de la grotte : la reine, vêtue d'une tunique transparente, se tourne vers Énée, représenté par son seul visage, dont les traits rappellent ceux des Christ romans. Sur un manuscrit de Paris (Bibliothèque nationale de France, ms. lat. 7936), de la fin du XII^e siècle, l'illustration de l'*Énéide* comporte seulement des initiales historiées (le récit d'Énée à Didon, Didon et Anna) où Didon présente toutes les apparences d'une Vierge romane.

Dans les premières années du siècle suivant, sur le manuscrit bien connu de Berlin (Staatsbibliothek Preussischer Kulturbesitz, Germ. in-f°, 282), dit *Énéide* de Henri van Veldeke, l'illustration commence à suivre le texte pas à pas. Une grande place est accordée aux épisodes chevaleresques. Chaque miniature se compose de deux tableaux superposés. Ainsi, dans le livre I, trouve-t-on par exemple réunis l'arrivée d'Énée chez Didon et la présentation de cadeaux à la reine ou encore le banquet offert par Didon et le récit d'Énée sur les malheurs de Troie. Dans le livre IV, figurent notamment le tourment d'amour de Didon et les confidences de Didon à Anna, ou encore le départ pour la chasse et l'étreinte amoureuse sous un arbre. L'illustrateur a même inventé un festin de noces et une nuit de noces.

Ce n'est qu'à la fin du Moyen Âge que les illustrations se multiplient, dans des manuscrits français, italiens, allemands et flamands. Au XV^e siècle, on ne recense pas moins de douze manuscrits illustrés de l'*Énéide* dont

Virgile (70 - 19 avant J.-C.)
*Œuvres*
Rencontre d'Énée et de Vénus (p. 128)
Londres, chez Thomas Roycroft, 1663
Un vol. in-f°
Paris, musée du Petit Palais

ŒUVRE NON EXPOSÉE

le manuscrit français 8200 (Paris, Bibliothèque nationale de France), présenté à l'exposition. Mais il faut leur ajouter des compilations nées au XIIe siècle et connues sous le nom d'*Histoire ancienne jusqu'à César ;* dans ces volumes, prend place un résumé de l'*Histoire d'Énée* ou *Æneas,* prétexte à un développement iconographique.

On constate alors une grande indépendance des illustrateurs qui puisent chacun différemment dans le texte, y compris pour les initiales, transposant les scènes dans leur temps. Les sujets retenus correspondent généralement aux moments les plus pathétiques, particulièrement le suicide de Didon. L'une des plus anciennes représentations se trouve dans un *Roman d'Æneas* (Paris, Bibliothèque nationale de France, ms. fr. 784, f° 70), datant du XIIIe siècle : dans un bandeau surmontant la page, Didon et ses suivantes, du haut des murailles de Carthage, regardent s'éloigner les vaisseaux d'Énée et de ses compagnons ; au-dessous, dans l'initiale Q, la reine, debout au milieu des flammes, se transperce le corps avec l'épée offerte par Énée. Dans une autre *Histoire d'Énée*, de la fin du XIVe siècle (Paris, Bibliothèque nationale de France, ms. fr. 301, f° 172), dans une loggia d'allure médiévale, la reine tombe les bras en avant, transpercée par l'épée, tandis que trois vaisseaux, portant Énée au casque couronné d'or et ses compagnons, quittent le rivage de Carthage.

Loin de toute référence à l'Antiquité, les illustrateurs placent alors les héros, dont la vie se fait l'écho des romans de chevalerie, dans une atmosphère entièrement contemporaine. Ainsi, dans un manuscrit flamand du XVe siècle (La Haye, Bibliothèque royale, 76 E 21, f° 20 v.), le peintre situe-t-il le récit d'Énée à la table de Didon dans un cadre familier à la société de Bruges et, sans la présence du texte, cet épisode de banquet pourrait difficilement être rattaché à l'histoire d'Énée et de Didon. De même, contrairement au texte de Virgile, la mythologie intervient peu dans ces illustrations médiévales. Sous l'influence des livres d'heures, perce même la christianisation de certains épisodes ; les divinités n'apparaissent que dans la seconde moitié du XVe siècle.

De l'Antiquité à la fin du Moyen Âge, on ne perçoit donc pas – semble-t-il, au travers du nombre limité de documents parvenus jusqu'à nous – une tradition iconographique continue. Avec les peintres de la Renaissance s'annonce le retour à l'antique, accompagné d'une recherche presque archéologique dans les costumes et le décor. Parallèlement, le choix des sujets se renouvelle, entraînant un abandon des épisodes que les romans de chevalerie avaient mis au goût du jour.

*Catherine Balmelle* *Alain Rebourg*

Virgile (70 - 19 avant J.-C.)
*Le Livre des histoires du commencement du monde*
Énée quitte Didon ; le suicide de Didon (f° 172 r.)
XIVe siècle
Ms. parch. avec miniatures
Paris, Bibliothèque nationale de France

ŒUVRE NON EXPOSÉE

# Didon et Énée, survie du mythe à l'époque moderne

Maître de l'Énéide
*La Mort de Didon*
1540
Émail peint sur cuivre
H. 22,4 cm ; L. 20,1 cm
Baltimore, The Walters Art Gallery

« Hélas ! ma pauvre Stratonice, que je suis malheureuse ! Vous savez comme j'ai vécu. Je gardai une fidélité si exacte à mon premier mari, que je me brûlai toute vive, plutôt que d'en prendre un second. Cependant, je n'ai pu être à couvert de la médisance. Il a plu à un poète, nommé Virgile, de changer une prude aussi sévère que moi, en une jeune coquette qui se laisse charmer de la bonne mine d'un étranger dès le premier jour qu'elle le voit. Toute mon histoire est renversée. (…) Si la galanterie que Virgile m'attribue avait quelque vraisemblance, je consentirais que l'on me soupçonnât ; mais il me donne pour amant, Énée, un homme qui était mort trois cents ans avant que je ne fusse au monde. »

Ainsi Fontenelle fait-il parler Didon dans le troisième de ses *Dialogues des morts anciens* publiés en 1683. En quelques lignes, il résume le destin de Didon, marque les limites de sa fortune littéraire et introduit l'ambiguïté de ses nombreuses interprétations à l'époque moderne. Didon est-elle tragique pour avoir voulu rester fidèle à son époux, Sychée, traîtreusement assassiné par son frère, Pygmalion ? A-t-elle été abusée par Énée ? A-t-elle été le jouet des manœuvres de Vénus, la mère divine d'Énée, dans la grande affaire de la fondation de Rome ? Est-elle victime de sa fidélité, de sa passion ou de la politique des dieux ?

Entre la chute de Troie et la fondation de Rome, l'épisode des amours d'Énée à Carthage, tel du moins que le rapporte Virgile, prend d'emblée une valeur politique. L'itinéraire du héros troyen autour du bassin méditerranéen s'inscrit aux origines de Rome : fils de Vénus / Aphrodite et d'Anchise, Énée confère à la race romaine la noblesse de ses origines ; amant fatal de Didon, il soumet l'avenir de Carthage au souvenir de cette passion tragique. De la sorte, si l'*Énéide,* inspirée par l'*Iliade* et l'*Odyssée,* place Rome en héritière symbolique d'Athènes, elle est aussi une justification après coup des guerres puniques sur lesquelles se fonde la puissance de l'empire romain que Virgile chante pour la gloire d'Auguste.

Simon Vouet (1590 - 1649)
*La Mort de Didon*
1642 - 1643
Huile sur toile
H. 215 cm ; L. 170 cm
Hist. coll. M. Gentil de Chavagnac
Dole, musée des Beaux-Arts

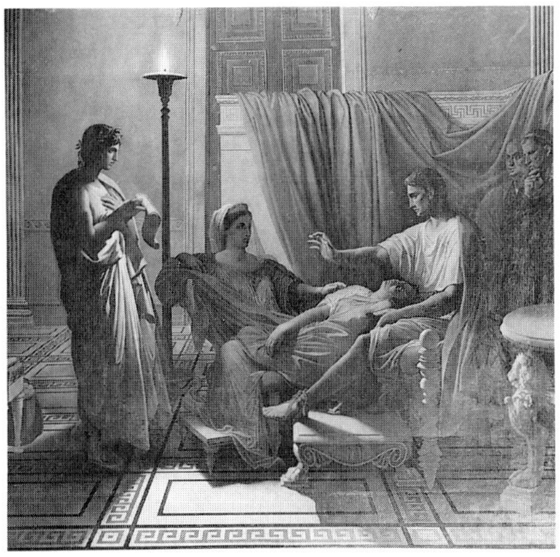

Selon ces présupposés politiques qui dictent à Virgile la nouvelle épopée, Carthage ne pouvait certes pas résister à Rome, ni Didon à Énée. Fût-ce au prix d'un fort anachronisme : la prise de Troie et la fuite d'Énée remonteraient en effet au XIII^e^ siècle avant J.-C. alors que la fondation de Carthage est datée de 814. Fût-ce au prix d'un arrangement tragique du caractère de la reine de Carthage : Didon devait se suicider par désespoir amoureux et non par fidélité conjugale.

L'*Énéide,* selon le principe de l'épopée, est aussi le théâtre des rivalités des dieux de l'Olympe, et d'abord des déesses : Vénus / Aphrodite est la protectrice tutélaire des Troyens et d'Énée, son fils, tandis que Junon / Héra, rivale malheureuse d'Aphrodite, qui « garde, gravé au fond de son cœur, le jugement de Pâris », voue à celle-ci une rancune tenace et prend Carthage et Didon sous sa protection. Autour d'elles, les autres dieux choisissent leur camp.

Le chant I de l'*Énéide* se présente comme une longue exposition du drame qui met l'accent sur l'enjeu politique de l'épopée. Les premiers vers donnent d'emblée le ton :

*Arma virumque cano, Troiae qui primus ab oris*
*Italiam fato profugus Lauiniaque venit*
*litora.*

(v. 1 - 3)

[Je chante les combats et ce héros qui, le premier, des rivages de Troie, s'en vint, banni du sort, en Italie, aux côtes de Lavinium.]

Puis Carthage est aussitôt présentée :

*Urbs antiqua fuit (Tyrii tenuere coloni) :*
*Karthago, Italiam contra Tiberinaque longe*
*ostia...*

(v. 12 - 14)

[Il fut une ville antique (des colons de Tyr l'habitèrent) : Carthage, dressée au loin en face de l'Italie et des bouches du Tibre...]

Ensuite viennent des scènes où alternent la confrontation des dieux et celle des hommes comme autant de tableaux distincts où se construit l'intrigue. Didon, et ce n'est certes pas un hasard, apparaît bien plus loin, après que Vénus elle-même en a fait le portrait à Énée.

S'il est vrai que les amours des dieux sont politiques et la passion des hommes tragique, parce que gouvernée par un destin qui leur échappe, l'exposition de l'*Énéide,* qui met clairement en scène les rivalités divines qui président à l'épopée, est aussi politique : les protagonistes y sont traités par les dieux comme le jouet de leur destinée, et aucun sentiment ne vient en troubler le caractère avant que la volonté divine ne le leur insuffle.

Dès les premiers moments, Junon, « qui gardait au fond de son cœur son éternelle blessure » *(aeternum servans sub pectore volnus,* I, 36), se présente comme la divinité opposée au destin d'Énée. Elle prie Éole de déchaîner les vents pour écarter à nouveau le héros de sa route qui doit le conduire vers l'Italie et la fondation de Rome. Neptune, « vivement ému », s'adresse alors aux vents.

Jean-Auguste-Dominique Ingres (1780 - 1825)
*Tu Marcellus eris –*
*Virgile lisant l'*Énéide
*devant Auguste, Octavie et Livie*
Vers 1812
Huile sur toile
Toulouse, musée des Augustins

ŒUVRE NON EXPOSÉE

Pierre de Cortone
Pietro Berrettini dit (1596 - 1669)
*Vénus en chasseresse*
*apparaissant à Énée*
Vers 1650
Huile sur toile
Paris, musée du Louvre,
département des Peintures

ŒUVRE NON EXPOSÉE

Maître de l'Énéide
*Vénus et Junon décident de favoriser les amours de Didon et Énée*
Vers 1530
Émail peint sur cuivre
H. 22,2 cm ; L. 20,1 cm
Hist. acquis en 1912
Paris, musée du Louvre
département des Objets d'Art

Maître M. D. Pape (actif entre 1574 et 1609) attribué au
*Neptune apaisant la tempête*
Vers 1550 - 1575
Émail peint
H. 20 cm ; L. 29 cm
Hist. coll. Dutuit
Paris, musée du Petit Palais

*Iam caelum terramque meo sine numine, venti,*
*miscere ; et tantas audetis tollere moles ?*
Quos ego...! *Sed motos praestat componere fluctus*
(v. 133 - 135)

[Osez-vous bien, sans ma permission, vents insolents, bouleverser le ciel et la terre et soulever ces énormes masses ? *Je vous...!* Mais avant tout il faut calmer les vents émus.]

C'est la scène dite du *Quos ego* que reproduit la plaque en émail de Limoges présentée à l'exposition (Paris, musée du Petit Palais), dont l'auteur, peut-être le maître M.D. Pape, a emprunté la composition à une gravure de Marcantonio Raimondi. Autour du motif central qui montre Neptune apaisant les flots (le *Quos ego*), se développent plusieurs tableaux qui résument les premiers moments de l'*Énéide* (de gauche à droite et de haut en bas) : Junon priant Éole et Vénus intercédant pour sauver Énée ; Vénus en chasseresse annonçant à Énée qu'il retrouvera bientôt sa flotte et ses compagnons ; Énée reçu par Didon ; Énée devant le temple que Didon bâtit à Junon ; Vénus envoyant l'Amour sous les traits d'Ascagne.

La réunion de ces premières scènes du chant I autour du *Quos ego* prend certes l'apparence d'une exposition, et leur confrontation dans un même ensemble, gravure ou plaque émaillée, obéit à cette unité de composition purement didactique. Toutefois, il est permis de leur donner une autre signification : présentation du drame, ces scènes résument aussi la portée tragique de l'intrigue.

L'épisode où Vénus apparaît à Énée pour lui annoncer qu'il retrouvera ses compagnons fut traité en tableau isolé par plusieurs artistes : l'œuvre de Pierre de Cortone (Paris, musée du Louvre), en est un des exemples les plus célèbres. Il apparaît encore dans la majorité des cycles consacrés à l'*Énéide*.

Le festin est un des moments clés du chant I de l'*Énéide :* Didon, pour accueillir dignement le héros troyen et son fils, Ascagne, décide de leur offrir

Pierre Reymond (1513 - 1584) atelier de
*Vénus sur son char*
Salière en forme de piédouche rond
Vers 1550
Émail peint sur cuivre
H. 7,9 cm ; DIA. 10,4 cm
Hist. coll. Durand, acquis en 1825
Paris, musée du Louvre, département des Objets d'Art

un repas somptueux. Entre temps, Vénus enlève Ascagne dans un lieu secret et donne ses traits à l'Amour. Aussi, lorsque Didon croit serrer dans ses bras le jeune garçon, Cupidon travesti « efface par degrés le souvenir de Sychée et cherche à glisser un vivant amour dans cet être depuis longtemps paisible et ce cœur tout déshabitué » *(... paulatim abolere Sychaeum / incipit et vivo temptat praevertere amore / iam pridem resides animos desuetaque corda...* v. 720 - 722). C'est le moment où l'intrigue bascule.

La popularité de ce thème du festin ressortit à deux raisons distinctes. La première, assez évidente, tient à la nature de la scène illustrée : scène de repas, elle vient naturellement s'adapter à une iconographie des plaisirs de la table, par exemple dans la conception d'objets de vaisselle d'apparat (aiguière, salière, coupe). La seconde raison prend en compte son importance psychologique : le *Festin* peut être tenu pour la scène d'introduction au drame qui se joue au chant IV, scène d'enchantement où Didon perd toute son indépendance d'action et se livre à Énée et à son destin tragique.

L'ambiguïté du mythe virgilien tient pour beaucoup à ce mélange nouveau de tragédie et d'épopée qui donne toute son originalité à l'*Énéide* par rapport au modèle homérique. Le chant IV, entièrement consacré à Didon, où le personnage d'Énée prend si peu la parole qu'il peut être tenu pour un personnage secondaire, est construit comme une tragédie autonome. Il n'est de fait guère étonnant qu'il ait par-dessus tout intéressé les artistes, peintres et écrivains, à l'époque moderne.

Le chant IV est l'acte où se joue le destin de Didon et la composition de ce chapitre obéit aux règles courantes de la tragédie. Dans le *Génie du christianisme,* Chateaubriand dit ainsi :

« Aristote, il est vrai, a prétendu que le poème épique est tout entier dans la tragédie ; mais ne pourrait-on pas croire, au contraire, que c'est le drame qui est tout entier dans l'épopée ? Les adieux d'Hector à Andromaque, Priam dans la tente d'Achille, Didon à Carthage, Énée chez Évandre (...) sont de véritables tragédies, où il ne manque que la division des scènes et le nom des interlocuteurs. » (*Le Génie du christianisme,* II^e^ partie, livre I, chap. I).

Si le chant I peut être tenu pour l'exposition de cette tragédie, l'action se développe bien en plusieurs actes jusqu'au chant IV, qui conduisent à la catastrophe, la mort de Didon. Aux chants II et III, Énée fait le récit de sa fuite de Troie et de ses errances en Méditerranée. Au chant IV, l'action se précipite : Didon et Énée s'unissent dans la scène de la grotte ; le roi numide Hiarbas, averti par la Renommée, apprend que Didon, celle qu'il veut pour épouse, a trompé ses espoirs ; Jupiter envoie Mercure rappeler Énée à l'ordre ; Didon et Énée s'expliquent dans un tête-à-tête poignant qui montre le Troyen plus résolu que jamais à partir tandis que Didon prend conscience de son destin fatal.

Parmi les événements qui introduisent à cette vision tragique du drame, hormis l'épisode du *Festin,* on peut isoler la scène dite de la grotte qui en est comme l'accomplissement. Didon et Énée partis pour la chasse se trouvent soudain surpris par un orage qui les force à chercher un abri :

Marcantonio Raimondi
(v. 1480 - entre 1527 et 1534)
*Quos Ego*
Burin
Paris, musée du Petit Palais

ŒUVRE NON EXPOSÉE

Pierre Reymond (1513 - 1584)
atelier de
*Énée reçu par Didon*
Salière en forme de piédouche rond
Vers 1550
Émail peint sur cuivre
H. 7,9 cm ; DIA. 10,4 cm
Hist. coll. Durand, acquis en 1825
Paris, musée du Louvre,
département des Objets d'Art

*Speluncam Dido dux et Troianus eandem*
*deveniunt. Prima et Tellus et pronuba Iuno*
*dant signum ; fulsere ignes et conscius aether*
*conubiis, summoque ulularunt vertice Nymphae.*
*Ille dies primus leti primusque malorum*
*causa fuit.*
(v. 165 - 170)

[Didon et le chef troyen se retrouvent dans la même grotte. La Terre en premier lieu et Junon qui préside à l'hymen donnent un signal : des feux, l'éther complice, ont brillé pour des noces, du haut des sommets les nymphes ont poussé leurs clameurs. Ce jour fut la première cause de sa mort.]

L'épisode de la chasse suivi par celui de la grotte est de ceux qui connurent aussi la faveur des artistes. Sans doute, le goût prononcé à l'époque moderne, du XVIIe au XVIIIe siècle, pour l'art cynégétique y trouve-t-il son compte et l'épisode, souvent réduit à une simple scène de chasse, devient un motif fréquemment repris dans la décoration des intérieurs privés. Ni les auteurs des cartons de tapisseries ni les grands peintres décorateurs n'oublient de traiter cette scène. Elle a aussi inspiré les poètes et les musiciens : Berlioz, dans les *Troyens,* en tire ainsi les plus beaux accents de son célèbre duo.

Au XVIIe siècle, c'est naturellement l'image de l'héroïne tragique, frappée par le destin et conduite au suicide, qui s'impose. Didon prend place auprès de Cléopâtre, de Sophonisbe et de Lucrèce dans la théorie des icônes officielles du suicide – ce que Dante, dans la *Divine Comédie,* entérine en réunissant les deux premières dans le cercle de la luxure. Or cela ne va pas sans confusion : l'image traditionnelle, fixée dans les manuscrits médiévaux et fidèle au récit virgilien, qui montre Didon se perçant le sein et s'immolant sur les hauteurs de Carthage afin que son sacrifice soit vu d'Énée en fuite, cette image, qui met en scène la fidélité outragée, s'efface alors devant la représentation d'une héroïne soumise à sa seule passion :

*(...) « Moriemur inultae,*
*sed moriamur », ait. « Sic, sic iuvat ire sub umbras.*
*Hauriat hunc oculis ignem crudelis ab alto*
*Dardanus, et nostrae secum ferat omina mortis. »*
(v. 659 - 662)

[« Quoi, mourir sans vengeance ! Oui, mourons, dit-elle. Même ainsi, même ainsi, il m'est doux de descendre chez les ombres. Que le cruel Dardanien repaisse sa vue, de la haute mer, à contempler ce bûcher, et emporte avec lui les présages de notre mort. »]

Dans son *Traité de la peinture,* Gérard de Lairesse prend le sujet comme archétype de scène tragique :

« Mais retournons à notre objet, et tâchons de rendre notre idée plus claire par un exemple, pour lequel nous prendrons la *Mort de Didon,* que nous exposerons de deux manières différentes, savoir, d'abord suivant le récit de l'histoire, et ensuite de manière allégorique.

Dans le premier tableau nous représenterons la malheureuse reine de Carthage qui, livrée à son désespoir, se perce le sein sur le bûcher qui doit

Pierre Reymond (1513 - 1584)
*Le Festin de Didon et Énée*
Coupe
1556 - 1557
Émail peint sur cuivre, grisaille et rehauts
Monogramme P.R. sur le pied
H. 9,6 cm ; DIA. 14,7 cm
Hist. acheté en 1980
Limoges, musée municipal de l'évêché

Léonard Limosin (v. 1505 - 1575 ou 1577)
*Le Festin de Didon et Énée*
Coupe
1543
Émail peint
H. 14,6 cm ; L. 21 cm
Londres, Victoria and Albert Museum

la réduire en cendres ; tandis qu'Iris coupe le fil fatal de ses jours, et que la sœur de Didon, ainsi que sa suite, s'abandonnent aux plaintes et aux larmes, les uns plus, les autres moins. Voilà comment Virgile nous a peint cet événement. Mais pour traiter ce sujet d'une manière allégorique, nous ferons paraître le désespoir, accompagné de la fureur, qui traîne l'amour au tombeau, avec cette inscription : la mort de Didon, ainsi que je l'ai fait pour le titre d'une tragédie hollandaise. »

La *Mort de Didon* de Simon Vouet est une des plus parfaites illustrations de cette première manière décrite par le peintre flamand. En revanche, il n'existe pas d'interprétation allégorique de cette scène. Lairesse, d'ailleurs, en confesse à mi-mot la raison : la complexité de l'allégorie, qui rendrait sans doute la lecture d'une telle composition bien obscure pour le spectateur, échappe en fait à une simple réduction tragique de l'événement qu'il décrit. À l'évidence, le désespoir, la fureur et l'amour ne sont pas les seules forces qui gouvernent le destin de Didon. Il y manque l'arbitraire volonté des dieux – c'est-à-dire aussi de Virgile –, celle-là même qu'allègue Énée pour se justifier devant le fantôme de Didon lorsqu'il l'entrevoit lors de sa descente aux Enfers (livre VI).

Virgile impose un destin tragique à son héroïne mais lui prête en contradiction un caractère romantique. Elle se suicide moins qu'elle n'est sacrifiée par les dieux et sa mort ne saurait revêtir un caractère allégorique puisqu'elle ne signifie rien au moment où elle se la donne, sinon l'amour impossible qu'elle porte à Énée. Il faut anticiper sur l'avenir de Rome pour parler ici de raison d'État : Virgile le fait sans doute et en prête l'idée à Énée et aux dieux mais en aucun cas à Didon – Didon sacrifiant son amour pour Énée serait, a-t-on parfois dit, une Cléopâtre responsable qui aurait préféré sacrifier son amour pour Antoine au nom de la grandeur de Rome. Dans l'Énéide, Virgile confond à l'évidence le destin de la reine avec celui de Carthage : la culpabilité de Didon est celle de son empire et sa vengeance se réalise avec les guerres puniques. « Toute mon histoire est renversée », lance la Didon de Fontenelle *(op. cit. supra) :* on peut se demander en effet quelle cohérence régit ce caractère tant est grande l'ambiguïté de ses motivations.

Didon est-elle de fait réellement tragique ? Les nombreuses pièces écrites sur ce thème du XVIe au XVIIIe siècle n'en apportent pas nécessairement la preuve, où les auteurs ont dû forcer le plus souvent la jalousie de Hiarbas et, par suite, la duplicité de Didon, pour justifier psychologiquement la catastrophe – citons Jodelle, Marlowe au XVIe siècle, Hardy, Scudéry, Desmarets au XVIIe siècle… enfin, les plus remarquables sans doute, *Didon et Énée* de Purcell, opéra de 1689, et *Didon abandonnée,* mélodrame, et non tragédie, de Métastase en 1724. Didon est-elle tragique ? et ne lui manque-t-il pas cette « culpabilité médiocre », simplement humaine, que Racine (préface d'*Andromaque),* commentant Aristote, réclame pour le caractère de ses héroïnes ? Est-elle coupable ou victime ?

Faudrait-il trouver une conclusion à la fortune iconographique de Didon que Turner, Reynolds ou Füssli en fourniraient l'argument. Le curieux combat que se livrent ces deux derniers artistes en 1781, présentant chacun,

Jean III Pénicaud
attribué à
*Le Festin de Didon et Énée*
Aiguière
Vers 1540 - 1550
Émail peint sur cuivre
H. 29,5 cm ; L. 13,2 cm
Hist. acquis en 1953 par les amis du musée de Limoges
Limoges, musée municipal de l'évêché

Pierre Reymond (1513 - 1584)
*Le Festin de Didon et Énée*
Coupe
1538
Émail peint
H. 18,4 cm ; DIA. 20 cm
Londres, Victoria and Albert Museum

Claude Gellée dit le Lorrain (1600 - 1682)
*Vue de Carthage avec Didon et Énée*
1676
Huile sur toile
Hambourg, Kunsthalle

ŒUVRE NON EXPOSÉE

William Mallord Turner (1775 - 1851)
*Le Déclin de l'empire carthaginois*
1817
Huile sur toile
H. 170 cm ; L. 238,5 cm
Londres, Tate Gallery

à quelques mois de distance, sa version de la *Mort de Didon,* éclaire la destinée du personnage dans les premiers moments du romantisme. Dans la mesure où l'épopée virgilienne, dans son ambiguïté tragi-épique, dépouillée de ses accessoires mythologiques, s'impose comme l'une des sources reconnues du roman moderne, le caractère de Didon « l'errante » (voir *supra,* l'article de Leïla Ladjimi Sebaï, « Élisha(t) – Élissa »), arrachée à son ascendance et condamnée à n'avoir aucune descendance, ce caractère réduit à la conscience meurtrie d'une amoureuse abandonnée, victime et non coupable – ce qui correspond aussi à l'interprétation mélodramatique de Métastase –, apparaît bien comme celui d'une des premières héroïnes romantiques. Contrairement à Sophonisbe, à Cléopâtre ou à Lucrèce dont la mort ne pourrait se comprendre sans la raison d'État, le suicide de Didon s'explique mieux par la déraison du seul désespoir amoureux.

La dimension politique ne saurait toutefois être absente d'une interprétation romantique du drame. Turner, qui se passionne, quelques années plus tard, pour le thème de la naissance et de la chute des empires, thème alors à la mode, compose deux tableaux en pendants : *Didon construisant Carthage, ou la Naissance de l'empire carthaginois* et *Le Déclin de l'empire carthaginois.* S'inspirant à l'évidence de l'art du XVIIe siècle et en particulier de Claude Lorrain qui avait traité le premier de ces sujets dans un tableau célèbre (Hambourg, Kunsthalle), Turner avoue sa dette envers l'art classique et, pourrait-on dire, envers l'interprétation tragique du mythe qu'il illustre. Toutefois, liant ici la légende à l'histoire, Didon aux guerres puniques, il livre une allégorie de la Vanité de l'histoire dont l'inspiration n'appartient qu'au romantisme – certes, la date de ces œuvres, 1815 et 1817, n'est sans doute pas fortuite et il est permis d'y voir aussi une allusion à la destinée de l'empire napoléonien. Réduites à l'état d'épures, où les faits historiques sont si peu dépeints qu'ils deviennent anecdotiques, ces œuvres se défont de toute valeur narrative pour ne garder que leur signification symbolique.

Que Turner ait lié Didon à la construction de Carthage sans associer sa destruction à un destin personnel révèle un déséquilibre, dans l'interprétation du mythe, qui gêne à l'époque romantique. En composant *Salammbô* quelques décennies plus tard, Gustave Flaubert apporte peut-être sa réponse : en quelque sorte, la reine de Carthage, Didon, que la génération romantique avait confondue avec Carthage, ressuscite en Salammbô. Alors Didon-Salammbô peut enfin réunir dans sa mort son destin et celui de son empire.

*José de Los Llanos*

Johann Heinrich Füssli (1741 - 1845)
*Didon sur le bûcher*
1781
Huile sur toile
New Haven, Yale Center for British Art

ŒUVRE NON EXPOSÉE

Pierre Reymond (1513 - 1584)
*Le Festin de Didon et Enée*
1544
Émail peint sur cuivre
H. 19 cm ; DIA. 19,7 cm
Hist. coll. Dutuit
Paris, musée du Petit Palais

*Didon et Énée surpris par l'orage*
Première moitié du XVIIe siècle
Tapisserie, manufacture de Saint-Germain
Paris, musée du Petit Palais

ŒUVRE NON EXPOSÉE

# 2

# Splendeurs de Carthage

# L'empire de Carthage

À partir du VII^e siècle avant J.-C., Carthage assura en Méditerranée occidentale la pérennité et la sécurité d'un empire soumis à de lourdes menaces. Certains États grecs et parfois même de simples aventuriers tentaient de réduire Carthage et de la déloger de ses territoires, notamment en Sicile et en Afrique du nord où elle se maintenait, tantôt par la force, tantôt par une lente pénétration pacifique dont les principaux vecteurs étaient le commerce, la culture, la religion ou le transfert de certaines techniques telles l'architecture et l'agriculture.

*Masque-pendentif féminin*
IV^e - III^e siècle avant J.-C.
Pâte de verre
H. 7,7 cm ; L. 4 cm ; ÉP. 3,2 cm
Prov. Carthage, nécropole
Carthage, musée national

## *La Tunisie punique*

Carthage a profondément marqué de son empreinte la Tunisie d'aujourd'hui, qu'il s'agisse des zones côtières ou de l'intérieur du pays jusqu'au seuil du désert où l'on a identifié les vestiges d'un mausolée construit certes à l'époque romaine mais selon des usages puniques ; bien que tardif, il était porteur de vieilles traditions remontant aux origines sémites. Du côté de l'ouest, les territoires strictement carthaginois s'étendaient jusqu'à la frontière orientale des royaumes de Numidie dont l'une des prestigieuses capitales était Cirta, l'actuelle ville de Constantine ; mais il faut souligner le caractère mouvant de cette frontière qui dut suivre l'évolution des rapports entre Carthage et ses voisins.

Pendant fort longtemps, l'État carthaginois ne semble pas avoir eu de visées sur l'intérieur, se limitant aux zones côtières où prospéraient de nombreuses et importantes cités comme la très vieille Utique, Hippo, l'actuelle ville de Bizerte, Tunès, aujourd'hui Tunis, Hadrumetum ou plutôt Hadrim, devenue Sousse depuis la conquête arabo-islamique. Plus au sud, en suivant la côte orientale, on trouve Ruspina (Monastir), Leptis (Lemta), Thapsus (Ras Dimass) dans les environs immédiats de Békalta, Hiboune dans la

*Masque-pendentif*
IV$^{e}$ - III$^{e}$ siècle avant J.-C.
Pâte de verre
H. 2,8 cm ; L. 2,2 cm ; ÉP. 2 cm
Prov. Carthage
Carthage, musée national

*Masque-pendentif*
IV$^{e}$ - III$^{e}$ siècle avant J.-C.
Pâte de verre
H. 6,2 cm ; L. 4,3 cm ; ÉP. 3 cm
Prov. Carthage, nécropole
Carthage, musée national

*Masque-pendentif*
III$^{e}$ siècle avant J.-C.
Pâte de verre
H. 3,4 cm ; L. 3,1 cm ; ÉP. 2,2 cm
Prov. Carthage
Carthage, musée national

*Masque-pendentif*
IVe siècle avant J.-C.
Pâte de verre
H. 3,6 cm ; L. 2,3 cm ; ÉP. 2 cm
Prov. Carthage
Carthage, musée national

région de Mahdia (peut-être faut-il y voir une autre Hippo). Il serait trop long d'égrener ce superbe chapelet, mais il y a des cités méridionales dont la célébrité put défier les siècles : Thaparura (Sfax), Thaenae (Thyna), Tacape (Gabès), Gigthis, Zitha, dans les environs immédiats de Zarzis, Girba, île aux nombreux sites puniques tels que Meninx, Souk el-Guebli, Henchir Borgou, etc.

En ce qui concerne le cap Bon, les écrits des auteurs classiques et les données de l'archéologie témoignent de la présence de Carthage. Écoutons Diodore de Sicile nous décrire la prospérité de cette région, en 310 avant J.-C., lors de l'invasion d'Agathocle, tyran de Syracuse : « Agathocle conduisit l'armée à Mégalopolis, ville carthaginoise. Tout le pays qu'il fallait traverser était entrecoupé de jardins, de vergers arrosés par de nombreuses sources et par des canaux. Des maisons de campagne bien construites et bâties à la chaux bordaient la route et annonçaient partout la richesse. Les habitations étaient remplies de tout ce qui contribue aux jouissances de la vie et qu'une longue paix avait permis aux habitants de mettre en réserve. Le terrain était planté de vignes, d'oliviers, et de nombreux arbres fruitiers. Des deux côtés, la plaine nourrissait des troupeaux de bœufs et de moutons et aux environs des gras pâturages des marais, on voyait des haras de chevaux. En un mot, dans ces lieux, se trouvait accumulée cette opulence variée des propriétaires les plus distingués de Carthage et qui aimaient à employer leurs richesses aux plaisirs de la vie. » (Diodore de Sicile, XX, 8, 2-4.)

Au temps de la première guerre romano-carthaginoise (264-241 avant J.-C.), sous la conduite d'Atilius Regulus, l'armée romaine traversa les territoires du cap Bon et les ravagea. D'après Polybe, « les Romains, maîtres d'Aspis, y laissèrent une garnison pour la ville et sa contrée et envoyèrent des courriers à Rome pour annoncer ce qui s'était passé et demander des instructions pour l'avenir et pour la conduite des opérations. Ensuite, toute l'armée leva le camp et se mit à ravager le pays, détruisant, sans rencontrer de résistance, de nombreuses fermes magnifiquement installées, ramassant une énorme quantité de bétail et plus de vingt mille esclaves qu'ils emmenèrent sur leurs vaisseaux. »

Au cours de ces dernières années, des travaux de prospection entrepris par le Centre d'études phénico-puniques et des Antiquités libyques ont abouti à l'identification de nombreux sites puniques et libyques au cap Bon, tant sur la côte qu'à l'intérieur de la péninsule. Parmi les sites les plus récemment identifiés et dans certains cas fouillés, il y a lieu de mentionner outre la cité de Kerkouane, Menzel Bouzelfa, Beni Khiar, Menzel Témine, Korba, l'antique Curubis, et Menzel el-Horr où nous avons repéré les restes d'une vaste nécropole punique presque entièrement rasée par une carrière de pierre. À El-Haouaria, une mission conjointe tuniso-italienne a découvert et fouillé les ruines d'une forteresse et d'un temple dont la couche d'abandon recèle des traces de présence que l'on peut dater du milieu du IIe siècle avant J.-C. Aux environs d'El-Haouaria, en pleine campagne, des tombes puniques ont été repérées à la suite de gros travaux agricoles et lors de l'ouverture d'une carrière. La poursuite de travaux dans ce secteur sera un apport précieux pour

*Masque-pendentif*
IIIe siècle avant J.-C.
Pâte de verre
H. 6,1 cm ; L. 3,3 cm ; ÉP. 3,3 cm
Prov. Carthage
Carthage, musée national

*Masque-pendentif*
IVe - IIIe siècle avant J.-C.
Pâte de verre
H. 6 cm ; L. 3,9 cm ; ÉP. 3 cm
Prov. Carthage, nécropole près de Sainte-Monique
Carthage, musée national

*Masque-pendentif*
IVe - IIIe siècle avant J.-C.
Pâte de verre
H. 6,5 cm ; L. 4,3 cm ; ÉP. 3 cm
Prov. Carthage, nécropole près de Sainte-Monique
Carthage, musée national

la connaissance de la vie rurale et de l'exploitation du sol au temps de Carthage. Sous réserve d'une meilleure instruction du dossier, nous pensons être là en présence de quelques tombes puniques isolées, celles sans doute des grands propriétaires locaux qui, selon les conseils de Magon l'agronome, devaient vivre dans leurs propriétés quitte à vendre leur maison en ville. Dans cette région du cap Bon, deux cités importantes : Aspis et Kerkouane.

## *Aspis, aujourd'hui Kélibia, et Kerkouane*

Pour la connaissance de la cité antique de Kélibia (Clupea, Clipea ou Aspis), nous disposons d'une information relativement abondante et diversifiée : textes grecs et latins, épigraphie, vestiges archéologiques relevant de l'architecture religieuse, funéraire, civile ou militaire (temples, habitations, sièges d'associations, forteresses, ports, nécropoles). Mais ce riche dossier n'a pas encore été l'objet d'une instruction systématique ; ses composantes, plus ou moins connues, certes, demeurent dispersées et d'utilisation difficile. Nombre de documents restent inédits tant pour la période romaine que pour la période punique.

Le dossier archéologique s'est considérablement enrichi grâce à la découverte d'une vaste nécropole punique dont les tombes sont aménagées au flanc d'une colline gréseuse sise au pied de l'actuel fort de Kélibia, à quelques mètres de la mer, non loin de Hammam el-Ghezaz, un bourg de paysans-pêcheurs où l'on remarque des vestiges d'époque romaine. L'apport s'est révélé considérable pour la connaissance de l'histoire d'une cité au cap Bon et pour celle de la présence punique dans cette région d'Afrique du nord, notamment pour la typologie des tombes, leur aménagement interne et externe, leur décoration peinte ou sculptée, leur parure épigraphique, les modes de sépulture, le mobilier et les pratiques funéraires. Il serait difficile de proposer ici une description détaillée de toutes les composantes de cette nécropole.

Le matériel recueilli (poterie, amulettes, bijoux, outils, etc.) se situerait entre la fin du v^e^ siècle et le milieu du II^e^ siècle avant J.-C. Mais rappelons que ce n'est là qu'un secteur d'une très vaste nécropole en grande partie détruite par les travaux d'une carrière installée sans doute depuis l'époque romaine.

*Œnochoé à décor de chevrons*
ve - ive siècle avant J.-C.
Pâte de verre
H. 10,5 cm ; DIA. 4,8 cm
Prov. Carthage
Carthage, musée national

*Aryballe ou alabastre à décor de chevrons*
vie - ve siècle avant J.-C.
Pâte de verre
H. 8,3 cm ; DIA. 6,3 cm
Prov. Carthage, nécropole
Carthage, musée national

En dégageant la terre arable qui s'est accumulée au dessus des tombes, on a eu la surprise de découvrir un *ustrinum* entouré d'une épaisse couche de cendre mêlée d'ossements calcinés. À l'extrémité de la fosse, on a relevé la présence d'un trou où devait se dresser une stèle. Peut-être s'agissait-il de prescriptions et de formules rituelles destinées au public ? Sa disparition, cruelle pour la recherche archéologique et historique, remonterait à l'époque romaine, date de l'abandon de la nécropole.

Au vie siècle avant J.-C., Kerkouane était une ville qui appréciait et importait la céramique grecque à figures noires : on y a retrouvé des coupes

*1*

*2*

*Amulettes égyptisantes*
*1* H. 7 cm ; L. 1,4 cm ; ÉP. 1,7 cm
*2* H. 8,2 cm ; L. 1,4 cm ; ÉP. 2,6 cm
Ve - IVe siècle avant J.-C.
Pâte siliceuse
Prov. Carthage
Carthage, musée national

ioniennes du type B 2 et des œnochoés dont l'une raconte l'aventure d'Ulysse dans la grotte de Polyphème.

La fin de Kerkouane date sans doute du milieu du IIIe siècle avant J.-C., dans le contexte de la première guerre entre Rome et Carthage (264-241 avant J.-C.). Les caractéristiques urbanistiques actuellement visibles de cette cité punique se situent donc entre la fin du IVe siècle et le milieu du IIIe siècle avant J.-C. Peut-être détruite par les soldats de Regulus, la ville fut ensuite définitivement abandonnée ; sa morphologie est conservée et pour ainsi dire fossilisée telle qu'elle était à la veille de sa mort.

À l'intérieur du pays, la liste des sites puniques est également très longue. Leur identification se réfère à des vestiges archéologiques ainsi qu'au témoignage de l'épigraphie. Malgré l'absence d'une prospection systématique du terrain, on peut penser, sans grand risque d'erreur, que la ville de Carthage entreprit une politique de « présence intensive », surtout à partir du Ve siècle avant J.-C. Pour certains historiens contemporains, la bataille d'Himère, en 480 avant J.-C., constitue un *terminus post quem,* peut-être l'une des causes de la politique pour ainsi dire « continentale » adoptée par l'État carthaginois.

Quelques cités puniques de la Zeugitane semblent avoir eu une importance exceptionnelle, notamment Thuburbo qui, après la conquête romaine, fut qualifiée de « Maius » pour la distinguer d'une autre Thuburbo sise dans la région de Bizerte et dont le nom actuel est Tébourba.

À quelques lieues de Thuburbo, on trouve une autre cité punique dont l'enjeu économique et stratégique n'avait pas échappé aux Carthaginois ; il s'agit de Zaghouan, l'antique Ziqua ou plutôt Ziquan, un toponyme dont l'origine libyque paraît certaine. Au crédit de cette hypothèse, on peut invoquer la terminaison *an* si fréquente dans l'onomastique libyque, à la fois pour les anthroponymes et les toponymes. Pour les Romains, Massinissan devint

*Amulette à l'effigie du dieu Bès*
Ve - IVe siècle avant J.-C.
Pâte siliceuse
H. 4,9 cm ; L. 2,5 cm ; ÉP. 1,3 cm
Prov. Carthage, nécropole
Carthage, musée national

Massinissa et Zaman s'écrivit Zama. Il y a donc tout lieu de croire que la forme Ziqua succéda à Ziquan qui n'est guère loin de Zaghouan. Ici, l'arabisation renoue avec les origines lointaines de l'Afrique. La présence punique à Ziquan est attestée par des témoignages irrécusables ; on peut citer les tombes découvertes à la fin du siècle dernier par G. Hannezo, lieutenant du IVe tirailleurs ; elles se situeraient vers la fin du IIe siècle avant J.-C. Dans l'une de ces tombes, Hannezo trouva « deux lampes de type phénicien ». Sur deux autres sépultures jumelées découvertes en 1903 non loin de la porte romaine, il releva « un des attributs de la déesse Tanit ». Au cours de ces fouilles, on a recueilli des monnaies puniques et un brûle-parfum.

Si l'on s'enfonce davantage à l'intérieur du pays, des témoignages historiographiques, archéologiques ou épigraphiques permettent d'inclure dans le territoire carthaginois des cités comme Dougga, Sicca, l'actuelle ville du Kef, Zama dans les environs de Siliana en Tunisie centrale, Téboursouk et bien d'autres. De là, on se dirige vers la vallée de la Majradah que Polybe désignait sous le nom de Macara et que les auteurs latins nommaient Bagrada. Carthage ne pouvait se désintéresser de ce que les Anciens appelaient « Grandes Plaines », celles de Bou-Salem et Jendouba. Sicca, l'actuelle ville du Kef, appartenait aux Carthaginois ; c'était leur ville-garnison où

des armées pouvaient résider en temps de paix tout en ayant à charge la surveillance des frontières du côté des royaumes numides.

Pour contenir les tribus et les ambitions des chefs trop entreprenants, les Carthaginois, aux dires de Polybe et de Diodore de Sicile, confièrent à Hannon la tâche de prendre la cité d'Hécatompylos, l'actuelle ville de Tébessa, en 247 avant J.-C. Peut-on induire qu'à l'époque de la première guerre entre Rome et Carthage, les territoires en deçà de Sicca et d'Hécatompylos appartenaient à Carthage ? En d'autres termes, Thala, Cillium, Capsa et leurs territoires respectifs auraient alors été soumis aux autorités carthaginoises ; il en aurait été de même de Vaga, de Thugga, aujourd'hui Dougga ou Téboursouk que les textes latins appellent Thubursicum Bure. Dans la plupart de ces localités, on dispose de témoignages archéologiques en faveur de la présence de Carthage et de la civilisation punique ; bien que souvent tardifs, ils viennent corroborer les données de l'historiographie antique : citons les tombes libyco-puniques de Vaga, les stèles et les inscriptions puniques de Dougga, sans oublier le célèbre mausolée dont l'inscription bilingue, actuellement au British Museum à Londres, témoigne de la coexistence des cultures punique et libyque dans certains milieux à dominante autochtone.

*Couvercle de sarcophage dit de la Princesse de Kerkouane*
IIe siècle avant J.-C.
Bois
de face : H. 30 cm ; L. 170 cm ; l. 40 cm
Prov. Kerkouane
Kerkouane, musée

*Collier d'amulettes et de perles avec le dieu Bès et figurines*
VIe siècle avant J.-C.
Pâte siliceuse, cornaline
L. 55,6 cm ; H. (amulettes) 3 cm
Prov. Carthage
Carthage, musée national

## *Carthage en Libye*

En Tripolitaine, Sabratha, Œa et Leptis, fondées peut-être par les Phéniciens, comptaient parmi les grands centres de la civilisation punique. Les témoignages de l'historiographie sont de plus en plus confortés par des découvertes archéologiques et épigraphiques : à Sabratha, on a identifié un mausolée et les restes d'un tophet avec en particulier une riche collection de stèles votives.

Une stèle de Ghadamès mérite une mention particulière. Chronologiquement, elle se situerait entre les Ve et IVe siècles avant J.-C. Il n'en reste, hélas, qu'un dessin exécuté au XIXe siècle par H. Duveyrier : la scène représente deux personnages en adoration devant la divinité.

Cette stèle de Ghadamès témoigne de la présence de Carthage au Fezzan, ce mystérieux pays des Garamantes où des symboles religieux et un matériel abondant ont été retrouvés dans des espaces funéraires datables sans doute du IIIe siècle avant J.-C.

D'autres sculptures ont été découvertes à Leptis ; il s'agit de statues masculines dont il ne reste que des fragments, en particulier deux torses et deux têtes sculptés dans une pierre locale : le calcaire gris de Ras el-Hammam. Ces personnages de Leptis tiennent le signe dit de Tanit d'une main qui, plaquée le long du corps, rappelle les modèles de la sculpture et de la peinture de l'Égypte pharaonique. Le signe dit de Tanit semble revêtir ici la même signification que l'*ankh* égyptien, symbole de vie.

Carthage était donc bien présente en Tripolitaine et la culture punique dépassa largement les zones côtières pour atteindre les profondeurs du Fezzan, pays des Garamantes qui avaient servi d'intermédiaires entre le monde punique et les populations d'Afrique noire. Pour l'État carthaginois, les colonies *(emporia)* revêtaient, sur les plans politique, économique et militaire, une importance considérable ; il était prêt à tout faire et à tout sacrifier pour garantir l'intégrité de ces territoires. Cyrène eut d'ailleurs maille à partir avec Carthage et nous devons cette fois à Salluste un récit semi-légendaire mais non dépourvu d'une certaine crédibilité. Il illustre la tension qui carac-

*Collier à pendentif central formé d'un croissant entourant un disque*
VIe siècle avant J.-C.
Or, cornaline, agate
L. 40,5 cm
Prov. Carthage
Carthage, musée national

*Collier de vingt-cinq éléments avec pendentif central*
VIIe - VIe siècle avant J.-C.
Or, argent, cornaline, pâte de verre
Poids 10,70 g
Prov. Carthage, secteur de Dermech, nécropole
Tunis, musée national du Bardo

térisait les relations entre les deux cités rivales depuis des générations ; il rappelle également la violence qu'avaient suscitée les contestations de frontières. Salluste semble l'avoir emprunté aux « Livres puniques ». Le récit se réfère donc à des événements historiques et notamment au conflit qui opposa Carthage aux ambitions illicites de Cyrène. Mais dans la mise en forme, les faits sont magnifiés, exaltés et investis d'une charge affective et émotionnelle si bien que mythe et histoire finissent par s'y confondre au profit d'une œuvre de haute qualité littéraire ayant pour thèmes essentiels la patrie et le sacrifice pour la patrie. Ainsi Carthage put rester présente en Tripolitaine jusqu'à sa disparition en 146 avant J.-C.

## *Carthage en Algérie*

Pour la période qui correspond à la domination carthaginoise, les témoignages de l'historiographie classique deviennent plus clairs et plus crédibles. De grandes cités apparaissent dans les récits relatifs aux navigations contemporaines – tel le fameux périple de Scylax que l'on peut dater du IVe siècle avant J.-C. – et surtout dans les textes qui concernent les royaumes de Numidie et de Maurétanie ainsi que leurs rapports avec Carthage ou les autres États de la Méditerranée.

Depuis le siècle dernier, les archéologues se sont intéressés à des vestiges qui se rapportent soit à la présence phénicienne, soit à la domination de Carthage, soit encore à la pénétration de la civilisation punique dans le monde libyque et en l'occurence numide. Outre les découvertes fortuites, des fouilles systématiques ont été menées à Gouraya, l'antique Gunugu, à Cirta notamment dans le sanctuaire d'El-Hofra, à Iol et à Tipasa et plus à l'ouest à Siga, Rachgoun, Mersa Medakh, en Andalouse, à Beni Ghénane et dans d'autres sites le long de la côte et même à l'intérieur des terres.

Parmi les pièces du dossier, les inscriptions puniques et néopuniques méritent l'attention ; il y a certes les stèles d'El-Hofra, vestiges d'un haut lieu réservé aux principales divinités puniques : la dame Tanit-Face-de-Baal et le seigneur Baal Hammon. D'autres inscriptions ont été mises au jour à Iol : on y a recueilli la fameuse épitaphe de Micipsa. Des dédicaces néopuniques appartiennent à la cité d'Hippone. Dans ses *Punica,* J.-B. Chabot présenta de nombreux textes puniques et néopuniques découverts dans des sites algériens, notamment dans le Constantinois et non loin de la frontière occidentale de la Tunisie : des vœux, des épitaphes.

Carthage a donc succédé aux Phéniciens en Algérie, pays connu de ces derniers depuis le début de l'âge du fer. Mais les royaumes de Numidie ont hérité des enclaves et des comptoirs carthaginois à une époque difficile à déterminer. Le fait était déjà certain sous le règne de Syphax. Ce changement d'autorité ne se fit pas aux dépens de la civilisation punique. Bien au contraire. Fort punicisés eux-mêmes, les rois de Numidie ne manquèrent pas d'adopter la langue de Carthage, de battre monnaie avec légendes en langue et en caractères puniques. Les institutions elles-mêmes semblent avoir subi l'influence de Carthage : le suffétat fut adopté et sans doute adapté aux besoins des royaumes non sans tenir compte des traditions libyques.

*Collier d'amulettes égyptisantes et perles*

VIe siècle avant J.-C.
Pâte siliceuse, cornaline, or, agate
L. 63 cm
Prov. Carthage
Carthage, musée national

*Collier de cinquante-cinq perles côtelées*

IVe - IIIe siècle avant J.-C.
Pâte siliceuse
L. 80 cm
Prov. Carthage
Carthage, musée national

1 *Pendentif porte-amulette cylindrique à fond plat*
H. 3,6 cm ; DIA. 0,9 cm ; poids 2,4 g
IVe - IIIe siècle avant J.-C.

2 *Étui porte-amulette zoomorphe*
H. 4,3 cm ; DIA. 1 cm ; poids 7,87 g
VIe siècle avant J.-C.

3 *Pendentif porte-amulette à six facettes*
H. 2,7 cm ; L. 6 cm ; ÉP. 1 cm ; poids 2,09 g
IVe - IIIe siècle avant J.-C.

4 *Pendentif porte-amulette cylindrique à fond plat*
H. 3,6 cm ; DIA. 1 cm ; poids 9,3 g
IVe - IIIe siècle avant J.-C.

Or
Prov. Carthage, nécropole près de Sainte-Monique
Carthage, musée national

1 2 3 4

## *Présence punique au Maroc*

*Étui porte-amulette léontocéphale représentant Sekhmet*
VIe siècle avant J.-C.
Or
H. 4,6 cm ; DIA. 1 cm ; poids 11,54 g
Prov. Carthage, secteur de Dermech, nécropole
Tunis, musée national du Bardo

Pour le Maroc, les principales cités phéniciennes durent reconnaître la suprématie de Carthage qui, au Ve siècle, établit de nouvelles colonies sur les côtes atlantiques, notamment dans le cadre de l'entreprise maritime confiée au Magonide Hannon qui en donna un récit pittoresque. Entre autres fondations, il mentionna celle de Thymiatérion, sans doute sur le site occupé aujourd'hui par la ville de Méhédia, au nord de Rabat. Cette présence punique au Maroc est attestée par les témoignages indubitables de l'archéologie et de l'épigraphie.

De nombreuses nécropoles ont été identifiées et fouillées à Tanger, Lixus, Melilla, Tit près d'El-Jadida, Azemmour et dans bien d'autres sites qui ont fait l'objet d'une prospection systématique. Outre leur structure et leur typologie, les tombes de ces nécropoles – taillées, construites ou encore aménagées dans des grottes faisant office de mausolées – ont révélé un matériel riche et abondant : de la poterie ordinaire, de la céramique de luxe souvent importée de Grèce ou d'Italie, des bijoux, des amulettes, des scarabées, autant de pièces pour instruire le dossier de la présence punique au Maroc.

Parmi ces tombes, on peut, à titre d'exemples, mentionner les chambres taillées dans le grès dunaire aux environs immédiats d'Azemmour, le tumulus de Sidi Slimane ou la tombe du cap Achakar.

Quelques édifices sacrés de tradition punique ont été identifiés sur divers sites marocains, notamment à Lixus. D'autres temples à Banasa, Sala et Volubilis, bien que d'époque romaine, portent l'empreinte de traditions préromaines et en l'occurence puniques.

Tout près de Tanger, M. Ponsich a découvert un atelier de céramique avec les restes de nombreux fours dont les plus anciens pourraient remonter au Ve siècle avant J.-C. Il s'agirait d'ateliers qui auraient appartenu soit à des potiers puniques, soit à des autochtones punicisés ; ils auraient fonctionné durant plus de trois siècles, longue période au cours de laquelle des transformations et des extensions illustrèrent l'évolution des besoins, des goûts et des techniques. Les cheminées de ces fours de Kouass s'éteignirent apparemment sous le règne de Juba II.

*Rouleau-amulette*
VIe siècle avant J.-C.
Or
H. 2,4 cm ; L. 27,1 cm
Prov. Carthage, secteur de Dermech, nécropole
Tunis, musée national du Bardo

La numismatique donne des informations sur la présence de Carthage au Maroc : de nombreuses villes avaient le droit de battre monnaie, telles Rusadir, Sala, Tingi, Tamuda, Lixus, Maqom Shemesh. L'écriture et les thèmes des légendes gravées sur ces monnaies témoignent de la présence punique. Le toponyme Rhysaddir de Pline s'écrit *RŠ'DR* sur les monnaies ; en langue punique, il signifie « cap Puissant », et correspond à l'actuel cap des Trois Fourches. L'iconographie de ces monnaies est également significative : sur l'avers, une tête imberbe ; s'agit-il d'un prince ou d'une divinité ? Au revers, une abeille flanquée d'épis. Sur une autre série, l'abeille se trouve entre une grappe de raisin et un épi de blé. Serait-ce une allusion aux richesses agricoles de la cité et de sa *chôra ?* D'ailleurs, le toponyme Melilla semble provenir du terme latin qui désigne le miel.

Les inscriptions puniques du Maroc avaient depuis longtemps attiré l'attention des épigraphistes tel Philippe Berger qui publia dans le *Bulletin archéologique* du Comité, en 1892, une étude sur une inscription phénicienne du IIe siècle avant J.-C. découverte à Lixus. Volubilis a livré une épigraphe qui mentionne des suffètes. À Banasa, on a pu déchiffrer des lettres puniques peintes sur une amphore. Des graffiti nombreux figurent sur des tessons trouvés à Mogador.

## *Présence punique dans les îles italiennes*

Ras ed-Drek et Aspis sont situés en face des îles italiennes, notamment la Sicile, la Sardaigne et Pantelleria. Cette dernière semble avoir servi d'escale aux Carthaginois qui se rendaient d'Afrique en Sicile ou vice versa. Les archéologues italiens y ont trouvé des vestiges puniques. Le nom sémitique de l'île, lisible sur les monnaies et sur une stèle découverte au tophet de Salammbô, était Yranim. Cette stèle fut dédiée par Abdsaphon, fils

*Étui porte-amulette criocéphale*
VIe siècle avant J.-C.
Or
H. 5,3 cm ; DIA. 1,1 cm ; poids 15,5 g
Prov. Carthage
Tunis, musée national du Bardo

de Himilk, sans doute l'un des membres de l'assemblée populaire. Parmi les vestiges archéologiques dégagés *in situ,* mentionnons les traces d'une enceinte murale découverte dès la fin du siècle dernier et datable du Ve siècle avant J.-C. Elle englobait le site qui, avec l'acropole et l'habitat, couvrait les deux collines de Santa Teresa et de San Marco. Reprenant les recherches sur le terrain, les archéologues italiens ont repéré les vestiges d'une jetée pour la protection du port et d'un sanctuaire à Bagno dell'Acqua réservé au culte d'une divinité guérisseuse en rapport avec les vertus de l'eau.

Le matériel le plus ancien a été recueilli dans les tombes ; l'une d'elles recélait une amphore corinthienne. Parmi les objets d'époque punique découverts dans l'île, on peut citer un fragment de statuette en terre cuite, un aryballe corinthien, un lécythe attique et un vase-biberon datable du IVe siècle avant J.-C.

D'après ce matériel d'importation, la présence punique à Pantelleria pourrait remonter au VIe siècle avant J.-C. La découverte par Paolo Orsi, à la fin du siècle dernier, d'une tête égyptisante sculptée dans un grès calcaire (musée de Palerme), est un élément important pour la connaissance de la sculpture punique. Citons également des figurines de terre cuite qu'un examen récent a permis de situer entre la fin du VIIe siècle et le début du VIe siècle avant J.-C.

## *Carthage en Sicile*

Si les Carthaginois semblent avoir occupé Pantelleria surtout pour son intérêt comme escale et point d'appui entre les côtes africaines et les îles italiennes, la Sicile, outre sa valeur stratégique pour la sécurité « des eaux carthaginoises », offrait des richesses inestimables, qu'il s'agisse d'agriculture ou de commerce. La présence de Carthage y est largement attestée par l'historiographie antique, l'archéologie et de très nombreux témoignages épigraphiques. Zone carthaginoise par excellence, les sites de Panormos – aujourd'hui Palerme –, de Solonte et de Motyé (Mozia) témoignent de la densité et de la diversité de cette présence punique : des structures et un riche matériel couvrent une longue période allant de l'avènement de Carthage en Méditerranée occidentale jusqu'à la fin de la première guerre entre Rome et Carthage. La Sicile échut aux Romains en vertu du traité que les Carthaginois durent signer au terme de la guerre, en 241 avant J.-C.

La culture punique s'étend d'ailleurs au-delà de la zone héritée de la haute époque phénicienne ; elle est bien attestée dans la capitale des Élymes, Éryx, célèbre notamment par le sanctuaire d'Ashtart dite Érycine.

Profitant de leur victoire sur les Grecs en 409, les Carthaginois détruisirent Sélinonte et s'y installèrent jusqu'au milieu du IIIe siècle avant J.-C. Il en reste des traces importantes : des habitations, des pavements en mosaïque, des sanctuaires comme celui de *Zeus Meilichios,* des stèles et une riche collection de figurines, de scarabées, de vases en pâte de verre polychrome, etc.

### La constitution de Carthage

*La constitution de Carthage est passée très tôt pour un modèle. Nous livrons ici le commentaire qu'en donne Aristote (384 - 322 avant J.-C.) suivi d'un passage de Polybe à qui Aristote n'était sans doute pas inconnu. L'importance de ce texte fondateur n'a pas échappé non plus à l'époque moderne, et nombreux sont encore les auteurs à s'être intéressés au sujet, comme Montesquieu ou Chateaubriand (voir sur ce point,* infra, L'image des héros des guerres puniques à l'époque moderne*).*

Les Carthaginois ont la réputation de posséder une bonne constitution ; elle renferme de nombreuses dispositions sortant de l'ordinaire [...] Un grand nombre de dispositions de la constitution de Carthage sont excellentes ; et une preuve de la sage ordonnance du gouvernement carthaginois, c'est le fait que l'élément populaire demeure de son plein gré fidèle au système constitutionnel établi et qu'il n'y a jamais eu, en ce qui vaut la peine d'être signalé, ni sédition ni tyrannie [...]

Mais parmi les déviations du principe qui sert de base à tout gouvernement aristocratique ou à toute république tempérée, les unes penchent dans un sens populaire plus prononcé, et les autres dans un sens oligarchique. D'une part la décision de soumettre à l'Assemblée du peuple certaines affaires et d'en exclure d'autres dépend souverainement des rois et des gérontes réunis, mais à la condition que les deux autorités soient pleinement d'accord, et si cet accord fait défaut, c'est le peuple qui statue sur ces affaires. Pour toutes les notions introduites à l'Assemblée, le peuple n'est pas seulement admis à entendre les résolutions arrêtées par ses magistrats, mais la décision définitive lui appartient et il est loisible à tout citoyen qui le désire de porter la parole contre les mesures soumises à l'Assemblée [...] D'un autre côté, que les Pentarchies qui possèdent le contrôle absolu de nombreuses affaires importantes se recrutent par cooptation ; qu'elles élisent la suprême magistrature des Cent ; que de plus, elles demeurent en fonction plus longtemps que les autres magistratures [...] ; ce sont là les caractères d'un régime oligarchique. En revanche, la gratuité des fonctions de pentarque et l'absence

Au terme de cette présentation de la Sicile punique, il y a lieu de souligner les origines et les vicissitudes de cette présence carthaginoise. Certaines fondations remontent en effet à la très haute époque phénicienne, sans doute au temps des comptoirs et de la navigation vers Tarshish. Peut-être faut-il situer leur développement vers le début du VIIIe siècle avant J.-C., lorsque les Grecs manifestèrent leur intention de s'installer en Méditerranée occidentale à côté des Phéniciens, sinon à leurs dépens. La croissance de Panormos, de Solonte et de Mozia semble devoir être interprétée comme une réponse au danger grec. La Sicile, carrefour maritime entre l'Afrique, la Sardaigne et l'Espagne, facile à défendre, devait demeurer sous l'influence carthaginoise. Au VIIe siècle, les Phéniciens n'étant plus en mesure d'en garantir la protection, Carthage en assuma la responsabilité. Elle a d'ailleurs enrichi cet héritage par de nouvelles fondations comme Lilybée, par des conquêtes comme Sélinonte, mais surtout par la coopération et la pénétration pacifique notamment auprès des Élymes.

de toute désignation par le sort doivent être regardées comme des mesures de nature aristocratique [...] Mais où le système carthaginois s'écarte décidément de l'aristocratie pour verser dans l'oligarchie, c'est sur une certaine façon d'envisager les choses, qui reçoit d'ailleurs la sanction de l'opinion publique : on estime que non seulement la richesse le mérite, mais encore la richesse doit être prise en considération pour le choix des magistrats, l'homme sans fortune est incapable de gouverner comme il faut et de disposer du temps nécessaire. Si donc le choix des magistrats qui se fonde sur la richesse est oligarchique, et celui qui se fonde sur la vertu, aristocratique, ce sera là un troisième système de gouvervement, sous lequel se rangent les institutions de Carthage.

Aristote
*Politique*
(II – XI, 1272b-1273b)

## *Carthage en Sardaigne*

Dans cette grande île, la présence phénicienne remonte au IXe siècle avant J.-C., comme le prouve notamment la fameuse stèle de Nora. Carthage s'y substitua vraisemblablement à partir du VIe siècle avant J.-C. L'historiographie antique évoque une longue période de déstabilisation provoquée sans doute par des tribus autochtones qui essayèrent de se dégager de l'emprise étrangère, profitant des difficultés rencontrées par les cités phéniciennes à partir du VIe siècle avant J.-C. C'est une période obscure ; les événements restent peu connus. Mais grâce à Justin, nous savons que le général Malchus fut à la tête d'une expédition en Sardaigne avec la mission de la pacifier. Il situa l'événement au VIe siècle. Pour Stéphane Gsell, la mission de Malchus devait avoir eu pour objectifs essentiels de protéger les vieux centres comme Nora, Tharros, Sulcis, Caralis, où les Phéniciens étaient déjà installés, et de contenir les Sardes irréductibles dans les zones montagneuses, de sorte que les riches terres de l'île vinssent s'ajouter au domaine carthaginois.

Si Carthage était bien décidée à se garantir tous les moyens nécessaires à sa présence en Sardaigne, c'était en raison de la très grande importance stratégique de l'île. Les Carthaginois ne pouvaient renoncer à la gigantesque base maritime qu'elle constituait : elle leur assurait l'hégémonie en Méditerranée par le contrôle des routes commerciales vers l'ouest et vers l'est.

À ces mêmes préoccupations répondait la politique carthaginoise dans l'archipel de Malte. Par sa position géographique au cœur de la Méditerranée, et par ses havres naturels, Malte – où les Carthaginois se substituèrent aux Phéniciens entre la fin du VIIe et le début du VIe siècle avant J.-C. – était une possession importante.

Pendant des siècles, les Puniques restèrent maîtres de l'île. Les fouilles ont abouti à la mise au jour de vestiges nombreux et divers. Les deux balustres épigraphes qui ont fourni à l'abbé J.-B. Barthélemy la clef de

*Monnaie punique*
Avers : tête de femme
Revers : cheval
255 - 241 avant J.-C.
Or
DIA. 2,2 cm ; ÉP. 0,1 cm ; poids 12,51 g
Prov. probablement Carthage
Tunis, musée national du Bardo

Quant à l'État carthaginois, il me semble que ses institutions ont été, dans leurs caractéristiques essentielles, bien conçues. Il y avait des rois ; le conseil des gérontes, de nature aristocratique, disposait de son côté de certains pouvoirs et le peuple était souverain dans les questions qui étaient de son ressort. Dans l'ensemble, l'agencement des pouvoirs à Carthage ressemblait à ce qu'il était à Rome et à Sparte. Mais à l'époque où commença la guerre d'Hannibal, la constitution carthaginoise s'était dégradée et celle des Romains lui était supérieure. L'évolution de tout individu, de toute société politique, de toute entreprise humaine est marquée par une période de croissance, une période de maturité, une période de déclin, et c'est au moment de la maturité que le plus haut degré d'efficacité est atteint dans tous les domaines. C'est là que se situait la différence entre les deux cités. Les Carthaginois avaient connu la puissance et l'épanouissement quelque temps avant les Romains et ils avaient dépassé d'autant le stade de l'apogée, à l'époque justement où Rome, pour ce qui était du moins de son système de gouvernement, se trouvait en pleine force. À Carthage, la voix du peuple était devenue prépondérante dans les délibérations, tandis qu'à Rome, le Sénat était dans la plénitude de son autorité. Chez les Carthaginois, c'était l'avis du grand nombre qui prévalait, chez les Romains, celui de l'élite des citoyens, en sorte que, la politique menée par ces derniers étant la meilleure, ils purent malgré d'écrasantes défaites, l'emporter finalement dans la guerre contre Carthage grâce à la sagesse de leurs décisions.

Polybe, *Histoire*
(Livre VI, chap. VII, § 51)
Paris, éd. de la Pléiade
trad. par Denis Roussel, 1970

la langue phénicienne méritent une mention particulière. Leur découverte remonte au XVIII^e siècle et on les date du II^e siècle avant J.-C. Sur chacun d'eux, on a reconnu une inscription bilingue : un texte punique doublé d'une traduction grecque. D'autres inscriptions puniques et néopuniques ont été découvertes à Malte et à Gozzo. Elles comportent de précieuses indications pour la connaissance de la vie religieuse. Baal y recevait un culte et l'on y célébrait le sacrifice *Molk,* caractéristique du sanctuaire dit *tophet.* De même, la déesse Ashtart avait un grand temple à Tas-Silg.

## *L'Espagne et les îles Baléares*

De Malte jusqu'aux rivages de l'Espagne méridionale, les navires carthaginois pouvaient circuler sans encombre, trouvant appui et refuge sur les côtes africaines, en Sicile, en Sardaigne et à Ibiza où les Carthaginois s'installèrent dès le VII^e siècle. D'après un témoignage de Diodore, ils y fondèrent une colonie cent soixante ans après la naissance de Carthage, ce qui correspondrait aux années 654-653 avant J.-C. Ils durent s'empresser de s'y installer afin de pouvoir au besoin secourir les cités phéniciennes.

Attaquée par des Ibères, Gadès fit appel à Carthage qui lui porta secours et neutralisa le danger. Mais celle-ci en profita pour imposer son hégémonie, tout en accordant à Gadès le titre de cité alliée. Nous devons ce témoignage à Justin. L'événement aurait eu lieu au VI^e siècle, c'est-à-dire à une époque où la présence phénicienne dans cet extrême-occident de la Méditerranée était sérieusement contestée par les Grecs et en l'occurence par les Samiens et les Phocéens qui, dès le VII^e siècle, réussirent à prendre contact avec le royaume d'Arganthonios. Parmi eux, le Samien Colaeos qui débarqua dans des conditions mystérieuses, sans doute en 640 avant J.-C.

La conquête barcide, conçue et dirigée par Hamilcar Barca, visait à mieux gérer la présence de Carthage en Espagne, à reconstituer les forces de l'État et à compenser la perte de la Sicile et de la Sardaigne au lendemain de la première guerre entre Rome et Carthage (264-241 avant J.-C.).

Après la mort d'Hamilcar, noyé dans un torrent en 229, son gendre Hasdrubal lui succéda. On lui doit la fondation de Carthagène en 225. Il y installa son administration qui devait veiller à l'exploitation des mines et suivre la politique expansionniste mise en place par son prédécesseur ; ce fut un centre important ; il reflétait l'urbanisme de l'époque et répondait à des objectifs économiques et militaires en rapport avec le maintien de la présence carthaginoise en Méditerranée. Carthagène semble avoir été conçue comme une base maritime face aux Romains qui, depuis leur conquête de la Sardaigne, menaçaient les Puniques par la voie maritime. Pourtant Hannibal ne semble pas avoir accordé à la flotte ni à l'Empire de la mer une très grande attention. Il n'eut sans doute ni le temps ni les moyens de bâtir une flotte capable de redonner à Carthage la place qu'elle avait eue sur mer avant la première guerre romano-carthaginoise et la paix de Lutatius Catulus, en 241 avant J.-C.

## *Périples d'Hannon et de Himilk*

Quand on parle de l'empire carthaginois, il convient de rappeler les exploits de la marine punique dans l'exploration des contrées africaines et la reconnaissance des côtes de l'Europe. L'historiographie antique conserve le souvenir de deux expéditions confiées l'une à Hannon et l'autre à Himilk, deux membres de la famille des Magonides. Elles eurent lieu au cours du v^e^ siècle avant J.-C., sans doute au lendemain de la bataille d'Himère. Il s'agissait d'explorer des terres inconnues, d'étudier leurs populations, leurs besoins et surtout les richesses dont elles regorgeaient. Parmi les objectifs essentiels de ces entreprises, il y avait la recherche des métaux, la reconnaissance des marchés et la conquête de nouvelles terres. Hannon reçut en effet l'ordre de fonder, chemin faisant, de nouvelles colonies au-delà des Colonnes d'Héraclès, au-delà de Gadir et de Lixus. C'est ainsi qu'il fonda le mur Carien, Gutté, Acra, Melitta, Arambys et Cerné, sur la côte du Maroc atlantique. Mais leur identification continue, hélas, de résister à toutes les investigations.

Comme il fallait parvenir à gérer ces territoires, les Carthaginois laissèrent aux collectivités le soin de régir leurs affaires internes. Les cités étaient dotées d'institutions municipales, sans doute semblables à celles de Carthage : des assemblées, des suffètes, etc, sont attestés dans de nombreuses agglomérations urbaines d'Afrique, de Sicile, de Sardaigne, de Malte ; on en a retrouvé des traces à Ibiza et ailleurs.

Carthage leur avait parfois octroyé le droit de battre monnaie, expression d'une autonomie financière dont le poids continue, hélas, d'échapper à l'appréciation. Gadès, Ibiza, Palerme, Solonte, Motyé et d'autres avaient profité de ce droit. Le témoignage de la numismatique est irrécusable.

Quant aux territoires peuplés d'autochtones, qu'il s'agisse d'Africains, de Sardes, d'Ibères ou d'autres, Carthage semble leur avoir laissé la possibilité de s'administrer selon leurs propres coutumes, tout en créant des provinces confiées chacune à un gouverneur qui, à la tête d'une garnison ou plutôt d'une armée, veillait à la paix, la sécurité et la perception des impôts.

Pour la protection de ces territoires, elle consentit des efforts considérables, devant faire face à des révoltes internes, notamment en Afrique et en Sardaigne ; elle dut se défendre contre les ambitions et les jalousies des Grecs qui n'hésitaient pas à recourir aux armes dans l'espoir de la supplanter en Sicile, en Espagne et même en Afrique.

Toutefois, après la perte de la Sicile en 241 avant J.-C., au terme de la première guerre romano-carthaginoise, et l'annexion de la Sardaigne par les Romains en 238 avant J.-C., Carthage, malgré le dynamisme des Barcides et le génie d'Hannibal, fils d'Hamilcar Barca, ne put résister à l'impérialisme des Romains. Elle succomba en 146 avant J.-C. mais la civilisation punique survécut. De nos jours, elle est encore perceptible dans de nombreux faits et gestes du vécu tunisien.

*M'Hamed Fantar*

*Monnaie punique*
Avers : tête de femme
Revers : cheval à la tête tournée vers l'arrière
255 - 241 avant J.-C.
Electrum
DIA. 2,2 cm ; ÉP. 0,1 cm ; poids 10,90 g
Prov. probablement Carthage
Tunis, musée national du Bardo

# La religion punique à Carthage

*Épitaphe du sarcophage dit de la prêtresse ailée*
IVe - IIIe siècle avant J.-C.
Calcaire gréseux et marbre noir
H. 77 cm ; L. 55,5 cm ; ÉP. 8 cm
Prov. Carthage, nécropole des Rabs
Carthage, musée national

On sait que les Phéniciens de Tyr ou de Sidon, poussés essentiellement par des raisons d'ordre économique dans leur marche vers la Méditerranée occidentale, ont installé progressivement des comptoirs, des bases d'appui, puis de véritables cités, devenues vite indépendantes et puissantes. La plus importante d'entre elles, Carthage, s'est, petit à petit, politiquement détachée de la métropole tyrienne et, peu à peu, a fondé elle-même des colonies dans des territoires précédemment colonisés ou visités par les Phéniciens, à Malte, en Sicile, en Sardaigne, en Espagne, et également, en élargissant son territoire, en Afrique du nord.

Les cités phéniciennes éparpillées le long du littoral libanais formaient une mosaïque de cités qui souvent rivalisèrent entre elles et, bien qu'étant en butte à l'expansionnisme de leurs puissants voisins de l'est, du sud et du nord – les empires assyro-babylonien, égyptien et hittite –, ne furent jamais, au cours de leur histoire, réunies en un grand État national avec une autorité centrale, mais constituaient au contraire un chapelet de cités indépendantes (Tyr, Sidon, Béryte, Byblos ou Arvad), chacune défendant farouchement son identité. Parallèlement, le particularisme religieux de ces cités-États s'enracinait, en quelque sorte, dans leur particularisme politique dont il était, le plus souvent, le corollaire et, par bien des côtés, la justification. Ainsi, chacune de ces cités avait sans doute un panthéon particulier où l'on retrouvait souvent les mêmes divinités auxquelles on n'accordait pas partout la même importance ni, par conséquent, la même place à l'intérieur du système. En effet, chaque cité aspirait avant tout à se différencier le plus possible de sa voisine, d'abord par le choix du nom de ses dieux et, parfois, par les pratiques cultuelles. À titre d'exemple, le grand dieu poliade de Tyr est, au premier millénaire avant J.-C., *Melqart* – appelé aussi *Baal Sôr*, le *Maître de Tyr* – mais ce dieu semble ignoré dans la série d'inscriptions provenant d'Umm el 'Amed, une petite bourgade près de Tyr, une sorte de « banlieue » de cette cité, où la première place est réservée au dieu appelé *Milkashtart*.

*Sarcophage dit*
*de la prêtresse ailée*

IV^e^ - III^e^ siècle avant J.-C.
Marbre
L. 197 cm ; l. 68 cm ; H. 76 cm
Prov. Carthage, nécropole des Rabs
Carthage, musée national

*Déesse-mère à l'éventail*
VIIIe siècle avant J.-C.
Terre cuite
H. 25 cm ; L. 9 cm ; PR. 10 cm
Prov. Carthage, secteur de Dermech
Tunis, musée national du Bardo

*Déesse-mère assise*
VIIIe siècle avant J.-C.
Terre cuite
H. 25 cm ; L. 9,5 cm ; PR. 10 cm
Prov. Carthage, nécropole
Tunis, musée national du Bardo

La religion des cités phéniciennes telles que Tyr ou Sidon paraît caractérisée, d'une manière générale, par une force très sensible de résistance, ou plutôt de persistance des dieux et des cultes ancestraux et, en même temps, par une faculté très développée d'adaptation. Ces deux qualités – qui ne sont contradictoires qu'en apparence – ont dû contribuer à l'extraordinaire expansion des Phéniciens vers l'ouest. Il faut tenir compte, semble-t-il, de ces deux traits quand on examine la religion des Carthaginois à l'époque punique.

La difficulté de comprendre la religion punique résulte du fait que les seules sources directes que sont les inscriptions puniques ne nous fournissent que peu de renseignements sur ce sujet. D'autre part, il paraît délicat, sinon dangereux, de s'appuyer uniquement ou presque, comme on le fait généralement, sur les monuments figurés ou encore sur les informations transmises incidemment par les sources classiques, grecques et latines. Ainsi se pose, entre autres, le problème très complexe des identifications des divinités puniques aux divinités gréco-romaines, car c'est sous des noms grecs ou latins que nous sont présentées, par les auteurs classiques, les divinités puniques, identifications qui supposeraient, d'une part, une hellénisation de la religion punique dès le début du Ve siècle avant J.-C. – et tel ne nous semble pas être le cas – et d'autre part, une vue nécessairement partiale et partielle de la religion punique à travers le miroir déformant des sources classiques. L'interprétation des monuments figurés, de l'iconographie, est le plus souvent sujette à caution en l'absence des repères que seules pourraient fournir les sources écrites puniques. Il nous paraît donc peu utile de présenter ici, même brièvement, les interminables discussions et controverses sur la signification véritable de tel ou tel symbole religieux, ou de telle ou telle représentation divine. Par conséquent, en présentant les divinités ou les cultes puniques, nous nous bornerons simplement à indiquer quelques-uns de ces symboles, sur les stèles par exemple, sans chercher à leur attribuer un sens bien défini, qui ne pourrait être, dans tous les cas, que purement hypothétique.

Pour en revenir aux problèmes posés par les identifications des divinités phénico-puniques à des divinités grecques et romaines, il est indéniable que, à la suite de l'expansion phénicienne jusqu'aux extrémités occidentales de la Méditerranée, on commença, depuis une date variable suivant les régions, à chercher des correspondances, des similitudes entre les divinités phénico-puniques et les divinités gréco-latines, avant de les identifier les unes aux autres. Ce mouvement a parfois donné lieu, à une époque plus récente, à un véritable syncrétisme religieux. Seulement, là aussi, il ne faut jamais perdre de vue que cette tendance à l'identification n'était nullement uniforme, tout en étant unilatérale. Les identifications variaient suivant le lieu et la date. Quand un auteur grec, par exemple, nous présente une divinité phénicienne ou punique affublée de son nom grec équivalent, il est souvent malaisé de discerner la nature véritable de cette identification ou de savoir dans quelle mesure elle a pu être partagée par les uns et par les autres. Dans cette perspective, l'utilisation systématique et globalisante de ces identifications en vue de définir les traits d'une divinité phénicienne ou punique ou de délimiter sa place dans le panthéon constitue sans doute une erreur de méthode.

*Déesse léontocéphale*

Ier siècle après J.-C.

Terre cuite

H. 150 cm ; L. 46 cm ; PR. 36,5 cm

Prov. Thinissut (Bir Bou Regba), sanctuaire

Tunis, musée national du Bardo

Il paraît plus sage, dans ces conditions, de se contenter d'utiliser essentiellement les quelques données qu'on peut glaner directement dans les sources phénico-puniques. À travers ces documents, la religion punique nous apparaît avant tout comme une religion spécifiquement ouest-sémitique, étroitement rattachée au fond religieux ancestral et, somme toute, peu touchée par les influences extérieures, notamment grecques et, plus tard, romaines. On peut constater, au contraire, une longue et tenace persistance des dieux et des rites puniques, qui survivront longtemps à la chute de Carthage, en 146 avant J.-C., dans les anciens territoires carthaginois et dans les terres numides punicisées, jusqu'en plein Empire romain.

## *Les divinités puniques*

Les nombreuses inscriptions puniques nous livrent surtout les noms divins sans nous renseigner, la plupart du temps, sur les fonctions respectives de ces divinités. Elles donnent parfois des informations intéressantes sur les temples à Carthage et dans le monde punique, sur les prêtres, sur quelques pratiques religieuses, sur les sacrifices. Cependant, l'absence de tout texte mythologique ou théologique interdit de spéculer sur la riche iconographie des stèles votives, car les motifs de facture grecque qui parfois s'y rencontrent, du moins à partir d'une certaine date, peuvent être simplement des emprunts artistiques sans qu'ils aient nécessairement influencé l'essence proprement sémitique de ces divinités et de ces cultes.

Les deux divinités suprêmes, et aussi les plus populaires, de Carthage, qui nous sont connues par des milliers d'inscriptions votives rédigées en leur honneur, sont le dieu *Baal Hammon* et la déesse *Tanit* qui forment un couple divin où, contrairement à ce qui se passe généralement dans d'autres cités puniques, la déesse Tanit semble avoir eu la préséance : elle est en effet presque toujours nommée avant son parèdre masculin, comme peuvent en témoigner les nombreuses inscriptions votives provenant du tophet (sanctuaire à ciel ouvert) de Salammbô, à Carthage. Cependant cet état des choses n'est attesté, semble-t-il, au plus tôt, qu'à partir de la seconde moitié du ve siècle avant J.-C. Auparavant, le dieu Baal Hammon était sans doute le seul maître du tophet. D'ailleurs, dans toutes les dédicaces carthaginoises où elle est mentionnée, Tanit est toujours appelée « Face de Baal » *(PN B'L),* titre qui reste assez mystérieux. Le dieu et la déesse sont, en quelque sorte, protecteurs de la cité, comme l'étaient dans certaines cités phéniciennes Baal et Ashtart (Astarté). Cette dernière est également bien attestée à Carthage où elle se distingue de Tanit, ayant un sanctuaire séparé et étant en outre abondamment mentionnée dans les noms de personnes théophores. Une importante inscription est dédiée « à Ashtart et à Tanit du Liban », deux déesses pour lesquelles on a construit à Carthage « deux nouveaux sanctuaires ». La déesse Ashtart, bien connue des Sémites de l'Ouest, était vénérée un peu partout dans le monde phénicien, à Tyr, à Sidon, à Byblos (sans doute sous le nom de Baalat Gubal « Maîtresse de Byblos »), de même que chez les Phéniciens de Chypre

*Vase-biberon à décor peint*
IIIe siècle avant J.-C.
Terre cuite
H. 14,2 cm ; L. 10,8 cm ; ÉP. 10,5 cm
Prov. Carthage
Carthage, musée national

*Vase-biberon orné de palmes*
IIIe siècle avant J.-C.
Terre cuite
H. 14,8 cm ; L. 12 cm ; ÉP. 12 cm
Prov. Carthage
Carthage, musée national

*Baal Hammon assis sur un trône*
I^er siècle après J.-C.
Terre cuite
H. 38,5 cm ; L. 23,5 cm ; PR. 22 cm
Prov. Thinissut (Bir Bou Regba), sanctuaire
Tunis, musée national du Bardo

*Sphinge*
I^er siècle après J.-C.
Terre cuite
H. 52 cm
Prov. Thinissut (Bir Bou Regba), sanctuaire
Nabeul, musée

*Vase-biberon orné de deux yeux*
IIIe siècle avant J.-C.
Terre cuite
H. 13,8 cm ; L. 10 cm ; ÉP. 9,6 cm
Prov. Carthage
Carthage, musée national

*Statue funéraire : orant*
IIIe siècle avant J.-C.
Calcaire
H. 115 cm ; L. 27 cm ; PR. 18 cm
Prov. Gammarth
Tunis, musée national du Bardo

*Vase-biberon orné de deux yeux et du signe dit de Tanit*

IVe - IIIe siècle avant J.-C.
Terre cuite
H. 14 cm ; DIA. 10,5 cm
Prov. Carthage, nécropole
Tunis, musée national du Bardo

*Statue funéraire : orante*

IVe - IIIe siècle avant J.-C.
Calcaire
H. 117 cm ; L. 32 cm ; PR. 19 cm
Prov. Carthage, nécropole près de Sainte-Monique
Carthage, musée national

*Urne cinéraire à décor peint*
IVe - IIIe siècle avant J.-C.
Terre cuite
H. 30 cm ; DIA. 22 cm
Prov. Carthage, tophet
Carthage, musée national

*Urne cinéraire à décor peint*
IVe - IIIe siècle avant J.-C.
terre cuite
H. 20,6 cm ; DIA. 17,8 cm
prov. Carthage, tophet
Carthage, musée national

(à Kition, à Paphos, etc.), tout en étant couramment identifiée par les Grecs à la déesse Aphrodite. Ashtart est, chez les Sémites, déesse de la fécondité, de l'amour et aussi de la guerre. D'autre part, si à Carthage sa présence est en retrait par rapport à celle de Tanit avec laquelle elle semble parfois se confondre, une découverte récente et inattendue vient attester son culte, bien après la chute de Carthage, dans la lointaine Mididi (Henchir Meded) : là, près de Mactar, dans la Dorsale tunisienne, une dédicace néo-punique, gravée sur un élément architectural qui pourrait être un linteau de porte, dit qu'un « sanctuaire pour Ashtart » a été « construit par les citoyens de Mididi ». Mais, dans la métropole punique, c'est la déesse Tanit – on l'a dit – qui apparaît, à partir du Ve siècle avant J.-C., comme la principale divinité féminine. Malgré diverses hypothèses, aussi fragiles les unes que les autres, l'étymologie de ce nom divin, noté, dans l'alphabet consonantique, *TNT,* reste encore inconnue. D'ailleurs, Tanit est une vocalisation purement conventionnelle ; des transcriptions grecques et certaines graphies puniques postérieures suggéreraient plutôt la prononciation Tinnit. Quoi qu'il en soit, il se confirme maintenant – c'est l'apport des trouvailles assez récentes – que, à l'encontre de ce qu'on a pu croire il y a peu, Tanit serait une déesse d'origine phénicienne (son nom a été trouvé dans une inscription phénicienne du VIIe siècle avant J.-C. à Sarepta au Liban), même si, en Orient, son culte semble avoir été tout à fait secondaire. À Carthage, Tanit est presque toujours affublée du titre prestigieux de *Rabbat (RBT)* (« Dame »), titre que portent, dans les inscriptions phéniciennes, d'autres déesses majeures et en premier lieu Ashtart. Tanit est également appelée parfois « Mère », ou encore *Rabbatenû* (Notre Dame). Déesse-mère, déesse de la fécondité, Tanit semble s'être imposée à Carthage vers le Ve siècle avant J.-C., supplantant sans doute d'anciennes déesses-mères phéniciennes, dont on a retrouvé d'ailleurs quelques statuettes datant du VIIIe siècle avant J.-C. Quant à l'iconographie de Tanit elle-même, il est préférable, en l'absence d'un indice sûr, de rester prudent dans l'identification à la déesse de certaines statues ou représentations, ou l'attribution de tel ou tel symbole.

En ce qui concerne Baal Hammon, compagnon de Tanit et dieu le plus connu du panthéon carthaginois, son nom et plus particulièrement le deuxième élément de celui-ci, Hammon, reste encore assez mystérieux, bien que de nombreuses hypothèses – et encore tout récemment – aient été proposées en vue de son éventuelle explication. Le problème se complique du fait que le théonyme Baal Hammon se rencontre déjà en Orient, comme c'est le cas dans l'inscription du roi Kilamu, à Zendjirli (Turquie actuelle), au IXe siècle avant J.-C. Le premier élément, Baal, qui signifie « Maître », « Seigneur » et désigne d'une manière générale le grand et vigoureux dieu ouest-sémitique, maître de la fécondité et de la fertilité et, en même temps, protecteur de la cité, peut être employé seul ou, comme c'est ici le cas, suivi d'un complément ou d'un toponyme indiquant des attributs ou bien des localités du culte. Quoi qu'il en soit, Baal Hammon joue un rôle particulièrement important à Carthage et dans le monde punique, qu'il soit associé à la déesse Tanit ou qu'il soit mentionné seul. Dans les milliers de stèles puniques

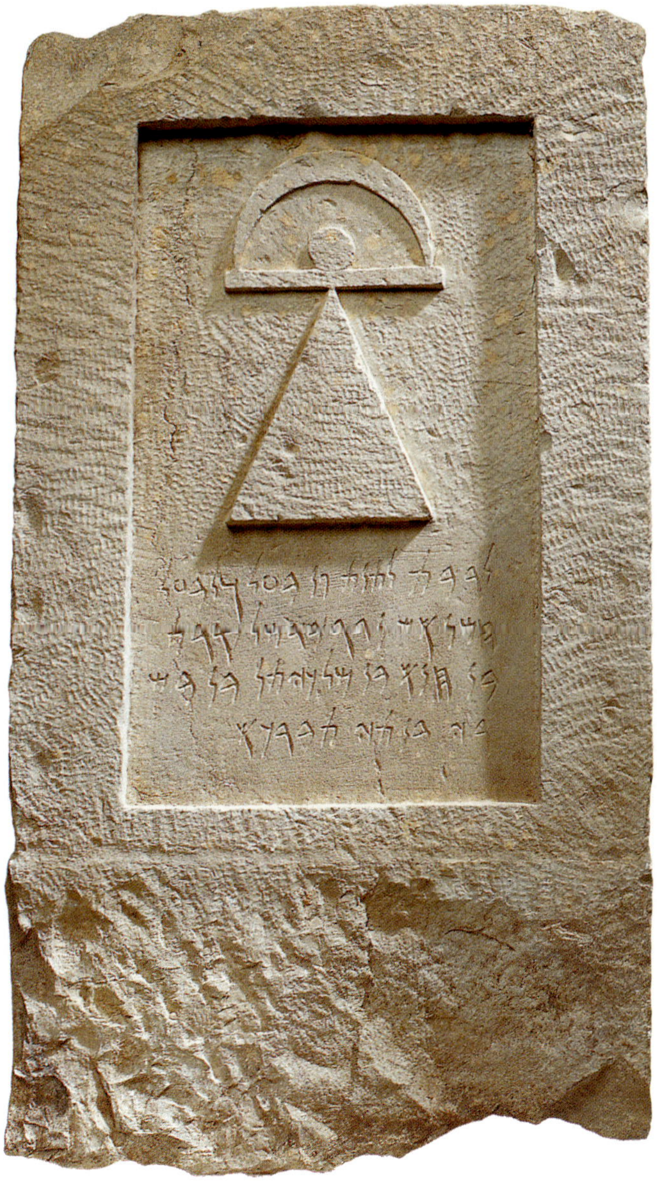

*Stèle votive épigraphiée à fronton*

IIIe - IIe siècle avant J.-C.
Calcaire blanchâtre
H. 79 cm ; L. 19 cm ; ÉP. 15,5 cm
Prov. Carthage, tophet
Carthage, musée national

*Stèle votive épigraphiée avec le signe dit de Tanit*

IVe siècle avant J.-C.
Calcaire grisâtre
H. 59 cm ; L. 33,5 cm ; ÉP. 16 cm
Prov. Carthage, tophet
Carthage, musée national

de Carthage, Baal Hammon porte le titre de *adon (DN),* « Seigneur », titre qu'on confère également, dans les inscriptions phéniciennes, à d'autres dieux phéniciens, Baalshamim (« Maître du ciel »), Melqart, Rashap, etc. On a voulu reconnaître la représentation du dieu Baal Hammon sur des statuettes de terre cuite, des monnaies, des chatons de bague comme celle, en or, provenant de Carthage et pouvant dater du VIe siècle avant J.-C. environ, ou encore, de date bien postérieure (aux environs du Ier siècle), une belle statue, qui représenterait le même dieu barbu, coiffé d'une tiare et assis sur un trône somptueux, provenant de Thinissut, dans la région de Bir Bou Regba. Cependant, toutes ces identifications ne peuvent que rester hypothétiques tant que la figure et les traits principaux de ce grand dieu carthaginois ne seront pas mieux connus.

Parmi d'autres divinités également attestées dans les inscriptions puniques, citons d'abord le dieu Melqart, qui eut un temple à Carthage – ce qui n'a rien d'étonnant compte tenu des liens qui unirent cette ville et la vieille métropole tyrienne, dont Melqart était le dieu poliade, son nom signifiant « Roi de la cité ». À Tyr, il est explicitement appelé *Baal Sôr* « Seigneur de Tyr », ou encore, en grec, *archégète,* c'est-à-dire, le « Fondateur », et, en même temps, le porte-drapeau des navigateurs et des colons tyriens. Il est couramment identifié à Héraclès. Viennent ensuite les dieux guérisseurs : Eshmoun qui avait un grand temple sur l'acropole de Carthage, là où, aux dires des auteurs romains, se déroula, en 146 avant J.-C., l'ultime bataille ; Shadrapa, bien connu déjà dans le monde phénicien ; Sid, qui s'est révélé être un grand dieu de la Sardaigne punique, dont le nom latin était *Sardus Pater ;* ou encore le dieu Sakon qui serait peut-être à l'origine une stèle divinisée ; ou bien le dieu Rashap *(Reshef),* connu déjà à Ougarit au XIVe siècle avant J.-C.

Par ailleurs, il ne faut pas perdre de vue que les principales divinités puniques (Baal Hammon, Tanit, Melqart, Ashtart, etc.) font partie du panthéon *officiel,* ou plutôt de l'expression officielle du culte, et ne se confondent donc pas nécessairement avec les croyances *populaires,* dont on peut déceler certains aspects, par exemple, d'après les données de l'onomastique punique. On observe, en effet, dans la formation des noms théophores (c'est-à-dire des noms de personnes contenant un élément divin) l'existence d'une coupure certaine entre les cultes privés et la religion officielle, en même temps qu'un archaïsme assez évident. Pour ne donner qu'un exemple, le nom de Tanit, la principale déesse de Carthage, mentionné des milliers de fois dans les inscriptions votives, est très peu attesté dans les anthroponymes qui, en revanche, emploient très abondamment le nom de la déesse Ashtart (Astarté). D'autre part, les croyances populaires privilégient, comme d'habitude, des dieux guérisseurs, comme Eshmoun, ou Sid, ou encore Bès, dieu nain d'origine égyptienne. Un autre aspect de la religion populaire est constitué par la grande diffusion d'objets apotropaïques, comme les amulettes, les scarabées, ou d'autres petits objets, souvent d'ailleurs d'origine égyptienne.

On peut également mentionner la possible pénétration dans la religion punique, à partir des IVe - IIIe siècles avant J.-C., des divinités et des cultes grecs. C'est ainsi que, si l'on suit l'historien Diodore de Sicile, on aurait

*Urne cinéraire à décor peint*
IVe - IIIe siècle avant J.-C.
Terre cuite
H. 33,3 cm ; DIA. 25,5 cm
Prov. Carthage, tophet
Carthage, musée national

*Urne cinéraire à décor peint*
IVe - IIIe siècle avant J.-C.
Terre cuite
H. 22 cm ; DIA. 16,5 cm
Prov. Carthage, tophet
Carthage, musée national

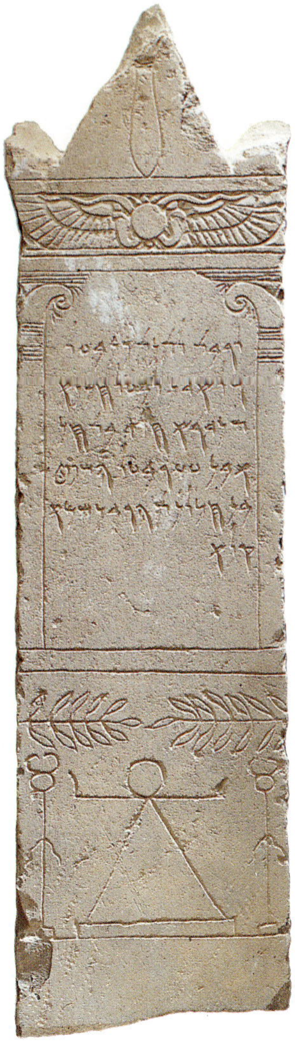

*Stèle votive à fronton*
IIIe - IIe siècle avant J.-C.
Calcaire
H. 54,5 cm ; L. 14 cm ; ÉP. 10 cm
Prov. Carthage, tophet
Carthage, musée national

*Stèle votive épigraphiée à fronton*
IIIe - IIe siècle avant J.-C.
Calcaire
H. 77 cm ; L. 21 cm ; ÉP. 16,5 cm
Prov. Carthage, tophet
Carthage, musée national

*Stèle votive à fronton et décor gravé*
IIIe - IIe siècle avant J.-C.
Calcaire blanchâtre
H. 40 cm ; L. 17 cm ; ÉP. 14 cm
Prov. Carthage, tophet
Carthage, musée national

introduit à Carthage, au tout début du IVe siècle avant J.-C. (après le siège de Syracuse en 396), le culte des déesses grecques Déméter et Korè.

D'autre part, il est difficile de savoir si, dans le *Serment d'Hannibal* – c'est-à-dire le traité conclu, en 215 avant J.-C., entre Hannibal de Carthage et Philippe V, roi de Macédoine – tel qu'il est transmis dans le livre VII de l'historien Polybe, les dieux énumérés sous leurs noms grecs, garants du traité, représentent le panthéon officiel de Carthage vers la fin du IIIe siècle avant J.-C. ou le panthéon personnel d'Hannibal et de sa fille. De surcroît, on ne sait de quelle manière les identifier. Les divinités sont présentées en trois triades – la première étant composée de Zeus, Héra et Apollon, la seconde du Génie des Carthaginois, d'Héraclès et de Iolaos – et l'on s'évertue depuis bien longtemps à retrouver leurs noms puniques respectifs sans arriver à un consensus. Seule paraît à peu près sûre la mention de Melqart sous le nom d'Héraclès.

Certaines des divinités connues à Carthage se retrouvent évidemment dans d'autres cités puniques en Afrique du nord, mais ces divinités ne sont pas présentées partout dans le même ordre et elles ne sont pas présentes partout, comme c'est le cas, par exemple, à Utique, à Hadrumète (Sousse), ou en pays numide, à Constantine (Cirta) qui en était la capitale, ou, plus tard à l'époque romaine, à Téboursouk, à Mididi ou à Mactar. Dans ces cités, plus qu'à Carthage, on peut sentir parfois l'influence du fond local, libyque, auquel, peut-on supposer, la mentalité punique a su s'adapter et qu'elle a même pu, dans certains cas, absorber. Pour en savoir plus, il faudrait connaître un peu mieux les dieux et les cultes libyco-numides. Or ce « substrat » est encore presque totalement enveloppé de mystère, comme d'ailleurs la langue libyque, pourtant présente dans de nombreuses inscriptions, qui restent encore indéchiffrables. La transmission, en latin ou en punique, de quelques noms divins libyco-numides est insuffisante pour faire vraiment progresser la connaissance de cette religion.

## *Les cultes puniques*

En ce qui concerne le fonctionnement du culte, les inscriptions puniques nous livrent d'abord plusieurs attestations sur ses divers desservants : les « prêtres » *(KHN = kûhen*, plur. *KHNM = kûhanim)*, et le « chef des prêtres » *(RB KHNM = rab kûhanim)*, titre qui suppose l'existence d'un collège sacerdotal dont il est le chef ; le « sacrificateur » *(ZBH = zûbéah)*, qui peut correspondre en gros au *flamen* romain, ainsi que le « maître du sacrifice » *(B'L ZBḤ = baal zebaḥ)*. D'autre part, les documents nous fournissent quelques renseignements sur les sacrifices, qui constituent les actes essentiels de la vie religieuse punique, aussi bien des sacrifices sanglants, qui semblent prépondérants chez les Puniques, que les offrandes végétales. On connaît ainsi, heureusement, plusieurs *Tarifs sacrificiels* carthaginois, dont l'exemplaire le plus complet est celui qui a été retrouvé en 1845 dans le vieux port de Marseille (Marseille, musée Borély), mais qui doit provenir, selon toute vraisemblance,

*Urne cinéraire à décor peint*
IVe - IIIe siècle avant J.-C.
Terre cuite
H. 27,3 cm ; DIA. 21 cm
Prov. Carthage, tophet
Carthage, musée national

*Urne cinéraire à décor peint*
IVe - IIIe siècle avant J.-C.
Terre cuite
H. 25,3 cm ; DIA. 21 cm
Prov. Carthage, tophet
Carthage, musée national

*Stèle votive épigraphiée à fronton, ornée de deux palmiers*

IIIe - IIe siècle avant J.-C.
Calcaire blanchâtre
H. 64 cm ; L. 15 cm ; ÉP. 8,5 cm
Prov. Carthage, tophet
Carthage, musée national

*Stèle votive épigraphiée à fronton ornée d'un caducée*

IIIe - IIe siècle avant J.-C.
Calcaire blanchâtre
H. 84,5 cm ; L. 17,5 cm ; ÉP. 10 cm
Prov. Carthage, tophet
Carthage, musée national

*Stèle votive épigraphiée à fronton*

IIIe - IIe siècle avant J.-C.
Calcaire blanchâtre
H. 36 cm ; L. 15 cm ; ÉP. 12 cm
Prov. Carthage, tophet
Carthage, musée national

*Urne cinéraire à décor peint*
IVe - IIIe siècle avant J.-C.
Terre cuite
H. 29,8 cm ; DIA. 21,8 cm
Prov. Carthage, tophet
Carthage, musée national

*Urne cinéraire à décor peint*
IVe - IIIe siècle avant J.-C.
Terre cuite
H. 32,3 cm ; DIA. 23,3 cm
Prov. Carthage, tophet
Carthage, musée national

de Carthage. Ces *Tarifs,* édictés par des magistrats préposés à l'administration du culte, les « trente hommes préposés aux textes », fixent des redevances dues aux prêtres suivant l'animal sacrifié et la nature du sacrifice. S'agissant d'un document officiel, les *Tarifs* sont toujours datés d'après les suffètes éponymes. Ils énumèrent les différentes sortes de sacrifices : sacrifice expiatoire, sacrifice de communion, l'holocauste, mais si les noms de certains sacrifices ressemblent apparemment à ceux connus par la Bible hébraïque, ils ne recouvrent pas toujours les mêmes réalités cultuelles, car il paraît très probable que les deux systèmes, celui des Hébreux et celui des Phénico-Puniques, s'ils sont partis d'un fond sémitique commun, ont évolué indépendamment l'un de l'autre.

L'archéologie et surtout l'épigraphie révèlent l'existence, à Carthage et dans le monde punique, de sanctuaires, de *temples,* dédiés chacun à telle divinité, masculine ou féminine. L'épigraphie punique, on l'a vu, mentionne plusieurs temples à Carthage, deux nouveaux sanctuaires d'Ashtart et de Tanit du Liban, le temple de Melqart, celui d'Eshmoun, ou celui de Milkashtart. Les termes désignant ces bâtiments sacrés sont : *bêt (BT),* littéralement « maison », mais dans ce contexte « Maison de dieu », « temple », et *miqdash (MQDŠ)* « sanctuaire », formé de la racine pan-sémitique *QDŠ* qui véhicule l'idée du « sacré ». D'autres temples ou sanctuaires sont signalés dans les inscriptions provenant d'autres localités du monde punique. D'autre part, l'historiographie gréco-latine mentionne également l'existence de divers temples puniques, mais en présentant les dieux puniques sous leur habillage grec ou romain. En revanche, les vestiges archéologiques des temples puniques, tout au moins en ce qui concerne Carthage, sont bien minces : deux chapelles exhumées jadis, l'une à Sidi Bou Saïd, l'autre à Salammbô, ainsi que quelques rares débris. Pour imaginer ce que fut le temple punique, il faut se reporter aux découvertes effectuées dans d'autres parties du monde punique, par exemple, en Tunisie, le grand temple de Kerkouane, à l'extrémité du cap Bon, ceux de Sardaigne, de Sicile ou de Malte, ou, d'une manière plus sûre, aux temples phéniciens au Liban et plus encore à Chypre, notamment le grand temple exhumé à Kition. Il paraît probable que les temples puniques de Carthage aient reproduit schématiquement le modèle phénicien, lui-même conforme au modèle sémitique bien connu.

Un problème particulier est posé par le sanctuaire qu'on appelle le *tophet* et, par conséquent, par le sacrifice humain et, plus spécialement, le sacrifice d'enfants. *Tophet* est un mot hébreu qui désigne, dans la Bible, un lieu de sacrifices humains dans la vallée de Hinnom *(Gé-Hinnom* = Géhenne) à Jérusalem, et dont l'étymologie est encore mystérieuse. C'est ce terme énigmatique qui a été adopté par les modernes pour désigner, dans le monde punique, le sanctuaire à ciel ouvert, où on aurait pratiqué des sacrifices humains (et des sacrifices de substitution, c'est-à-dire d'animaux, surtout des moutons), commémorés par l'érection des stèles votives. La réalité des sacrifices d'enfants, affirmée depuis longtemps dans les textes gréco-latins, semblait être confirmée par des examens médicaux des ossements calcinés trouvés dans des jarres enterrées, généralement sous les stèles, dans l'aire du tophet.

*Stèle votive*
IIIe - IIe siècle avant J.-C.
Calcaire
H. 72 cm ; L. 15 cm ; ÉP. 10,5 cm
Prov. Carthage, tophet
Carthage, musée national

*Stèle votive épigraphiée à fronton, ornée d'un navire*
IIIe - IIe siècle avant J.-C.
Calcaire blanchâtre
H. 50 cm ; L. 19 cm ; ÉP. 10 cm
Prov. Carthage, tophet
Carthage, musée national

*Urne cinéraire à décor peint*
IVe - IIIe siècle avant J.-C.
Terre cuite
H. 26,5 cm ; DIA. 22 cm
Prov. Carthage, tophet
Carthage, musée national

Cependant, depuis quelques années, une vue plus nuancée semble se dessiner : selon certains spécialistes, la pratique des sacrifices humains massifs aurait été un fait rare, uniquement justifié par des événements exceptionnels (guerre, siège, etc.) et le tophet aurait également été le lieu où l'on pratiquait d'autres rites. Le problème est très complexe et loin encore d'être élucidé. Cependant, s'il est conseillé, nous semble-t-il, dans l'état actuel des connaissances et des recherches, de rester prudent, on ne peut pas, en revanche, ne pas établir une distinction nette entre, d'un côté, la nécropole, contenant des stèles *funéraires* portant, si elles sont épigraphes, un formulaire funéraire approprié, et de l'autre côté, le tophet qui est avant tout un sanctuaire ou l'on érige des stèles *votives* portant un formulaire votif tout à fait caractéristique. Concernant ces dernières, on pourrait peut-être poser, à titre d'hypothèse, qu'il pourrait s'agir d'un sacrifice d'enfant là où l'inscription sur la stèle votive contient le terme *MLK (molk* ou *molek),* seul ou dans des expressions composées, d'ailleurs souvent difficiles à comprendre. On peut ajouter que les inscriptions de ce type sont tout au plus quelques dizaines parmi près de six mille inscriptions du tophet de Salammbô, étalées sur plusieurs siècles. Quoi qu'il en soit, on peut noter que les inscriptions votives provenant de ce tophet commencent généralement par la formule : « À la Dame, à Tanit, « Face de Baal », et au Seigneur Baal Hammon, c'est ce qu'a voué... » Suivent le nom du dédicant, sa filiation, plus ou moins longue, et parfois l'indication de son titre ou de son métier. La formule finale est habituellement rédigée comme suit : « parce qu'il [le dieu] a entendu ma voix [c'est-à-dire : « a exaucé mon vœu »], il m'a béni » (ou : « qu'il me bénisse ! »).

Les dieux et les cultes puniques survivront longtemps sous des formes diverses en Afrique du nord, bien après la chute de Carthage, en 146 avant J.-C., et en pleine époque romaine. Ainsi, la déesse Tanit, identifiée à la Junon latine, portera le nom de *Caelestis,* et le successeur direct du dieu Baal Hammon sera tout naturellement Saturne. Le nom même du sacrifice punique *MLK'MR* « sacrifice molk d'un agneau » se retrouvera, dans les inscriptions latines, sur les nombreuses stèles dédiées à Saturne, sous la forme de *molchomor*, qui est une transcription exacte du terme punique.

*Maurice Sznycer*

*Stèle dite du prêtre à l'enfant*

IIIe siècle avant J.-C.
Calcaire
H. 105 cm ; L. 15,5 cm ; ÉP. 13 cm
Prov. Carthage, tophet
Tunis, musée national du Bardo

*Stèle votive en forme du signe dit de Tanit*

IV^e siècle avant J.-C.
Calcaire
H. 72 cm ; L. 28 cm ; ÉP. 14,5 cm
Prov. Carthage, tophet
Tunis, musée national du Bardo

*Urne cinéraire à décor peint*

IV^e - III^e siècle avant J.-C.
Terre cuite
Urne H. 26 cm ; DIA. 21 cm
Couvercle H. 9 cm ; DIA. 11,4 cm
Prov. Carthage, tophet
Carthage, musée national

# L'artisanat du verre et des bijoux à Carthage

*Aryballe à décor en forme de masque*
IVe - IIIe siècle avant J.-C.
Pâte de verre
H. 3,8 cm ; L. 2,9 cm ; ÉP. 2,6 cm
Prov. Carthage
Carthage, musée national

*Aryballe à décor de boules*
IIIe siècle avant J.-C.
Pâte de verre
H. 5,5 cm ; DIA. 3,4 cm
Prov. Carthage, nécropole près de Sainte-Monique
Carthage, musée national

À l'instar des Phéniciens, les Carthaginois furent des artisans d'une grande habileté, évoquée par des sources tant littéraires qu'épigraphiques. La beauté, la qualité et l'originalité des témoignages archéologiques de la Carthage punique – nouvelle Tyr du bassin occidental de la Méditerranée – attestent le dynamisme de son artisanat, la compétence de ses artisans et l'ingéniosité des techniques mises en œuvre, notamment dans le travail du verre et pour la bijouterie. Ces domaines ont fait l'objet de deux études exhaustives accompagnées de catalogues raisonnés par Monique Brouillet-Seefried (le verre) et Béatrice Quillard (les bijoux).

Bien que Pline l'Ancien attribue l'invention du verre aux Phéniciens (*Histoire Naturelle*, XXXVI, 190-193), l'origine égyptienne de l'artisanat du verre, au cours de la première moitié du deuxième millénaire avant notre ère – période chronologique où cette activité connut également un important essor en Mésopotamie – n'est plus désormais mise en doute. Le bassin oriental de la Méditerranée a perpétué cette tradition artisanale jusqu'au Ier siècle avant J.-C., date de l'apparition du verre soufflé. Malgré la richesse des collections d'objets en pâte de verre des musées nationaux du Bardo et de Carthage, les traces archéologiques d'ateliers du verre sont très rares à Carthage et ne permettent en aucun cas de dresser un tableau précis des techniques alors employées. Seuls ont été mis au jour un atelier datable du IVe siècle avant J.-C., découvert par P. Gauckler, ainsi qu'un four dont les traces ont été exhumées à Carthage par P. Cintas dans le secteur de Sainte-Monique ; des sondages effectués entre les *cardines* XII et XIII ont également révélé les restes d'un atelier du verre.

Les premiers verriers mélangeaient vraisemblablement des sables siliceux avec des matières sodiques comme le nitre ou avec les cendres de certaines broussailles, auxquelles ils ajoutaient une faible quantité de colorants variés obtenus à partir d'oxydes métalliques. Soumis à une haute température, ce mélange se vitrifie et produit ce que l'on appelle la pâte de verre.

*Œnochoé à bec trilobé orné d'une tête humaine*
IIIe siècle avant J.-C.
Terre cuite
H. 31 cm ; DIA. 18,5 cm
Prov. Henchir Beni Nafa (près de Bizerte)
Tunis, musée national du Bardo

*Amphorisque*

VI$^{e}$ - V$^{e}$ siècle avant J.-C.
Pâte de verre
H. 6 cm ; DIA. 4,7 cm
Prov. Carthage, nécropole
Tunis, musée national du Bardo

*Œnochoé à bec trilobé et anse torsadée*

III$^{e}$ siècle avant J.-C.
Pâte de verre
H. 18,5 cm ; L. 10,7 cm
Prov. Carthage
Carthage, musée national

*Œnochoé*

VI$^{e}$ - V$^{e}$ siècle avant J.-C.
Pâte de verre
H. 7 cm ; DIA. 4,3 cm
Prov. Carthage, nécropole
Tunis, musée national du Bardo

*Collier de cent quarante-sept éléments*
VII^e^ - VI^e^ siècle avant J.-C.
Or, cornaline, pâte de verre, pâte siliceuse,
Ivoire, argent, argent doré, lapis-lazuli
L. 95 cm ; poids 94,64 g
Prov. Carthage
Carthage, musée national

Comme Monique Brouillet-Seefried l'a bien montré, les objets en pâte de verre, et notamment les vases et les masques, sont travaillés à partir d'un noyau sans doute d'argile et de sable, lié à une tige de métal qui servait de support à la fabrication. Les procédés pouvaient varier suivant les différentes formes. Une fois le noyau argileux solidifié par le feu, le verrier commençait par appliquer des pâtes de verre de différentes couleurs, placées dans des sortes de creusets aménagés à l'intérieur du four, jusqu'à l'obtention de la forme voulue. Dans le cas d'un vase, il appliquait alors le col et le pied, soudés à la forme en les soumettant à une forte température. Enfin, l'artisan entamait la phase du décor du vase par des formes géométriques polychromes (filets, vagues, chevrons, etc.) posées à l'aide d'un instrument pointu sur une base encore chaude et pâteuse ; cette phase, très délicate, demandait une grande habileté. Une fois refroidi, le vase est évidé. La fabrication des masques sur noyau comporte également plusieurs étapes : depuis la conception de la tête, du visage, des cheveux, de la barbe, de la sclérotique, l'iris de l'œil, les sourcils, la bouche, les oreilles jusqu'à la bélière. À partir du IV^e^ siècle avant J.-C., les verriers carthaginois ont parfaitement maîtrisé les différents aspects de cet artisanat, de la fabrication à la diffusion, et sont peu à peu parvenus à réaliser des masques sans noyau ni moule.

La valeur esthétique des diverses collections carthaginoises en pâte de verre est indéniable : beauté de la facture, finesse de l'exécution et harmonie de la polychromie les caractérisent. Leur exceptionnelle qualité explique bien, d'ailleurs, l'importance de leur diffusion, notamment en Méditerranée occidentale. Ainsi trouve-t-on à Carthage une série de vases en pâte de verre, notamment des alabastres, ainsi que des amphorisques, des gourdes et des aryballes, décorés de motifs géométriques polychromes. Les fouilles des nécropoles phénico-puniques ont, un peu partout, livré un matériel similaire. C'est à cette série qu'appartient une œnochoé à bec trilobé, au décor d'une riche polychromie, dont la forme s'inspire d'un prototype en terre cuite. Un tel vase, par ses dimensions inhabituelles (18,5 cm de haut), atteste la grande maîtrise des techniques de fabrication des objets en pâte de verre par les Carthaginois. Les séries les plus anciennes (VII^e^ - V^e^ siècles avant J.-C.) sont constituées d'alabastres et d'amphorisques ornés de filets et de motifs en forme de vagues polychromes. Aux IV^e^ et III^e^ siècles, le répertoire décoratif est surtout constitué de guirlandes, d'arcades, de plumes et de feuillages. L'évolution des formes de vases en pâte de verre semble être étroitement liée à celle de la poterie hellénistique.

Ces objets en pâte de verre – et particulièrement les masques – revêtent aussi une valeur magique, apotropaïque, et étaient portés comme des talismans contre les forces du mal. Si leur technique les apparente à des bijoux, leur utilisation les rapproche davantage des amulettes. On a retrouvé dans les tombes de Carthage de très nombreuses amulettes et de petits masques en pâte de verre polychrome. Dans cette dernière série, les yeux présentent le plus souvent des dimensions et des formes particulières, compte tenu de leur valeur prophylactique. La typologie de ces masques n'est pas figée au cours des siècles. Ainsi le modèle le plus ancien attesté au VI^e^ siècle avant J.-C. est

*Dix-huit légumes et fruits*
III^e^ siècle avant J.-C.
Terre cuite
Le plus grand : L. 17 cm ; ÉP. 4,5 cm
Le plus petit : L. 4,5 cm ; ÉP. 1,5 cm
Prov. Carthage
Carthage, musée national

*Collier de vingt-sept éléments*
VII^e^ - VI^e^ siècle avant J.-C.
Electrum
L. 25 cm ; poids 18 g
Prov. Carthage
Carthage, musée national

*Collier de quatre-vingts éléments*
VII^e^ - VI^e^ siècle avant J.-C.
Argent doré et perles
L. 35 cm ; poids 26,95 g
Prov. Carthage
Carthage, musée national

une tête d'homme barbu à la chevelure lisse. À partir du IV^e^ siècle, où ces masques sont vraisemblablement fabriqués sur place, apparaît la tête masculine à cheveux bouclés et barbe cannelée. À la fin du IV^e^ siècle et au début du III^e^ siècle avant J.-C., un nouveau type de masque est attesté : d'une exécution parfaite et d'une taille relativement importante (8 cm de hauteur), ces masques représentent des têtes masculines, aux cheveux et à la barbe bouclés, parfois pourvues de moustaches. On peut dater de la même époque une série de masques féminins caractérisés par un long cou, de dimensions analogues au type précédent. La chevelure est le plus souvent bouclée et retombe sur les joues. Enfin au III^e^ siècle avant J.-C., les masques masculins possèdent généralement une barbe réduite à un simple collier.

Tout comme les Phéniciens, les Carthaginois étaient bien pourvus en métaux précieux ; entre autres témoignages littéraires, rappelons le propos de Thucydide qui affirme que les Carthaginois « ont en abondance de l'or et de l'argent » *(Pélop.,* livre VI, XXXIV, 2). L'or provenait de l'Afrique et l'argent du sud de la Péninsule ibérique. Les femmes carthaginoises possédaient de véritables trésors en bijoux, qu'elles offrirent à l'État à la veille de la destruction de Carthage (Diodore de Sicile, XXXII, 9). Bien qu'il soit difficile d'apprécier la valeur réelle du butin dont s'empara Scipion en 209 avant J.-C. à Carthagène, capitale des Barcides dans la Péninsule ibérique, on sait que les objets ouvragés en métal précieux étaient très abondants. Outre des bijoux, le patriciat carthaginois, aux mœurs très raffinées, possédait des services de table (Pline l'Ancien, *Histoire naturelle,* XXXIII, 143) ; ceux d'entre eux qui s'enrôlèrent dans l'armée emportèrent dans les camps coupes et autres pièces en métal précieux (Diodore de Sicile, XVI, 81, 1). Malgré le pillage de la capitale punique en 146 avant J.-C. par les Romains et les nombreuses violations des tombes dans la nécropole carthaginoise, les musées nationaux du Bardo et de Carthage abritent une belle et riche collection de bijoux.

*Collier de cent dix-neuf éléments*
IV^e^ siècle avant J.-C.
Or
Poids 8,73 g
Prov. Utique, nécropole
Tunis, musée national du Bardo

*Collier de cent douze éléments avec pendentif central*
VII^e^ - VI^e^ siècle avant J.-C.
Or et argent doré
Poids 17,96 g
Prov. Carthage, secteur de Dermerch, nécropole
Tunis, musée national du Bardo

*1* *2*

*1*

*Paire de boucles d'oreille en forme de boisseau*
VII$^{e}$ - VI$^{e}$ siècle avant J.-C.
Or
H. 4,3 cm ; poids 3,65 g et 3,50 g
Prov. Carthage
Carthage, musée national

*Paire de boucles d'oreille en forme de boisseau*
VII$^{e}$ - VI$^{e}$ siècle avant J.-C.
Or
*1* H. 4,6 cm ; poids 3,70 g
*2* H. 4,7 cm ; poids 3,59 g
Prov. Carthage, secteur de Douimès, nécropole
Tunis, musée national du Bardo

*Feuille d'or avec bâtiment à étages*
Datation indéterminée
Or
H. 4,1 cm ; L. 2,1 cm ; poids 2,71 g
Prov. Carthage
Tunis, musée national du Bardo

Néanmoins, nous nous heurtons à l'absence totale de traces archéologiques d'ateliers de bijoutiers, ce qui nous laisse dans l'ignorance des outils utilisés par les joailliers. Ce secteur artisanal était certainement très développé, notamment en raison du caractère prophylactique des thèmes traités sur les bijoux aujourd'hui conservés. L'épigraphie a fourni des indications très précises au sujet des bijoutiers ; les inscriptions du *Corpus Inscriptionum Semiticarum (C.I.S.)* 327, 328 et 329 mentionnent l'expression *NSK HḤRṢ* traduite par « fondeur d'or », et il est ailleurs question d'un *PʿP ḤRṢ (C.I.S.* 5500), c'est-à-dire un « fabricant d'or » ou orfèvre. Le bijoutier peut vendre lui-même sa production artisanale, ce qui n'exclut pas l'existence du « marchand d'or » *(MKR HḤRṢ, C.I.S.* 333), c'est-à-dire celui qui fournit le marché en lingots de métaux précieux et/ou vend les bijoux déjà ouvragés.

Les bijoutiers carthaginois semblent avoir su s'adapter aux demandes d'une clientèle riche et exigeante, ce qui expliquerait sans doute l'abondance des colliers à l'époque archaïque (VII$^{e}$ - VI$^{e}$ siècles avant J.-C.) et la profusion des bagues et des anneaux à partir du IV$^{e}$ siècle avant J.-C. La parure de la femme carthaginoise était riche et variée : colliers, notamment aux premiers siècles de la Carthage punique, anneaux, diadèmes ou à défaut épingles pour les cheveux, *nezem* pour le nez, bagues à chaton mobile ou fixe, boucles d'oreille, étuis porte-amulette composent un ensemble d'une grande diversité.

Les lingots d'or étaient traités par martelage, ce qui permettait l'obtention de feuilles et de fils d'or. Les deux techniques fondamentales du travail des bijoux carthaginois étaient le martelage et le repoussage. Grâce à la soudure, les décors étaient essentiellement assurés par les techniques du filigrane et de la granulation. Enfin, outre l'incrustation de pâtes polychromes ou le sertissage de pierres semi-précieuses, la gravure et la ciselure permettaient aux bijoutiers carthaginois de réaliser un décor thématique varié, inspiré par divers courants artistiques méditerranéens.

2

*1* *2*

*1* *2*

*Paire de boucles d'oreille en forme de croix ansée*

VII$^{e}$ - VI$^{e}$ siècle avant J.-C.
Or
*1* H. 4,5 cm ; L. 1,8 cm ; poids 3,32 g
*2* H. 4,7 cm ; L. 3,1 cm ; poids 12,35 g
Prov. Carthage, secteur de Dermech ou de Borj Jedid, nécropole
Tunis, musée national du Bardo

*Paire de boucles d'oreille à tête de Ménade*

IV$^{e}$ siècle avant J.-C.
Or
*1* H. 2,1 cm ; L. 1,7 cm ; poids 2,18 g
*2* H. 2,3 cm ; L. 1,6 cm ; poids 2,26 g
Prov. Leptis Minor
Tunis, musée national du Bardo

*Paire de boucles d'oreille ornées de têtes de lion et dauphin*

Datation indéterminée
Or
*1* H. 4,8 cm ; poids 9,17 g
*2* H. 4,8 cm ; poids 8,52 g
Provenance inconnue
Tunis, musée national du Bardo

*Coquille d'huître contenant un reste de poudre rouge*

IV$^{e}$ - III$^{e}$ siècle avant J.-C.
Nacre
H. 5,1 cm ; L. 6 cm ; ÉP. 2,2 cm
Prov. Kerkouane, nécropole
Tunis, musée national du Bardo

*Boîte à fard*

Période punique
Plomb
H. 4,8 cm ; DIA. 7,2 cm
Prov. Carthage
Tunis, musée national du Bardo

*Étui à khôl*

III$^{e}$ - II$^{e}$ siècle avant J.-C.
Pâte de verre, stylet en os
Étui : H. 8 cm ; DIA. 1,7 cm
Stylet : H. 9,4 cm ; DIA. 0,7 cm
Prov. Carthage
Tunis, musée national du Bardo

*Anneaux à ligatures*

*1* DIA. 1,7 cm ; poids 2,40 g
*2* DIA. 1,8 cm ; poids 1,20 g
*4* DIA. 2,7 cm ; poids 7,88 g
*5* DIA. 2,1 cm ; poids 6,10 g

*Anneau torsadé*

*3* DIA. 2,3 cm ; poids 4,40 g

IIIe - IIe siècle avant J.-C.
Or
Prov. Carthage
Carthage, musée national

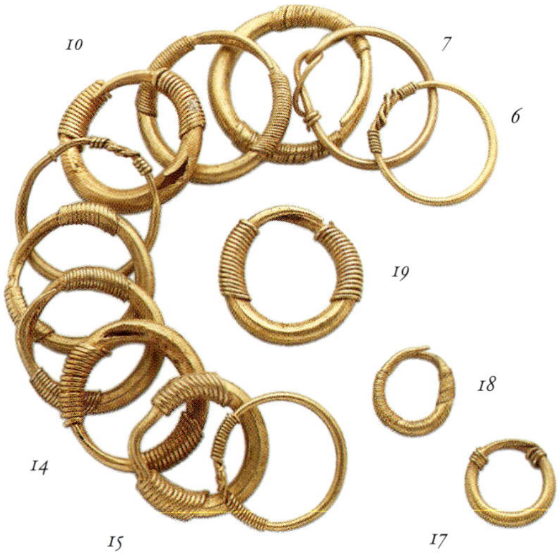


*Anneaux à ligatures*

*6* DIA. 2 cm ; poids 1,50 g
*7* DIA. 2,5 cm ; poids 7,10 g
*8* DIA. 2,2 cm ; poids 4,90 g
*9* DIA. 2,2 cm ; poids 6,19 g
*10* DIA. 2,2 cm ; poids 6,04 g
*11* DIA. 2 cm ; poids 1,88 g
*12* DIA. 2,1 cm ; poids 7,54 g
*13* DIA. 2,3 cm ; poids 2,66 g
*14* DIA. 2,3 cm ; poids 1,91 g
*15* DIA. 2,2 cm ; poids 4,05 g
*16* DIA. 2,3 cm ; poids 4,05 g
*17* DIA. 1,3 cm ; poids 1,82 g
*18* DIA. 1,3 cm ; poids 1,72 g
*19* DIA. 2,7 cm ; poids 7,89 g

IVe siècle avant J.-C.
Or
Prov. Carthage
Carthage, musée national

À l'époque archaïque, les colliers mettent en œuvre des techniques de fabrication recherchées qui mélangent la granulation et le filigrane, celui-ci surtout utilisé en bordure. Ces colliers sont composés de perles en pierres semi-précieuses, en pâte siliceuse émaillée ou en métal précieux à décor gravé ou granulé. À partir du IVe siècle avant J.-C., la forme et le décor des perles se simplifient. Les pendentifs présentent des formes très variées : certains sont composés de trois cylindres accolés, d'autres sont en forme de plastron, de clou, de boisseau, de niche cintrée à décor égyptisant, de disque à décor également égyptisant (disque solaire rayonnant aux ailes éployées, *uraei,* croissant lunaire aux pointes en bas entourant un disque solaire...), ou de fleur de lotus épanouie.

La parure carthaginoise compte, outre les colliers, les étuis porte-amulette à usage prophylactique en forme d'obélisque, de pyramide, de figurine, de gland ou, le plus souvent, de cylindre associé à un protomé zoomorphe (bélier ou lion par exemple). À partir du IVe siècle jusqu'au IIe siècle avant J.-C., la mode des colliers le cède à celle des anneaux d'oreille ou de cheveux à ligatures et des belles bagues à chaton fixe gravé de motifs divers. C'est également au IVe siècle que la technique du métal plaqué fait son apparition à Carthage ; cette technique consiste à recouvrir une âme généralement en bronze de métal précieux (or et parfois argent). Les pendentifs de ces boucles d'oreille sont très variés, parfois en forme de *tau,* d'alabastre, de sphère ou d'outre. La chevelure était souvent réunie par de grands anneaux avec virole sur âme de bronze, dont on a retrouvé d'importantes séries, ou par des anneaux à ligatures de dimensions variées. La technique du métal plaqué a été utilisée pour une série d'anneaux sur âme de bronze à double révolution hélicoïdale avec spire médiane godronnée ou bandeau médian filigrané orné d'une rosette ou d'*uraei,* les deux parfois.

Outre les boucles d'oreille et les anneaux de cheveux, les musées de Carthage et du Bardo conservent une riche collection de bagues. Les plus

*Anneau avec virole*

IVe siècle avant J.-C.
Bronze plaqué or et or (virole)
DIA. 5,5 cm ; poids 81 g
Prov. Utique, nécropole
Tunis, musée national du Bardo

*Anneau simple*

IVe siècle avant J.-C. ?
Argent plaqué or
DIA. 4,7 cm ; poids 31,14 g
Provenance inconnue
Tunis, musée national du Bardo

*Anneaux à ligatures*

1 VIe - IIe siècles avant J.-C.
Or
DIA. 2 cm ; poids 4,52 g

2 VIe - IIe siècles avant J.-C.
Bronze plaqué or
DIA. 1,4 cm ; poids 2,25 g

3 VIe - IIe siècles avant J.-C.
Bronze plaqué or
DIA. 1,3 cm ; poids 1,61 g

4 VIe - IIe siècles avant J.-C.
Or
DIA. 1,6 cm ; poids 4,36 g

5 VIe - IIe siècles avant J.-C.
Or
DIA. 1,9 cm ; poids 4,23 g

6 IIIe - IIe siècle avant J.-C.
Or
DIA. 1,9 cm ; poids 4,52 g

Prov. Carthage
Tunis, musée national du Bardo

1 *Anneau avec* uraei *séparés*
IVe siècle avant J.-C.
H. 5,5 cm ; L. 3,7 cm ; poids 16,03 g

2 *Anneau avec rosace simple*
Fin IVe siècle avant J.-C.
DIA. 4,3 cm ; ÉP. 1,6 cm ; poids 23,93 g

3 *Anneau avec rosace et deux* uraei *accolés*
Fin IVe siècle avant J.-C.
DIA. 4,9 cm ; ÉP. 1,6 cm ; poids 24,04 g

Bronze plaqué or
Prov. Utique, nécropole
Tunis, musée national du Bardo

*Anneaux à ligatures*

1 DIA. 3,5 cm ; poids 14,3 g
2 DIA. 3,6 cm ; poids 8,90 g
3 DIA. 3,5 cm ; poids 18,85 g
4 DIA. 3,5 cm ; poids 13,77 g
IVe - IIIe siècle avant J.-C.
Bronze plaqué or
Prov. Carthage
Tunis, musée national du Bardo

*Bague à chaton mobile*
VIIe - VIe siècle avant J.-C.
Or, lapis-lazuli
Dia. 2,6 cm ; poids 5,86 g
Prov. Carthage
Carthage, musée national

*Bague à chaton en forme de cartouche, avec scène égyptisante*
VIIe - VIe siècle avant J.-C.
Or
Dia. 2,7 cm ; poids 8,74 g
Chaton : L. 2 cm ; l. 0,7 cm
Prov. Byrsa
Carthage, musée national

anciennes, à chaton mobile scaraboïde en pierre semi-précieuse, sont souvent d'origine égyptienne. Les bagues à chaton fixe présentent des décors gravés dans le métal, fréquemment inspirés par la religion punique. On a ainsi retrouvé sur ces bagues l'image de Baal Hammon et celle d'autres divinités empruntées au panthéon égyptien, phénico-oriental ou hellénistique.

La finesse d'exécution et la qualité de la parure carthaginoise laissent pressentir l'importance des ateliers de joailliers dans la capitale punique, et ce dès l'époque archaïque (VIIe - VIe siècles). Par sa remarquable valeur, cet artisanat est tout à fait comparable à celui des Phéniciens – auxquels les Carthaginois empruntèrent motifs et techniques, portés à la période punique à un sommet de perfection.

La situation géographique de Carthage, capitale à vocation avant tout commerciale, était stratégique : lieu d'échanges, diverses influences stylistiques et culturelles y transitaient. On retrouve également l'influence d'un fond culturel libyque dans l'artisanat des bijoux. La richesse et la variété des thèmes cultuels et prophylactiques caractérisent l'orfèvrerie carthaginoise : apparaissent ainsi dans les divers éléments de la parure des thèmes égyptisants notamment les serpents royaux *(uraei),* l'*ankh,* le signe de vie égyptien, des thèmes phéniciens comme celui des dieux Baal Hammon et Melqart, des thèmes grecs telle l'image d'Hercule coiffé de la peau du lion de Némée. Le bijoutier carthaginois a su combiner harmonieusement ces divers courants artistiques pour répondre aux exigences religieuses et esthétiques de ses clients. Ces influences ne l'ont pas empêché de développer un art original marqué par une facture spécifique et par l'empreinte de la culture punique, même s'il existe un parallélisme évident avec les bijoux de Tharros en Sardaigne par exemple.

*Alia Krandel-Ben Younès*

*Bague à chaton orné d'une femme debout, un oiseau posé sur la main droite*
IIIe siècle avant J.-C.
Or
DIA. 1,7 cm ; poids 3,74 g
Prov. Carthage, nécropole près de Sainte-Monique
Carthage, musée national

*Bague à chaton orné d'une femme assise respirant une fleur*
IIIe siècle avant J.-C.
Or
DIA. 2 cm ; poids 4,30 g
Prov. Carthage, nécropole près de Sainte-Monique
Carthage, musée national

1

2

5

6

7

3

8

9

10

4

1 *Bague à chaton en forme de cartouche*
VIIe - VIe siècle avant J.-C.
Or
DIA. 2,1 cm ; poids 6,37 g
Chaton : L. 1,8 cm ; l. 0,6 cm
Prov. Carthage, secteur de Douimès, nécropole
Carthage, musée national

2 *Bague à chaton mobile orné de la vache Hathor ou du taureau Apis*
Fin VIIe siècle avant J.-C.
Or, lapis-lazuli
DIA. 2,7 cm ; poids 8,39 g
Prov. Carthage, secteur de Douimès, nécropole
Carthage, musée national

3 *Bague à chaton mobile orné d'une palmette*
Datation indéterminée
Or, lapis-lazuli
DIA. 2,2 cm ; poids 3,14 g
Prov. inconnue
Tunis, musée national du Bardo

4 *Bague à chaton mobile orné d'une vache*
IVe siècle avant J.-C.
Or et lapis-lazuli
DIA. 2,5 cm ; poids 6,60 g
Prov. Carthage
Tunis, musée national du Bardo

5 *Bague à chaton orné d'une tête d'Hercule*
DIA. 1,9 cm ; poids 3,80 g

6 *Bague à chaton orné de deux déesses léontocéphales*
DIA. 1,9 cm ; poids 4,55 g

7 *Bague à chaton orné d'une tête d'homme de profil, le front dégarni*
DIA. 2,1 cm ; poids 6,82 g

8 *Bague à chaton orné d'une tête de femme de face*
DIA. 1,8 cm ; poids 3,15 g

9 *Bague à chaton orné d'une tête de femme de profil*
DIA. 1,9 cm ; poids 2,25 g

10 *Bague à chaton orné d'une tête d'homme de profil, barbu*
DIA. 1,9 cm ; poids 5,35 g

IIIe siècle avant J.-C.
Or
Prov. Carthage, nécropole près de Sainte-Monique
Carthage, musée national

*Bague à chaton orné d'une coquille Saint-Jacques*
Fin IVe - milieu IIIe siècle avant J.-C.
Or
DIA. 2 cm ; poids 3,09 g
Prov. Carthage, nécropole près de Sainte-Monique
Carthage, musée national

# *Salammbô* : entre l'Orient des romantiques et l'orientalisme fin-de-siècle ?

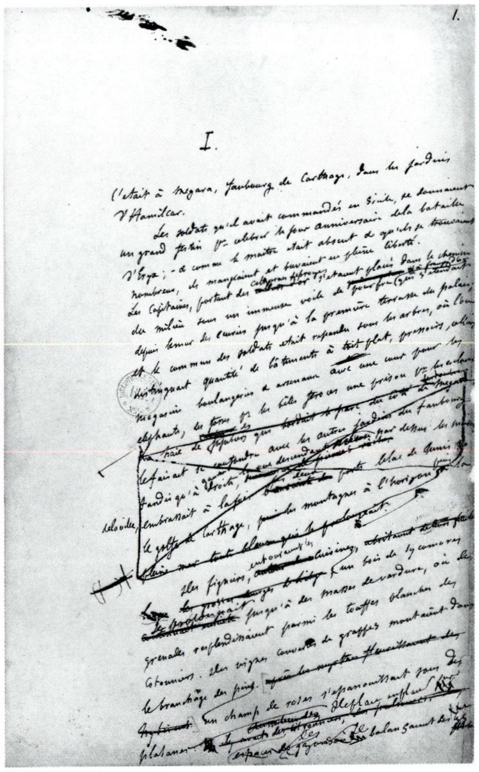

Gustave Flaubert (1821 - 1880)
Manuscrit de *Salammbô* (fo 1)
1862
H. 34 cm ; L. 23 cm
Paris, Bibliothèque nationale de France
(Nlles Acqu. fr. 23656)

« Quand on lira *Salammbô,* on ne pensera pas, j'espère, à l'auteur ! Peu de gens devineront combien il a fallu être triste pour entreprendre de ressusciter Carthage ! C'est là une Thébaïde où le dégoût de la vie moderne m'a poussé. » (Lettre à Ernest Feydau, 29-30 novembre 1859.) Ce désenchantement amer – mal du siècle que Flaubert partage avec plus d'un de ses contemporains et qu'il explore dans son œuvre littéraire – le conduit, à l'issue du procès de *Madame Bovary,* au début de l'année 1857, à entreprendre la rédaction d'un nouveau roman, *Carthage* ou *Les Mercenaires.* Flaubert souhaite alors renouveler son écriture et, plus que tout, échapper à la grisaille de la bourgeoisie avec laquelle il avait vécu, les cinq années de la rédaction de son premier ouvrage. Avec *Salammbô,* il crée un « roman historique » – unique en son genre – qui mêlerait intimement les libertés du genre romanesque et le souci de la vraisemblance psychologique aux contraintes qu'impose l'Histoire ancienne. L'action se déroule à la fin de la première guerre punique, en 241 avant J.-C. : Carthage, qui venait de signer la paix avec Rome, est alors ruinée et ne parvient pas à solder les mercenaires qu'elle avait engagés. Après une lutte acharnée, les mercenaires sont vaincus par Hamilcar, et leurs chefs – Spendius, Autharite, Zarzas puis enfin Mâtho – sont assassinés avec d'inouïs raffinements de cruauté. À l'histoire de cette « guerre inexpiable » (Polybe, I, LXV, 6) se mêle celle de Salammbô, fille du suffète Hamilcar, et de Mâtho qui parvient à dérober le zaïmph (manteau sacré de la divinité Tanit qui tue celui qui l'approche). Salammbô sauve la ville en le reprenant dans la tente de Mâtho. Le roman s'achève avec le supplice de ce dernier qui expire dans d'atroces souffrances sous les yeux de l'héroïne, le jour même où elle devait épouser le roi des Numides Narr'Havas, rallié à la cause d'Hamilcar. Salammbô meurt à son tour « pour avoir touché au manteau de Tanit ». Un tel pari tiendrait de la gageure si l'on ne comptait avec le formidable scrupule d'historien qui anima Flaubert, au long des cinq années de recherches et d'écriture nécessaires à l'achèvement de son roman.

Carl Strathmann (1866 - 1939)
*Salammbô*
1895
Huile sur toile
H. 187 cm ; L. 287 cm
Weimar, Kunstsammlungen

## *Roman historique ou roman orientaliste ?*

La passion de Flaubert pour l'Histoire – comme celle de toute une génération – trouve son origine dans la lecture de Michelet dont l'*Histoire romaine* est lue avec avidité dès l'adolescence, souvent relue, et maints détails évoqués par l'historien, jusqu'aux combats du défilé de la Hache, retrouveront vie dans *Salammbô*. À cette passion, Flaubert associe celle de l'Orient, sur lequel l'attention des peintres et des écrivains avait été attirée dès le début du siècle. L'époque romantique – qui inventa le terme de « peintre-voyageur » pour qualifier les nombreux artistes qui, dans les années 1820-1830, s'adonnèrent au « voyage pittoresque » – inventa également celui d'« écrivain-voyageur » : pour l'époque romantique, le modèle en fut donné par Chateaubriand dans l'*Itinéraire de Paris à Jérusalem* (1811) dont les longues descriptions impressionneront durablement Flaubert. En 1829, alors que l'auteur de *Salammbô* est âgé de huit ans, Lamartine publie ses *Souvenirs, impressions, pensées et paysages pendant un voyage en Orient,* l'année même où Hugo, dans la préface aux *Orientales,* affirme que « l'Orient, soit comme image, soit comme pensée, est devenu, pour les intelligences autant que pour les imaginations, une sorte de préoccupation générale. » Avec Hugo, l'Orient devient l'une des composantes essentielles du romantisme, un lieu privilégié où s'expriment tout à la fois un puissant désir d'évasion et le rêve d'une humanité primitive, non corrompue par la civilisation. Gautier, plus encore que Flaubert, fera sienne cette utopie romantique.

Source de désirs et de fantasmes, l'Orient devient l'objet d'un engouement qui dépasse largement le seul phénomène de mode. Quête d'un ailleurs hors d'atteinte des frustrations engendrées par l'étroitesse petite-bourgeoise, paradis improbable où le rêve s'unit à la réalité, lieu de toutes les licences également, l'Orient est tout cela pour Flaubert. N'est-il pas significatif de retrouver dans le personnage de Salammbô le souvenir de Huchuk-Hânem, l'almée d'Esneh qu'il connut, une nuit de mars 1850, sur les bords du Nil ? Bien des pages de *Salammbô* s'enrichissent de la mémoire du grand tour en Égypte, en Palestine, au Liban, en Syrie... accompli entre octobre 1849 et mai 1851 en compagnie de Maxime Du Camp, et ses notes de voyage – dont il acheva la rédaction à Croisset – furent souvent consultées pendant les années d'écriture du roman.

Flaubert est moins fasciné par l'Orient de Byron – celui du « sabre recourbé, du costume albanais, et de la fenêtre grillée donnant sur des flots bleus » – que par « l'Orient cuit du Bédouin et du désert, les profondeurs vermeilles de l'Afrique, le crocodile, le chameau, la girafe... » (Lettre à Louis Bouilhet, 14 novembre 1850.) Et l'Afrique, au moins autant que l'héroïne, est l'âme de son roman. D'aucuns ont prétendu que le sujet de *Salammbô* lui avait été fourni par Gautier, dont le *Roman de la Momie* venait d'être publié dans le *Moniteur,* entre mars et mai 1857. C'était négliger la puissante attirance de Flaubert pour un Orient « étrange, reculé, sauvage, hérissé, presque inaccessible », pour reprendre les mots de Sainte-Beuve. À la différence d'un Dumas père, auquel l'Orient apporte les charmes superficiels d'un exotisme dont il refuse les implications profondes, Flaubert s'attache à reconstituer avec exactitude – dans la mesure où les connaissances de l'époque le permettent – la civilisation carthaginoise. Mais ceci n'est qu'une étape vers l'unité du roman historique tel que le conçoit Flaubert qui s'élevait contre les pratiques de Dumas : « D'où vient le prodigieux succès des romans de Dumas ? C'est qu'il ne faut pour les lire aucune initiation. L'action est amusante. On se distrait donc pendant qu'on les lit. Puis le livre fermé, comme aucune impression ne vous reste et que tout cela a passé comme l'eau claire, on retourne à ses affaires. » (Lettre à Louise Colet, 20 juin 1853.) Flaubert, lui, – et c'est là son principal souci lors de la rédaction de *Salammbô* – souhaite se pénétrer de la psychologie de ses héros, rendre crédibles leurs états d'âme, leur évolution à l'intérieur du roman. La tâche est certes beaucoup plus ardue que pour *Madame Bovary,* mais la démarche de l'écrivain est bien la même. Cette difficulté qu'il juge parfois insurmontable ne cesse de le faire douter de la réussite de son entreprise. Fin avril 1857, il écrit à Ernest Feydau : « J'ai bien du mal avec Carthage ! Ce qui m'inquiète le plus, c'est le fond, je veux dire la partie psychologique. J'ai besoin de me recueillir profondément dans le " silence du cabinet " au milieu de la " solitude des champs ". »

Comme l'ont noté Sainte-Beuve et, à sa suite, René Dumesnil dans son introduction à *Salammbô* (Paris, Les Belles Lettres, 1944), le thème du roman donnait à Flaubert une relative liberté : lorsqu'il en entreprend la rédaction, Carthage est un sujet vierge, très largement inconnu du public, qui ne risque guère de heurter les préjugés des lecteurs. Fondant son ouvrage sur une enquête historique précise – les différentes réponses faites à Frœhner, qui attaqua son roman avec autant de hargne que de pédanterie, prouvent assez le soin qu'il apporta à documenter les moindres détails de son roman –, il rendait ainsi crédible un contexte historique que seuls les lecteurs assidus de Polybe, Silius Italicus ou Michelet étaient à même d'appréhender.

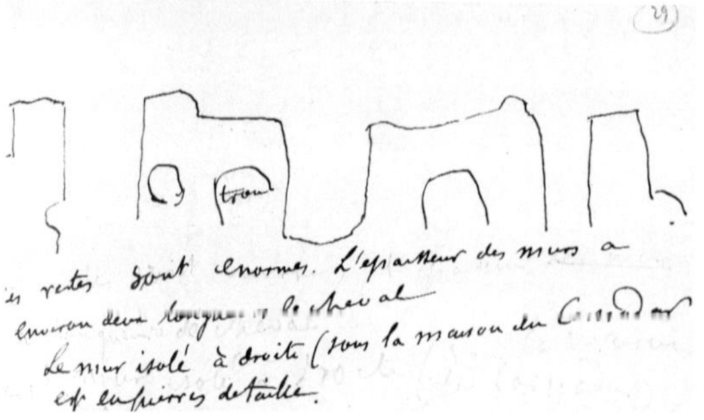

## *Le voyage en Tunisie*

Très vite, Flaubert se rend compte des innombrables difficultés qui l'attendent et quelques mois à peine après avoir arrêté la décision d'écrire un « roman carthaginois », il ressent impérieusement la nécessité de se rendre en Tunisie. Alors qu'il est aux prises avec les affres de la rédaction de son roman, il s'en ouvre à M^lle^ Leroyer de Chantepie, le 23 janvier 1858, lui annonçant sa décision de visiter Carthage : « J'ai été depuis cinq mois dans un état moral déplorable, et si j'allais toujours de ce train-là la chose ne serait pas finie dans vingt ans. Il faut absolument que je fasse un voyage en Afrique. [...] J'ai seulement besoin d'aller à Kheff [sic] et de me promener dans un rayon d'une vingtaine de lieues pour connaître à fond les paysages que je prétends décrire. » Le 12 avril, il quitte Paris pour Marseille où il embarque quatre jours plus tard à bord de l'*Hermus* à destination de Philippeville. Après une journée à Constantine, il gagne Bône (Annaba) par la mer, puis embarque pour Tunis qu'il atteint le 24 avril au matin, après une nuit passée sur le pont afin de

Gustave Flaubert (1821 – 1880)
*Carnet de voyage en Tunisie. Du 12 avril au 12 juin 1858* (f^o^ 29 r.)
Carnet de croquis avec couverture en chagrin marron avec fermoir
77 f^os^, papier bleu
H. 9,5 cm ; L. 16,3 cm
Carnet de voyage n^o^ 10.
Paris, bibliothèque historique de la Ville de Paris

guetter la Goulette : « l'impatience que j'ai de voir Carthage m'empêcherait de dormir », écrit-il alors à Louis Bouilhet.

Ces six semaines en Tunisie sont intensément mises à profit par l'écrivain qui retrouve là les sensations éprouvées lors de son premier voyage en Orient : de longues journées à cheval dans Carthage et ses environs alternent avec la visite des principaux sites. Flaubert se rend également à Utique, Bizerte, Oudna, Dougga et enfin Le Kef qu'il quitte le 25 mai pour Constantine par la voie terrestre : « Ce voyage est plus facile de Tunis à Constantine que de Constantine à Tunis, et cependant peu d'Européens l'ont fait. De cette façon, j'aurai vu *tous* les pays dont j'ai à parler dans mon bouquin. » (Lettre à Ernest Feydau, 8 mai 1858.)

Peu après l'achèvement de ses notes de voyage, dès son retour à Croisset en juin, Flaubert prend la mesure de ses erreurs antérieures ; la vue des sites où s'affrontèrent les héros de la « guerre inexpiable » lui permet de corriger les inexactitudes de son roman, encore trop empreint des souvenirs de son précédent voyage en Orient. Mais l'Égypte n'est pas la Tunisie. Et le 20 juin, il écrit à Feydau : « Je t'apprendrai que *Carthage* est complètement à refaire, ou plutôt à faire. *Je démolis tout.* C'était absurde, impossible, faux. Je crois que je vais arriver au ton juste. Je commence à comprendre mes personnages et à m'y intéresser. » La vérité des descriptions de Carthage, des costumes et des coutumes orientales, doit beaucoup à cette expérience tunisienne. Flaubert a parfaitement perçu le caractère éternel des paysages de Byrsa et de Gammarth et les origines ancestrales des traditions arabes. En cela, sa perception se rapproche de celle d'un Delacroix qui, lorsqu'il débarque au Maroc en 1832, y décèle les fondements mêmes de la civilisation occidentale : « Les Romains et les Grecs sont là à ma porte : j'ai bien ri des Grecs de David, à part bien entendu, sa sublime brosse. Je les connais à présent ; les marbres sont la vérité même, mais il faut y savoir lire, et nos pauvres modernes n'y ont vu que des hiéroglyphes. […] Rome n'est plus dans Rome. » (Lettre de Delacroix au critique Jal, Tanger, le 4 juin 1832.)

Cette image d'un Orient palimpseste où, derrière l'opacité du signe, se révèle la « vérité même » de l'art antique, rejoint la conception de l'histoire de Flaubert : « L'histoire est comme la mer, belle parce qu'elle efface. Le flot qui vient efface sur le sable la trace du flot qui est venu ; on dit seulement qu'il y en a eu, qu'il y en aura encore ; c'est là toute sa poésie, sa moralité peut-être ? » *(Par les champs et par les grèves,* cité dans R. Dumesnil 1944, p. XVIII.)

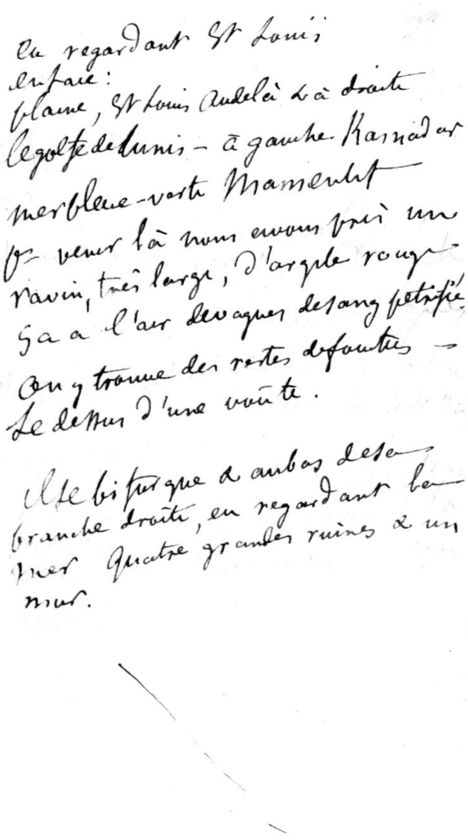
en regardant St Louis
en face :
plaine, St Louis au delà & à droite
le golfe de Tunis – à gauche Kamart
mer bleue-verte Mamenlif –
Pour venir là nous avons pris un
ravin, très large, d'argile rouge –
ça a l'air de vagues de sang pétrifié.
On y trouve des restes de fouilles –
le dessus d'une voûte.

Il se bifurque & au bas de sa
branche droite, en regardant la
mer quatre grandes ruines & un
mur.

Gustave Flaubert (1821 – 1880)
*Carnet de voyage en Tunisie. Du 12 avril au 12 juin 1858*
(f° 28 v.)
Carnet de croquis avec couverture en chagrin marron avec fermoir
77 f^os, papier bleu
H. 9,5 cm ; L. 16,3 cm
Carnet de voyage n° 10.
Paris, bibliothèque historique de la Ville de Paris

## *Les sources plastiques*

Ainsi, l'ambition de Flaubert n'est pas celle de l'érudition. Bien souvent, réminiscences de tableaux ou de sculptures se mêlent aux choses vues pour enrichir de l'accent de la vérité les descriptions des personnages et des scènes de son roman. Louis Hourticq dans la *Vie des Images* (Paris, 1927) a bien montré comment les souvenirs d'œuvres d'Alexandre Decamps (1803-1860) – peintre orientaliste dont les tableaux pittoresques et anecdotiques furent

célébrés en leur temps – sont venus nourrir les visions de Flaubert. Un voyage en Asie Mineure autour de 1828 devait fournir à Decamps les sujets de maints tableaux tel le *Supplice des crochets* (Londres, Wallace Collection), thème traité avec une parfaite indifférence à l'horreur de la scène et une neutralité qui n'est pas sans rappeler la prétendue objectivité de l'écriture de Flaubert. Des sources plus précises ont parfois été proposées : Hourticq suggère ainsi que la toile de Decamps *La Défaite des Cimbres* (Paris, musée du Louvre) fut une des images-mères de *Salammbô,* tout comme la *Judith et Holopherne* (Pau, musée des Beaux-Arts) de Horace Vernet, dont la description correspond point pour point à celle de Mâtho endormi sous la tente : « Mâtho, tel qu'un homme ivre, dormait étendu sur le flanc, avec un bras qui dépassait le bord de la couche. Son bandeau de perles était un peu remonté et découvrait son front. Un sourire écartait ses dents. Elles brillaient entre sa barbe noire, et dans les paupières à demi closes il y avait une gaieté silencieuse et presque outrageante. » *(Œuvres,* p. 892.) La série de dessins de Decamps sur l'histoire de Samson (Paris, musée des Arts décoratifs) a fourni certains traits des personnages créés par Flaubert : sur l'un d'entre eux, apparaît Samson, regardant la fumée des incendies allumés par les renards enflammés, ruse de guerre que reprendra Spendius dans le roman.

Bien des œuvres de Delacroix peuvent également être invoquées comme sources possibles de certaines visions de Flaubert, qu'il s'agisse de la *Mort de Sardanapale* (Paris, musée du Louvre), de la *Femme indienne attaquée par un tigre* (Stuttgart, Staatsgalerie), de la série des *Chasses* ou de gravures telles que la *Lionne sur le corps d'un arabe.* De même, la *Phryné* (Grenoble, musée des Beaux-Arts) ou les deux versions de *Sapho* (1848, Barnard Castle, The Bowes Museum et 1852, Paris, musée d'Orsay) de Pradier – qui présenta un jeune homme de lettres du nom de Flaubert à Louise Colet en juin 1846 – paraissent les marmoréennes prémonitions de Salammbô. On imagine aisément l'impression durable que produisirent ces œuvres, alors éclatantes des

Gustave Flaubert (1821 - 1880)
*Salammbô*
Gravures de Georges Rochegrosse

*Le Festin des Mercenaires*
Vol. 1, p. 17, hors texte

*Le Temple de Moloch*
Vol. 1, p. 153
Paris, A. Ferroud, 1900, 2 vol., gr. in-8°
Paris, Bibliothèque nationale de France
(Rés. m. Y² 769 [1])

rehauts de polychromie et d'or, sur Flaubert. Les tentatives de Pradier – que Louise Colet surnommait Phidias – pour retrouver l'art de la statuaire antique s'apparentent à celles, légèrement postérieures, de Flaubert. On en trouve l'écho dans quelques œuvres d'Ingres, autour de 1845, telle la *Stratonice* du musée Condé à Chantilly, dont la pose rêveuse et mélancolique semble inspirer certaines des attitudes de Salammbô, tout comme les odalisques de Chassériau.

Désiré Ferrary (1852-1904)
*Salammbô*
1899
Marbre polychrome et bronze
Liverpool, National Museums and Galleries on Merseyside
(Port Sunlight, Lady Lever Art Gallery)

ŒUVRE NON EXPOSÉE

## *La parution de Salammbô, un succès immédiat*

La multiplicité des sources auxquelles se réfère l'écrivain, autant que la difficulté même de son entreprise, conduisirent Flaubert à différer durant de longues années la publication de son roman. Les dossiers de la Bibliothèque nationale de France qui renferment les papiers de l'écrivain relatifs à *Salammbô* comptent – hormis le manuscrit dit définitif et la copie – mille cinq cent trente et un feuillets, attestant le travail colossal fourni par Flaubert durant cinq ans, de septembre 1857 à avril 1862. Jusqu'au 24 novembre 1862, date de la parution de l'ouvrage chez Michel Lévy, avec lequel les négociations financières furent délicates, Flaubert ne cesse d'apporter des corrections de détail, d'abord sur le manuscrit des copistes puis sur les épreuves et ce, jusqu'au dernier moment.

D'emblée, l'œuvre remporte un succès fulgurant – succès soigneusement préparé par l'éditeur qui, dès le mois d'août, avait excité la curiosité des lecteurs en divulguant le montant, très grossi, du contrat qu'il avait négocié avec l'écrivain. Le scandale soulevé par *Madame Bovary* avait attiré l'attention du public et des gens de lettres qui attendaient avec impatience le deuxième roman de l'écrivain. Les polémiques que soulevèrent sa publication – et notamment les reproches qu'on fit à Flaubert d'inexactitude archéologique (voir l'article de Paulette Pelletier-Hornby, *infra*) – ont également contribué à la notoriété de l'ouvrage, rapidement acquise, puisque moins de deux mois plus tard, le 10 janvier 1863, une deuxième édition était annoncée. Entre temps, le 22 décembre 1862, Théophile Gautier avait fait paraître dans *Le Moniteur* un important article prenant la défense de l'œuvre de Flaubert. Si les critiques furent acides, les éloges ne tarirent point : Berlioz, alors tout occupé par la mise en scène des *Troyens*, Michelet, Hérédia, Vacquerie, Champfleury et bien d'autres adressèrent à l'écrivain des lettres de chaudes félicitations.

Ce succès était sans doute largement escompté car, avant même la parution du livre, des pourparlers avaient été entamés avec Reyer pour la réalisation d'un opéra. Les noms de Berlioz et de Verdi furent également prononcés par Flaubert et Gautier, à qui l'écrivain avait demandé son aide pour la rédaction du scénario. Sans entrer dans les détails d'une entreprise qui dura près d'une trentaine d'années – analysée par J.-M. Bailbé dans un article de la revue *Romantisme* (1982, n° 38) –, le livret fut finalement confié à Camille du Locle, sur un canevas autographe de Flaubert, aujourd'hui conservé à la bibliothèque de l'Opéra. La mort de Gautier en 1872 et celle de Flaubert en 1880 retardèrent encore l'achèvement de l'opéra dont la première n'eut lieu, au Théâtre de la Monnaie à Bruxelles, que le 10 février 1890. *Salammbô* fut monté pour la première fois à Paris le 16 mai 1892 avec, dans le rôle principal, Rose Caron dont un portrait en costume de scène par Bonnat se trouve au musée de l'Opéra.

## *Fortune de Salammbô*

La réussite de ce spectacle entraîna – à une époque facilement attirée par l'exotisme et son cortège de rêveries symbolistes – une abondante production de tableaux et de sculptures. Théodore Rivière, sculpteur qui séjourna assez longuement à Carthage où il fut professeur chez les Pères Blancs, exécuta plusieurs sculptures inspirées par le roman de Flaubert : en 1893, il envoie au Salon un *Éléphant d'Amilcar,* l'année suivante un *Mâtho vaincu* et en 1895, *Salammbô chez Mâtho* (Paris, musée d'Orsay) en bronze et ivoire, qui lui vaut une seconde médaille. Cette utilisation conjointe des matériaux, particulièrement bien adaptée pour exprimer l'opposition entre la pureté de Salammbô et le caractère de Mâtho, se retrouve dans la remarquable *Salammbô* (1899, Port Sunlight, Lady Lever Art Gallery) de Désiré Ferrary, dont la fragilité a malheureusement interdit le prêt. Théophile-Eugène-Victor Barrau (coll. municipales de la Ville de Paris, déposé à Saint-Maur-des-Fossés) et Jean-Antoine-Marie Idrac (marbre au Palais de Justice de Saint-Quentin, plâtre au musée des Augustins de Toulouse) traitèrent également ce thème.

Rares sont les œuvres aussi audacieuses que la *Salammbô* de Carl Strathmann (1895, Weimar Kunstsammlungen), mêlant aux raffinements littéraires de l'Art nouveau le mythe si cher aux symbolistes de la Première Femme et du serpent. La reliure pour *Salammbô* de Victor Prouvé, à qui on doit également deux reliures pour les *Aveugles* de Maeterlinck et les *Poèmes barbares* de Leconte de Lisle, est l'un des chefs-d'œuvre de l'art du cuir à la fin du siècle. Elle suit avec une plus grande fidélité le texte de Flaubert : « Salammbô, avec un balancement de tout son corps, psalmodiait des prières, et ses vêtements, les uns après les autres, tombaient autour d'elle. [...] elle s'avança ; le python se rabattit et lui posant sur la nuque le milieu de son corps, il laissait pendre sa tête et sa queue, comme un collier rompu dont les deux bouts traînent jusqu'à terre. Salammbô l'entoura autour de ses flancs, sous ses bras, entre ses genoux ; puis le prenant à la mâchoire, elle approcha cette petite gueule triangulaire jusqu'au bord de ses dents, et, en fermant à demi les yeux, elle se renversait sous les rayons de la lune. » *(Œuvres,* p. 878.) La scène fut l'une des plus violemment critiquées pour son mauvais goût et son indécence ; elle n'en demeure pas moins l'une des plus célèbres, et des plus fréquemment illustrées...

Si les représentations de l'héroïne du roman l'emportent largement en nombre, la scène du défilé de la Hache fut parfois représentée, ainsi par Théodore Rivière dans *Ultimum Feriens, le dernier coup d'épée du mercenaire*

Théodore Rivière (1857 - 1912)
*Salammbô chez Mathô. Je t'aime ! Je t'aime !*
1895
Bronze à cire perdue, ivoire, or, turquoise
H. 40 cm ; L. 21,4 cm ; PR. 19 cm
HIST. acquis en 1895, musée du Luxembourg
Paris, musée d'Orsay

1

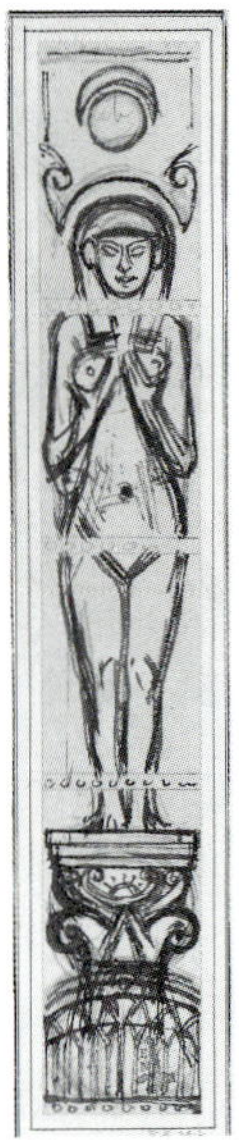

2

3

Théodore Rivière (1857-1912)
*Ultimum Feriens*
*(le défilé de la Hache)*
Vers 1894
Marbre, bronze
H. 99 cm ; L. 98 cm ; PR. 50 cm
Hist. acquis en 1894, musée du Luxembourg
Paris, musée d'Orsay

*dans le défilé de la Hache,* groupe sculpté exposé en 1894 et aujourd'hui conservé au musée d'Orsay, dans un état malheureusement lacunaire (il manque dans la partie supérieure une femme effondrée sur un cadavre qu'un vautour tente de dévorer). Paul Buffet, dans une immense toile peinte en 1894 (Nantes, musée des Beaux-Arts) évoque également le destin tragique des mercenaires pris au piège dans le défilé et condamnés à mourir de faim (Polybe évoque même quelques cas d'anthropophagie et, sur ce point précis, l'on sait que Flaubert avait lu le rapport de Corréard et Savigny à la suite du naufrage de *La Méduse,* dont s'était également inspiré Géricault pour le *Radeau).*

Ce n'est qu'après la mort de Flaubert qu'ont paru des éditions illustrées de *Salammbô :* dès 1887, A. Poirson réalisait une suite de dix eaux-fortes pour la réimpression de *Salammbô.* Mentionnons également la belle édition Ferroud, en 1900, illustrée de compositions de Georges Rochegrosse, celle de 1921 (compositions de Gaston Bussière), celle de 1926 qui comporte vingt eaux-fortes de William Walcot, et l'édition de Mornay en 1930, illustrée par Pierre Noël. En effet, aucune publication illustrée ne se fit du vivant de l'écrivain, celui-ci ayant clairement exprimé son désaccord dans une lettre à Ernest Duplan, notaire auquel il avait confié ses intérêts pour les négociations avec son éditeur : « Jamais, moi vivant, on ne m'illustrera, parce que la plus belle description littéraire est dévorée par le plus piètre dessin. Du moment qu'un type est fixé par le crayon, il perd ce caractère de généralité, cette concordance avec mille objets connus qui font dire au lecteur : " j'ai vu cela " ou " cela doit être ". Une femme dessinée ressemble à une femme, voilà tout. L'idée est, dès lors, fermée, complète, et toutes les phrases sont inutiles, tandis qu'une femme écrite fait rêver à mille femmes. Donc ceci étant une question d'esthétique, je refuse formellement toute espèce d'illustration. » (12 juin 1862.) Le paradoxe est plaisant pour un homme dont l'œuvre elle-même fut nourrie d'images et en inspira tant d'autres.

4

Si les partis pris littéraires de *Salammbô* sont encore tout empreints des rutilances et des excès du romantisme – on a déjà dit l'influence de l'art de la description de Chateaubriand sur Flaubert et vu comment maintes œuvres des années 1830 ont pu l'inspirer –, l'esthétique du roman s'inscrit dans une perspective qui est bien celle du milieu du xix$^{e}$ siècle. Elle participe d'un vaste mouvement d'intérêt pour les civilisations disparues, à une époque qui les découvrait, et d'un désir d'évasion dans l'histoire, fruit du mal-être d'un siècle sur lequel l'habit, « la pelure du héros moderne » pour reprendre les mots de Baudelaire, allait bientôt étendre son manteau noir.

La vision de l'Orient chez Flaubert, nourrie d'expériences vécues et de réminiscences littéraires, est à la fois précise et éminemment poétique : cette ouverture sur l'imaginaire, d'un ordre plus pictural que littéraire, explique sans doute la fascination qu'éprouva l'époque symboliste pour l'auteur de *Salammbô* et de la *Tentation de saint Antoine.* Certains ne s'y trompèrent pas, tel Eugène Fromentin (cité dans Dumesnil 1944, p. cxix) qui félicita Flaubert en ces termes : « J'achève *Salammbô.* C'est beau et robuste, éblouissant de spectacle, et d'une intensité de vie extraordinaire. Vous êtes un grand peintre, mon cher ami, et mieux que cela, un *grand visionnaire ;* car comment appeler celui qui crée des réalités si vives avec ses rêves et qui nous y fait croire ? »

*Alain Daguerre de Hureaux*

Victor Prouvé (1858 – 1943)

*1* *Dessins pour la reliure de* Salammbô
*Étude pour le plat inférieur*
1893
Aquarelle, encre de Chine, gouache, verni partiellement, sur papier collé sur carton
H. 42,1 cm ; L. 35,5 cm
Hist. anc. coll. J.-B. E. Corbin
Nancy, musée de l'École de Nancy

*2* *Étude pour le dos*
1893
Encre et crayon graphite
sur papier collé sur carton
H. 41,5 cm ; L. 6,4 cm
Hist. anc. coll. J.-B. E. Corbin
Nancy, musée de l'École de Nancy

*3* *Étude pour le plat supérieur*
1893
Aquarelle, encre noire, verni partiellement, sur papier collé sur carton
H. 42,2 cm ; L. 35,3 cm
Hist. anc. coll. J.-B. E. Corbin
Nancy, musée de l'École de Nancy

*4* *Reliure pour* Salammbô
1893
Cuir mosaïqué serti de filets d'or ou pyrogravé en maroquin et chagrin, émaux cloisonnés polychromes
H. 42,5 cm ; L. 72 cm (ouvert)
Hist. acheté en 1894 par le comité de l'exposition des Arts décoratifs de Nancy
Nancy, musée de l'École de Nancy

# *Salammbô :*
# la Carthage de Flaubert

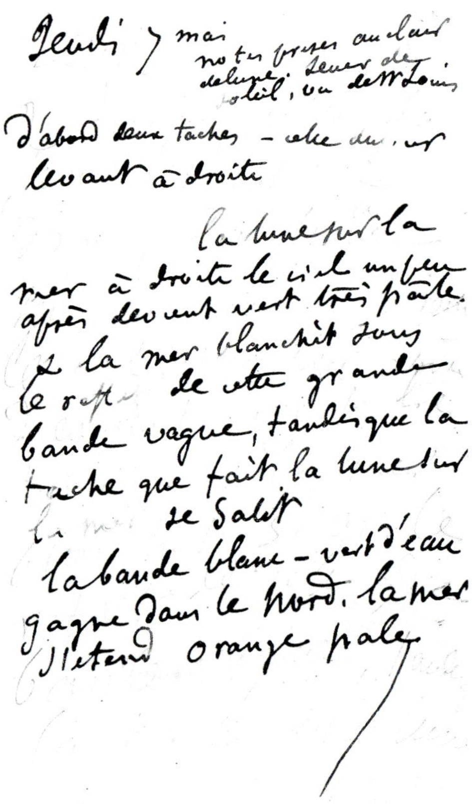
Jeudi 7 mai
d'abord deux taches
levant à droite
la lune sur la
mer à droite le ciel un peu
après devient vert très pâle
& la mer blanchit sous
le reflet de cette grande
bande vague, tandis que la
tache que fait la lune sur
se salit
la bande blanc - vert d'eau
gagne dans le Nord. la mer
s'étend orange pâle

Gustave Flaubert (1821 - 1880)
*Carnet de voyage en Tunisie. Du 12 avril au 12 juin 1858* (f° 34 v.)
Carnet de croquis avec couverture
en chagrin marron avec fermoir
77 f^os^, papier bleu
H. 9,5 cm ; L. 16,3 cm
Carnet de voyage n° 10
Paris, bibliothèque historique de la Ville de Paris

La *Salammbô* de Flaubert parut en 1862. Le succès de ce « roman carthaginois » fut immédiat. Sur une trame historique, la « guerre inexpiable » qui opposa Carthage à ses mercenaires, à l'issue de la seconde guerre punique, se nouait une intrigue romanesque entre un chef barbare, Mâtho et une patricienne carthaginoise, Salammbô. La dimension que Flaubert donna à ces deux caractères, en les identifiant aux divinités majeures de Carthage, Baal et Tanit, place le roman au rang d'une épopée et fait de Salammbô la sœur de l'Hélène homérique ou de la Didon virgilienne.

La genèse du roman est ardue : Flaubert consacre plusieurs années à réunir une volumineuse documentation, de 1857 à 1862. Mais le plus difficile est de recréer un monde convaincant, affranchi de toutes ces informations. Et pour ce faire, le voyage aux sources est indispensable. Le premier contact de Flaubert avec l'Orient datait d'un périple qu'il accomplit, avec Maxime Du Camp, en 1850-1851. D'avril à mai 1858, un rapide séjour en Tunisie et en Algérie lui permet de rafraîchir ses souvenirs (voir l'article d'Alain Daguerre de Hureaux, *supra)*. Ce qu'il va chercher en Tunisie, sur les ruines de Carthage, c'est l'âme du monde punique, ses couleurs, ainsi qu'il l'exprime dans une lettre à son ami Feydeau, au début d'août 1857 : « Pour qu'un livre sue la vérité, il faut être bourré de son sujet jusque par-dessus les oreilles. Alors la couleur vient tout naturellement comme un résultat fatal et comme une floraison de l'idée même ». La vision finale de Carthage et de Salammbô naîtra autant de ces souvenirs mêlés que des informations accumulées par Flaubert.

Les sources historiques et archéologiques les plus importantes de l'écrivain ne sont pas un mystère. Flaubert lui-même nous les livre par une note retrouvée dans ses papiers, indiquée par R. Dumesnil *(Salammbô,* Les Belles-Lettres, Paris, 1944, p. XXXV) et les précise encore lorsqu'il répond à ses principaux détracteurs, le critique littéraire Sainte-Beuve (articles dans le

*Constitutionnel,* les 8, 15 et 22 décembre 1862) et l'archéologue Frœhner qui épingle des inexactitudes dans la reconstitution de Carthage dans un article intitulé : « Le Roman archéologique en France, Gustave Flaubert : *Salammbô* » (*Revue contemporaine,* 31 décembre 1862). Il suffit de relever les deux principales : pour la trame historique, la référence de Flaubert est Polybe, ami, puis conseiller de Scipion Émilien, le vainqueur de Carthage. Présent au moment de la chute de la ville, Polybe a pu recueillir des témoignages sur la guerre des Mercenaires (Polybe I, LXV, 6). Il a eu libre accès aux archives de l'État pour écrire son *Histoire générale des conquêtes romaines.* C'est encore Polybe qui lui fournit les grandes lignes de sa description des lieux telle la triple enceinte du port de guerre de la ville, le Côthon, alors que quelques détails concernant la topographie lui viennent d'Appien d'Alexandrie, disciple de Polybe. La source archéologique essentielle est la Bible de Cahen en dix-huit volumes. Mais énumérer toutes les références qui lui permettent d'enrichir ce squelette serait un exercice fastidieux, qui ne rendrait en rien compte de la Carthage de Flaubert, ni de sa *Salammbô.*

Flaubert n'est ni un historien ni un archéologue. Son but n'est pas d'écrire une histoire des Phéniciens ni celle de Carthage, même si la phase préparatoire est identique. La documentation est, en somme, la partie la plus ingrate et la moins difficile de l'élaboration de son œuvre. « Carthage me fera crever de rage ! », écrit-il à Feydeau. De l'archéologie, de l'histoire, il veut tout savoir pour pouvoir tout oublier : « Quant à l'archéologie, elle sera " probable ". Voilà tout. Pourvu que l'on ne puisse pas me *prouver* que je dis des absurdités, c'est tout ce que je demande. » (26 juillet [?] 1857.) Flaubert est un écrivain et un poète : c'est dans la transmutation du matériau brut que Salammbô trouve sa vérité. Quel est le véritable thème du roman ? Quelle est la démarche intellectuelle de Flaubert, face à l'histoire et à l'archéologie ? La clef se trouve dans la conception même du personnage-titre du roman. Dans une lettre à Charles-Edmond Choieski (octobre 1856), Flaubert définit ainsi son sujet : « Mon affaire aura (je crois !) pour titre *Salammbô, roman carthaginois ;* c'est le nom de la fille d'Hamilcar, fille inventée par votre serviteur. » L'aveu de cette invention n'est d'ailleurs pas entièrement sincère. Polybe (I, LXXVIII, 8) mentionne en effet que, pour récompenser le chef numide Narr'Havas de son aide, Hamilcar lui promet sa fille en mariage. Le nom de cette fille n'est pas mentionné. Le choix que fait Flaubert n'est certes pas fortuit : après avoir hésité sur le nom de l'héroïne, il arrête son choix sur « Salammbô », dénomination d'Aphrodite-Astarté chez les Babyloniens. Lapeyre et Pellegrin pensent que Salam[m]bô (dont Flaubert altère la graphie pour des raisons euphoniques) est la transcription grecque du punique *Shalambaal,* « image de Baal », ou Astarté-Penè-Baal (Face de Baal) (Lapeyre-Pellegrin 1942, p. 138). L'importance du personnage trouve sa confirmation dans l'aveu même de Flaubert : « Êtes-vous curieux de connaître la faute *énorme (énorme* est ici à sa place) que je trouve dans mon livre ? La voici : le piédestal est trop grand pour la statue. Or comme on ne pèche jamais par *le trop,* mais par *le pas assez,* il aurait fallu cent pages de plus relatives à Salammbô seulement. » *(Œuvres,* p. 1004).

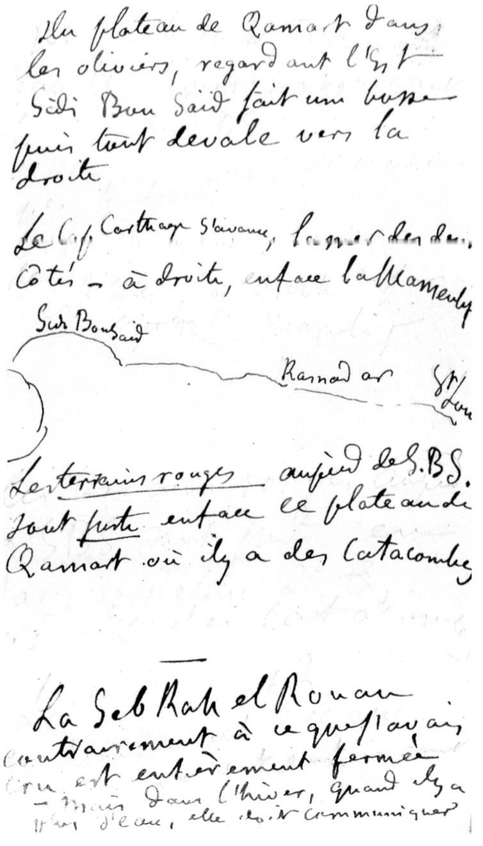


Gustave Flaubert (1821 - 1880)
*Carnet de voyage en Tunisie. Du 12 avril au 12 juin 1858* (f° 38 v.)
Carnet de croquis avec couverture en chagrin marron avec fermoir
77 f[os], papier bleu
H. 9,5 cm ; L. 16,3 cm
Carnet de voyage n° 10.
Paris, bibliothèque historique de la Ville de Paris

## *Le personnage de Salammbô*

Pour comprendre la démarche de l'écrivain, « il ne s'agit pas de savoir si la coiffure de Tanit est authentique ou si la robe de Salammbô eût été désavouée par les couturières de Carthage. Le moindre cuistre, là-dessus, peut se vanter d'en remontrer à Flaubert – et d'ailleurs, ils n'y ont pas manqué. » (Bertrand 1912, p. 165 *sq.*). Ce serait s'arrêter là où l'œuvre de l'écrivain commence. Le roman de Flaubert est scandé par quatre apparitions de l'héroïne, savamment composées, qui correspondent chacune à un moment décisif de l'histoire de Carthage, à une progression de l'intrigue romanesque et à une étape symbolique dans l'élaboration du mythe.

Dès les premières pages, consacrées au festin des mercenaires dans les jardins du palais de son père, Salammbô apparaît, suivie des prêtres de Tanit, la divinité lunaire, la déesse de la fécondité et de l'au-delà, l'âme de Carthage. Tanit, à ce moment, est la divinité majeure de Carthage. Salammbô est alors présentée comme une vierge chananéenne, d'une illustre famille, celle des Barca, qui, par ses origines, se rattache à « Melkarth [Melqart], dieu des Sidoniens et père de sa famille » *(Œuvres,* p. 719). Elle chante les mythes fondateurs et les grandes heures de Carthage. Liée par ses origines aux divinités de l'Orient et aux héros fondateurs de la cité, elle appartient d'emblée à un univers surnaturel. « C'était la lune qui l'avait rendue si pâle, et quelque chose des Dieux l'enveloppait comme une vapeur subtile » *(idem).* Sa vie tout entière est influencée par l'astre lunaire. La rencontre avec Mâtho, le Libyen, a lieu dans un contexte de sacrilège, le massacre des poissons sacrés de la famille Barca, liés aux mystères de Tanit. Et Mâtho voit en elle l'instrument des dieux : « la malédiction de Moloch pèse sur moi. Je l'ai senti à ses yeux, et tout à l'heure j'ai vu dans le temple un bélier noir qui reculait. » *(Œuvres,* p. 724-725.) Cette première vision rattache la fille d'Hamilcar aux grandes heures de la fondation de la cité et marque ses liens avec la civilisation assyrienne.

« Sa chevelure, poudrée d'un sable violet, et réunie en forme de tour selon la mode des vierges chananéennes, la faisait paraître plus grande. Des tresses de perles attachées à ses tempes descendaient jusqu'aux coins de sa bouche, rose comme une grenade entr'ouverte. Il y avait sur sa poitrine un assemblage de pierres lumineuses, imitant par leur bigarrure les écailles d'une murène. Ses bras, garnis de diamants, sortaient nus de sa tunique sans manches, étoilée de fleurs rouges sur un fond tout noir. Elle portait entre les chevilles une chaînette d'or pour régler sa marche, et son grand manteau de pourpre sombre, taillé dans une étoffe inconnue, traînait derrière elle à chaque pas comme une large vague qui la suivait. » *(Œuvres,* p. 718.)

Les sources sont indiquées par Flaubert lui-même, dans ses réponses à Sainte-Beuve et à Frœhner : la Bible (traduction et notes de Cahen) et les *Mémoires sur les Phéniciens* de l'abbé Mignot publiés dans le *Bulletin de l'Académie des Inscriptions et Belles-Lettres* à la fin du XVIIIe siècle.

La seconde apparition de la jeune fille, lors du retour d'Hamilcar dans son palais, révèle une profonde transformation. Dans l'intervalle, le voile sacré de Tanit, le zaïmph, « le manteau magnifique d'où dépendaient les destinées de Carthage » (p. 750), a été dérobé par Mâtho. La perte du zaïmph entraîne inéluctablement une série de catastrophes pour Carthage, et la population se détourne des cultes de Tanit, pour aller chercher secours auprès de Baal, l'élément solaire, l'élément mâle et destructeur. Or le Libyen a apporté le voile sacré dans la chambre de la jeune fille dont il est éperdument épris. Tenir ou même voir le simulacre d'un dieu, « c'était lui prendre une part de sa vertu, et, en quelque sorte, le dominer » *(Œuvres,* p. 750). De ce moment, Mâtho confond dans une même pensée la déesse et Salammbô. Le costume de Salammbô consacre cette identification : « Des perles de couleurs variées descendaient en longues grappes de ses oreilles et jusqu'aux coudes. Sa chevelure était crêpée, de façon à simuler un nuage. Elle portait, autour du cou, de petites plaques d'or quadrangulaires représentant une femme nue entre deux lions cabrés, et son costume reproduisait en entier l'accoutrement de la Déesse. Sa robe d'hyacinthe, à manches larges, lui serrait la taille en s'évasant par le bas. Le vermillon de ses lèvres faisait paraître ses dents plus blanches et l'antimoine de ses paupières ses yeux plus longs. Ses sandales coupées dans un plumage d'oiseau, avaient des talons très hauts et elle était pâle extraordinairement, à cause du froid sans doute. » *(Œuvres,* p. 821).

Une circonstance fortuite nous révèle plus précisément certaines références archéologiques de Flaubert, nous fournissant également une vision plus claire de la manière dont l'écrivain travaille. Lors du carnaval de 1863, la mode est à Salammbô et aux déguisements puniques. Une lettre de Flaubert à Félicien de Saulcy, archéologue marié à une dame d'honneur de l'impératrice Eugénie, datée du 24 janvier 1863 *(Correspondance,* tome III, p. 302), dévoile l'origine de ce costume : les plaquettes en or, provenant d'un site de l'île de Rhodes, Camiros, portent l'effigie de la divinité grecque, d'origine orientale, Artémis-Astarté, autre nom donné à Tanit. Elle est représentée sous les traits de la « maîtresse des animaux ». L'identification de Salammbô à Tanit est ici renforcée sciemment et de façon savante.

« Vous rappelez-vous m'avoir montré, il y a deux ou trois ans, une plaquette en or repoussé qui avait été rapportée de Kamyros par Salzmann ? Cette plaquette représentait une femme qui m'a servi pour un des costumes de Salammbô. J'aurais besoin de la revoir. Où est-elle ? En avez-vous un dessin ou une description minutieuse ? / On m'a demandé en très haut lieu, pour une grande dame de votre connaissance, les costumes de Salammbô (il y en a quatre dans mon livre, celui de la plaquette en est un). Je suis en train de les faire dessiner par Bida. » En fait, Alexandre Bida chargea Giraud, « le peintre ordinaire des fantaisies des altesses et des majestés » de la besogne (Lovenjoul, B I, f^os 206-207). Le costume ne fut pas réalisé, ni même dessiné, ainsi que nous l'apprend une lettre de Bida à Flaubert, datée du 27 janvier 1863 : « Mon cher Flaubert, / La princesse [Mathilde] m'a assuré que l'impératrice ne mettrait pas le costume de Salammbô qui serait trop collant, et qu'il était inutile de le dessiner. Je regretterais pour votre beau livre cette charmante illustration vivante, si elle avait dû accepter le costume dans toute sa rigueur historique sans y mêler des agréments qui en eussent détruit le caractère [...].» (Lovenjoul, B I, f^os 208-209.)

Félicien de Saulcy répondit en ces termes : « 24 janvier 1863. / Cher Ami, / Les deux pendants d'oreille *funéraires* donnés par moi au Louvre sont d'une simplicité désolante. En voici un calque pris sur la vignette qui en accompagne la description dans le 4e numéro de la *Revue archéologique* de l'an dernier. »

Le troisième costume de Salammbô fait également l'objet d'une longue description. C'est celui qu'elle revêt avant d'aller rejoindre Mâtho dans le camp des Barbares, afin de reprendre le zaïmph et rendre ainsi la victoire à Carthage.

« D'après les recommandations de Schahabarim, Salammbô lui avait ordonné [à Tanaach] de la rendre magnifique ; et elle l'accommodait dans un goût barbare, plein à la fois de recherche et d'ingénuité. / Sur une première tunique, mince et de couleur vineuse, elle en passa une seconde, brodée en plumes d'oiseaux. Des écailles d'or se collaient à ses hanches, et de cette large ceinture descendaient les flots de ses caleçons bleus, étoilés d'argent. » *(Œuvres,* p. 879). Ses cheveux « étaient couverts de poudre d'or, crépus sur le front et par derrière ils pendaient dans le dos, en longues torsades que terminaient des perles. » *(Œuvres,* p. 879-880). Une telle coiffure rappelle, là encore, la déesse de la plaquette de Camiros mentionnée par Flaubert. La rencontre de Salammbô et de Mâtho sous la tente du chef barbare – que le manteau de la déesse, par sa présence, transforme en sanctuaire – n'est plus celle de deux mortels. Salammbô place la scène sur un registre divin : « J'ai suivi la trace de tes feux, comme si je marchais derrière Moloch ! » Mâtho s'exclame : « N'es-tu pas toute-puissante, immaculée, radieuse et belle comme Tanit ! [...] À moins, peut-être, que tu ne sois Tanit ? » *(Œuvres,* p. 888). Ce sont les noces sacrées (hiérogamie) de Moloch et de Tanit. Les deux divinités de Carthage, présentées par Flaubert comme ennemies, se trouvent sur un plan d'égalité. Puis Salammbô, s'emparant du zaïmph, regagne les rangs carthaginois, y ramenant la victoire.

La dernière apparition de Salammbô *(Œuvres,* p. 988) est publique. Elle doit ce jour-là épouser le chef numide Narr'Havas. Le jour de ses noces est une fête nationale où l'on célèbre la victoire, le triomphe de Tanit sur Baal, et Salammbô qui a sauvé la cité. À cette occasion, Mâtho doit être mis à mort. Salammbô reparaît escortée des prêtres de Tanit. « Des chevilles aux hanches, elle était prise dans un réseau de mailles étroites imitant les écailles d'un poisson et qui luisaient comme de la nacre, une zone toute bleue serrant sa taille laissait voir ses deux seins, par deux échancrures en forme de croissant ; des pendeloques d'escarboucles en cachaient les pointes. Elle avait une coiffure faite avec des plumes de paon étoilées de pierreries ; un large manteau, blanc comme de la neige, retombait derrière elle, et les coudes au corps, les genoux serrés, avec des cercles de diamants au haut des bras, elle restait toute droite, dans une attitude hiératique. [...] Salammbô resplendissante se confondait avec Tanit et semblait le génie même de Carthage, son âme corporifiée. » *(Œuvres,* p. 988). La mort de Salammbô, identifiée explicitement à la cité, préfigure du même coup la ruine de Carthage. En cette ultime apparition, Salammbô, dans la vie et dans la mort, se confond avec la déesse.

Gustave Flaubert (1821 - 1880)
*Salammbô*
Aquarelle de Georges Rochegrosse
*Portrait de Salammbô*
Paris, A. Ferroud, 1900
Vélin, 2 vol., gr. in-8°, vélin
Paris, Bibliothèque nationale de France
(Z. Audéoud 253, vol. 1)

Gustave Flaubert (1821 - 1880)
*Salammbô*
Gravures de Georges Rochegrosse
*La Tente*
Vol. 2, p. 77
Paris, A. Ferroud, 1900, 2 vol., gr. in-8$^o$
Paris, Bibliothèque nationale de France
(Rés. m. $Y^2$ 769 [2])

*Les Jardins*
Vol. 2, p. 195

Et, là encore, le recours à l'archéologie renforce la vision littéraire. Maxime Du Camp indique l'origine de cette dernière parure : « Les dessinateurs se mirent à la torture pour reconstituer, d'après la description de Flaubert, le vêtement et la coiffure de Salammbô. Le résultat fut d'une bouffonnerie dont ils ne se doutèrent pas. Le costume de Salammbô est celui que Cléopâtre-Isis (souveraine divinisée) porte sur la face occidentale du temple de Kalabscheh en Nubie. » *(Souvenirs Littéraires,* Paris, éd. Balland, 1984, p. 257-258.) Ce temple égyptien important, de l'époque d'Auguste, se trouvait alors en Basse-Nubie. Il fut transféré et reconstruit au sud d'Assouan, après la submersion de la Nubie due à la construction du barrage.

La Carthage de Flaubert devait être « probable ». Voilà tout. La découverte du *Sarcophage à la prêtresse ailée* par Delattre, à la fin du XIX$^{e}$ siècle, dans la nécropole des Rabs, près de Sainte-Monique, a depuis apporté la preuve que cette archéologie était loin d'être absurde. Flaubert avait induit de ses dépouillements laborieux et savants l'existence d'une civilisation riche de la fusion des cultures assyrienne, grecque et égyptienne. La jeune femme, figurée en pied sur le sarcophage, sur l'arête d'un toit à double pente, de type grec, est vêtue d'une longue tunique, enveloppée de deux grandes ailes repliées rappelant l'iconographie des divinités égyptiennes Isis et Nephtys. Sa tête est surmontée d'une tête de faucon d'inspiration égyptienne. L'identité de cette jeune femme, divinité ou prêtresse, reste mystérieuse. Cependant, une archéologue a pu écrire, parlant de ce sarcophage : « Le plus extraordinaire est celui d'une femme qu'orne l'image d'une divinité funéraire, sans doute Tanit, drapée dans des ailes d'oiseaux et portant une tête d'épervier sur la tête. D'une main, elle tient une colombe la tête en bas en signe de deuil, et de l'autre, un vase à parfum. On ne connaît qu'un autre exemplaire de déesse drapée dans des ailes d'oiseaux, c'est celui qui ornait le sanctuaire de Thinissut dans le cap Bon, encore a-t-elle une tête de lion. Certains ont voulu voir dans ce gisant un portrait idéalisé de la défunte assimilée après sa mort à Tanit, déesse de l'au-delà. Toutefois, cette conception essentiellement hellénique est contraire à ce que nous savons de la religion phénicienne. » (Picard 1951, p. 58.) Des figurines de terre cuite découvertes dans un lieu de culte consacré à Tanit, dans l'île d'Ibiza, à Es-Cuieram, en 1907, représentent un buste féminin, vêtu d'une chape ailée et portant un motif symbolique, disque solaire, croissant lunaire, fleur de lotus, attestant les emprunts que firent les Puniques à l'iconographie grecque ou égyptienne pour donner une forme à leur religion. En cela, la réussite de l'écrivain ne dépasse-t-elle pas ses buts ? Il ne visait à faire œuvre ni d'historien ni d'archéologue. Salammbô se situe bien au-delà de telles prétentions. « Ce n'est pas un livre d'histoire, ce n'est pas un roman, c'est un *poème épique !* » (Théophile Gautier, article du *Moniteur*, 22 décembre 1862.) Et Flaubert de conclure, répliquant dans l'*Opinion nationale*, le 2 février 1863, à un second article de Frœhner : « Enfin, puisqu'il se mêle de ma biographie [...] en affirmant par deux fois [...] que j'ai été six ans à écrire *Salammbô,* je lui avouerai que je ne suis pas bien sûr, à présent, d'avoir jamais été à Carthage. »

*Paulette Pelletier-Hornby*

*La déesse Isis*
Kalasha
Temple de Mandoulis
Époque d'Auguste

ŒUVRE NON EXPOSÉE

3

# Des guerres puniques à la chute de Carthage

Les guerres puniques

*Claude Moatti*

La Bataille de Zama,
tapisserie d'après Jules Romain

*Amaury Lefébure*

L'image des héros des guerres puniques
à l'époque romaine

*José de Los Llanos*

# Les guerres puniques

Urbino, fabrique Fontana
*Hannibal et Flaminius, la Bataille de Trasimène*
Coupe
Vers 1540 - 1550
Majolique
H. 5 cm ; DIA. 23,5 cm
Hist. coll. Durand, acquis en 1825
Paris, musée du Louvre, département des Objets d'Art

Carthage n'a laissé aucun testament. Pas d'histoire, pas d'archives. Quelques milliers d'inscriptions ont échappé à l'oubli, livrant à la postérité des noms de dieux et d'hommes – uniques traces d'une des cités les plus puissantes de l'Antiquité. Aussi n'est-ce pas le moindre paradoxe que seuls témoignent pour elle les récits de ses ennemis, Grecs et Romains. Tel est le cas pour les trois guerres que, de 264 à 146 avant notre ère, Carthage mena contre Rome, les guerres dites puniques, du nom latin *Poeni,* par lequel les Romains désignaient leurs rivaux. C'est un Grec, Polybe, qui nous renseigne le mieux : arrivé comme otage à Rome en 167 et présent lors du sac de Carthage en 146, il porte un témoignage exceptionnel sur toute la période. Avec lui, l'histoire politique se fait réflexive et universelle – à la mesure de son projet : raconter les étapes de l'expansion romaine sur l'ensemble du monde habité. Il y a aussi Tite-Live, historien latin d'époque augustéenne, qui fait un récit détaillé de la guerre d'Hannibal et enfin, pour le dernier conflit, les *Libyca* d'Appien, un Grec du IIe siècle de notre ère.

Tous suivent une même tradition favorable aux Romains ; tous manifestent aussi la même admiration pour Carthage. Ce qui frappe leur imagination, c'est l'ampleur des opérations militaires, le prestige des généraux – Hamilcar Barca et son fils Hannibal, « le plus grand général qui ait jamais existé » (Cornelius Nepos, *Vie d'Hannibal,* I) – et l'acharnement avec lequel Carthage refit chaque fois ses forces, avant d'être définitivement anéantie. Un choc de Titans, tel fut, à leurs yeux, ce triple conflit qui avait entraîné dans le fracas des armes tant d'autres États, d'autres cités. En 264, quatre empires occupaient la scène internationale : Carthage et les trois monarchies hellénistiques, héritières de l'empire d'Alexandre – la Macédoine, l'Égypte et la Syrie. En 146, Rome les avait soumis et se trouvait en quelque sorte « seule au monde » à gouverner, selon le mot de Paul Veyne. Non seulement l'Occident prenait place dans une histoire jusque-là dominée par l'hellénisme mais il le dominait. Les trois guerres puniques avaient changé la face du monde.

*Cuirasse*

IIIe - IIe siècle avant J.-C.
Bronze doré
Face : H. 42,5 cm ; L. 44 cm
Prov. Ksour es-Saf
Tunis, musée national du Bardo

Polybe (v. 208 - v. 126 avant J.-C.)
*Histoire*, trad. par dom Vincent Thuillier
*Combat de cavalerie entre les Romains et les Carthaginois*
Vol. 4, p. 125
Paris, chez Gandouin, Giffart et Armand, 1727 - 1730, 6 vol., in-4°
Paris, musée du Petit Palais
Inv. LDUT 642

## *Rome et Carthage en 264*

### Les guerres puniques dans la littérature antique

*Les guerres puniques ont inspiré de nombreux historiens antiques, grecs et romains, certains contemporains des événements, d'autres plus tardifs. Proche de Scipion Émilien dont il recueillit, dit-il, les souvenirs, Polybe a laissé de nombreux textes qui constituent la source première de tous les auteurs. Toutefois, ses successeurs ne peuvent être réduits au statut de simples imitateurs. Leurs écrits apportent bien souvent des éléments nouveaux qu'il convient d'apprécier à leur juste mesure : parfois, tel auteur complète un passage perdu de Polybe, c'est notamment le cas du passage des* Guerres puniques *d'Appien que nous reproduisons. D'autres, romains tel Tite-Live, ont profité de sources différentes de celles du Grec Polybe et donnent ainsi un éclairage nouveau, parfois partisan, sur les événements rapportés. D'autres enfin ont fait délibérément œuvre poétique, choisissant de broder sur la vérité historique afin de traiter sur le mode épique, lyrique ou dramatique l'histoire des guerres puniques : le serment d'Hannibal de Silius Italicus, inspiré d'un passage de quelques lignes rapporté avec une grande prudence par Polybe et repris par Tite-Live, est un morceau d'anthologie du genre.*

*Les uns et les autres n'avouent pas toujours leurs dettes : Plutarque est l'un des rares à le faire avec une réelle humilité, tandis que Tite-Live, par exemple, ne se plie à cette politesse que lorsque cela l'arrange.*

À la veille de son affrontement avec Rome, Carthage connaît, selon Polybe, des transformations politiques majeures : ce régime dont Aristote avait loué le caractère équilibré – les trois éléments (des magistrats supérieurs ou suffètes, un Sénat et une assemblée du peuple) participant à la fois de la démocratie, de l'aristocratie et de la monarchie –, s'infléchit peu à peu vers une forme plus « démocratique », sous l'influence des Barca, Hamilcar puis Hannibal. L'action de cette famille fut sans aucun doute déterminante dans l'histoire des guerres puniques, et les sources font état de ses relations conflictuelles avec les Hannonides, famille régnante depuis le IVe siècle : toutefois, il reste difficile de mesurer très précisément l'évolution de la politique carthaginoise. Certains n'ont pas hésité à parler d'une « révolution sociale » animée par Hamilcar, d'autres ont nié au contraire l'existence même de l'assemblée du peuple. Rien ne permet d'accepter ces hypothèses radicales. Tout au plus peut-on, avec les sources, souligner la réalité du pouvoir populaire dans cette cité punique.

Polybe la décrit encore comme la ville la plus riche du monde – ce qu'elle demeura jusqu'à l'époque de sa destruction. Fondée sur l'agriculture et surtout l'arboriculture – célèbres étaient les vergers de Carthage –, sa vitalité économique était due surtout au commerce maritime ainsi qu'à une hégémonie sur toute la Méditerranée occidentale : les Carthaginois étaient en effet présents au sud de l'Espagne, dans toutes les îles (Sicile, Sardaigne, Baléares, Malte) et contrôlaient un vaste territoire africain : les ports de la Grande Syrte (Leptis Magna, Sabratha...), de nombreux comptoirs le long des côtes algérienne et marocaine, mais aussi la majeure partie des terres fertiles de l'actuelle Tunisie – sols rentables du Sahel, Grandes Plaines, cap Bon... Ce dynamisme bénéficiait en retour aux régions sous contrôle punique : des fouilles entreprises à Kerkouane (ou Dar es-Safi) ont révélé les splendeurs d'une ville ancienne, que M. Fantar qualifie de véritable « Pompéi africaine ».

*Polybe (v. 208 - v. 126 avant J.-C.), Grec d'origine, a rédigé son* Histoire *dans sa langue natale, de même que le moraliste Plutarque (v. 46-49 - v. 125 après J.-C.) ses* Vies. *Tite-Live (64 ou 59 avant J.-C. - 10 après J.-C.), a écrit son* Histoire *en latin de même que Lucius Annaeus Florus (auteur du Ier siècle, d'origine espagnole) ses* Œuvres *et Silius Italicus (v. 25 - v. 100 après J.-C. ; Espagnol ou peut-être Italien d'origine) ses* Guerres puniques.

*Les auteurs que nous citons ici ne sont pas les seuls, loin s'en faut, à s'être intéressés à Carthage et aux guerres puniques : il faudrait ajouter encore Caton l'ancien, instigateur du troisième et dernier conflit, dont les discours évoquent bien souvent le sujet, les historiens Diodore de Sicile et Cornelius Nepos – dont les œuvres nous sont parvenues très lacunaires –, le poète Naevius qui traita le sujet sur le mode poétique ou encore le géographe Strabon… N'y ajoutons pas les références occasionnelles de Caton, Cicéron, Tacite, Pline le jeune, César… La liste serait alors infinie tant il est vrai que les guerres puniques sont bien à l'origine de la prise de pouvoir de Rome sur le monde, et leur histoire à l'origine de l'Histoire romaine.*

*Cuirasse*

IIIe - IIe siècle avant J.-C.
Bronze doré
Revers : H. 42 cm ; L. 66 cm
Prov. Ksour es-Saf
Tunis, musée national du Bardo

À la même époque, Rome vient à peine d'achever la soumission de la péninsule italienne. Dans ce pays morcelé en une multitude de peuples, de langues et de statuts, domine une économie rurale – exception faite de la Campanie dont les intérêts commerciaux sont, pour certains historiens, tel J. Heurgon, à l'origine de la première guerre – fondée sur la petite propriété d'autosubsistance, base du recrutement militaire. Rome tire sa force de cette armée recrutée à la fois parmi les citoyens (quatre légions d'environ trois cents cavaliers et quatre mille fantassins chacune) et les alliés italiens, tous propriétaires. Avec ses sujets, ses alliés et surtout ses mercenaires pour soldats, l'armée carthaginoise, bien qu'encadrée par des citoyens, lui est inférieure ; en revanche elle possède une flotte nombreuse et rapide, ainsi qu'une tactique efficace – celle des grands royaumes hellénistiques, qui fait un usage redoutable de la cavalerie et des éléphants.

## *Les origines de la première guerre punique*

*Plat à l'éléphant*
IIIe siècle avant J.-C.
Céramique surpeinte
Rome, Museo nazionale di Villa Giulia

ŒUVRE NON EXPOSÉE

Rien ne semblait disposer ces deux États à entrer en conflit pour la Sicile. Entre eux existaient de longue date des relations d'amitié sanctionnées par plusieurs traités : en 508, 348, 306… Les Carthaginois avaient en effet trouvé en Rome une alliée susceptible de reconnaître leur autorité sur la partie occidentale de la Sicile, devenue depuis longtemps un des bastions les plus importants de leur empire, mais jalousement convoitée par les Grecs qui tentèrent à plusieurs reprises de les en chasser. À la fin du IVe siècle, dix ans avaient été nécessaires pour écarter la menace du tyran Agathocle de Syracuse, qui porta la guerre jusqu'à Carthage, et pour le contraindre à reconnaître officiellement la présence carthaginoise. En 280 encore, Pyrrhus, roi de l'Épire, avait débarqué en Italie du sud à l'appel de Tarente pour tenter à son tour de sauver l'hellénisme en Italie et en Sicile. Carthage avait conclu un nouveau traité avec Rome et deux ans plus tard l'invasion était refoulée.

Pourtant en 264, ce sont les Romains qui passent en Sicile pour secourir les habitants de Messine, déclenchant un conflit d'une ampleur exceptionnelle : la première guerre romano-punique. En agissant ainsi, enfreignaient-ils le traité de 279 ?

Après la défaite de Pyrrhus, deux zones d'influence s'étaient clairement dessinées en Méditerranée occidentale : celle de Rome sur l'ensemble de la péninsule italienne et sur l'Adriatique, et celle de Carthage sur l'Afrique et la Sardaigne. Pour ce qui concerne la Sicile, on ne sait si le traité de 279 reconnaissait l'autorité de Carthage sur une partie de l'île ou sur l'île tout entière ni s'il interdisait explicitement à chacune des puissances d'intervenir sur le territoire de l'autre. Si l'on en croit Polybe, qui cherche à disculper les Romains, cette dernière clause n'existait pas. Mais d'autres historiens contestent une telle version des faits, ce qui ne les empêche pas de conclure à la responsabilité de Carthage : n'avait-elle pas en effet violé le traité la première lorsqu'en 272 elle avait fait avancer sa flotte dans les eaux de Tarente ? L'historiographie contemporaine tend plutôt à se rallier à ce point de vue et

## La première guerre punique : charge d'éléphants
(vers 253 avant J.-C.)

Voyant l'armée ennemie se ranger ainsi en bataille, les Romains marchèrent avec résolution contre elle. Comme ils redoutaient les éléphants et s'attendaient à les voir charger, ils disposèrent leurs vélites en première ligne et rangèrent derrière eux, en ordre profond, leurs manipules. Leurs cavaliers, divisés en deux groupes, flanquèrent chacune des ailes. L'ensemble de leur front était ainsi plus court que lors des batailles précédentes, mais leurs troupes étaient massées sur une plus grande profondeur. Pour affronter les éléphants, les Romains avaient trouvé la formation appropriée, mais, étant donné qu'ils avaient aussi devant eux une cavalerie très supérieure en nombre à la leur, la tactique qu'ils adoptèrent était absolument erronée.

Les deux adversaires, après avoir disposé l'ensemble de leurs troupes et chacune de leurs unités dans l'ordre qu'ils avaient choisi, restèrent sur place, bien alignés attendant pour en venir aux mains qu'une occasion se présentât.

Xanthippos ordonna enfin aux hommes qui montaient les éléphants de se porter en avant pour disloquer le front adverse et aux cavaliers qui se trouvaient sur chacune des ailes d'envelopper et de charger les forces ennemies. Les Romains alors, selon leur coutume nationale, entrechoquèrent leurs armes à grand bruit, poussèrent une clameur à l'unisson, puis s'élancèrent contre les Carthaginois.

*Plat à l'éléphant*
IIIe siècle avant J.-C.
Céramique surpeinte
H. 5 cm ; DIA. 30,7 cm
Prov. nécropole préromaine de Casabianda (tombe 33), près d'Aléria
Aléria, musée archéologique départemental Jérôme Carcopino

à supposer que les Romains avaient déjà des raisons de craindre la puissance carthaginoise.

Messine était alors occupée par d'anciens mercenaires campaniens qui, vers 286, s'étaient installés là de force et avaient pris le nom de Mamertins (« les hommes de Mars ») : ils avaient ensuite étendu leur domination sur le nord-est de la Sicile, collaboré avec Carthage contre Pyrrhus et mené des actions de brigandage jusque sur le territoire de Syracuse. En 264, assaillis par les Syracusains et leur général Hiéron, bientôt alliés aux Carthaginois, ils sollicitèrent l'aide des Romains. Après de nombreuses hésitations, ces derniers dépêchèrent une troupe d'inspection à Reggio, au sud de la Péninsule, et confièrent au consul Appius Claudius Caudex le soin de juger sur place.

## *La conquête de la Sicile*

Après de vains échanges diplomatiques, Appius décida d'engager le combat et débarqua à Messine. Sorti vainqueur de la bataille, il poursuivit les ennemis et mit le siège devant Syracuse. L'année suivante, Hiéron signa la paix, mais la guerre ne cessa pas pour autant ; et tandis que les Carthaginois renforçaient leur présence en Sicile, les Romains s'emparèrent en 261 d'Agrigente. Dès lors, ce fut l'escalade. Après avoir simplement voulu aider les Mamertins, les Romains cherchèrent à chasser les Carthaginois de l'île tout entière. Étaient-ils pris soudain d'une soif effrénée de domination et cette décision marquait-elle, comme le croit Polybe, le début de l'impérialisme romain ? Ou bien étaient-ils attirés par la perspective du butin et les bénéfices économiques de la conquête ? Ou plutôt se rendirent-ils compte du rôle stratégique de cette île dans la défense de l'Italie ? Sans doute valait-il mieux menacer Carthage qu'être menacé par elle et, dans ce jeu, la Sicile jouait une rôle considérable. Si tel fut le cas, la première guerre punique fut bien une guerre défensive ou préventive, non une guerre de conquête.

Ce nouveau dessein modifia en tout cas leur stratégie. Pour donner un coup définitif à la puissance carthaginoise, ils déplacèrent le front de guerre de la terre à la mer et construisirent en soixante-neuf jours une flotte gigantesque : cent quinquérèmes et vingt trirèmes. Une nouvelle tactique, dite du « corbeau », résolvait par ailleurs les difficultés rencontrées dans la manœuvre des navires. Le corbeau était une sorte de grappin muni de passerelles qu'on plantait dans le bateau ennemi ; à la différence de l'éperon utilisé par les Carthaginois – comme en témoigne la découverte d'épaves puniques au large de Marsala (voir Frost et *al.* 1976) –, il permettait l'abordage : on combattait ainsi sur les ponts des navires... comme sur terre.

Désormais les combats décisifs auront lieu sur mer : en 260 à Mylae, en 258 à Sulcis, en 257 à Tyndare, et surtout, coup de grâce pour les Carthaginois, en 241 aux îles Ægates. Rome devient la plus grande puissance navale de l'Antiquité et elle le demeurera longtemps. Ce n'est pas un hasard si, en 218, Hannibal choisit la route terrestre pour attaquer l'Italie (voir Nicolet 1978, p. 601).

Leurs cavaliers qui avaient affaire à un adversaire bien supérieur en nombre, furent bientôt mis en déroute sur les deux ailes.

Les fantassins qui formaient leur aile gauche, à la fois pour éviter la charge des éléphants et parce qu'ils étaient pleins de mépris pour les mercenaires, se jetèrent sur l'aile droite carthaginoise, la mirent en fuite et la poursuivirent jusqu'au camp ennemi. Quant aux soldats rangés face aux éléphants, ceux de la première ligne furent enfoncés par le choc et ces bêtes qui les bousculaient et les écrasaient. Ils périrent ainsi en masse dans la mêlée. Mais le gros de l'infanterie, qui était rangé en ordre profond, garda pendant quelque temps sa cohésion. Cependant les unités placées à l'arrière étaient enveloppées de tous les côtés par la cavalerie ennemie et contraintes de faire face à ces nouveaux assaillants. D'autre part, les troupes qui avaient réussi à se frayer un passage à travers les éléphants et à se reformer derrière eux, s'étant heurtées à la phalange carthaginoise rangée en bon ordre et encore intacte, furent taillées en pièces par elle. Dès lors l'armée romaine se trouva éprouvée de tous côtés. La plupart des soldats furent écrasés sous la masse monstrueuse des éléphants, tandis que les autres tombaient à la place même qu'ils occupaient dans les rangs sous la grêle de javelots que lançaient sur eux les cavaliers ennemis.

Polybe
*Histoire* (Livre I, chap. I, § 34)
Paris, éd. de la Pléiade
trad. par Denis Roussel, 1970

*Stèle épigraphiée ornée d'un éléphant*
IIIe - IIe siècle avant J.-C.
Calcaire
H. 41,5 cm ; L. 14 cm ; ÉP. 13,5 cm
Prov. Carthage
Carthage, musée national

Polybe (v. 208 - v. 126 avant J.-C.)
*Histoire,* trad. par dom Vincent Thuillier
*Bataille du Macar*
Vol. 2, p. 318
Paris, chez Gandouin, Giffart et Armand, 1727 - 1730, 6 vol., in-4°
Paris, musée du Petit Palais
Inv. LDUT 642

## *L'Afrique en guerre*

Les batailles navales n'eurent pas immédiatement le succès escompté. Aussi les Romains pensèrent-ils très tôt à passer en Afrique, croyant, comme jadis Agathocle de Syracuse, porter là le coup décisif. En 256, la victoire du cap d'Eknomos sembla leur en ouvrir la voie. Mais l'épisode, qui débuta de manière favorable, s'acheva par la défaite du consul Marcus Regulus contre le Spartiate Xanthippos, qui dirigeait les troupes carthaginoises. Suivirent pour les Romains succès (prise de Palerme en 250) et revers (désastre de Drepanum en 249), tandis qu'à partir de 247 Hamilcar Barca organisait en Sicile une résistance efficace. C'est seulement parce que la bataille des îles Ægates détruisit la flotte carthaginoise que Carthage, épuisée par vingt années de guerre, accepta de signer la paix, mais Hamilcar, lui, ne se considéra jamais comme vaincu.

Les exigences romaines furent limitées : Carthage devait évacuer la Sicile et les petites îles voisines, libérer les prisonniers romains et payer une indemnité de deux mille deux cents talents. En Sicile, les Romains prirent la place de leurs anciens rivaux ; à côté subsistaient le royaume de Syracuse, désormais allié aux Romains, et quelques cités libres (Messine par exemple).

La défaite provoqua en Afrique une véritable « révolution » que Flaubert racontera dans *Salammbô*. Aux mercenaires, qui réclamaient leur solde non payée, s'associèrent bientôt les Libyens, paysans asservis, poussés au désespoir par l'énormité des tributs et la cruauté des Carthaginois. Il fallut quatre ans aux généraux Hannon et Hamilcar pour mettre fin à la révolte. Cependant, Rome, répondant à l'appel d'autres mercenaires mécontents, s'emparait par ruse de la Corse et de la Sardaigne et imposait à Carthage un tribut supplémentaire de mille deux cents talents.

Au terme de ces conflits, Carthage a perdu ses principales possessions en Méditerranée occidentale. Il ne lui reste qu'une voie d'expansion : l'Espagne. Depuis Gadès, elle contrôlait depuis longtemps le sud du pays, exploitant notamment les mines d'Andalousie. C'est au renforcement de

### La deuxième guerre punique : le serment d'Hannibal à son père
(vers 221 avant J.-C.)

Au milieu de la ville, dédié aux Mânes d'Élissa, la fondatrice, entouré traditionnellement par les Tyriens d'une crainte respectueuse, caché par une ceinture d'ifs et de pins qui, de leurs ombres lugubres, voilaient la lumière du jour, était un sanctuaire. C'est là, dit la légende, que la reine autrefois avait dit adieu aux soucis de la vie terrestre. Là sont érigées de tristes statues de marbre : Bélus, l'ancêtre ; là se dresse Agénor, l'orgueil de la nation, et celui qui donna longtemps son nom au pays, Phénix. Didon s'y tient aussi, enfin réunie à Sychée retrouvé pour toujours ; à ses pieds gît l'épée du Phrygien ; s'y dressent alignés cent autels voués aux dieux du ciel et au puissant Érèbe. C'est là que, les cheveux épars, une prêtresse en robe du Styx invoque la puissance de la déesse de l'Henna et de l'Achéron. La terre mugit, laisse échapper dans la pénombre d'horribles sifflements ; des feux s'allument d'eux-mêmes sur les autels. Alors à l'appel de l'incantation magique, les esprits des morts viennent voleter çà et là dans l'air vide, et la sueur mouille les traits de marbre d'Élissa. C'est dans ce sanctuaire qu'Hannibal est conduit par son père ; il entre et Hamilcar observe de près son attitude et son visage. Mais il n'a pas pâli aux hurlements rageurs de la prêtresse massylienne ni durant les rites cruels du Temple, ou devant le parvis maculé de sang noir, ou le feu que font surgir les incantations. Son père alors lui caresse la tête et le couvre de baisers, et il réchauffe son ardeur en versant dans son cœur ces paroles : « La race phrygienne renaissante fait sentir aux fils de Cadmus le poids écrasant d'un injuste traité ; si le sort refuse à mon bras de pouvoir libérer la patrie de cette tache, à toi, mon fils, de revendiquer cette gloire. Allons, jure de faire aux Laurentins une guerre qui leur apportera la mort ; que, dès ce jour, la jeunesse tyrrhénienne maudisse ta naissance, et que les femmes du Latium refusent d'être mères en te voyant grandir, mon fils ! Par ces propos, il le pique au vif, puis lui dicte ce rigoureux engagement : « Dès que j'en aurai l'âge, j'irai sur terre et sur mer pourchasser les Romains, par le fer et par le feu et de nouveau, je ferai s'accomplir les destins rhoetéens. Rien ne m'en pourra détourner, ni les dieux ni le traité qui interdit la guerre ni la haute barrière des Alpes, ni la roche tarpéienne. Ce dessein, je le poursuivrai, je le jure par Mars, notre dieu, par tes Mânes aussi, ô Reine ! »

Silius Italicus
*Les guerres puniques* (Livre I)
Paris, éd. des Belles Lettres
trad. par Pierre Miniconi
et Georges Devallet, 1979

*Pied d'une statue colossale de Jupiter*
Vers 150-200 après J.-C.
Marbre
H. 55 cm ; L. 108 cm ; PR. 46 cm
Prov. Thuburbo Maius
Tunis, musée national du Bardo

Polybe (v. 208 - v. 126 avant J.-C.)
*Histoire*, trad. par dom Vincent Thuillier
*Le Passage du Rhône*
Vol. 2, p. 302
Paris, chez Gandouin, Giffart et Armand, 1727-1730
6 vol., in-4°
Paris, musée du Petit Palais
Inv. LDUT 642

Le passage du Rhône
(218 avant J.-C.)

Voici comment on procéda pour faire traverser les bêtes. On construisit de nombreux radeaux avec des pièces de bois solidement assemblées. On en attacha deux l'un à l'autre, puis on les amena au lieu d'embarquement et on les amarra fortement au rivage. À cet appareil, large de cinquante pieds, on attacha d'autres radeaux de façon à former comme un ponton avançant dans le fleuve, et l'on consolida le tout, du côté d'où venait le courant, avec des câbles fixés aux arbres de la berge, afin que les radeaux fussent immobilisés et que le fleuve ne pût les emporter. Lorsque tout cet assemblage forma une avancée longue de deux plèthres, on amarra à son extrémité deux autres radeaux particulièrement solides, qu'on avait très fortement attachés l'un à l'autre, mais qui ne furent retenus au reste de l'appareil que par des liens faciles à couper. Ces radeaux furent munis de plusieurs câbles, qui devaient permettre aux bateaux de les prendre en remorque et de faire traverser les éléphants sans qu'ils fussent entraînés par le courant. On étala ensuite sur le ponton une épaisse couche de terre, de façon à lui donner la hauteur et la couleur voulues pour qu'il parût prolonger le chemin aboutissant à l'embarcadère. Or, les éléphants étaient accoutumés à obéir toujours à leurs cornacs, sauf quand ils se trouvaient devant un cours d'eau. Dans ces cas-là, rien ne pouvait les décider à s'y tremper. On les fit donc avancer sur le ponton à la suite de deux femelles, qu'ils suivirent docilement et, lorsqu'ils se trouvèrent sur

la présence carthaginoise dans cette province que, dès 237, va s'attacher Hamilcar, suivi de son gendre Hasdrubal, et de son fils Hannibal, âgé de neuf ans, à qui il fit jurer, dit-on, une haine éternelle aux Romains (Tite-Live, XXI, 1,1). L'esprit de revanche, tel était en effet pour les Anciens la cause de la seconde guerre.

## *La seconde guerre punique : Hannibal en Italie*

L'activité d'Hamilcar en Espagne avait, dès 231, alerté les Romains. En 226 Hasdrubal, qui venait de fonder la colonie de *Carthago Nova,* adopta une politique plus prudente et signa avec eux un accord, unilatéral selon Polybe, qui fixait au sud de l'Èbre l'influence carthaginoise : Rome se préservait ainsi d'une éventuelle alliance entre Carthaginois et Gaulois. À la mort de son beau-frère en 221, Hannibal se montra plus intransigeant et en 218 assiégea Sagonte, ville qui bénéficiait sans doute d'un traité d'alliance avec Rome. Aussitôt les Romains envoyèrent à Carthage une ambassade porteuse d'un ultimatum, mais, occupés sur le front illyrien, ils attendirent plusieurs mois pour organiser une intervention en Espagne. Pendant ce temps, en mai 218, Hannibal prenait la route des Pyrénées en direction de l'Italie avec cinquante mille fantassins, cinq mille cavaliers et trente-sept éléphants.

Hannibal comptait surprendre les Romains par les Alpes, s'allier aux Gaulois de Cisalpine et « libérer » l'Italie de Rome, afin de rendre à sa cité la suprématie perdue. Pour la première fois dans l'histoire, la péninsule italienne devenait un enjeu pour la domination en Méditerranée.

Après avoir franchi les Alpes par le col du Clapier, entre le mont Genèvre et le mont Cenis – quinze jours de marche dans une bousculade effrénée d'hommes et de bêtes, à subir le harcèlement des montagnards, à suivre des chemins impraticables, à lutter contre le froid et la faim –, il parvient vers la mi-octobre à Turin avec seulement vingt-six mille hommes et vingt et un éléphants. Profitant de la surprise des Romains, il remporte un premier succès au Tessin, puis une série de victoires qui jalonnent sa descente vers le sud de l'Italie : à la Trébie, au lac Trasimène et enfin, en 216, à Cannes, en Apulie – le plus grand désastre romain. Dès lors, Hannibal renonce à marcher sur Rome pour mener à bien sa politique d'alliance : une partie des Samnites passe dans son camp, mais surtout plusieurs cités campaniennes, dont la plus importante, Capoue, en 216, à qui il a promis de devenir la capitale d'une Italie délivrée de Rome et qui le reçoit avec allégresse. De leur côté, éprouvés par des pertes gigantesques, les Romains finissent par adopter la stratégie du général Fabius Maximus : éviter tout affrontement avec Hannibal chaque fois qu'il tente de l'imposer, bref, temporiser afin de reprendre des forces – d'où le surnom de *cunctator,* le « temporisateur », qui reviendra au général romain.

Cette stratégie, qui avait aussi pour but de récupérer les villes transfuges, permit à Rome de se relever rapidement : de huit légions en 216 elle passe à vingt-cinq en 212-211. Pour Hannibal, qui combattait en pays hostile, la guerre fut au contraire de plus en plus dure. Sa politique d'alliance n'eut pas le succès prévu : la présence dans ses rangs de tribus gauloises, du reste insuffisantes, inquiétait les Italiens qui, de manière générale, restèrent plutôt fidèles à Rome. Contraint par ailleurs de maintenir des troupes en Espagne, il se trouvait dans l'impossibilité de recevoir du renfort en raison de la domination maritime de Rome. Enfin, se présentant en libérateur, il ne pouvait pas trop exiger de ses alliés et, pour financer ses campagnes, il dut attaquer les villes qui refusaient de trahir : de nombreuses communautés d'Apulie, de Grande Grèce et de Campanie le rejoignirent, davantage par obligation que par conviction.

La guerre d'alliances fut catastrophique pour l'Italie du centre et du sud, les deux partis se livrant à des actes d'une violence extrême : déportations, exécution des dirigeants, destruction de récoltes, tel était le sort que Romains et Carthaginois réservaient à ceux qui, de gré ou de force, avaient choisi le camp adverse. Ce fut aussi le sort de Capoue quand elle fut reprise par les Romains en 211 ; mais la cité rebelle subit en plus le dernier des outrages : elle fut privée de tout son territoire et réduite au simple rang de ville.

La prise de Tarente en 212 fut un des derniers grands succès d'Hannibal. À partir de cette époque, la situation se détériora, Rome regagnant peu à peu ses alliés, jusqu'à la défaite d'Hasdrubal en 207 sur le Métaure, en Ombrie : n'ayant pas réussi à rejoindre l'armée de son frère qui arrivait par le nord de l'Italie, Hannibal dut reculer vers l'extrême sud, dans le Bruttium, puis en 203 fut rappelé en Afrique.

les radeaux formant l'extrémité de l'appareil, on coupa les amarres et, en les prenant en remorque avec des barques, on les entraîna bien vite vers le large avec le plancher qui les soutenait. Les bêtes alarmées commencèrent alors à tourner en rond et à courir dans toutes les directions, jusqu'au moment où, terrifiées de se voir entourées d'eau de tous les côtés, elles se trouvèrent contraintes de se tenir tranquilles. C'est de cette façon que, en répétant la manœuvre avec d'autres radeaux, on fit traverser la plus grande partie des éléphants. Quelques-uns, affolés, se jetèrent dans le fleuve au cours de la traversée. Leurs cornacs périrent tous, mais les bêtes elles-mêmes parvinrent à se sauver. Leur puissance et la longueur de leur trompe qu'elles dressaient au-dessus de la surface pour respirer et expulser l'eau qui leur entrait dans la bouche leur permettaient en effet de résister et elles réussissaient généralement à avancer, en restant debout dans l'eau.

Polybe, *Histoire* (Livre III, chap. II, § 46)
Paris, éd. de la Pléiade
trad. par Denis Roussel, 1970

### La bataille du lac Trasimène
(217 avant J.-C.)

On combattit pendant trois heures environ et partout avec acharnement, mais autour du consul la bataille fut encore plus furieuse et plus meurtrière. Les meilleures troupes le suivaient et lui-même se portait activement au secours des siens, partout où il les voyait accablés ou en difficulté ; facilement reconnaissable à ses armes, il était la cible des ennemis ; ses hommes s'efforçaient de le protéger, jusqu'au moment où un cavalier insubre, nommé Ducarius, le reconnut et dit à ses compatriotes : « Voici l'homme qui a détruit notre armée, ravagé nos champs et notre ville. Je vais l'immoler à la mémoire des nôtres, horriblement massacrés. » Sur ce, il éperonna son cheval et se lança au plus épais de la mêlée, faucha l'écuyer qui s'était précipité au-devant des coups, transperça le consul de la lance ; il voulait le dépouiller mais les soldats de troisième ligne l'en empêchèrent en couvrant leur général de leurs boucliers.

Ce fut pour une grande partie de l'armée le signal de la débandade ; ni le lac ni les montagnes n'arrêtaient plus la déroute ; comme des aveugles, ils cherchaient à passer par

Polybe (v. 208 - v. 126 avant J.-C.)
*Histoire*
Trad. par dom Vincent Thuillier
*Bataille de Cannes*
Vol. 4, p. 391
Paris, chez Gandouin, Giffart et Armand
1727-1730
6 vol., in-4°
Paris, musée du Petit Palais
Inv. LDUT 642

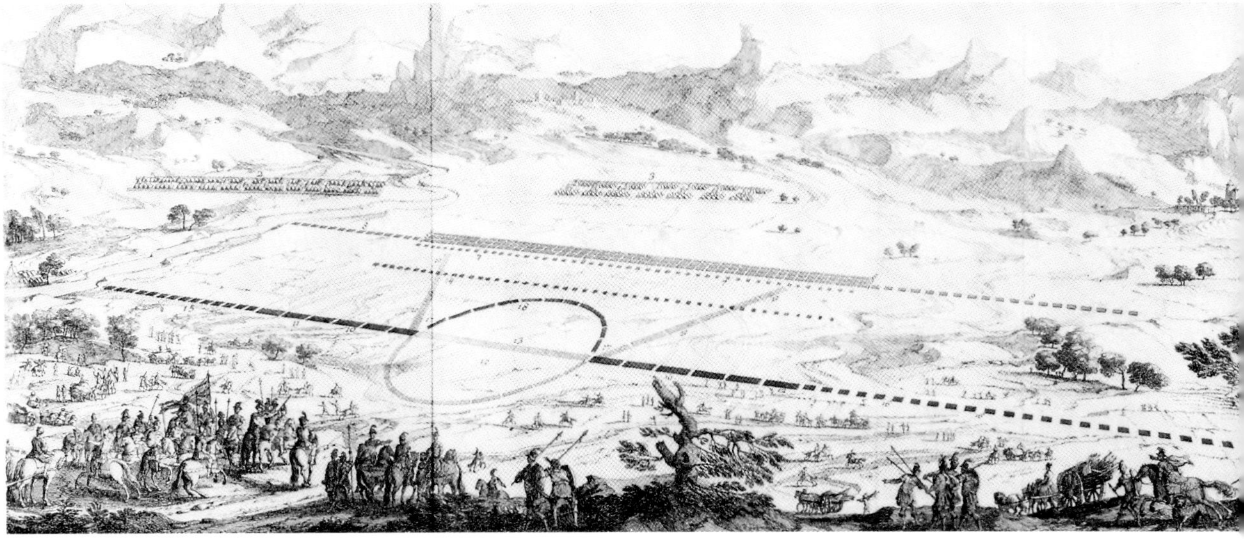

## *Une guerre « mondiale »*

des escarpements et des aplombs, les armes et les hommes roulaient pêle-mêle dans le marais tant qu'ils purent garder la tête et les épaules hors de l'eau, puis ils furent engloutis ; il y en a qu'une peur insensée poussa à fuir à la nage, mais l'entreprise était démesurée et sans espoir : ou bien ils perdaient courage et se laissaient entraîner par les tourbillons ou bien, après de vaines fatigues, ils regagnaient les bords avec les plus grandes difficultés et là, à bout de forces, ils se faisaient égorger par les cavaliers ennemis qui de tous côtés entraient dans l'eau.

Six mille hommes environ de l'avant-garde avaient vaillamment percé la résistance ennemie, sans savoir ce qui se passait à l'arrière et sortirent du défilé ; seuls les cris et le bruit de la bataille leur parvenaient ; ils ignoraient l'issue du combat, car la visibilité était nulle. Quand le dénouement fut proche, quand la chaleur du soleil dissipa le brouillard et ramena le jour, alors, le temps étant redevenu clair, les montagnes et la plaine révélèrent le désastre et l'horrible spectacle de l'armée romaine anéantie. Aussi, pour éviter que la cavalerie les aperçoive de loin et s'élance sur eux, ils levèrent rapidement les enseignes et repartirent au plus vite.

Le lendemain, comme la faim en plus du reste les torturait, Maharbal, qui les avait poursuivis la nuit avec toute sa cavalerie, s'engagea à les laisser partir avec le vêtement qu'ils portaient s'ils livraient leurs armes : ils capitulèrent mais Hannibal honora la promesse avec une loyauté bien punique et les fit tous jeter dans les fers.

Tite-Live
*Histoire* (Livre XXII, chap. VI)
Paris, éd. Garnier-Flammarion
trad. par Annette Flobert, 1993

Pendant qu'il ravageait l'Italie et maintenait des troupes en Espagne, où les Romains finirent par l'emporter en 206 grâce aux succès de Publius Cornelius Scipio, Scipion l'Africain, Hannibal négociait l'ouverture d'autres fronts en vue d'affaiblir Rome : en 215 (peut-être dès 217-216), il sollicita le roi Philippe V de Macédoine, lequel voyait ainsi naître l'occasion de récupérer des territoires perdus en Illyrie : cette intervention eut toutefois peu d'effets. En 215 encore, il décida les Syracusains à passer dans le camp carthaginois : mais trois ans plus tard, malgré les géniales inventions balistiques d'Archimède, Syracuse succombait et l'ancien royaume de Hiéron fut intégré à la province de Sicile.

Enfin, à partir de 204, la guerre est portée en Afrique, selon le plan de Scipion. L'Afrique du nord était alors divisée en trois parties d'ouest en est : le royaume des Maures, qui dans cette guerre ne jouera aucun rôle, et les deux royaumes numides rivaux, celui des Masaesyles, alors le plus puissant, dirigé par Syphax et celui des Massyles, avec, à sa tête, le roi Massinissa. D'abord partisan des Romains, Syphax céda à l'influence de son épouse carthaginoise Sophonisbe (Tite-Live, XXIX, 23 ; XXX, 13) et choisit finalement en 206 le camp de Carthage. Massinissa, dont le territoire était menacé par son voisin, passa dès lors à Rome, et commença à faire pression pour une invasion romaine. Scipion débarqua donc à Utique et remporta une série de victoires jusqu'à la bataille de Zama en 202, où il écrasa Hannibal.

La paix imposait à Carthage de livrer presque toutes ses quinquérèmes et tous ses éléphants, d'évacuer l'Espagne, les territoires non puniques d'Afrique et de payer un tribut de dix mille talents. Il lui était en outre interdit de faire la guerre sans le consentement des Romains. Scipion permettait donc à Carthage de maintenir son indépendance, mais il la mettait à la merci de son voisin Massinissa, sorti grandi de la guerre à la suite de l'anéantissement du royaume de Syphax. Hannibal rechercha un temps l'alliance d'Antiochos de Syrie, mais Rome le fit exiler. Il finit, dit-on, par se suicider.

Georg Pencz (actif entre 1500 et 1550)
*La Prise de Carthagène*
1539
Burin
H. 41,5 cm ; L. 55,5 cm
HIST. coll. Dutuit
Paris, musée du Petit Palais

## *La troisième guerre : le siège de Carthage*

Pendant un demi-siècle, Massinissa ne cessa d'empiéter sur le territoire de Carthage, dont les limites n'avaient pas été bien fixées en 201. Dans un premier temps, les Romains avaient arbitré avec modération, mais à partir de 167, sans doute pour récompenser le roi de son soutien pendant la guerre contre la Macédoine et pour obtenir son appui contre l'Espagne, Rome le laissa annexer des territoires carthaginois et l'y encouragea même.

Cependant, Carthage se relevait : la découverte sur la colline de Byrsa d'un quartier d'habitations datées du demi-siècle qui sépare les deux dernières guerres, atteste la vitalité économique et démographique de la cité (voir Lancel 1976). Les Romains s'en rendirent compte lors d'une ambassade de contrôle en 153 et résolurent, sous l'influence de Caton le Censeur, de reprendre les hostilités jusqu'à l'élimination complète de leur rivale, attendant simplement un prétexte. Aussi, lorsqu'en 151 le parti de la résistance, la faction « démocratique » arriva au pouvoir à Carthage et décida de s'opposer par les armes aux agressions numides, Rome déclara la guerre. Elle avait trouvé une justification aux yeux du peuple romain et de l'opinion internationale, le réarmement de Carthage consacrant la rupture du traité de 201. Les Carthaginois firent d'abord une complète rémission, une *deditio,* offrant aux Romains « leur territoire, avec les villes qui s'y trouvent, toute la population…, les cours d'eau, les ports, les sanctuaires et les tombeaux ». (Polybe, XXXV, 4.) Puis ils acceptèrent de livrer trois cents otages, puis « tout ce qu'ils possédaient comme armement lourd et comme projectiles ». (Polybe, XXXV, 6.) Mais quand on leur ordonna de détruire leur cité et de la rebâtir à l'intérieur des terres, ils se préparèrent à combattre.

De 149 à 148, les résultats romains furent peu marquants en raison de l'incapacité du commandement et de l'énormité des travaux à accomplir pour mettre en place un blocus économique et faire tomber les fortifications de la ville (voir Lancel 1988 et 1992). La guerre apparaît ainsi comme un long siège de trois ans au cours duquel, par brèches successives, Carthage cède peu

### Les délices de Capoue

(216 avant J.-C.)

*Après la victoire de Cannes, Hannibal s'installe à Capoue, ville réputée pour ses « délices ». La tradition rapporte que son armée s'y serait amollie, donnant ainsi l'occasion aux Romains de prendre leur revanche.*

La cité avait de tout temps été portée aux raffinements du luxe, par tempérament sans doute, et plus encore à cause de sa situation naturelle ; tous les plaisirs s'y déversent, la mer et la terre lui prodiguent des délices : mais à ce moment-là les complaisances des dirigeants et les excès de la plèbe causèrent un tel relâchement que la jouissance et le luxe ne connurent plus de frein. Après le discrédit des lois, des magistrats, du sénat, on commença aussi à mépriser alors ce qu'on respectait encore, la puissance de Rome.

[…]

Capoue, qui n'était pas seulement la capitale de la Campanie, mais, depuis la défaite des Romains à Cannes, pratiquement la capitale de l'Italie, s'était rendue à Hannibal.

Tite-Live
*Histoire* (Livre XXIII, chap. IV et XI)
Paris, éd. Garnier-Flammarion
trad. par Annette Flobert, 1993

« Delenda quoque Carthago est » : la troisième guerre punique
(146 avant J.-C.)

Il [Caton] retourna donc promptement à Rome, et représenta au Sénat que les défaites et les malheurs des Carthaginois avaient moins épuisé leurs ressources que guéri leur imprudence, et n'avaient fait, peu s'en faut, que les aguerrir, au lieu de briser leur force. « Leurs entreprises contre les Numides sont le prélude de celles qu'ils méditent contre les Romains ; tous les traités de paix qu'on a faits ne sont à leurs yeux que de simples suspensions d'armes, pour attendre une occasion favorable. » On dit qu'en prononçant ces mots Caton laissa tomber des figues de Libye qu'il avait dans le pan de sa robe ; et, comme les sénateurs en admiraient la grosseur et la beauté : « La terre qui les porte, dit-il, n'est qu'à trois journées de navigation loin de Rome. » Une preuve plus forte encore de son acharnement, c'est que, sur quelque affaire qu'il opinât, il ne manquait jamais de conclure par ces mots : « Et je suis d'avis qu'on détruise Carthage. » Au contraire, Publius Scipion, surnommé Nasica, terminait ainsi tous ses discours : « Et je suis d'avis qu'on laisse subsister Carthage. » Il y a toute apparence que Scipion, qui voyait le peuple, livré à la licence, méconnaître, dans l'orgueil de ses succès, l'autorité du Sénat, et entraîner par sa puissance toute la ville dans les divers partis où le poussait son caprice, voulait que la crainte qu'inspirerait Carthage fût comme un frein qui gourmandât l'audace de la multitude ; persuadé que les Carthaginois étaient trop faibles pour assujettir les Romains, mais trop forts pour être méprisés. Pour Caton, il trouvait dangereux que le peuple, avec ses passions échauffées, avec cette excessive puissance qui l'entraînait dans tant d'écarts, eût comme suspendue sur sa tête une ville de tout temps très puissante, et aujourd'hui devenue sage par les malheurs dont elle avait été châtiée ; il fallait donc ôter à Rome, pensait-il, toute crainte extérieure, si l'on voulait efficacement travailler à guérir les maladies intestines. Ce fut ainsi, dit-on, que Caton suscita la troisième et dernière guerre punique.

Plutarque
*Vie de Marcus Caton*
Paris, éd. Charpentier
trad. par Alexis Pierron, 1845

à peu au prix d'une résistance héroïque. C'est surtout à partir de 147, grâce à l'action de L. Hostilius Mancinus, qui pénétra une première fois dans les jardins de Mégara, « faubourg de Carthage », et du jeune Scipion Émilien, le petit-fils de l'Africain, que les coups deviennent décisifs. Ce dernier comprit en effet que l'attaque devait avoir lieu dans la zone des ports.

Comme le confirment les découvertes récentes des missions archéologiques anglaises (voir Hurst 1975 et Lancel 1990), le port militaire, où pouvaient tenir près de deux cents navires, se trouvait dans l'actuelle lagune circulaire de Salammbô. Il était, selon la description précise d'Appien, pourvu de cales à la fois dans son pourtour et sur l'îlot central, appelé aujourd'hui l'îlot de l'Amirauté, où « était dressé un pavillon pour le navarque ». Ce port de guerre communiquait par un long passage protégé avec un port marchand de forme rectangulaire. Scipion réussit donc au printemps 146 à prendre possession du bassin circulaire, puis il s'empara de la ville basse située juste derrière (habitations et agora). Enfin, après une semaine de combats de rue, il emporta la citadelle de Byrsa (ville haute et fortifiée selon les sources anciennes). Cette distinction de la ville basse et de la ville haute attestée par les sources a été confirmée par la découverte d'une inscription dans l'avenue de la République à Carthage. Elle atteste également le développement de la cité à l'époque des guerres puniques (voir Dupont-Sommer 1968).

## *La destruction de Carthage*

Pendant six jours et six nuits, Carthage fut livrée au pillage et au feu : tout ce qui subsistait, monuments, archives, livres, tout disparut dans les flammes. Tel fut aussi le sort du plus grand temple de la ville, le temple d'Eschmoun, situé sur l'acropole, et du sanctuaire dit d'Apollon qui, selon Appien, s'élevait près de l'agora et dont les vestiges ont été récemment mis au jour par les archéologues allemands. Les fouilles de l'archéologue F. Rakob ont également permis de retrouver la trace des archives de ce sanctuaire : plus de trois mille sceaux en argile ont été découverts, portant encore les empreintes du papyrus (voir Rakob 1991).

« En voyant la ville ainsi détruite de fond en comble, Scipion, dit-on, versa des larmes et l'on vit qu'il pleurait sur le sort de l'ennemi. Après être resté longtemps perdu dans sa méditation, songeant que les cités, les nations et les empires sont tous, comme les hommes, voués au déclin par la divinité, que tel avait été le sort d'Ilion, cité jadis prospère, celui des empires assyrien, mède et perse, qui furent en leur temps les plus vastes du monde, celui, en dernier lieu de la Macédoine qui brilla d'un si vif éclat, il cita les vers que voici :

" Un jour viendra où elle périra, la sainte Ilion
Et, avec elle, Priam et le peuple de Priam à la bonne lance. "

« Polybe, qui avait été son maître, lui demanda sans détour à quoi il pensait. Scipion répondit, sans essayer de le cacher, qu'il pensait à sa patrie, pour laquelle il éprouvait des craintes, en voyant comment vont les choses humaines. » (Appien, *Libyca*, 132.)

Edward Poynter (1836 - 1919)
*La Catapulte*
1868-1872
Huile sur toile
H. 155,5 cm ; L. 183,5 cm
Newcastle upon Tyne, Laing Art Gallery

### La destruction de Carthage
(146 avant J.-C.)

Mais, de même que les plus mortelles des blessures sont celles des bêtes à l'agonie, de même on eut plus de mal avec Carthage à demi-ruinée qu'avec la ville intacte. Les ennemis refoulés dans la seule citadelle, le Romain avait aussi bloqué le port par mer. Eux se creusèrent un second port dans une autre partie de la ville, et ce n'était pas pour fuir ; mais là où personne ne croyait qu'ils pourraient ne fût-ce que s'enfuir, c'est de là que, née comme par enchantement, une flotte surgit tout à coup, tandis que, tantôt le jour, tantôt la nuit, apparaissaient une nouvelle digue, une nouvelle machine, une nouvelle troupe de mercenaires, comme fait soudain la flamme du feu étouffé sous la cendre. Quand, tout à fait à la fin, la situation fut désespérée, trente-six mille hommes se rendirent avec, chose à peine croyable, Hasdrubal à leur tête. Combien plus courageuse fut la conduite d'une femme… l'épouse même du général ! Celle-ci, après avoir pris ses deux enfants avec elle, se jeta au milieu des flammes du sommet de sa maison, imitant la reine qui fonda Carthage. Quelle était la grandeur de la ville ainsi détruite, c'est ce qu'on peut mesurer à un seul détail : la durée même de l'incendie. Car ce fut après un effort continuel de dix-sept jours qu'on put à grand'peine éteindre le feu que les ennemis avaient eux-mêmes mis à leurs maisons et à leurs temples ; ne pouvant arracher leur ville aux Romains, ils leur brûlaient leur triomphe.

Lucius Annaeus Florus
*Œuvres* (Livre I, XXXI)
Paris, éd. des Belles Lettres
trad. par Paul Jal, 1967

Les survivants furent réduits en esclavage, et le territoire carthaginois, amoindri des annexions faites par Massinissa, devint la première province d'Afrique – l'*Africa* dont la frontière avec le royaume numide fut matérialisée par un fossé, la *fossa regia.* Rome conservait ainsi une présence sur le continent africain ; présence limitée, certes, mais qui lui permettait de contrôler le détroit de Sicile et de surveiller ses voisins. Quant au sol de la cité, il fut déclaré *sacer,* « maudit », interdiction étant faite à quiconque de venir s'y établir. Vingt ans plus tard, Caius Gracchus tenta d'y fonder une colonie romaine, mais c'est seulement sous Auguste que le site fut à nouveau urbanisé : dans l'esprit d'une réconciliation politique et ethnique, la *Colonia Augusta* fut placée sous l'égide de la Concorde ; les fouilles actuelles tendent à montrer qu'elle recouvrait l'essentiel de l'ancienne cité punique.

Si la destruction de Carthage marque la fin d'une cité née quelque sept cents ans auparavant et d'un empire puissant et riche, elle ne signifie pas pour autant la disparition d'une civilisation. Non seulement les cités puniques qui avaient pris parti pour Rome dès le début des hostilités ne subirent aucun dommage et furent même récompensées – Utique devint le siège du gouverneur de la nouvelle province romaine –, mais encore, sur le territoire de Carthage, subsistèrent des implantations (Thugga par exemple). Enfin, comme l'attestent les inscriptions qui nous sont parvenues, la langue et la religion se maintinrent encore longtemps. Aussi ne peut-on parler, comme on l'a fait trop souvent, de guerre d'extermination ni de génocide. La gravité de cet acte qui avait tiré des larmes à Scipion et révolté les esprits du temps n'en incite pas moins à la réflexion.

## *Fallait-il détruire Carthage ?*

Revenant de sa mission à Carthage en 153, Caton semblait effrayé par le relèvement de la cité : « Les Romains virent l'accroissement de pouvoir et de population de Carthage et quand ils revinrent à Rome, ils déclarèrent que Carthage était pour eux un sujet d'inquiétude plutôt que de jalousie, une grande cité hostile, tout près, et se développant si facilement. Caton surtout déclara que Rome ne serait jamais en sécurité tant que Carthage ne serait pas détruite. » (Appien, *Libyca,* 69.)

Les Romains auraient donc détruit Carthage par peur ou détruit leur peur de Carthage et, à lire les discours de Caton, démonisant l'adversaire, à lire le récit du délire populaire qui se déclencha à l'annonce de la destruction de la ville, on discerne sans peine la charge d'émotion contenue dans cet acte terrible : « À l'annonce de la victoire tôt dans la soirée, les Romains descendirent dans les rues et passèrent la nuit à se congratuler et à s'embrasser, comme des gens enfin délivrés d'une grande peur, enfin assurés de leur suprématie, de la durée de leur cité, et vainqueurs comme jamais ils ne l'avaient été […] Aucune guerre ne les avait terrifiés comme les guerres puniques qui les avaient menacés jusqu'aux portes de Rome […] Ils se rappelaient tout ce qu'ils avaient enduré en Sicile et en Sardaigne, en Italie ensuite pendant les seize années où Hannibal avait détruit quatre cents cités et tué trois cent mille d'entre eux dans les batailles. Se souvenant de tout cela, ils avaient peine à croire à la victoire présente et ils se questionnaient les uns les autres sans cesse, se demandant s'il était vrai que Carthage fût détruite... » (Appien, *Libyca,* 134.) C'était aussi en partie la peur (celle de l'invasion de l'Italie) qui avait conduit les Romains à déclarer la guerre à Philippe V de Macédoine ou à Antiochos de Syrie, cette peur, qui, selon Scipion Nasica, adversaire de Caton, maintenait pourtant l'union sacrée entre les citoyens.

L'argument de la crainte ne saurait être totalement rejeté. Carthage, qui avait presque achevé de payer les indemnités de la dernière guerre, se relevait : sa puissance pouvait devenir menaçante. L'équilibre maintenu en Afrique par un système souple d'alliances et une reconnaissance de la suprématie romaine pouvait à tout moment s'écrouler en raison notamment de l'affaiblissement du royaume numide et de l'existence, à Carthage, d'un parti anti-romain assez virulent pour rendre possible une crise africaine. Carthage était donc devenue l'ennemi absolu et on la chargea de deux crimes : la perfidie et la cruauté. Par l'un elle bafouait la parole donnée, par l'autre elle brisait le lien qui la rattachait à la société humaine. Ainsi Rome pouvait lui livrer une guerre sans merci.

Les Romains, toutefois, proposaient d'autres explications. Ils admettaient sans honte l'existence d'un impérialisme : comme Pyrrhus, comme les Carthaginois, ils avaient combattu pour l'*Imperium,* pour la domination du monde. Scipion haranguant ses troupes à la veille de la bataille de Zama leur annonça qu'« ils sauraient avant la tombée de la nuit si c'était Rome ou Carthage qui dicterait sa loi au monde ; la récompense ne serait pas l'Afrique ou l'Italie mais la terre entière... » (Tite-Live, XXX, 32.) Cette vision des choses n'était d'ailleurs pas incompatible, à leurs yeux, avec l'idée de « guerre juste » – c'est-à-dire une guerre défensive et loyale, notifiée à l'avance selon un rituel précis –, telles qu'avaient été les guerres contre les Italiens aux IVe et IIIe siècles.

Pour les contemporains, il ne faisait pas non plus de doute que Rome combattait pour l'Empire. Ce qui leur paraissait plus inquiétant, c'était le durcissement de la politique romaine : comment ne pas mettre en relation la destruction de Carthage avec celle, dans le même siècle, de soixante-dix cités d'Épire (167), de la grecque Corinthe (146) et de Numance l'espagnole (133) ? Le stoïcien Panetius expliquait que le désir de gloire devait être contenu dans les limites de la raison et de la justice, tandis que Polybe tirait les leçons de l'histoire : on ne conserve pas un empire sans morale.

Polybe, plus que tous, était fasciné par la puissance des Romains : sans jamais les accabler, il démontrait la supériorité de leur Empire sur ceux qui l'avaient précédé ; il expliquait que leur hégémonie durerait très longtemps car ils ne devaient pas leur domination à la qualité de leurs dirigeants ni au hasard, mais à l'efficacité de leurs institutions. Polybe voulait surtout avertir ses compatriotes qu'il serait fou d'espérer en la destruction prochaine de Rome.

*Claude Moatti*

*Buste de Scipion l'Africain*
(v. 235 - 183 avant J.-C.)
Marbre antique
H. 87 cm ; L. 62 cm ; PR. 32 cm
Hist. ancienne coll. Borghèse
Versailles, musée et domaine national de Versailles et de Trianon

# La Bataille de Zama, tapisserie d'après Jules Romain

La bataille de Zama
(202 avant J.-C.)

Le terrain qui séparait les deux armées était couvert de sang, de mourants et de cadavres. Cette déroute ennemie constituait pour Scipion un obstacle fort embarrassant. Avec tous ces corps amoncelés et sanglants sur lesquels le pied glissait, avec toutes ces armes jetées çà et là au hasard et sur lesquelles on trébuchait, ses troupes risquaient d'éprouver quelques difficultés pour avancer en bon ordre. Néanmoins, après avoir fait transporter les blessés à l'arrière et rappeler à la trompette les *hastati* lancés à la poursuite de l'ennemi, il rangea ces derniers en avant du champ de bataille, face au centre du front ennemi, puis massa aux deux ailes les *principes* et les *triarii* et leur ordonna d'avancer à travers les cadavres. Lorsque, après avoir franchi l'obstacle, ces derniers se trouvèrent sur la même ligne que les *hastati*, les deux phalanges s'affrontèrent avec une fougue et une énergie extrêmes. Comme, pour le nombre, la résolution, la vaillance et l'armement, les deux armées étaient à peu près à égalité, la bataille resta longtemps indécise, tandis que les hommes, acharnés à vaincre, se faisaient tuer sur place. Finalement Massinissa et Laelius, revenus de leur poursuite, rejoignirent le gros de l'armée romaine juste au moment voulu, comme par miracle. Assaillis sur leurs arrières, les hommes d'Hannibal furent presque tous tués dans le rang. Parmi ceux qui prirent la fuite, bien peu purent trouver le salut, car les cavaliers se mirent à leurs trousses et l'on

Zama, petite ville de l'actuelle Tunisie, située à cent cinquante kilomètres au sud-ouest de Carthage, est connue par la victoire que remporta Scipion l'Africain (235 - 183 avant J.-C.) sur Hannibal, l'an 202 avant J.-C., et qui mit fin à la deuxième guerre punique qui opposa, de 218 à 201 avant J.-C., Rome à Carthage. Le récit plus ou moins légendaire de la bataille de même que les exploits de Scipion fournirent à l'art de la tapisserie l'occasion de créations spectaculaires.

En effet, une des plus célèbres suites de tapisseries tissées au XVIe siècle fut sans conteste la tenture de l'*Histoire de Scipion.* Les hauts faits du général romain, qui gagna son surnom de l'*Africain* à la suite de sa victoire sur Carthage, étaient tout destinés à composer un bel ensemble de tapisseries dont les sujets ne pouvaient que plaire aux hommes de la Renaissance. Quel chef de guerre, quel prince ne désirait être comparé à ce héros de l'Antiquité, parangon classique de la vertu militaire et civique ? Les tapisseries qui illustreraient les exploits de ce héros manifesteraient aussi la gloire de leurs propriétaires. Depuis le Moyen Âge, les plus belles étaient l'un des signes les plus éclatants de la richesse des souverains et des grands seigneurs. Aussi n'est-il pas étonnant de voir associé le nom de François Ier à la réalisation de la première et de la plus extraordinaire des tentures de l'*Histoire de Scipion.*

En 1532, François Ier passa commande d'une tenture d'or et de soie, consacrée à l'histoire de Scipion l'Africain. Le roi avait été ébloui par trois pièces déjà tissées à l'initiative d'un marchand de Bruxelles, Marc Crétif, et n'avait pas voulu laisser passer l'occasion de posséder de si belles tapisseries. La tenture fut exécutée entre 1532 et 1535, très probablement dans les ateliers des Dermoyen, célèbre famille de lissiers bruxellois, et comportait au total vingt-deux pièces. Du point de vue iconographique, elle comprenait deux suites de sujets bien distinctes, la première traitant des hauts faits de Scipion, la seconde de son triomphe à Rome après la reddition de Carthage. Les sujets s'inspirent des récits de Tite-Live. Certains détails sont empruntés également

était en plaine. Les Romains eurent plus de quinze cents tués, les Carthaginois plus de vingt mille et autant de prisonniers.

Telle fut l'issue de cette bataille décisive, qui vit s'affronter ces deux grands capitaines et qui marqua la victoire définitive des Romains. Après avoir ensuite poursuivi les Carthaginois et mis leur camp au pillage, Scipion se retira dans le sien, tandis qu'Hannibal, fuyant avec quelques cavaliers, continuait sans s'arrêter jusqu'à Hadrumetum, où il se réfugia. Il avait, dans cette bataille, fait tout ce que pouvait faire un bon général rompu aux choses de la guerre. Il avait d'abord demandé un entretien à Scipion pour tenter de mettre par lui-même fin aux hostilités. Cette initiative prouvait que, s'il s'attendait à vaincre, il se défiait pourtant de la Fortune et savait qu'il faut, dans les batailles, compter avec l'imprévu. Puis, quand il fallut engager le combat, il prit les dispositions qui étaient les meilleures possibles pour une armée équipée comme la sienne et ayant des Romains comme adversaires.

Polybe
*Histoire* (Livre XV, chap. 1, § 14-15)
Paris, éd. de la Pléiade
trad. par Denis Roussel, 1970

Giovanni Francesco Penni (v. 1488 - 1528)
attribué à
*La Bataille de Zama*
Plume et encre noire, lavis gris avec rehauts de blanc
Paris, musée du Louvre,
département des Arts graphiques

ŒUVRE NON EXPOSÉE

## Hannibal fuyant après Zama ; le triomphe de Scipion

Mais la reine Junon finit par arrêter Hannibal épuisé sur un tertre proche, d'où l'on avait sous les yeux une vue générale de l'affreuse bataille et de ses résultats. Comme il avait vu la plaine des Garganos, les marais de la Trébie, le lac tyrrhénien, et le fleuve de Phaëton débordant sous les corps massacrés, ainsi s'offre, pitoyable spectacle, le terrible tableau de ses bataillons abattus. Alors Junon, toute troublée, rentre dans le séjour d'En-Haut. Et les ennemis déjà s'approchaient, ils étaient presque au pied du tertre ; Hannibal se dit alors : « Ah, la voûte du ciel peut bien se défaire et s'écrouler sur ma tête, les terres peuvent bien s'ouvrir, jamais, dans l'avenir, Jupiter, tu n'effaceras le nom de Cannes, et tu perdras ta souveraineté avant que les nations ne fassent le silence sur le nom ou sur les exploits d'Hannibal ! Et toi, Rome, tu n'as pas fini d'avoir peur de moi ! Je durerai plus que ma patrie et vivrai dans l'espoir de te faire la guerre. Tu n'as gagné qu'une bataille, tes ennemis demeurent. À moi, il me suffit amplement que les mères dardaniennes et la terre italienne s'attendent à mon retour aussi longtemps que je vivrai, et que leur cœur ne connaisse pas la paix. » Alors il s'élance, se mêle à quelques fugitifs, et s'en va vers l'arrière chercher sur les hauteurs une cachette sûre.

Ainsi finit la guerre. Aussitôt la cité s'ouvre spontanément au chef ausonien. Elle perdit les droits dont elle faisait mauvais usage, ses armes, on grava des clauses de paix, la puissance qui faisait son orgueil fut brisée, et les éléphants déposèrent les tours qu'ils portaient. Puis les navires de haut bord donnèrent aux Carthaginois un bien cruel spectacle lorsqu'on y porta la torche incendiaire ; une tempête soudaine embrasa la mer, et Nérée prit peur de cette clarté.

Assuré d'une gloire éternelle, promis à adjoindre à son nom celui d'une terre vaincue, le chef, sans qu'on puisse l'accuser d'aspirer au trône, regagne Rome par la mer et rentre dans sa patrie avec un grandiose triomphe. En tête, Syphax, assis sur un brancard, fermait ses yeux de prisonnier et portait au cou une chaîne d'or ; puis Hannon, avec la fleur de la noblesse phénicienne, les chefs macédoniens, les Maures à la peau brûlée, les Numides, les Garamantes coureurs de désert que le Dieu Hammon connaît bien, et les éternels naufrageurs des Syrtes. Ensuite venait l'image de Carthage tendant vers les astres ses mains de vaincue, celle de l'Hibérie, désormais tranquille, Gadès, le bout du monde. Calpè, point extrême, jadis, des exploits d'Hercule, et le Bétis qui lave régulièrement de l'eau douce de son cours les chevaux du soleil ; portant haut vers les astres son front couronné de ramures marchait la mère des guerres, la farouche Pyréné, puis l'Èbre si violent lorsqu'il pousse tous à la fois vers la mer les cours d'eau qu'il a recueillis. Mais ce qui, plus que tout, captivait les cœurs et les regards, c'était de voir l'image d'Hannibal fuyant sur le champ de bataille. Scipion, lui, debout sur son char, resplendissant d'or et de pourpre, offrait à la vue des Quirites une physionomie martiale, pareil à Liber descendant des Indes parfumées et conduisant son char orné de pampres et tiré par des tigres, ou au héros de Tyrinthe, vainqueur des énormes Géants, marchant dans les plaines de Phlègre en touchant du front les étoiles.

Salut, Père invaincu de la patrie ! Ta gloire et tes mérites n'ont rien à envier à ceux de Quirinus, rien à envier à ceux de Camille ! Non, Rome ne ment pas lorsqu'elle te donne une origine divine, et qu'elle te dit le fils du dieu tarpéien du Tonnerre.

Silius Italicus
*Les guerres puniques* (Livre XVII)
Paris, éd. des Belles Lettres
trad. par Pierre Miniconi
et Georges Devallet, 1979

à l'historien grec Polybe qui recueillit des témoignages directs sur Scipion l'Africain, et dont les textes furent souvent associés à ceux de Tite-Live dans les éditions italiennes de ce dernier, au début du XVIe siècle. Les scènes du triomphe illustrent, elles, des descriptions d'un autre historien grec, Appien, dont les textes furent édités à Venise dès la fin du XVe siècle. Quant à l'auteur des compositions qui servirent de modèles aux lissiers, il s'agit du peintre Jules Romain (1499-1546). Collaborateur de Raphaël et décorateur fécond, il a participé à la création de plusieurs grandes tentures bruxelloises qui se distinguent par la véhémence de l'inspiration et la force du style. De la main même de l'artiste sont conservés plusieurs études préparatoires et dix modèles ou « petits patrons » pour les sujets du triomphe (Louvre, département des Arts graphiques ; Chantilly, musée Condé et Oxford, Ashmolean Museum), ainsi, peut-être, que deux cartons (Saint-Pétersbourg, musée de l'Ermitage et Louvre, département des Arts graphiques), œuvres plus probables de collaborateurs. Attribués à Giovanni Francesco Penni (vers 1488-1528), l'un des assistants de Jules Romain, cinq dessins concernant les hauts faits de Scipion sont, par ailleurs, conservés (Louvre, département des Arts graphiques) et sont considérés comme des « petits patrons ». Pour trois d'entre eux, des dessins préparatoires de la main même de Jules Romain, disparus de nos jours mais connus par les photographies anciennes (Paris, Bibliothèque nationale de France, cabinet des Estampes), témoignent du processus d'élaboration des grandes tapisseries bruxelloises, depuis les études du maître jusqu'aux cartons à grandeur d'exécution.

La tenture de François Ier fut malheureusement détruite à la Révolution pour en récupérer le métal précieux dont elle était tissée. Mais sa célébrité lui avait valu une postérité immense. Elle avait en effet été remise sur les métiers, tant au XVIe qu'au XVIIe siècle, avec des variantes multiples pour d'autres princes et grands personnages, jusqu'à Louis XIV pour qui fut réalisée aux Gobelins, d'après une tenture bruxelloise appartenant aux collections de la Couronne, une copie en dix pièces (Louvre, département des Objets d'art). La plus ancienne suite conservée de nos jours est précisément celle dont fait partie la tapisserie ici exposée. Cette suite, constituée de sept pièces, a appartenu à Marie de Hongrie (1501-1558), sœur cadette de Charles Quint et gouvernante des Pays-Bas, qui l'acquit à Bruxelles en 1544. Femme de courage, au caractère remarquable, Marie de Hongrie soutint la politique de son frère et combattit à plusieurs reprises François Ier. En 1538, à l'occasion de négociations de paix, elle fut reçue somptueusement à Saint-Quentin et à Compiègne par le roi de France qui déploya à cette occasion toutes ses richesses : tapisseries, meubles, draps d'or et de soie, vaisselle d'or et d'argent. Peut-être admira-t-elle la tenture de l'*Histoire de Scipion* et conçut-elle alors le désir d'en posséder une également ? À moins que son souci constant d'aider les lissiers bruxellois ne fût le seul motif d'une telle acquisition. La tenture de Marie de Hongrie n'est tissée que de laine et de soie. Le monogramme des lissiers est hélas, jusqu'à ce jour, resté inconnu. Les sept pièces conservées illustrent cinq épisodes des hauts faits de Scipion *(La Prise de Carthagène, La Continence de Scipion, La Prise du camp et la Grâce des vaincus,*

*La Conférence de Scipion et Hannibal* et *La Bataille de Zama)* et deux scènes de son triomphe *(Les Bœufs et les éléphants* et *Le Banquet).*

La tapisserie figurant la *Bataille de Zama* présente, par rapport au dessin préparatoire de Jules Romain (un de ceux connus par une photographie ancienne) et au « petit patron » de Penni, de notables différences : dans la partie droite surtout, mais aussi à gauche, l'armée romaine a été considérablement augmentée de soldats et de cavaliers. Mais la partie centrale qui montre, en suivant le récit de Tite-Live, l'armée carthaginoise, avec ses éléphants que les clameurs des Romains vont bientôt faire se retourner contre ses propres lignes, est en tout point semblable. C'est au reste l'épisode le plus célèbre de la bataille, qui, dans la légende, forme le pendant au passage des Alpes par l'armée d'Hannibal avec ses éléphants. La scène ne manqua presque jamais d'être tissée dans toutes les séries qui furent exécutées. C'est assurément une de celles qui manifestent le mieux la grandeur épique du style de Jules Romain.

*Amaury Lefébure*

D'après Jules Romain (1492 ou 1499 - 1546)
*La Bataille de Zama*
Bruxelles, vers 1544
Tapisserie
H. 480 cm ; L. 900 cm
Madrid, Palacio Real, Patrimonio Nacional

# L'image des héros des guerres puniques à l'époque moderne

### Le passage des Alpes
(218 avant J.-C.)

Le lendemain, comme les attaques des barbares se ralentissaient, les troupes opérèrent leur jonction et on sortit du défilé non sans dommages, toutefois on perdit plus de bêtes de somme que d'hommes. Les montagnards, déjà moins nombreux, agissaient en brigands plutôt qu'en soldats, tombaient tantôt sur l'avant-garde et tantôt sur l'arrière de l'armée ; ils utilisaient le relief, cherchaient à surprendre ceux qui marchaient en tête ou traînaient en fin de convoi. Les éléphants ralentissaient considérablement l'allure quand le chemin était étroit ou en pente raide ; en revanche, ils assuraient la protection de la colonne à l'endroit où ils se trouvaient car on avait peur de se rapprocher de ces bêtes qu'on ne connaissait pas.

Huit jours plus tard, la colonne atteignit un col alpin, par des chemins souvent impraticables et après de nombreux détours : c'était la faute des guides qui cherchaient à les égarer ou la leur quand ils refusaient de les suivre et s'aventuraient dans des vallées sans issue, croyant que c'était la route. On établit au col un campement fixe et on accorda deux jours de repos aux soldats, épuisés par les efforts fournis et par les combats ; quelques bêtes, qui avaient glissé sur les rochers, arrivèrent au camp en suivant les traces laissées par l'armée.

Les hommes étaient à bout de forces et découragés par tant de souffrance quand une chute de neige, à la date où disparaissent

Dans le développement des conflits qui accompagnent la montée en puissance de Rome et annoncent la conquête définitive du Bassin méditerranéen réalisée sous l'Empire, les guerres puniques demeurent sans doute l'épisode le plus important de l'histoire romaine. Jouées en trois actes et en plus de cent ans, relatées abondamment par de nombreux historiens et historiographes de l'Antiquité, tels Polybe (v. 208 - v. 126 avant J.-C.) et Tite-Live (v. 64 avant J.-C. - v. 10 après J.-C.), suivis par Appien, Plutarque, Valère Maxime, Silius Italicus ou Florus qui s'inspirèrent tous de Tite-Live ou de Polybe, elles acquièrent très tôt une valeur symbolique qui les apparente à un acte politique fondateur. Comme tout événement retranscrit pour servir à l'illustration de la grandeur historique, les guerres puniques sont d'abord passées à la postérité en une suite de batailles glorieuses et en une galerie de portraits héroïques. Bien évidemment, ce sont ces batailles et ces portraits que l'histoire, la littérature et l'histoire de l'art ont repris, utilisés et déformés à l'époque moderne.

La fortune imaginaire des guerres puniques fut grande : la richesse du sujet et son importance symbolique le justifient sans doute assez. Tout empire naissant – celui de Charlemagne, celui de Charles Quint ou de Napoléon – s'est construit dans le souvenir de la grandeur romaine et nombre de conquêtes ont été comparées aux guerres puniques. Cependant, l'histoire n'est pas juste ; son souvenir est souvent arrangé et ses héros conservent rarement une même image au cours des siècles, c'est là tout au moins ce que rapporte la critique moderne. La plupart des auteurs qui se sont attachés à reprendre tel ou tel épisode des guerres puniques mettent ainsi en exergue de leur œuvre une mise en garde contre l'injustice historique. Hannibal (ou Annibal, la graphie a longtemps été erratique), l'ennemi le plus dangereux de Rome, aurait ainsi été présenté sous son aspect le plus négatif dans l'histoire officielle romaine.

Atelier de Faenza
*Hannibal*
Coupe
Vers 1540 - 1550
Majolique
Paris, musée du Petit Palais

ŒUVRE NON EXPOSÉE

William Mallord Turner (1775 - 1851)
*Tempête de neige : Hannibal et son armée franchissant les Alpes*
1812
Huile sur toile
Londres, Tate Gallery

ŒUVRE NON EXPOSÉE

les Pléiades, provoqua de très vives frayeurs. Le départ avait été donné à l'aube, dans un paysage couvert de neige ; l'armée avançait péniblement et tous les visages exprimaient l'abattement et le découragement quand Hannibal, parti en avant, ordonna aux soldats de faire halte sur une hauteur d'où on avait une vue très étendue et leur montra la plaine du Pô au pied des Alpes : ce n'étaient pas seulement les remparts de l'Italie mais bien ceux de Rome qu'ils étaient en train de franchir. Il n'y avait plus d'obstacles, il suffisait de se laisser descendre. Une ou deux batailles tout au plus suffiraient à mettre en leurs mains et en leur pouvoir la citadelle, la capitale de l'Italie.

L'armée se remit en marche ; les ennemis ne l'inquiétaient plus que par de furtives attaques sans importance, quand l'occasion s'en présentait. Pourtant la progression fut bien plus difficile qu'à la montée, car la descente sur le versant italien est d'autant plus raide qu'elle est plus courte. Sur presque toute sa longueur la route est abrupte, étroite, glissante, et les chutes étaient inévitables ; une fois qu'on avait trébuché, il était impossible de retrouver son équilibre ; les hommes tombaient les uns sur les autres et les bêtes sur les hommes.

Tite-Live
*Histoire* (Livre XXII, chap. VI)
Paris, éd. Garnier-Flammarion
trad. par Annette Flobert, 1993

« Pour bien connaître Annibal, je ne me suis pas contenté de lire les historiens latins, qui sont suspects avec raison d'avoir dénigré ce grand homme d'une manière révoltante. » Ainsi Firmin Didot prévient-il son lecteur dans la préface qu'il donne à sa tragédie *Annibal,* un des derniers ouvrages écrits sur le sujet, en 1822.

Tite-Live est accusé au premier chef : historiographe officiel de l'Empire, agissant pour la propagande d'Auguste et la gloire de Rome, il déforme bien souvent la vérité historique à ses fins. Plutarque n'est guère mieux jugé, de même que Valère Maxime. Seul Polybe est souvent mieux considéré, cela parce que, grec et contemporain de la deuxième et surtout de la troisième guerre punique, il apparaît comme un témoin direct et objectif des événements.

Hannibal est devenu indubitablement le héros principal des guerres puniques : vainqueur à Cannes mais défait à Zama, il est celui qui a défié et fait trembler Rome. Par suite, la démesure de sa folle ambition a été réévaluée à la hauteur de son défi : il ne pouvait sans doute pas revenir d'inquiéter l'empire romain à un héros indigne de son ennemi ! La grandeur prêtée à Hannibal rejoint ainsi en quelque sorte la grandeur même de Rome. Scipion, son vainqueur à Zama, l'aurait, dit-on, reconnu très tôt et les vertus dont il fut couronné, son intelligence militaire, sa magnanimité et le respect dans lequel il tenait Hannibal en sont la preuve. Plutarque rapporte ainsi qu'après Zama, les deux héros eurent une dernière entrevue à Éphèse :

« Comme ils se promenaient ensemble, Annibal ayant pris la place d'honneur, Scipion le souffrit, et, sans donner aucun signe de mécontentement, il continua la promenade. Puis la conversation étant tombée sur les chefs d'armée, et Annibal ayant proclamé qu'Alexandre avait été le premier de tous, Pyrrhus le second, et lui Annibal le troisième, Scipion souriant : " Que dirais-tu donc, dit-il, si je ne t'avais pas vaincu ? – Scipion, repartit Annibal, je ne me serais pas nommé le troisième, mais le premier." » (Plutarque, *Vie de Titus Quintius Flamininus,* trad. d'Alexis Pierron, Paris, éd. Charpentier, 1845).

La fortune historique et légendaire d'Hannibal obéit ainsi à cette contradiction de principe qui en fait l'ennemi le plus important en même temps que le plus digne de Rome. Son suicide a sans doute aidé à cette grandeur posthume, transformant un destin héroïque en destin tragique : après Zama, contraint à l'exil par Rome et par le sénat carthaginois alors inféodé à Rome, Hannibal se réfugie en Bythinie, à la cour du roi Prusias. Là, poursuivi inexorablement par Titus Quintius Flamininus qui voulait, rapporte Plutarque, « être appelé l'auteur de la mort d'Annibal », le héros se donne la mort :

« Suivant Tite-Live, il avait sur lui du poison : il le détrempa, et, prenant la coupe : " Délivrons, dit-il, les Romains d'un terrible souci, puisqu'ils trouvent long et pénible d'attendre la mort d'un vieillard qui leur est odieux. " (…) Quand on apprit à Rome ce qui s'était passé, Titus fut l'objet d'un blâme général. » (Plutarque, *Vie de Titus Quintius Flamininus, op. cit.).*

L'histoire des guerres puniques et l'image de ses héros furent l'objet d'une mise en légende particulièrement féconde du Moyen Âge au XIXe siècle.

Leonardo Bruni ou
Léonard d'Arezzo (1369 - 1444)
Miniatures du Maître de Dunois dit encore
Associé principal du Maître de Bedford
*La Première Guerre punique*
Fragments de l'*Histoire* de Polybe,
traduits du grec en latin par L. Bruni,
et du latin en français par Jehan Le Bègue
*La Mort d'Hannibal l'Ancien* (fo 35 r.)
Vers 1465
Ms. parch., III fos
H. 37,5 cm ; L. 23,5 cm
Hist. bibliothèque des Augustins déchaussés de Lyon,
celle du marquis d'Argenson
Paris, bibliothèque de l'Arsenal
Inv. Ms. 5086

Nicolas-François Chifflart (1825 - 1901)
*La Bataille de Cannes*
Huile sur toile
H. 250 cm ; L. 500 cm
Paris, musée du Petit Palais

## Le désastre de Cannes
(216 avant J.-C.)

Hannibal, après la victoire, était entouré de ses officiers, qui le félicitaient et lui recommandaient de prendre du repos et d'accorder aux soldats épuisés la fin de la journée et la nuit suivante pour se remettre ; mais Maharbal, commandant de la cavalerie, pensait au contraire qu'il n'y avait pas un instant à perdre : « Rends-toi mieux compte des conséquences de cette bataille, lui dit-il : dans quatre jours, tu dîneras en vainqueur au Capitole ! Suis-moi ; je partirai devant avec la cavalerie et on te verra à Rome avant de savoir que tu arrives. » Ce projet était trop beau pour Hannibal, il était si magnifique qu'il ne put en admettre aussitôt l'idée ; il répondit à Maharbal qu'il était d'accord avec lui, mais qu'il avait besoin d'un peu de temps pour réfléchir. Maharbal réplique : « Les dieux, je le vois, ne t'ont pas tout donné : tu sais vaincre, mais tu ne sais pas tirer parti de la victoire. » On admet généralement que ce délai d'un jour sauva la Ville et l'Empire.

Le lendemain, dès le lever du jour, les Carthaginois étaient là pour ramasser les dépouilles et contempler le carnage, affreux même pour des ennemis. Tant de milliers de Romains, de fantassins, étaient couchés là pêle-mêle, réunis par les hasards du combat ou de la déroute ; quelques-uns se soulevaient, couverts de sang, au milieu des morts, car la fraîcheur du petit matin, en tirant sur leurs blessures, les avaient ranimés : les ennemis les achevèrent ; parmi ceux qui étaient couchés là, certains vivaient encore, les cuisses ou les jarrets sectionnés : ils découvraient leur nuque ou leur gorge, demandant qu'on fasse couler le sang qui leur restait. On en trouva, la tête enfouie dans le sol : on voyait qu'ils avaient creusé un trou et qu'ils étaient morts étouffés en s'enterrant eux-mêmes. Parmi tant d'autres on remarqua surtout un Numide, qui fut retrouvé vivant sous le cadavre d'un Romain, le nez et les oreilles arrachés : n'ayant plus la force de tenir une arme, pris d'un accès de rage, le Romain était mort en déchirant son ennemi à coups de dents.

Tite-Live
*Histoire* (Livre XXII, chap. LI)
Paris, éd. Garnier-Flammarion
trad. par Annette Flobert, 1993

La Renaissance favorisa la réalisation de nombreux manuscrits richement illustrés où l'on mélangeait régulièrement Tite-Live et Polybe : les *Décades* furent traduites et adaptées, notamment par le Français Pierre Bersuire (Tite-Live dit de Charles V, Paris, bibliothèque Sainte-Geneviève) ou par l'humaniste italien Leonardo Bruni *(Les Guerres puniques,* Paris, bibliothèque de l'Arsenal). Considérées comme une sorte d'épopée vraie de l'Antiquité, les guerres puniques y sont associées aux grands conflits qui opposaient alors plusieurs nations d'Europe : les personnages apparaissent dans un décor occidental, revêtus de costumes contemporains et les scènes sont souvent détournées d'archétypes étrangers à leur univers d'origine. Ainsi en est-il par exemple de la scène figurant la mort – le martyre ? – d'Hannibal l'ancien, héros de la première guerre punique, crucifié avec ses compagnons sur un champ de bataille *(Les Guerres puniques,* Paris, bibliothèque de l'Arsenal).

À partir du XVIe siècle, le personnage d'Hannibal commence à être reconnu pour ses qualités de stratège : Machiavel le cite comme l'un des chefs militaires et politiques les plus remarquables de l'Antiquité, tandis que l'iconographie officielle fait des guerres puniques un des cycles privilégiés des grands décors publics (voir le texte d'Amaury Lefébure sur la *Bataille de Zama* d'après Jules Romain).

Le goût tragique propre au XVIIe siècle, particulièrement en France, transforme notablement l'image des guerres puniques. C'est à cette époque qu'un autre personnage de cette épopée historique, Sophonisbe, tenu longtemps en second rôle de l'histoire, réapparaît au premier plan : fille d'Hasdrubal Gisgon, mariée en premières noces à Syphax, roi des Masaesyles (Numides occidentaux), puis à Massinissa, roi des Massyles (Numides orientaux) et vainqueur de Syphax, Sophonisbe se suicide pour ne point paraître au triomphe de Scipion. Ignorée par Polybe mais abondamment évoquée par Tite-Live et ses suiveurs, Sophonisbe aurait été cause du bouleversement des alliances numides contre Carthage et porté une certaine responsabilité dans la défaite de Zama. En ce sens, elle fut souvent comparée à Cléopâtre pour qui Antoine s'opposa à Octave-Auguste, référence évidente pour Tite-Live, historiographe officiel d'Auguste : l'une et l'autre se suicident après avoir assisté à la défaite de leur amant devant l'armée romaine – il est intéressant d'observer que l'on a pu faire une même analyse comparée du personnage de Didon définie comme une Cléopâtre qui aurait sacrifié son amour au nom de la raison d'État.

Cette comparaison avec Cléopâtre s'impose dans le contexte de l'iconographie tragique développée au XVIIe siècle : le suicide de Sophonisbe devient alors un motif abondamment répété (voir le tableau de Mattia Preti du musée des Beaux-Arts de Lyon), se prêtant à l'illustration morale de la vertu antique.

La continence de Scipion, anecdote édifiante empruntée à Valère Maxime, est de même le sujet d'un grand nombre de tableaux, associant à l'ambition morale le respect des canons de la tragédie, tel celui de François Lemoyne (Nancy, musée des Beaux-Arts) :

Marcantonio Raimondi
(v. 1480 - entre 1527 et 1534)
*Scipion l'Africain*
Burin
Paris, musée du Petit Palais

ŒUVRE NON EXPOSÉE

Mattia Preti (1613 - 1699)
*La Mort de Sophonisbe*
Vers 1660-1670
Huile sur toile
H. 202 cm ; L. 178 cm
Hist. envoi de l'État en 1811
Lyon, musée des Beaux-Arts

« La continence de Scipion fut tellement admirable que, dès l'âge de vingt-quatre ans, ayant subjugué en Espagne la nouvelle Carthage [Carthagène], et consulté tous les devins pour assiéger et prendre Carthage la grande, qu'ayant rangé sous sa puissance plusieurs otages que les Carthaginois avaient enfermés dans leur Ville, et s'étant trouvé parmi eux une jeune et parfaitement belle fille, il ne sut pas plutôt qu'elle était d'une illustre maison du Portugal, et fiancée à un Seigneur de ce pays, nommé Indibilis, que bien qu'il fût jeune, sans femme, et victorieux, il eut tant de respect pour elle, qu'il fit venir aussitôt ses parents, et devant eux la remit, et pure et entière, entre les mains de son fiancé, augmentant même la dot de cette fille d'une grande somme d'argent, qui lui avait été apportée pour sa rançon [...]. » (Valère Maxime, *Factorum et dictorum memorabilium libri,* Lyon, 1700, I, p. 427-428).

Au théâtre, l'épopée est alors reprise sur le même mode et Hannibal, Scipion, Massinissa ou Syphax deviennent eux aussi des héros de tragédie : en 1601, *Sophonisbe* de Montreux ; en 1629, *Sophonisbe* de Mayret ; en 1639, *Scipion,* tragi-comédie de Desmarets ; en 1642, *Le Sac de Carthage,* tragédie de Puget de la Serre, mise en vers par Montfleury en 1647 sous le titre de *La Mort d'Asdrubal; Sophonisbe* de Pierre Corneille en 1663, *La Mort d'Annibal,* tragédie de Thomas Corneille en 1669 ; *Annibal,* tragédie de Riuperous (1688, non imprimée) ; *Scipion l'Africain* de Pradon (1697) ; *Sophonisbe* de Chancel de La Grange (1716, non imprimée) ; *Annibal* de Marivaux (1720) ; *Sophonisbe* de Mayret « réparée à neuf » par Voltaire en 1771 ; *Annibal* de Firmin Didot en 1822.

Tite-Live (64 ou 59 avant J.-C. - 10 après J.-C.)
*Histoire romaine*
Trad. par Pierre Berceur
Vue de Carthage assiégée (f° 120 v.)
France, atelier provincial, vers 1430
Ms. parch.
H. 51,5 cm ; L. 38,5 cm
Paris, Bibliothèque nationale de France
Inv. Ms. fr. 33

En marge de cette évolution tragique des héros des guerres puniques, l'épopée d'Hannibal a souvent été l'objet de commentaires techniques sur le mode de la glose militaire, qui, le plus souvent, favorisent là encore l'image d'Hannibal et des Carthaginois contre celle de Scipion. C'est le cas en particulier de la grande édition de l'*Histoire universelle* de Polybe « traduite par Dom Vincent Thuillier, avec un Commentaire ou un corps de sciences militaires, par M. de Folard », publiée à Paris en 1728. Le commentateur, rompu à l'exégèse militaire, y analyse certains plans de bataille, opposant à l'occasion le témoignage de Polybe aux interprétations de Tite-Live et de ses suiveurs :

« Plutarque, après Tite-Live, fait élever un vent furieux en faveur des Carthaginois [...] : le silence de Polybe, de quelle force n'est-il point contre ceux qui n'ont écrit que longtemps après lui, et qui, comme Tite-Live, ne font guère conscience de donner des faits imaginaires pour des réalités ? Comme si les Romains ne pouvaient être défaits que dans les cas où la prudence et les lumières humaines ne sauraient pénétrer. Je leur passerais volontiers le vent et l'aventure des Numides, s'ils me donnaient quelque garant. On sait que Plutarque, Frontin et un grand nombre d'autres, ont tout emprunté de Tite-Live. L'autorité de ces gens-là n'est d'aucun poids contre un auteur aussi grave que le mien. Ce passage a une telle odeur de roman, que rien plus. Le seul garant est Tite-Live. » *(Histoire,* Paris, 1728, Livre III, chap. XXIV, p. 405).

Ailleurs, le même auteur remet même en question le passage d'Hannibal au Saint-Bernard – événement qui connut pourtant une grande fortune :

François Lemoyne (1688 - 1737)
*La Continence de Scipion*
1727
Huile sur toile
H. 147 cm ; L. 207 cm
Hist. envoi du museum central en 1801
Nancy, musée des Beaux-Arts

« Pour ce qui nous regarde, nous laisserons le mont Saint-Bernard en repos : il n'y passera pas une âme, ses neiges ne seront point foulées, il ne s'illustrera pas par tant de combats, par tant d'équipages pris ou perdus, par tant d'officiers ruinés et de soldats morts de misère. » (Livre III, chap. XI, p. 89.)

Le débat anima plusieurs esprits honnêtes en ces premières années du XVIII$^{e}$ siècle qui voyaient poindre une critique moderne de l'histoire. La réhabilitation d'Hannibal se faisait de pair avec un nouvel examen de l'histoire romaine et le parallèle entre Carthage et Rome devint un exercice intellectuel fort prisé. Montesquieu, dans les *Considérations sur les causes de la grandeur des Romains et de leur décadence,* publiées sans nom d'auteur en 1734, s'y livre à loisir : « La seconde guerre punique est si fameuse que tout le monde la sait. Quand on examine bien cette foule d'obstacles qui se présentèrent devant Annibal, et que cet homme extraordinaire surmonta tous, on a le plus beau spectacle que nous ait fourni l'Antiquité. » (Chap. IV : « Parallèle de Carthage et de Rome ».)

L'idée de Montesquieu était à l'évidence de transposer l'exemple antique à l'époque moderne et ses commentaires ne sont pas sans évoquer souvent une critique des gouvernements contemporains, principalement des régimes français et anglais qu'il connaissait le mieux. À la fin du siècle, Chateaubriand, qui reprend beaucoup à Montesquieu, pousse un peu plus avant l'analyse. Ainsi, dans l'*Essai sur les révolutions* publié en 1791, le parallèle de Montesquieu est-il actualisé :

« J'ai souvent considéré avec étonnement les similitudes de mœurs et de génie qui se trouvent entre les anciens souverains des mers et les maîtres de l'Océan d'aujourd'hui. Ils se ressemblent et par leur constitution politique, et par leur esprit à la fois commerçant et guerrier. [...] Ajoutons que, par un jeu singulier de la fortune, la rivale de Rome et celle de la France ne comptèrent chacune qu'un grand général : la première, Annibal ; la seconde, Marlborough. » (Chap. XXXI et XXXV.)

Le propos valait pour son époque et aussi bien Chateaubriand que Montesquieu ne pouvaient guère aller plus avant : la rivalité d'Hannibal élevé au rang de héros positif avec un Scipion incarnant l'autocratie romaine illustrait un équilibre ancien que la Révolution française devait bouleverser. Et, lorsque le débat fut bientôt transporté dans le monde des arts – d'une manière symbolique sans doute, et généralement obscurcie aujourd'hui, mais qui, à l'époque, pouvait être aisément décryptée – , par un curieux revirement de l'histoire, les rôles furent soudain inversés lorsque, une nouvelle fois, la France et l'Angleterre vinrent à s'affronter. Napoléon professait ainsi la plus haute admiration pour Hannibal et les *Décades* de Tite-Live étaient son livre de chevet :

« Cet homme, dit-il dans le *Mémorial de Sainte-Hélène,* le plus audacieux de tous, le plus étonnant peut-être ; si hardi, si sûr, si large en toutes choses ; qui, à vingt-six ans, conçoit ce qui est à peine concevable, exécute ce que l'on devait tenir pour impossible ; qui, renonçant à toute communication avec son pays, traverse des peuples ennemis ou inconnus qu'il faut attaquer et vaincre, escalade les Pyrénées et les Alpes qu'on croyait insurmontables, et ne

descend en Italie qu'en payant de la moitié de son armée la seule acquisition de son champ de bataille, le seul droit de combattre ; qui occupe, parcourt et gouverne cette même Italie durant seize ans, met plusieurs fois à deux doigts de sa perte la terrible et redoutable Rome, et ne lâche sa proie que quand on met à profit la leçon qu'il a donnée d'aller le combattre chez lui. »

Cette identification de Napoléon à Hannibal n'était pas nouvelle et avait déjà été traduite en peinture : dès 1801, elle apparaît dans le célèbre portrait de David, *Bonaparte franchissant les Alpes au Grand Saint-Bernard* (musée national du château de Malmaison, deux autres versions au Louvre et à Versailles), où l'artiste inscrit dans la roche les noms du général carthaginois et de Charlemagne à côté de celui de Bonaparte. Elle connut aussi de curieux avatars.

Le parallèle des gouvernements anciens et modernes, les méditations sur les ruines et le déclin des empires furent l'objet de nombreuses publications entre la fin du XVIIIe siècle et le début du XIXe siècle, en France comme en Angleterre. Thème romantique par excellence, la vanité de l'Histoire fut bien sûr d'actualité à la chute de l'Empire, en 1814 et en 1815. Turner qui avait déjà exposé un *Hannibal franchissant les Alpes* en 1812 (Londres, Tate Gallery) – réponse probable au tableau de David –, exposa en 1815 une *Didon construisant Carthage* (Londres, National Gallery) que suivit, deux années plus tard, son pendant, *Le Déclin de l'empire carthaginois* (Londres, Tate Gallery, présenté à l'exposition), allusion alors évidente à l'épopée napoléonienne.

Que Napoléon se fût alors identifié à Hannibal, associant de fait la France à Carthage et ses ennemis à Rome, va sans doute à l'encontre du parallèle établi quelques années plus tôt par Chateaubriand et suggéré par Montesquieu. On ne s'étonnera pas de son choix qui synthétise alors la gloire du stratège et le destin tragique du héros condamné à l'exil – cela révèle tout au plus un homme peu superstitieux. Hannibal est devenu un héros susceptible d'animer les tempéraments romantiques bien mieux que Scipion, noble icône de vertus antiques un peu surannées.

Jacques-Louis David (1748 - 1825), atelier de
*Bonaparte franchissant les Alpes au Grand Saint-Bernard*
Répétition du tableau peint en 1801 (Malmaison)
Huile sur toile
Versailles, musée et domaine national de Versailles et de Trianon

ŒUVRE NON EXPOSÉE

La fortune légendaire des héros des guerres puniques s'affaiblit sans doute après cette formidable acmé que représentait sa transposition dans l'histoire napoléonienne. Quelques entreprises furent tentées pour remettre à l'honneur dans la peinture d'histoire la noblesse des grands sujets parmi lesquels les guerres puniques conservaient une bonne place (voir la *Bataille de Cannes* de Chifflart, présentée à l'exposition). Toutefois, si le personnage de Scipion excita peu alors la faveur des peintres ou des écrivains – rappelons pour mémoire une tardive *Continence de Scipion* de Pierre-Joseph Verhaegen en 1804 (Louvain, Stedelijke Musea) –, l'image d'Hannibal se figea alors dans un stéréotype quelque peu scolaire (citons Hugo et surtout Hérédia) où se mélangeaient l'aura d'un révolutionnaire mythique – confondu sans doute avec Bonaparte –, le souvenir d'un stratège fabuleux accompagné par ses cohortes d'éléphants et l'ombre d'un exilé opprimé par ses ennemis. Si Proust l'évoque dans la *Recherche du Temps perdu,* dans les pages qui mettent en scène Saint-Loup et le narrateur dissertant sur l'art militaire à l'aube de la Grande Guerre *(Le Côté de Guermantes),* plus curieuse est sans doute l'image qu'en donne Freud dans la *Psychopathologie de la vie quotidienne :*

« L'erreur qui m'a fait dire Hasdrubal au lieu de Hamilcar, c'est à dire qui m'a fait mettre le nom du frère à la place de celui du père, se rattache à un ensemble d'idées où il s'agit de l'enthousiasme pour Hannibal que j'avais éprouvé étant encore jeune lycéen et du mécontentement que m'inspirait l'attitude de mon père à l'égard des " ennemis de notre peuple ". » (Sigmund Freud, *Psychopathologie de la vie quotidienne,* chap. 10 : « Les erreurs », 1923, éd. Payot, Paris, 1967, p. 251–252.)

*José de Los Llanos*

Tite-Live (64 ou 59 avant J.-C. - 10 après J.-C.)
*Histoire romaine*
Trad. par Pierre Bersuire
Miniatures du Maître le plus ancien de la Bible de Jean de Sy
Scènes de la vie d'Hannibal
Vers 1370
Ms. parch., 434 f^os^
H. 46 cm ; L. 31 cm ; ÉP. 12 cm
Hist. sans doute Librairie de Charles V, puis celle de Charles VI
Paris, bibliothèque Sainte-Geneviève
Inv. 777

# La Carthage romaine

# La romanité et les provinces d'Afrique

*Rome et ses provinces*
Détail
*Rome*
Vers 150 - 200 après J.-C.
Mosaïque
H. 349 cm ; L. 344 cm
Prov. El-Jem (Thysdrus), quartier sud-est
El-Jem, musée

Il semble que l'Afrique romaine n'exerce pas la même fascination sur le public que l'Afrique punique. Pourtant, la domination de Rome sur cette région, rive occidentale de la *Mare Nostrum,* correspond à une sorte d'âge d'or, qui a laissé des traces profondes, que le vent du désert n'a pu effacer. Présenter en quelques lignes une période si longue et si riche, qui a suscité une littérature scientifique très abondante, est une entreprise difficile, où approximations et simplifications arbitraires se révèlent inévitables.

En 146 avant J.-C., Carthage tombe aux mains de Scipion Émilien qui rase la ville. Le territoire de celle-ci, qui correspond au tiers nord-est de la Tunisie actuelle, est érigé en province d'Afrique, limitée à l'ouest par la *Fossa Regia.* Dans la guerre contre le roi numide Jugurtha (112-105), Leptis choisit le parti de Rome. Après la bataille de Thapsus (46) où il défait les Pompéiens, Jules César ajoute aux possessions romaines le pays allié compris entre Thabraca et l'embouchure de l'Ampsaga (oued el-Kébir). Une partie de ce territoire devient l'*Africa Nova,* dite aussi *Numidia,* car elle correspond au cœur de l'ancien royaume de Jugurtha. En 25, Auguste supprime la distinction entre l'*Africa Vetus* (ou *Propria)* et l'*Africa Nova.* En 40 après J.-C., sous Caligula, la Maurétanie, royaume de Juba – de fait, un protectorat romain –, est annexée puis organisée par Claude en province.

Au sud, dans le Sahara, la pénétration romaine reste relativement timide. Un premier *limes,* avec postes avancés, est doublé à la fin du premier siècle par un autre, *Fossatum Africae,* qui touche Zarai, Gemellae. Dans ces confins, les tribus semi-nomades ne seront jamais tout à fait soumises et la menace saharienne pèsera toujours.

On peut dire que de 40 après J.-C. jusqu'en 430 (invasion des Vandales), l'Afrique du nord est romaine. La visite dans cette région de l'empereur Hadrien (128) inaugure les années de prospérité, interrompues en 238, quand éclatent des troubles sociaux et des révoltes indigènes.

*Rome et ses provinces*
Détail
*L'Afrique*
Vers 150 - 200 après J.-C.
Mosaïque
H. 349 cm ; L. 344 cm
Prov. El-Jem (Thysdrus), quartier sud-est
El-Jem, musée

L'Afrique romaine n'a pas connu d'unité administrative, avec un chef-lieu unique. Elle se divisait en quatre provinces : l'Afrique proconsulaire, la plus ancienne, comprenant la Tunisie actuelle, la Tripolitaine et la Numidie, avec Carthage comme résidence du proconsul, lequel était assisté de trois légats ; la Maurétanie césarienne, gouvernée par un procurateur habitant Césarée (Cherchel) ; la Maurétanie tingitane, nommée d'après Tingi (Tanger), siège du procurateur. Au IIIe siècle, la Numidie est séparée de l'Afrique proconsulaire. À sa tête, un légat propréteur dont la résidence fut successivement Ammaedara, Théveste et Lambèse. Dioclétien partagea l'Afrique en *Africa Proconsularis Zeugitana* (capitale Carthage), *Africa Byzacena* (Hadrumetum) et *Africa Tripolitana* (Leptis Magna). Avec la Numidie et la *Mauretania Caesariensis,* l'*Africa* vint à former le VIIIe diocèse, gouverné de Rome par le préfet du Prétoire, représenté sur place par un *comes.*

L'Afrique romaine se caractérise par l'extraordinaire densité des villes, au moins cinq cents, créées *ex nihilo* ou à partir d'anciens sites puniques ou berbères. La plus importante d'entre elles, Carthage, reconstruite sous Auguste, libérée de la malédiction pesant sur son sol, abrite une population qu'on peut raisonnablement estimer à 300 000 âmes. Leptis Magna vient au second rang. Un bon nombre de ces villes sont des ports, comme Hadrumetum (Sousse). Les autres, denses aux alentours de Carthage et de Thugga (Dougga), sont très disséminées dans l'intérieur des terres, centres agricoles, relais caravaniers (Capsa-Gafsa, Cillium-Kasserine), oasis (Tacapa-Gabès), appuis militaires. Un tiers des Africains vivent dans les villes et on peut vraiment parler à propos de l'Afrique romaine de civilisation urbaine. Le statut de ces villes est très varié : colonie (Carthage, Leptis Magna, Hadrumetum, Hippo-Diarrhytus), municipe romain, municipe latin, commune pérégrine. Par le jeu des promotions, collectives ou individuelles, la citoyenneté romaine va s'étendre progressivement à la majorité des Africains de condition libre et le fameux édit de Caracalla, en 212, étendant ce droit à tout l'Empire, ne fera que consacrer un état de fait. Chaque cité a une constitution à la romaine et ses habitants participent activement à la vie publique. Dans ces conditions, il n'est pas étonnant que les Africains parviennent rapidement à l'administration des provinces et de Rome même.

Chaque ville se dote d'un forum (deux parfois), et de bâtiments administratifs. Elle aménage aussi un capitole, même si le site n'offre aucun lieu élevé. Quand une bourgade indigène préexiste, les urbanistes romains s'en accommodent plus ou moins, traçant des rues rectilignes et parallèles. Portiques, arcs commémoratifs, fontaines monumentales, basiliques, thermes, cirques s'élèvent partout, symboles de puissance et de culture. Aujourd'hui, la magnificence de ces villes nous frappe d'autant plus que leurs ruines se dressent souvent dans la solitude, comme des mirages…

Sous la *pax romana,* la population de l'Afrique augmente considérablement. Peut-être 6 500 000 habitants. En dehors des villes, la population se répartit dans des *vici, castella* ou fermes isolées. Le territoire est divisé en petites propriétés, surtout en Maurétanie et en Numidie, appartenant à des

*Rome et ses provinces*
Détail
Vers 150 - 200 après J.-C.
Mosaïque
H. 349 cm ; L. 344 cm
Prov. El-Jem (Thysdrus), quartier sud-est
El-Jem, musée

*Rome et ses provinces*
Détail
*L'Egypte*
Vers 150 - 200 après J.-C.
Mosaïque
H. 349 cm ; L. 344 cm
Prov. El-Jem (Thysdrus), quartier sud-est
El-Jem, musée

vétérans et leurs descendants ainsi qu'à des indigènes. Mais il existe aussi de très vastes domaines appelés *salti.* Ceux-ci, qui iront se multipliant, appartiennent à des aristocrates résidant à Rome ou ailleurs en Italie. Au nombre des grands propriétaires fonciers, la première place (un sixième du territoire) revient à l'Empereur qui se fait représenter par le procurateur. Grands ou petits, les possesseurs de la terre résident en ville et abandonnent l'exploitation à des fermiers qui emploient un nombreux personnel, libre (prolétariat agraire) ou esclave.

Bien que pourvue de tant de villes, l'Afrique romaine a une économie essentiellement agricole et sa richesse est proverbiale. Déjà Carthage avait su mettre en valeur son territoire (témoin le *Traité sur l'agriculture* du Carthaginois Magon, traduit en latin). Les nouveaux maîtres du pays établissent un cadastre régulier et se préoccupent d'étendre les terres cultivables, procédant à des travaux d'irrigation (puits, citernes, canalisations), défrichant les forêts, asséchant lagunes et marécages. Ils développent la culture de l'orge et surtout celle du blé, dans les plaines et les vallées de la Proconsulaire. Grâce aux ports réaménagés ou créés de toutes pièces, ils se mettent à exporter vers Rome, via Ostie. L'annone de l'Afrique fournit le tiers (500 000 tonnes) du blé consommé dans la capitale (nourriture gratuite pour la plèbe) et, avec l'Égypte, cette région devient le grenier de l'Empire. Sous l'empereur Commode, une flotte spéciale est affectée au transport céréalier. La production est telle (rendement évalué à 150 pour 1 !), qu'une fois le tribut acquitté et la consommation locale assurée, il reste assez de blé pour alimenter un fructueux commerce maritime au seul bénéfice des habitants.

À partir du IIe siècle, quand l'agriculture italienne faiblit au profit de l'élevage extensif, l'Afrique exporte aussi du vin et de l'huile d'olive, plus rentables. Notons que l'olivier est cultivé surtout en Tripolitaine.

L'élevage des mulets et des chevaux est une autre spécialité africaine. La cavalerie numide jouit d'une grande réputation qui profite à la race locale.

*Bacchus enfant*
IIe siècle après J.-C.
Bronze
H. 65,2 cm ; L. 33,5 cm
Prov. Thibar
Tunis, musée national du Bardo

On connaît le nom d'un éleveur de chevaux de course, un certain Sarothus, propriétaire d'un vaste haras dans le sud de Thibilis. L'élevage du chameau commence à la fin du IIe siècle.

L'Afrique fournit à Rome des animaux exotiques pour les jeux du cirque. Léopards, lions, rhinocéros, éléphants, onagres sont tirés des confins du territoire. D'au-delà des régions sahariennes proviennent autruches, antilopes, zèbres, gnous, girafes.

Les Africains exploitent forêts, mines (argent et cuivre) et carrières (grès d'El-Haouaria, calcaire rose du Jebel de Hammam Lif, marbre jaune de Simitthus-Chemtou). Parmi les ressources, il faut encore ajouter la pourpre et le textile (laine d'Hadrumetum) .

D'une manière générale, on peut dire que le commerce, fondement de la civilisation carthaginoise, se perpétue sous la domination romaine, mais sous une autre forme que celle du transit et de la redistribution.

Rome et ses provinces
Détail
*L'Espagne*
Vers 150 - 200 après J.-C.
Mosaïque
H. 349 cm ; L. 344 cm
Prov. El-Jem (Thysdrus), quartier sud-est
El-Jem, musée

La romanisation a particulièrement bien réussi en Afrique. Au IIe siècle, les habitants se considèrent à la fois africains et romains et les épithètes raciales perdent toute signification précise. Ce résultat est d'autant plus remarquable que les Italiens de souche établis sur le territoire par César et Auguste étaient relativement peu nombreux, l'immigration se tarissant dès la fin du Ier siècle avant J.-C. D'autre part, Rome n'a pas trouvé sur place une véritable aristocratie sur laquelle s'appuyer selon sa stratégie habituelle. La romanisation ne touche pas que les villes, mais aussi la campagne et seules résistent les tribus mal fixées des Maurétanies. Le fait que la fortune ne se concentre pas en quelques mains et que se constitue une sorte de classe moyenne favorise cette assimilation. Les villes changent d'identité, par exemple Hadramaout se mue en Hadrumetum. Les particuliers latinisent aussi leur nom qui devient un *cognomen* suivi d'un *gentilice,* par exemple Timmius Aelius. L'usage de la langue latine se répand et, seule enseignée, tend à supplanter le punique et le lybique. Nulle part ailleurs dans les provinces de l'Empire, on ne la parlera plus couramment.

La romanisation de l'Afrique se manifeste aussi dans le domaine religieux. Les divinités romaines sont adoptées, à commencer par la triade capitoline, Jupiter, Junon et Minerve. Et même si les indigènes reportent sur elles les croyances ancestrales (Saturne recouvrant Baal Hammon, Junon se confondant avec Tanit), on les représente selon les canons esthétiques grécoromains. Carthage se couvre de temples dédiés à *Juno Caelestis,* patronne de la cité, à Concorde, Esculape, *Magna Mater.* Et le culte impérial, inauguré dans cette ville par un sanctuaire dédié à la *Gens Augusta,* se répand partout, contribuant grandement à fidéliser les Africains à l'Empire. Ajoutons que ceux-ci manifestent une dévotion particulière à *Liber Pater* (Bacchus) et à Isis, déesse universelle régnant sur les moissons, la mer et la navigation, les morts.

Le christianisme parachèvera la romanisation qui laissera en Afrique une marque indélébile. Quand les Arabes parlent aujourd'hui encore de Roumis pour désigner les chrétiens, ils font allusion sans le savoir à la romanisation de l'Afrique. Berbère, qui vient de *barbarus,* qualificatif donné par les Romains aux populations non assimilées de l'Afrique, est une autre référence à l'Antiquité.

Les Africains ont adopté les mœurs romaines qui accordaient une large place aux loisirs collectifs. On construit des thermes à grands frais. Ceux de Carthage, par exemple, sont alimentés par un aqueduc long de 132 km, débitant 400 litres à la seconde ! On fréquente ces établissements luxueux non seulement par souci d'hygiène, mais aussi pour la détente et la conversation. Les jeux de l'amphithéâtre suscitent le même engouement populaire qu'à Rome, à cette différence près que les combats de gladiateurs, qui n'ont pas en Afrique de fondements religieux, passent au second plan derrière les *venationes,* chasses dans un paysage reconstitué. Au fil du temps, l'hippodrome tend à supplanter le cirque. Les cochers sont adulés et le public connaît les chevaux par leurs noms : *Dominator, Ferox, Pegasus, Amor*... Aujourd'hui, rien n'exprime mieux l'antique romanité de l'Afrique que l'amphithéâtre de Thysdrus qui écrase de sa masse la bourgade d'El-Jem. Pouvant accueillir 30 000 spectateurs, il vient en sixième place après ceux de Rome, Capoue, Pouzzoles, Vérone et Carthage.

En Afrique, la *pax romana* est assurée par une légion, la fameuse IIIe Auguste – soit 5 500 hommes – commandée par un légat dépendant directement de l'empereur. Une cohorte stationne à Carthage, le reste des soldats se répartissant sur le *limes* et aussi à l'intérieur du territoire, aux points stratégiques. Des troupes auxiliaires, en Numidie et en Maurétanie, s'ajoutent à la légion, soit environ 27 000 hommes au total. Le quartier général de la légion est successivement à Ammaedara (Haïdra), Théveste (Tébessa), Timgad et Lambèse. Un important réseau routier facilite le déplacement des troupes.

Dès 150, presque tous les soldats sont des Africains engagés comme volontaires. Le service militaire s'avère un puissant moyen de romanisation, assurant la diffusion de la langue latine. L'armée d'Afrique a produit des généraux, par exemple Antistius Adventus de Thibilis (Announa), qui s'est illustré sous Marc Aurèle, dans sa lutte contre les Parthes et les Germains (son fils Burrus épousa la fille de l'empereur). Ou un homme de guerre comme Lusius Quietus, un Maure du désert, qui, sous Trajan, fournit à l'Empire une cavalerie exceptionnelle, contribuant par l'exemple à donner à cette arme une importance qui ne se démentira plus. L'Afrique engendra aussi des usurpateurs au destin plus ou moins chanceux.

Grâce à la conjoncture économique et sociale favorable, d'énormes fortunes se constituent en Afrique, même parmi les *populares.* Une aristocratie de l'argent se met en place, par exemple les Gabinii à Thugga (Dougga). Les plus grandes carrières s'ouvrent aux indigènes. Le premier chevalier africain, L. Julius Crassus de Mustile, apparaît déjà sous Tibère et ils seront bientôt des milliers. Sous le règne d'Hadrien, Rome comptera de nombreux sénateurs africains, constituant le groupe numériquement le plus important des provinces occidentales. Sous Vespasien, l'Afrique s'honorera même d'un consul, Q. Aurelius Paxtumeius de Cirta (Constantine). Et plus tard, gloire suprême, elle donnera à Rome un grand empereur, Septime Sévère.

*Rome et ses provinces*
Détail
*L'Asie*
Vers 150 - 200 après J.-C.
Mosaïque
H. 349 cm ; L. 344 cm
Prov. El-Jem (Thysdrus), quartier sud-est
El-Jem, musée

De vieille origine punique, Lucius Septimus Severus est né le 11 avril 146 à Leptis Magna en Tripolitaine. Il commandait les troupes de Pannonie, quand ses troupes le proclamèrent empereur. Prince autoritaire et soucieux d'efficacité, il s'appuya sur l'armée et les provinces, tandis qu'il enlevait tout vrai pouvoir au Sénat. Issu lui-même de la classe des chevaliers, il favorisa ceux-ci, surtout ses compatriotes, qui ne furent jamais si nombreux en Afrique que sous son règne. Préoccupé de la sécurité des frontières, il fut presque continuellement en guerre. Il mourut en 211, à Eboraeum (York, Angleterre), où il combattait depuis trois ans, laissant le pouvoir à ses deux fils, Caracalla et Géta, qu'il avait eus de sa deuxième épouse, une Syrienne nommée Julia Domna, qui exerça une grande influence sur lui.

Septime Sévère ne renia jamais ses origines, allant jusqu'à réhabiliter la mémoire d'Hannibal ! Il parlait le latin avec un fort accent punique qui le faisait railler à Rome. On sait qu'il était vif, petit et basané. Les portraits parvenus jusqu'à nous le représentent avec une barbe bouclée et sans apprêt, quatre mèches retombant sur son front par référence au dieu Sérapis.

Septime Sévère se rendit en Afrique en 203-204 et visita sa ville natale. Il l'embellit par de grands travaux, aménageant un grand port (bassin d'une superficie de 100 000 $m^2$ !) pour recevoir les navires chargés des matériaux nécessaires.

Il est intéressant de relever que cet empereur a des liens avec la Gaule. En 187-188, il administre la Lyonnaise. Devenu empereur, il retourne dans cette région en 197 pour rencontrer, dans une gigantesque bataille (150 000 combattants, selon Dion Cassius), son rival Clodius Albinus, un Africain d'Hadrumetum, qu'il défait. Lyon voit la naissance de son fils Caracalla (4 avril 188). Le souvenir de Septime Sévère se perpétue à Rome où l'on peut encore admirer le gigantesque arc de triomphe qui célèbre sa victoire contre les Parthes.

Signalons encore les règnes éphémères de Macrin, né à Césarée en Maurétanie, qui prit le pouvoir après l'assassinat de Caracalla (217), et de celui de son fils Diadumenien (218), concurrent malheureux d'Élagabale.

Au IIe siècle, Carthage, Cirta, et, dans une moindre mesure, Madaurus, sont des foyers intellectuels. Philosophes, grammairiens, rhéteurs s'y illustrent, ainsi que des juristes (l'Afrique est la terre nourricière des avocats, aux dires de Juvénal). Un contemporain peut légitimement s'adresser aux habitants de Carthage en ces termes : « Dans votre cité, on ne voit parmi vous que des hommes cultivés, tous versés dans toutes les sciences : enfants pour s'instruire, jeunes gens pour s'en parer, vieillards pour les enseigner. Carthage, école vénérable de notre province, muse céleste de l'Afrique, Carthage enfin, carmène du peuple qui porte la toge ».

Nombre d'intellectuels africains iront faire carrière à Rome. Et ainsi, pourrait-on dire, l'Afrique nourrit désormais la métropole de deux façons : par ses céréales et aussi spirituellement, s'acquittant généreusement de sa dette envers la civilisation romaine.

Parmi les représentants de la culture africaine, il faut citer Apulée. Né à Madaurus (Madaure, près de Montesquieu en Algérie), en 124 après J.-C.,

*Rome et ses provinces*
Détail
*La Sicile (?)*
Vers 150 - 200 après J.-C.
Mosaïque
H. 349 cm ; L. 344 cm
Prov. El-Jem (Thysdrus), quartier sud-est
El-Jem, musée

d'un père magistrat municipal et d'une mère d'origine thessalienne, il étudia à Carthage, puis séjourna à Athènes et à Rome. Établi définitivement en Afrique, il fit une brillante carrière d'orateur. Esprit curieux plutôt que vraiment religieux, il avait profité de ses voyages pour se faire initier aux mystères d'Osiris et d'Isis. À Carthage, il fit partie du collège des pontifes d'Esculape.

Outre des discours, Apulée a composé des poèmes et des traités de sciences naturelles. Parmi les œuvres conservées, on lit encore aujourd'hui son *Apologie*, où il se défend contre une accusation de magie, tout en révélant de nombreux détails sur sa vie. Plus célèbre est son roman, *Les Métamorphoses ou L'Âne d'or,* qui raconte les mésaventures d'un jeune homme prénommé Lucius comme lui. Métamorphosé accidentellement en âne, le héros subit toutes sortes d'avatars avant d'éveiller la compassion de la déesse Isis. L'ouvrage contient des digressions aussi longues que nombreuses, dont le conte merveilleux d'Éros et Psyché.

Apulée a le génie de la narration pittoresque, malheureusement desservi par un manque de rigueur, l'emploi de mots rares et de formules obscures.

Une autre figure des lettres païennes est M. Cornelius Fronton, de Cirta en Numidie, né entre 100 et 113 après J.-C. Bien qu'il insistât volontiers sur son origine africaine, on pense qu'il descendait d'un colon italien. Encore jeune, il partit pour Alexandrie d'Égypte afin de suivre les leçons des rhéteurs. Il y apprit le grec, mais sans jamais maîtriser tout à fait la forme écrite. À l'âge de 22 ans, il vint s'établir à Rome. Devenu meilleur avocat de la capitale, il accumula une grande richesse qui lui ouvrit la carrière politique, couronnée par le consulat en 143.

La réputation de Fronton était telle que l'empereur Hadrien le chargea de l'éducation de son fils adoptif âgé de 7 ans. Devenu empereur sous le nom de Marc Aurèle, celui-ci continuera de vouer à son précepteur une piété filiale.

On possède de Fronton quelques déclamations, dont une contre les chrétiens, et nombre de lettres adressées par lui à son ancien élève, qu'il met en garde contre les dangers du pouvoir. « Je lui dois, dit Marc Aurèle, d'avoir su ce qu'étaient la méchanceté, la perfidie et l'hypocrisie des tyrans et de m'avoir montré combien sont en général secs de cœur et cruels, ceux qu'on considère chez nous comme des nobles ». Adepte de l'école archaïque latine, Fronton s'exprime dans un langage recherché, voire pédant, mais il manifeste parfois une réelle sensibilité.

En Afrique, l'architecture reflète la prospérité des villes, qui se couvrent d'édifices publics formant un décor grandiose, où la sculpture ornementale occupe une large place. Le marbre blanc nécessaire est importé de Grèce, d'Italie, d'Asie Mineure tandis que le granit rose provient d'Égypte, le gris de Corse. Les Africains ont assimilé les modèles romains, non sans faire preuve d'une certaine originalité, même avant l'avènement des Sévères. Sous cette dynastie s'épanouit un style qu'on a traité de baroque : surcharge décorative, autonomie de l'ornement par rapport à la structure, ruptures de plan, illusionnisme, jeux d'ombre et de lumière, emploi dynamique de la voûte,

*Hercule ivre*
IIe siècle après J.-C.
Bronze
H. 52,8 cm ; L. 27,5 cm ; H. (socle) 7,7 cm
Prov. Thibar
Tunis, musée national du Bardo

goût du colossal. On pense à l'art des provinces asiatiques, au point qu'on a parlé parfois d'une relation directe. Typiquement africains sont les rinceaux peuplés de figures, tels qu'on les voit, par exemple, sur le magnifique tétrapyle de Leptis Magna.

À côté de cet art officiel, prospère un art qu'on peut qualifier de provincial ou d'indigène, plutôt que de populaire. Petite statuaire (divinités locales), stèles votives (celles consacrées à Saturne trouvées à Cuicul-Jemila) ou funéraires (ex-voto dits de la Ghorfa). Cette production, qui accorde une place de plus en plus large à l'anthropomorphisation, se caractérise par l'absence de proportion, la rigidité statique, la fixité frontale, le manque de profondeur du relief, tous traits qui ne signifient pas naïveté ou maladresse, mais correspondent à une autre mentalité, à des concepts religieux et une vision du monde différents.

La province d'Afrique était personnifiée sous l'apparence d'une femme, la tête couverte d'une dépouille d'éléphant *(proboscis, exuviae elephantis)* : trompe et défenses par devant, oreilles sur les côtés. Cette figure emblématique, ainsi coiffée, apparaît pour la première fois sur les monnaies d'Agathocle de Syracuse, frappées entre 310 et 304 avant J.-C. pour célébrer sa campagne contre les Carthaginois. L'empereur Hadrien, lors de son inspection de l'Afrique en 128, reprendra l'emblème pour son propre monnayage. Africa, coiffée à la mode indigène (raie médiane et longues boucles) porte une tunique talaire et une sorte de manteau nommé *sagum.* Assise ou debout, elle tient le *vexillum,* enseigne militaire, la corne d'abondance *(cornucopia)* ou des épis de blé. Un lion l'accompagne parfois. Symbolisant la paix et l'abondance, la *dea patria* était fort honorée, surtout au IIe siècle et recevait un culte public et privé. « En Afrique, dit Pline l'Ancien, personne ne prend une résolution sans avoir au préalable invoqué l'Afrique ». Cette dévotion populaire s'exprime par des représentations sur des objets d'usage quotidien, comme les lampes en terre cuite. Mais la plus belle *Africa* parvenue jusqu'à nous orne le médaillon d'une coupe en argent découverte à Boscoreale près de Pompéi.

*Jacques Chamay*

*Coupe évasée, ornée d'un médaillon représentant l'Afrique ou Alexandrie*

Fin Ier siècle après J.-C.
Argent partiellement doré,
décor au repoussé complété au burin
Prov. Boscoreale, près de Pompéi
Paris, musée du Louvre,
département des Antiquités grecques et romaines

ŒUVRE NON EXPOSÉE

4

# La Méditerranée après la destruction de Carthage

# Royaumes numides et hellénisme

Nous n'avons encore qu'une connaissance très partielle des royaumes qui, pourtant, occupaient la majeure partie du Maghreb à côté du territoire punique. Les chroniques indigènes sont perdues et la plupart des textes dont nous disposons, au demeurant peu prolixes, ne nous offrent qu'un témoignage externe et superficiel. Dans ces conditions, l'archéologie est appelée à jouer un rôle essentiel dans la compréhension de l'histoire de ces régions, en permettant d'approfondir et de dépasser ce que nous apportent les rares documents écrits. Or, depuis une époque récente, des fouilles, désormais attentives aux traces d'occupation antérieures à l'époque romaine, ainsi qu'un nouveau mode d'approche de témoignages déjà connus ont largement contribué à enrichir la matière dont nous disposons pour réfléchir sur une des périodes cruciales de l'histoire de l'Afrique du nord.

Pendant plusieurs siècles, le secteur punique, limité à l'angle nord-est du Maghreb et à quelques points le long des côtes, a indubitablement constitué le centre de gravité de cet ensemble. Il a incarné un des milieux d'avant-garde du monde méditerranéen, immergé dans une vaste région qui restait en retrait. Or, à l'époque hellénistique, essentiellement à partir d'une date que l'on peut placer dans la seconde moitié du IIIe siècle avant J.-C., une profonde mutation transforme soudain l'ensemble des territoires non puniques : transformation d'ordre économique et social qui sous-tend ce que nous saisissons le mieux, à savoir l'émergence d'États sous une forme structurée et moderne. À partir de ce moment, l'Afrique du nord, au-delà de ses diversités régionales, devient un des secteurs dynamiques de la Méditerranée occidentale, évolution qui aboutit à en faire le pôle essentiel de celle-ci à partir de la seconde moitié du IIe siècle de notre ère et, à notre avis, jusqu'au milieu du XIIIe siècle, lorsque s'achève la grande entreprise almohade et lorsque le rapport de force entre le nord et le sud s'inverse de façon décisive.

L'actuel territoire tunisien est directement concerné par ces grands événements. La Tunisie numide, qui s'est partiellement constituée aux dépens du territoire carthaginois, a formé, associée à l'Algérie orientale, une des assises les plus prospères de ces nouvelles dynasties africaines. Ce sont les aspects culturels de ces profonds bouleversements que nous connaissons le mieux, car ils sont lisibles dans les objets que nous livre le passé. Ils peuvent se résumer en une formule : l'Afrique du nord d'époque hellénistique est un pays qui se dote d'une culture profondément hellénisée.

Parler d'hellénisme numide peut sembler contradictoire, tant l'étude des problèmes culturels dans le monde antique est largement dominée par une approche ethnique qui a trouvé, en Afrique, un terrain particulièrement propice. Pour bien des historiens, l'accolement de ces mots correspond à la juxtaposition de deux réalités distinctes. Les peuples numides étant, par définition, dotés d'une culture numide, tous les éléments étrangers repérables dans leur civilisation sont le fruit d'une transplantation qui corrompt l'authenticité africaine : il s'agit d'un processus d'acculturation.

Face à cette manière de poser les problèmes, il apparaît nécessaire de développer une autre approche. Il faut d'abord distinguer les temps modernes des réalités antérieures : durant les époques antique et médiévale, aucun système politique ne dispose d'une supériorité telle qu'elle lui permette de régir un vaste domaine sans partage. Parallèlement, personne ne songe, car il ne le pourrait, à conduire une politique culturelle de grande ampleur : la Grèce n'hellénise pas, Rome ne romanise pas. L'évolution des cultures est avant tout

*Stèle aux huit divinités libyques*
IIe - Ier siècle avant J.-C.
Calcaire vert-noir
H. 65 cm ; L. 159 cm ; ÉP. 28 cm
Prov. Borj Helal (près de Chemtou)
Tunis, musée national du Bardo

un processus interne aux régions concernées. Les peuples construisent constamment leur culture, avant tout en rapport avec le changement de leurs structures économiques et sociales, changement qui crée de nouveaux besoins et nécessite de nouveaux moyens de les satisfaire.

Ces évolutions constantes peuvent connaître des phases d'accélération, aboutir à de véritables ruptures et l'Afrique du nord, cœur de la Méditerranée occidentale pendant des siècles, est le théâtre privilégié de telles redéfinitions radicales : il suffit de penser à la façon dont cette terre, siège d'un christianisme vigoureux, est devenue brusquement un actif foyer de la civilisation arabo-musulmane.

L'hellénisme numide constitue l'une de ces ruptures. Pour en comprendre la nature, il faut tenir compte d'une réalité fondamentale, l'existence d'une civilisation méditerranéenne qui unifie profondément ces régions. Ce phénomène essentiel est une réalité depuis des millénaires et il se caractérise par l'existence d'une large communauté centrée sur un pôle créateur. Pendant longtemps, ce fut le Proche-Orient au sens large, avant que le monde grec ne devienne le centre de gravité de cet ensemble – centre qui basculera ensuite vers Rome, avant de revenir vers l'Orient, Byzance, puis vers les puissances arabes.

Cette culture méditerranéenne est le propre des secteurs développés : sa diffusion est un véritable témoin du niveau atteint par les divers pays. Seules les zones marginales restent à l'écart, alors que les sociétés en essor se dotent de cette culture, se l'approprient, car elle correspond à leurs besoins : à États modernes, civilisation moderne. Ce processus est donc le contraire absolu d'une acculturation, et il explique la complexité des phénomènes qui sont à l'œuvre. Dans un premier temps, chaque région garde une spécificité : elle est une province de la culture méditerranéenne, avec ses originalités ; son intégration est un phénomène interne qui n'implique nul reniement imposé, nulle uniformisation drastique. Ensuite, au sein de chaque région, la nature des relations entretenues avec cette civilisation commune varie selon les classes sociales, chacune élaborant sa culture en fonction des appétences qui lui sont propres. Toutes ces spécificités, selon les régions ou les critères sociaux, ne traduisent aucun phénomène de résistance face à des tentatives d'acculturation : elles ne font que définir la nature du processus qui est à l'œuvre. La preuve en est que la situation est exactement semblable au sein même du monde grec : nul ne songerait pourtant à en conclure que les Grecs résistent à l'hellénisme.

C'est cette réalité complexe qui explique la genèse d'œuvres qui ne sauraient être comprises sans tenir compte de leur enracinement tant africain que méditerranéen. Les stèles présentées dans cette exposition illustrent ce phénomène, qu'il s'agisse de celle « aux huit divinités » ou de celle dite de la Ghorfa. Sans entrer dans le détail de l'analyse de ce dernier monument, il suffit, pour notre propos, de prendre en considération le cadre architectural qui structure toute la scène. Il révèle de clairs emprunts aux constructions gréco-italiques, recomposées en fonction de soucis religieux qui donnent naissance à un espace bien éloigné des réalisations classiques. Il ne s'agit pas là d'influences passivement subies, mais de véritables emprunts sélectionnés, repensés, mis au service d'une pensée qui a su s'adapter à de nouvelles exigences. La conception religieuse elle-même qu'exprime cette série de stèles ne peut sans doute se comprendre qu'en tenant compte d'une ambiance néoplatonicienne devenue logiquement incontournable dans l'Afrique moderne. Ces documents ne reflètent pas des contradictions, des apports externes superficiels, mais illustrent la façon spécifique dont certains milieux africains s'insèrent dans les réalités méditerranéennes.

On peut, dès lors, comprendre la signification profonde de l'hellénisme numide. La façon dont l'ensemble de la société maghrébine, des notables aux milieux populaires, bouleverse sa culture est la preuve de l'ampleur des transformations qui caractérisent ces régions. Cette rupture est, évidemment, particulièrement nette et aussi mieux documentée en ce qui concerne les élites. Les nouveaux monarques se tournent naturellement vers le modèle par excellence que constituent les vieilles royautés orientales et, surtout, la version modernisée qu'en ont élaborée Alexandre le Grand et ses successeurs.

La cour qui entoure le souverain est un des milieux privilégiés où se révèlent la nature et l'image du nouveau pouvoir. Les textes nous apprennent que, dès Massinissa, la culture hellénique se retrouve dans le cadre de vie royal. Les musiciens grecs animent les banquets de ce roi et l'un de ses fils est dit, par Tite-Live, « savant en lettres grecques ». De fait, cette langue est familière à bien des membres de l'élite numide, tel le futur Juba II, captif de César à Rome dès l'âge de cinq ans et qui, pourtant, écrira ensuite tous ses ouvrages en grec, et non en latin : nul doute que, comme beaucoup de ses devanciers, il ait été élevé, dès sa petite enfance, dans une culture hellénique devenue celle de toute la cour.

Ces faits s'inscrivent dans le cadre de relations importantes avec le bassin oriental de la Méditerranée. L'Afrique, riche en blé, fournit des céréales à des villes grecques toujours à la recherche de ressources alimentaires, dans le cadre d'échanges économiques ou même d'un évergétisme qui pose les souverains numides en équivalents des rois orientaux : comme eux, ils s'érigent ainsi en protecteurs des vénérables cités. L'Afrique exporte aussi ivoire, bois précieux, bêtes sauvages et reçoit en échange vins de qualité ou objets artisanaux. La dimension politique de ces relations est illustrée par des mariages (le roi Bogud épouse une Grecque) et par les statues que les Orientaux érigent en l'honneur de ces souverains hellénistiques du Maghreb : nous en connaissons à Délos et à Rhodes, dédiées à Massinissa, à ses fils ou à son arrière-petit-fils, Hiempsal II.

La participation aux grands jeux panhelléniques est chargée d'un sens très fort : les cités grecques reconnaissent ainsi que les monarchies africaines font partie de plein droit de leur communauté culturelle, autrement dit qu'elles sont sorties de la « barbarie », comme d'autres puissances, telle la Macédoine, l'avaient fait autrefois. Lorsque, au début du IIe siècle avant J.-C., Mastanabal remporte la victoire sur l'hippodrome d'Athènes, pendant les Panathénées, c'est toute la Numidie qui s'affirme comme partenaire actif du grand ensemble méditerranéen : les chevaux et les cochers de son souverain

*Stèle libyque*
*dite au cavalier numide*
Ier siècle avant J.-C.
Grès schisteux
H. 94 cm ; L. 53 cm ; ÉP. 16 cm
Prov. Henchir Abassa (près de Chemtou)
Chemtou, musée

démontrent qu'elle peut être non seulement une province de la civilisation commune, mais aussi un de ses cœurs essentiels, non seulement un bon élève, mais aussi un maître.

Cette intégration des monarchies numides dans la communauté méditerranéenne est également attestée par la circulation des souverains : réalité dont il ne faut pas sous-estimer l'importance dans la mesure où ces personnages hors du commun offrent, par leurs déplacements, l'occasion de contacts privilégiés – et soigneusement mis en scène – avec la masse des sujets. Massinissa accueille fastueusement Ptolémée VIII d'Égypte et, inversement, les rois numides se rendent en Orient. Ces derniers se placent ainsi dans la sphère des pouvoirs orientaux, s'affirment en tant que monarques hellénistiques. Le but est atteint. La preuve, qui ne manque pas de saveur, en est une inscription mentionnant la visite d'un Ptolémée dans un grand sanctuaire d'Asie Mineure, d'abord commentée comme la trace du passage en ces lieux d'un des maîtres de l'Égypte. Une meilleure interprétation de ce texte a permis d'y reconnaître le témoin d'un voyage du dernier roi de Maurétanie, un autre Ptolémée : l'erreur des historiens modernes est riche d'enseignements !

*Mausolée de Dougga*
IIe siècle avant J.-C.

Au-delà des textes, le témoignage le plus spectaculaire de ces monarchies numides est la façon dont elles ont inscrit leur idéologie dans la pierre. De grands mausolées dynastiques furent érigés en Algérie, directement inspirés par le modèle du tombeau d'Alexandre le Grand à Alexandrie. Sur le territoire même de la Tunisie, nous possédons des vestiges remarquables de cette grande architecture royale. La ville de Thugga, l'actuelle Dougga, a conservé un mausolée que l'on s'accorde à dater du milieu du IIe siècle avant J.-C. Il repose sur une haute *krèpis*, c'est-à-dire sur un soubassement à degrés : c'est une invention grecque originellement réservée aux sanctuaires. Ce choix architectural est donc chargé d'une lourde signification : ici, la *krèpis* supporte une chambre sépulcrale, la majesté du lieu étant signalée par des pilastres d'angle à chapiteaux éoliques. L'architecture confère donc au défunt une dimension sacrée, message réaffirmé par le second niveau qui constitue un véritable temple à colonnade ionique engagée. Le troisième niveau est amplement traité, avec sa propre *krèpis*, son haut socle flanqué de pilastres à chapiteaux éoliques et le décor sculpté en ronde-bosse qui court du soubassement au sommet du pyramidion. L'ensemble n'est pas dénué d'ambition, avec la forte scansion des trois *krèpis* qui supportent chacun des niveaux en indiquant sans ambiguïté leur sacralisation.

Ce tombeau s'inscrit dans une série, bien représentée en Numidie, dont la signification est clairement affirmée par la source à laquelle elle se réfère. En effet, ces monuments turriformes, qui constitueront l'une des formes majeures de sépultures monumentales dans le monde méditerranéen pendant des siècles, dérivent directement du célèbre mausolée d'Halicarnasse, une des sept merveilles du monde, érigé au IVe siècle avant notre ère par des artistes grecs pour le dynaste asiatique Mausole. On retrouve clairement, sur ce dernier monument, la superposition de la chambre funéraire, d'un temple et d'un couronnement pyramidal, éléments architecturaux qui composent la tour funéraire de Thugga ; seuls se distinguent les thèmes égyptisants (chapiteaux à fleur de lotus, gorges égyptiennes) qui révèlent la façon dont le pouvoir numide se réfère aussi à un des autres pôles majeurs de l'hellénisme, Alexandrie. La puissance du prince africain est célébrée par l'emprunt et la recomposition d'un type d'architecture élaboré en Orient pour exalter la dimension divine des souverains et qui devient d'actualité en Numidie lorsque s'y affirme un pouvoir royal de nature semblable à celui des monarchies orientales. Rien ne témoigne d'une influence passivement subie : tout au contraire, on devine un accaparement, avec des pratiques de sélection et de synthèse. L'hellénisme numide est numide. Une spectaculaire illustration en est justement une des inscriptions du mausolée de Thugga qui prouve que la direction du chantier et le travail d'exécution furent assurés par des personnes d'origine numide. C'est le seul cas où nous pouvons connaître les agents d'une telle opération : ce n'est sans doute pas un hasard si on ne note aucune intervention directe de constructeurs tant grecs que puniques. En soi, une telle présence n'aurait rien eu d'extraordinaire, mais elle n'était nullement nécessaire : ce fait en dit long sur la maturité et l'autonomie de l'hellénisme numide.

Il faudrait analyser de la même manière l'autel-sanctuaire de Simitthus (Chemtou), érigé par Micipsa peu après le milieu du IIe siècle avant J.-C. Il démontre la même familiarité des constructeurs avec l'art gréco-oriental et, plus particulièrement, avec ses versions égyptisantes.

Thugga nous offre une autre pièce importante, à savoir une inscription commémorant la construction d'un temple en l'honneur de Massinissa. Même si, dans le détail, ce texte est d'interprétation délicate (le monument dédié au souverain décédé est désigné par un terme moins précis que ne le suggère sa traduction usuelle par « temple »), il n'en reste pas moins que nous sommes en présence de l'affirmation d'une dimension surhumaine de la personne royale. D'autres inscriptions, la nature même de la grande architecture funéraire, ne laissent aucun doute réel sur ce point. Les hésitations et les prudences que l'on peut noter se retrouvent souvent au sein des royautés orientales dont les monarques numides se veulent les pendants en Occident, et elles caractériseront la définition du pouvoir impérial romain.

De ce point de vue, les frappes monétaires sont éloquentes qui emploient un répertoire divin analogue à celui des productions orientales – par exemple Ammon dont l'image renvoie directement à la personne d'Alexandre le Grand –, qui mêlent inextricablement dieux et souverains, au point que l'on ne peut plus savoir si nous avons affaire aux uns ou aux autres, et qui représentent volontiers le souverain numide en monarque hellénistique, portant le diadème (il s'agit d'une bandelette ceignant les cheveux, qui dote l'homme qu'elle couronne d'une force surnaturelle et symbolise par excellence sa victoire). Lorsque le souverain ne se sépare plus de cet attribut, il proclame qu'il est un perpétuel vainqueur. La victoire ne prouve plus seulement la faveur divine : elle devient inhérente au monarque, qui se confond ainsi avec les dieux dispensateurs de triomphes.

*Chambranle de porte décoré d'un pilastre d'angle de style éolien*
IVe - IIe siècle avant J.-C.
Grès
H. 160,5 cm ; L. 50 cm ; ÉP. 20 cm
Prov. Chouhoud el-Battan (près de Mejez el-Bab)
Tunis, musée national du Bardo

On notera que le choix de ce symbole, en soi peu explicite étant donné sa simplicité, démontre la familiarité avec les codes politico-religieux grecs non seulement dans le cercle de la cour, mais aussi dans le large public auquel une telle propagande s'adresse. En témoigne, tout comme les monnaies, cette *Stèle au cavalier numide,* présentée ici, où la dignité princière du personnage n'est affirmée que par ce simple bandeau qui enserre sa chevelure. À moins qu'il ne s'agisse d'un dieu cavalier ? Mais, cette fois encore, l'hésitation est significative.

La nature de cette propagande royale démontre donc la profondeur de l'hellénisation de la Numidie. Ce fait est confirmé par le visage des villes, que les recherches récentes commencent à nous révéler. L'exemple de Bulla Regia, dans le nord-est de la Tunisie, est d'autant plus intéressant qu'il s'agit non d'une grosse agglomération côtière, facilement atteinte par des apports externes, mais d'une petite cité de l'intérieur, susceptible de nous informer sur les réalités profondes du pays. Or, bien avant l'intégration de cette région dans l'Empire romain, Bulla Regia est une véritable ville, dotée d'une muraille en gros blocs agencés selon un appareil de type polygonal. C'est ainsi une surface d'environ trente et un hectares qui est enclose, et les résultats convergents de divers chantiers de fouille montrent que l'essentiel de cette superficie était construit dès l'époque hellénistique : l'agglomération romaine ne s'étendra guère plus.

L'organisation de cet espace enclos montre la maturité atteinte par la cité. L'équipement urbain comprenait de vastes édifices construits avec un art consommé, comparable à celui qui caractérise les grands mausolées princiers. Encore plus remarquable est la découverte, au sein d'un tissu urbain souplement organisé en fonction des données du relief, d'un quartier strictement implanté selon une trame orthogonale. En outre, les îlots ainsi délimités sont eux-mêmes subdivisés en quatre lots égaux. C'est la première fois que l'on reconnaît avec précision, en Numidie orientale et à l'image de ce qui se faisait à Carthage même, un urbanisme à la mode grecque, c'est-à-dire un aménagement résolument moderne de l'espace qui en assure le contrôle et l'utilisation rationnelle. Bien plus, ce lotissement, fondé sur des unités d'habitation relativement modestes, révèle que cette opération était destinée non à une élite, mais à ce que l'on peut appeler les classes moyennes du royaume.

La société numide change donc en profondeur. Ce n'est pas seulement le cercle de l'aristocratie qui s'hellénise, mais toutes les couches d'une société dont l'organisation devient de plus en plus complexe, chacune selon des modalités qui lui sont propres : un ou deux siècles auparavant, où aurait-on trouvé, dans un corps social peu différencié et doté uniquement d'une élite numériquement restreinte, les candidats à l'occupation du quartier moderne de Bulla Regia ?

Dans cette même cité, le matériel trouvé lors des fouilles permet de se faire une idée du cadre de la vie quotidienne des Bullarégiens. De nombreux objets proviennent de régions lointaines, en particulier de la Méditerranée orientale, mais, dès le IIe siècle avant J.-C., la plupart sont originaires d'Italie, essentiellement divers types de céramique ainsi que des amphores attestant

*Thuburbo Maius*
Temple de Baalat
Ier siècle après J.-C.

des importations de vins en provenance de cette péninsule italique qui domine désormais le Bassin méditerranéen. Après avoir entretenu des rapports privilégiés avec l'Orient, le Maghreb noue des rapports étroits avec l'Ouest, basculement qui ne fait que refléter les nouvelles réalités économiques et culturelles.

Dès lors, les Numides de cette petite cité manipulent chaque jour les mêmes objets que les habitants des autres régions qui bordent le bassin occidental de la Méditerranée. Cette homogénéisation des objets courants, et le fantastique élargissement de l'horizon qu'elle traduit, est une nouveauté révolutionnaire qui ne se retrouvera qu'à l'époque contemporaine. Elle démontre l'ampleur des mutations et de l'essor qui caractérisent alors ces régions auxquelles l'Afrique est désormais pleinement intégrée.

L'importance de ce commerce méditerranéen ne doit cependant pas faire oublier le rôle des échanges internes à l'Afrique. Une grande partie du matériel présent à Bulla Regia est d'origine régionale : amphores de tradition punique, céramiques originales et aussi multiples imitations locales de vases italiques, phénomène spectaculaire qui démontre la profondeur de l'impact de l'économie italienne.

Les objets présentés ne sont donc pas le fruit de l'entrée en contact de royaumes africains avec une culture étrangère, mais sont le produit de l'élaboration, par les Maghrébins, d'un véritable hellénisme numide. Ce serait s'égarer que de les démembrer en cherchant des jeux d'influences, en repérant un substrat africain sur lequel se seraient greffés, sans logique réelle, des éléments étrangers, grecs, puniques ou latins. Une approche historique ne consiste pas à calculer des pourcentages de ce type, mais à appréhender la cohérence de l'objet, à en saisir la signification. La preuve par l'absurde en serait l'application de tels calculs aux rois numides eux-mêmes : avec un souverain parlant et écrivant grec, portant le diadème et se faisant construire un tombeau dans la grande tradition hellénistique, nous aurions un chef numide bien médiocrement numide. Et que penser de ces stèles d'un sanctuaire de Constantine qui nous montrent des indigènes de milieux modestes adoptant des noms grecs ou latins, qui nous révèlent même un dévot faisant graver une inscription punique en lettres grecques ? Dans l'optique traditionnelle, il faudrait en conclure qu'il n'y a plus de vrais Africains en Afrique, hormis peut-être dans des recoins du pays où l'on pourrait continuer à identifier authenticité et immobilisme.

En réalité, nous sommes en présence d'une véritable révolution culturelle, rendue possible par les profondes mutations politiques, économiques et sociales que génèrent alors ces terres numides, jusque-là perdues dans les « brumes de la protohistoire ». Ces régions s'insèrent désormais de façon dynamique dans la grande communauté méditerranéenne. Toute la suite de l'histoire de l'Afrique du nord sera considérablement infléchie par les conséquences de cet éveil qui marque le début de l'essor du grand Maghreb dont la Tunisie, comme déjà du temps de Carthage, constitue un pôle essentiel.

*Yvon Thébert*

*Thuburbo Maius*

Temple de *Juno Caelestis*

Première moitié du IIIe siècle après J.-C.

# La survivance des dieux préromains

*Stèle à Saturne*
Dédiée en 323 après J.-C.
Calcaire
H. 126 cm ; L. 51 cm ; ÉP. 22 cm
Prov. vallée de l'oued Kassab, près de Béja (El-Ayaida)
Tunis, musée national du Bardo

Au moment où le sanctuaire rural dédié au dieu Baal Hammon et à la déesse Tanit fut érigé dans la petite bourgade de Thinissut (aujourd'hui Bir Bou Regba, près de Hammamet au cap Bon) par de modestes paysans qui, faute de marbre, utilisèrent l'argile pour nous offrir un témoignage impressionnant et unique des divinités présidant à leurs destinées, sous d'autres cieux, un personnage passait à la postérité par son geste de piété. À Bir Tlelsa, petite localité aux environs d'El-Jem (l'antique Thysdrus, au Sahel tunisien), un homme restaurait à ses frais l'autel du sanctuaire de Baal Addir, divinité orientale, comme le spécifie l'inscription énumérant les offrandes qui lui étaient destinées. En quittant le Sahel pour les montagnes du centre et du nord-ouest de la Tunisie, les témoignages épigraphiques sont aussi nombreux qu'éloquents et les dédicants semblent unanimement reconnaître en Baal Hammon le seul garant de la réalisation de leurs vœux.

Ces quelques exemples peuvent ne susciter qu'un intérêt mitigé : en effet, n'est-il pas naturel que la population de ces contrées, quelle que soit son origine sociale, vénère Baal Hammon, Tanit ainsi que toutes les divinités orientales introduites par les Phéniciens depuis la fin du second millénaire (fondation d'Utique en 1101 avant J.-C.) jusqu'en 814 avant J.-C. avec la fondation de Carthage et la naissance de la civilisation phénico-punique ou libyco-phénicienne ? Il est en revanche plus surprenant que ces actes religieux aient été pieusement accomplis plus de deux siècles et demi après la disparition, au cours du printemps 146 avant J.-C., de la Carthage punique, l'une des plus belles villes de la Méditerranée à l'époque hellénistique. Scipion a détruit le corps de Carthage, mais l'âme a survécu.

Bien plus : le père de Baal Shillek, la personne qui restaura l'autel du sanctuaire de Baal Addir, se nommait Marcus Avianius. L'origine romaine, perceptible dans le nom du père, n'a pu effacer la culture de ces paysans du Sahel : Marcus Avianius n'a-t-il pas donné à son fils un nom punique,

*Déesse nourricière dite Dea Nutrix*

Ier siècle après J.-C.
Terre cuite
H. 118 cm ; L. 55 cm ; PR. 51 cm
Prov. Thinissut (Bir Bou Regba), sanctuaire
Nabeul, musée

retournant ainsi aux origines et aux fondements mêmes de sa culture ? À Téboursouk, Felix Memmius, lui, invoquait le grand dieu punique en insistant dans sa dédicace sur ce « jour heureux et béni » au cours duquel il put accomplir son acte pieux. Rogata, fille de Felix Dabar, faisait de même, suivant l'exemple de centaines, sinon de milliers, de ses contemporains.

Pourtant, Rome était là ; bien présente, aussi bien physiquement que par sa culture et sa religion. Jupiter, Junon et Minerve – pour ne citer que la triade capitoline – constituaient un symbole politique autant que religieux. Ne pourrions-nous évoquer la réalité d'une, de deux ou même de plusieurs Afrique dont la variété des manifestations religieuses serait le signe ?

Rappelons qu'Arnobe, au IVe siècle après J.-C., mentionne l'existence de la dendrolâtrie. Des arbres sacrés furent l'objet de certaines manifestations cultuelles de la part de populations africaines. D'autres sources évoquaient également des rites zoolâtres, certains Libyens considérant le mouton comme une divinité.

Ainsi donc ni la Carthage punique, ni la Rome latine ne parvinrent à s'approprier totalement l'âme autochtone. Comme à toutes les époques, la superstition, la magie s'enracinent dans l'inconscient, épousant la mentalité du pauvre comme celle du nanti, brisant les frontières socio-économiques, culturelles ou politiques. Si tout n'a pas résisté à la culture romaine, ce qui a subsisté est d'une éloquence plus que significative. La survie des croyances préromaines ne se limite nullement aux divinités d'origine orientale ou à certaines manifestations magiques ou religieuses constituant un héritage universel.

C'est à l'apogée de la civilisation romaine que nous découvrons *Bonchor, Vihinam, Varsissima, Magurtum, Matilam, Macurtam, Iunam.* Au IIIe siècle après J.-C., ce panthéon dont l'onomastique nous confronte à une réalité purement africaine et autochtone, apporte un éclairage nouveau sur les dieux Maures *(Dii Mauri)* du fameux bas-relief découvert dans la région de Béja, l'antique Vaga, le pays du blé. Ce bas-relief où les divinités étaient sculptées est une commande de M. Abmilius Inanuarius et Q. Aelius Felix, citoyens romains mais d'origine sans doute autochtone.

Un foisonnement de divinités donc, celles d'Orient adoptées et adaptées, d'autres autochtones dont l'identité se précise, enfin des dieux latins, ceux des vainqueurs qui, à quelques exceptions près, vont également subir l'influence locale. Ainsi, si des divinités telles que *Tisianis, Bacax* ou *Masidan* ont un caractère local, leur rayonnement limité ne peut nullement occulter la permanence du symbole qu'elles représentent.

Cependant, si la richesse du paysage religieux confirme que les aléas de la politique ne parviennent pas toujours à affecter la foi – Rome ayant conquis la terre mais pas toujours l'âme – il semble que les Africains vont se soumettre sans rien perdre de leur identité profonde.

Baal Hammon devient Saturne. Le vieux dieu romain connaît ainsi une nouvelle vie en Afrique par l'apport de la divinité orientale. Tanit, elle, se transforme en Caelestis. Si les noms se latinisent, le fond demeure identique. D'ailleurs, les règles classiques de l'architecture religieuse romaine ne sont pas celles des sanctuaires de ces divinités africaines romanisées : le temple de Saturne s'apparentait au temple oriental, cour, *cella,* autel devant la *cella.* Un simple enclos, sans bâtiment, peut également servir de sanctuaire. Ainsi, les canons classiques ne parviennent pas à s'imposer et l'aspect du temple en est profondément marqué. Les spécialistes de l'histoire des religions n'ont pas manqué de relever que si la liturgie de ces cultes était latine, le contenu en demeure autochtone. Seule la forme varie, alors que le substrat oriental perdure.

Parmi les stèles dites de la Ghorfa – mais qui proviennent en fait de Maghroua, l'antique Macota, près de Maktaris – les stèles à Saturne datant du IIe siècle après J.-C. attestent la persistance d'une iconographie d'inspiration punique. Le signe dit de Tanit, anthropomorphisé en l'occurence, se maintient soit sur le fronton, soit sur l'un des registres supérieurs de la stèle. Le caducée, autre symbole hérité de Carthage, a également traversé les siècles et se retrouve, sous un nouvel aspect, sur certaines stèles.

Face à Carthage, sur la rive sud du golfe de Tunis, le dieu Saturne est dit *Balcaranensis,* qualificatif qui se rapporterait au mot phénicien *Baal Quarnaïm,* c'est-à-dire Baal, le maître des deux cornes. Au premier siècle, alors qu'ils érigeaient le sanctuaire de Saturne sur les hauteurs du Jebel Bou Kourneïn, près de l'antique Naro, l'actuelle Hammam Lif, « les fidèles du dieu, bien que déjà romanisés, conservaient encore très vifs le souvenir de leur passé et leur attachement à des vénérables principes religieux. » (Leglay 1966, p. 108-109.) Cette épithète du dieu Saturne en est une parmi de nombreuses autres, phénomène qui montre assez sa prépondérance dans « une religion africaine particulariste » ; M. Leglay n'a-t-il pas évoqué « l'impossible romanisation des âmes » ?

Derrière le nom latin, Baal Hammon, le dieu oriental berbérisé, a survécu à la romanisation sans transformation profonde de sa personnalité. Sous une nouvelle identité, il laissa aux Africains une religion « foncièrement nationale » dont il fut la meilleure expression.

*Habib Ben Younès*

*Stèle à Saturne dite de la Ghorfa*
IIe - IIIe siècle après J.-C.
Calcaire
H. 157 cm ; L. 41 cm ; ÉP. 23 cm
Prov. Macota (Maghroua)
Tunis, musée national du Bardo

# Le libyque

Le terme « libyque » sert à qualifier l'écriture utilisée par les habitants de l'Afrique du nord qu'Hérodote appelait au Ve siècle avant J.-C. les Libyens (les autochtones que rencontrèrent les Phéniciens à la fin du IIe millénaire et au début du premier, lorsqu'ils commencèrent à fréquenter les côtes africaines, connaîtront plusieurs appellations au fil du temps ; celle qui poserait le moins de problèmes est aussi la moins utilisée : les Imazighens, pluriel de Mazigh, appellation fréquente pour qualifier les Berbères). S'il faut, à notre avis, utiliser « libyque » quand il s'agit de l'écriture antique, on parlera de « libyco-berbère » lorsqu'il s'agira d'évoquer non seulement l'écriture libyque durant l'Antiquité mais aussi les *tifinagh* (écriture des Touareg depuis le Moyen Âge) et les tentatives de réutilisation des caractères anciens par des chercheurs, par des écrivains et par certains militants politiques aujourd'hui.

Le terme « libyque » ne doit pas être confondu avec d'autres, comme « numide » (notion ethno-géographique qualifiant les habitants d'une partie de l'Afrique du nord-est : la Numidie), ou « berbère » (terme qui apparaît beaucoup plus tard : avec la conquête musulmane, les auteurs arabes distinguèrent les Roums, ou Byzantins, des Africains païens et des Berbères qui, nous dit-on, parlaient une langue incompréhensible).

## *Langue et écriture*

Alors que la langue est « un instrument de communication à caractère vocal » (François, p. 25), l'écriture, en revanche, est un recours au dessin, au symbole, à la représentation de la chose à exprimer et à transmettre ; « l'écriture est un moyen de noter intégralement une parole » (Février 1984, p. 31). On comprendra alors plus aisément pourquoi une même écriture peut servir à noter différentes langues.

*Inscription bilingue de Massinissa*

139 avant J.-C.

Calcaire

H. 51,5 cm ; L. 75 cm ; ÉP. 28 cm

Prov. Dougga (Thugga)

Tunis, musée national du Bardo

La question de la langue libyque demeure posée ; les témoignages la concernant sont encore trop limités pour permettre aux spécialistes de trancher. Néanmoins, à travers les textes anciens, on croit comprendre qu'une langue, peut-être unique mais diversifiée (c'est le cas du berbère actuel), était parlée dans tout le Maghreb antique ; en plus des témoignages des Anciens, distinguant la population autochtone des autres groupes humains (Phéniciens, Grecs et autres peuples méditerranéens), nous disposons d'une écriture dont l'utilité était justement de noter une langue ; les tentatives de retrouver cette langue à travers les différents parlers berbères actuels demeurent plus ou moins heureuses ; tous les parlers berbères ne sont pas étudiés ; de plus, ils sont tous plus ou moins altérés par les différentes influences subies au cours du temps.

Le libyque et les différents parlers berbères sont classés par les spécialistes dans le domaine chamito-sémitique regroupant le sémitique, l'égyptien, le couchitique, le berbère et probablement le tchadique.

Ce que les spécialistes appellent l'apparentement doit être compris comme étant « l'existence de correspondances de formes régulières entre les unités lexicales et grammaticales entre deux ou plusieurs langues [...] ces correspondances ne s'expliquent que par une évolution divergente à partir d'une seule et même langue originelle. » (Chaker 1984, p. 232). David Cohen écrivait ceci : « Chamito-sémitique ne peut être entendu que comme le nom d'un ensemble où entrent sur un pied d'égalité le sémitique et d'autres groupes apparentés, distincts du sémitique, mais non moins distincts l'un de l'autre. » (Cohen, p. 1288). L'appellation « chamito-sémitique » n'a jamais voulu dire que le chamitique dérive du sémitique ; l'idée que le berbère aurait, à l'origine, un lien privilégié avec l'arabe, colportée par certains, relève du leurre idéologique.

## *L'écriture*

Quelque mille trois cents inscriptions gravées sur des stèles ont été découvertes dans une aire s'étendant de la Tripolitaine aux îles Canaries. À ce lot, il faut ajouter de nombreux graffiti, dont l'inventaire exhaustif n'est pas encore fait, que l'on rencontre essentiellement dans les régions sub-sahariennes de l'Algérie et du Maroc mais aussi dans les montagnes de la Kabylie et du Maroc central.

Il s'agit d'une écriture dont les signes sont de forme géométrique ; elle est verticale, se « lisant » de bas en haut et généralement de gauche à droite ; ces « règles » subiront des entorses au contact du monde et de l'écriture phénico-punique.

C'est grâce à deux stèles bilingues – punique / libyque – découvertes à Thugga (actuellement Dougga, dans le nord-ouest de la Tunisie) que l'on commença à déchiffrer l'écriture libyque ; on découvrit alors qu'il s'agissait d'un alphabet de vingt-quatre signes (on en fixa vingt-deux, deux signes demeurant énigmatiques). La fixation de l'alphabet de Dougga fut une étape importante dans les travaux relatifs à l'Afrique du nord mais elle mit au jour la complexité du domaine libyque.

1 - Alors que les textes bilingues dits du mausolée et de Massinissa, ainsi que d'autres inscriptions mises au jour à Dougga sont en caractères horizontaux et orientés de droite à gauche, d'autres textes provenant de Dougga même ou de ses environs immédiats, se présentent en écriture verticale et orientée le plus souvent de gauche à droite.

2 - Dans la région de Dougga, et d'une façon générale dans la partie orientale du Maghreb, apparaissent des signes inconnus à Dougga.

3 - Ailleurs et principalement dans l'ouest algérien et au Maroc, l'écriture se révèle « différente » : les signes sont beaucoup plus nombreux et surtout de formes plus variées.

Le classement le plus courant, bien que très peu satisfaisant, consiste à diviser l'écriture libyque en trois domaines :

a) le libyque oriental (Numidie orientale : ouest de la Tunisie et est algérien) ;

b) le libyque occidental (le reste de l'Algérie et le Maroc) ;

c) le libyque saharien (essentiellement des graffiti des zones sub-sahariennes).

1 - Ce que le professeur Galand appela le libyque au chevron (Galand 1989) se caractérise à la fois par un signe et par un groupe de lettres qui reviennent dans cet alphabet usité dans la partie septentrionale de l'Afrique du nord ; le seul texte relativement excentré provient de Volubilis (Maroc).

2 - Le libyque occidental (par opposition au libyque oriental et surtout en référence à la concentration des textes dans la partie occidentale du Maghreb antique) demeure inclassable ; le nombre de signes n'est toujours pas connu ; on hésite à classer comme faisant partie de l'écriture de véritables dessins ; cette écriture serait plus ancienne que le libyque oriental et surtout aurait moins subi l'influence phénico-punique.

3 - Le libyque de Bou Njem (Tripolitaine) : s'agissant de graffiti sur les murs d'un monument du IIIe siècle après J.-C., nous avons peut-être là une variante du libyque occidental ; la différence trouverait son explication dans la chronologie, le libyque occidental de l'ouest algérien et du Maroc étant plus ancien.

4 - Les Touareg utilisent depuis le Moyen Âge une écriture dérivant du libyque qu'ils appellent *tifinagh*.

5 - Certains militants de la « cause berbère » essayent de recourir au libyque et aux *tifinagh* pour « écrire » les parlers berbères actuels ; de nombreuses publications voient ainsi le jour utilisant les caractères libyques.

Cette richesse – plusieurs alphabets et ce dès l'Antiquité – peut surprendre. On en est d'autant plus gêné que l'on parle, parallèlement, d'unité de civilisation et d'une langue-mère. L'explication de l'existence de plusieurs « écritures » résiderait très probablement dans une régionalisation du Maghreb antique depuis le Néolithique, déterminée par des données géographiques à la fois constantes et décisives, telles la différence entre le nord, humide, boisé, ouvert sur la mer donc aux influences méditerranéennes et le sud sub-saharien auquel les données climatiques ont toujours imposé une instabilité. Le sud demeura longtemps transhumant, nomade et pastoral. À l'intérieur de chacun de ces deux grands ensembles, de nombreuses nuances sont perceptibles : on distinguera ainsi la montagne des plaines et des plateaux au nord, tandis que l'on fera une place à part, dans la partie méridionale, au littoral et aux points d'eau. Toute l'histoire du Maghreb est conditionnée, notamment, par cette constante écologique, étant entendu qu'il ne s'agit pas de frontières physiques susceptibles d'empêcher les échanges humains et culturels. Il faudrait ajouter à ces données écologiques les couloirs d'échanges culturels et humains : à chacune des extrémités, la proximité des îles méditerranéennes et de la pointe ibérique implique un relatif isolement du centre de la région et favorise les spécificités. À l'inverse du nord, le sud connaîtra un apport continu et important sub-saharien et oriental par l'Égypte. L'existence de plusieurs « écritures » est à mettre en rapport avec l'existence de plusieurs parlers qui s'expliquent eux-mêmes par les différences de mode de vie et par les contacts plus ou moins profonds avec d'autres groupes humains.

## *L'origine de l'écriture est-elle la même pour l'alphabet ?*

Cette question pourrait surprendre si l'on n'admettait pas qu'écriture et alphabet sont deux choses différentes. Il nous faut donc poser la question en deux temps.

L'origine de l'alphabet fait aujourd'hui l'unanimité ; l'alphabet libyque, comme d'ailleurs les autres alphabets, est un produit de l'influence phénicienne ; c'est d'ailleurs un des facteurs qui expliquent la diversité des alphabets libyques. L'alphabet le plus élaboré est celui de Dougga, ville profondément punicisée. Le fait que les couches numides soient souvent inaccessibles et le retard de la recherche dans ce domaine expliqueraient le fait que Dougga donne l'impression d'être un cas unique, mais l'espoir demeure de trouver des textes libyques aussi important que ceux de Dougga en d'autres lieux.

L'origine de l'écriture libyque reste, quant à elle, sans réponse réellement convaincante. Elle se distingue de l'écriture phénicienne : la première est anguleuse, géométrique ; la seconde est cursive ; tandis que l'une est orientée de bas en haut et de gauche à droite, l'autre est horizontale et s'écrit de droite à gauche. Il nous paraît utile de rappeler le point de vue d'un éminent spécialiste ; il y a un demi-siècle, le savant J. G. Février écrivait, à propos de l'écriture libyque : « Je crois qu'il s'agit d'une écriture savante, mais utilisant une tradition et du matériel antérieurs. » (Février 1984, 2e éd.)

C'est, très probablement, l'une des solutions à ces problèmes : la phase savante qu'évoque Février serait à mettre à l'actif de l'influence phénico-punique.

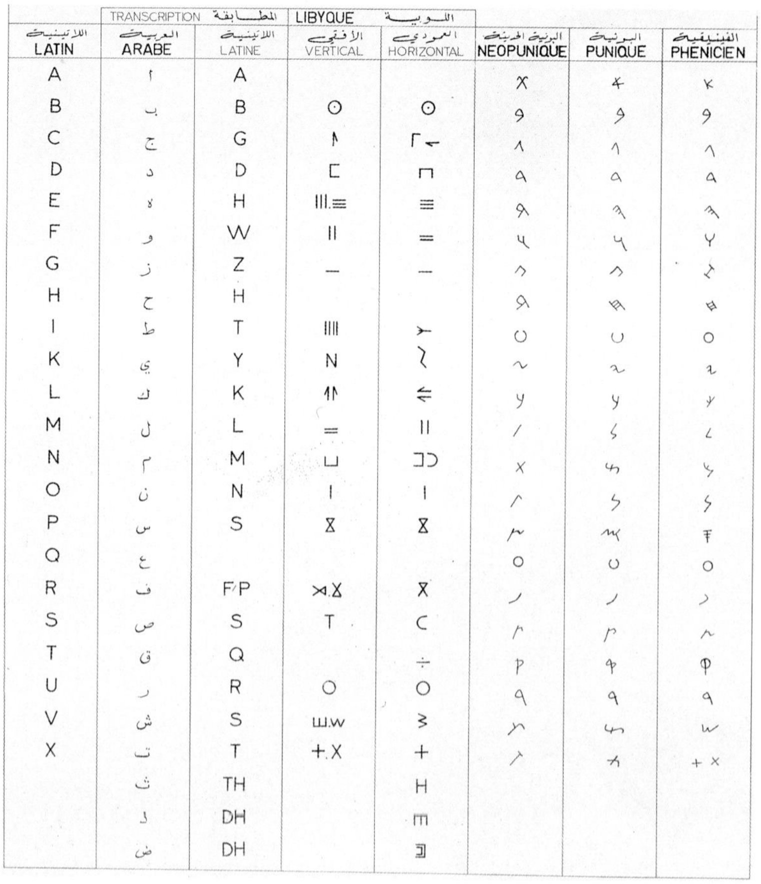


## *L'apport du libyque*

On pourrait, à la lumière de ce qui a précédé (peu de documents intéressants et une majorité de textes courts et stéréotypés, des signes à la valeur toujours inconnue, des origines problématiques, etc.), s'interroger sur la finalité des études libyques. L'apport de cette écriture est pourtant à la fois important et diversifié :

– le contenu du libyque, bien que non négligeable, demeure, certes, d'accès limité tant que ne seront pas mis au jour des textes longs et variés aux travers desquels une étude de la langue des Berbères durant l'Antiquité deviendrait possible ; malgré tout, les quelques renseignements sur la langue que l'on a tirés des inscriptions libyques ont permis de s'assurer du lien entre le libyque antique et les parlers berbères actuels ;

– la longévité du libyque (vingt-deux siècles entre le plus ancien texte daté – la stèle bilingue de Massinissa – et les écrits d'aujourd'hui, que ce soit chez les Touareg, en Kabylie, ou dans des milieux universitaires) est remarquable. Elle contredit l'oralité prétendue de la civilisation berbère ;

– c'est aussi, entre autres données, grâce à la répartition des inscriptions libyques que nous pouvons parler à la fois de l'unité du Maghreb et de sa diversité ;

– le libyque est une source abondante pour l'étude de l'onomastique, les inscriptions funéraires fournissant essentiellement le nom du défunt et celui de son père ;

– les nombreuses stèles bilingues – punique / libyque et latin / libyque – attestent le bilinguisme des populations autochtones, que ce soit dans leur vie privée (inscriptions funéraires bilingues) ou dans leur organisation politique et administrative (la stèle bilingue dite de Massinissa est un texte officiel).

*Mansour Ghaki*

# La trouvaille de Mahdia et la circulation des œuvres d'art en Méditerranée

*Éros joueur de cithare*
IIe siècle avant J.-C.
Bronze
H. 42 cm
Prov. fouilles sous-marines de Mahdia
Tunis, musée national du Bardo

La découverte en juin 1907 par des pêcheurs d'éponges au large de Mahdia, sur la côte orientale de la Tunisie, entre Sousse et Sfax, d'une épave chargée d'œuvres d'art dont quelques-unes sont présentées dans cette exposition, était appelée à un retentissement considérable. L'importance de la trouvaille avait été immédiatement reconnue : Alfred Merlin, alors directeur des Antiquités de Tunisie, en entreprit l'exploration au cours de plusieurs campagnes successives, procédant ainsi dans des conditions difficiles, jusqu'en juin 1913, avec Louis Poinssot et Louis Drapier, à la première véritable fouille sous-marine.

Une autre campagne de plongée eut lieu en 1948, dirigée par Jacques-Yves Cousteau et Philippe Tailliez, rendue plus facile par l'emploi du scaphandre autonome ; deux autres furent effectuées en 1954 et 1955 sous la responsabilité de Guy de Frondeville, avant la reprise de l'exploration de l'épave en 1993 dans le cadre d'un projet de coopération entre l'Institut national du patrimoine de Tunis et le Rheinisches Landesmuseum de Bonn portant sur l'ensemble de la trouvaille de Mahdia (sur le déroulement des recherches successives et la présentation de l'épave et de sa cargaison, voir Hellenkemper dans *Das Wrack* 1994, p. 5-29).

Les campagnes récentes ont permis de préciser certains points restés obscurs concernant la structure du navire – même si son allure exacte reste encore indécise – ou la répartition de son chargement. Mais c'est au cours des plongées les plus anciennes que le matériel avait été en grande partie remonté avant d'être restauré une première fois et présenté au musée du Bardo. Les objets se répartissaient pour l'essentiel en deux groupes, des pièces en marbre et d'autres en bronze. Les premières comprenaient à la fois des éléments d'architecture, une soixantaine de colonnes probablement (la plupart ont été laissées au fond en raison de leur poids et des difficultés de manipulation), des bases et des chapiteaux, des pièces décoratives, des candélabres et de grands cratères, mais aussi des têtes et des bustes fixés sans doute à l'origine dans

*Pilier hermaïque*

Vers 125 avant J.-C.
Bronze
H. 105 ; L. 25 cm
Prov. fouilles sous-marines de Mahdia
Tunis, musée national du Bardo

de grands médaillons appartenant au décor d'un monument, et des sculptures en ronde bosse. Les secondes, d'une grande diversité, réunissaient du mobilier (une vingtaine de lits sans doute, d'après le système de numérotation relevé sur les pièces conservées [voir Faust dans *Das Wrack* 1994, p. 573-606], dont subsistaient seulement les éléments métalliques, des candélabres et des lampes) et des sculptures, statues et statuettes. Mais les plongeurs avaient aussi récupéré des objets qui appartenaient à l'équipement du bateau lui-même (par exemple des éléments provenant de catapultes, entassés à bord sans doute pour leur valeur métallique) et à son équipage, plus modestes, comme des amphores et quelques vases de terre cuite, importants néanmoins pour fixer la chronologie de l'épave.

La trouvaille de Mahdia avait tout de suite retenu l'attention des chercheurs ; les fouilleurs eux-mêmes, Merlin et Poinssot, en avaient entrepris la publication en 1930 (voir la bibliographie). Mais l'étude des objets recueillis, considérés dans leur ensemble ou individuellement, posait de multiples questions. On peut en citer ici quelques-unes parmi les plus significatives : quelle était la date de chacune des pièces, et sa place dans l'histoire de l'art ? D'où venait le navire et vers quel port se dirigeait-il ? Quelle était la nature de son chargement : du butin accumulé par une armée victorieuse, ou bien des œuvres provenant du marché des antiquités et destinées à une vente régulière ? La récente restauration entreprise dans les ateliers du Rheinisches Landesmuseum a été l'occasion d'un réexamen de ces problèmes dont les résultats viennent d'être publiés dans deux volumes qui forment, sous le titre *Das Wrack,* le catalogue de l'exposition qui s'est tenue à Bonn. Sur plusieurs points cependant, la confrontation des différentes opinions a montré que la discussion reste encore ouverte, qu'il s'agisse, par exemple, de l'ultime trajet du bateau, de la date de son voyage ou de la chronologie de certaines œuvres.

Si nous laissons de côté les éléments qui, selon toute vraisemblance, appartenaient au navire, il résulte de l'examen du chargement que les objets qui le composaient se répartissaient en deux groupes : les uns en effet, déjà utilisés, avaient été arrachés à leur destination primitive avant d'être chargés à bord ; il s'agissait sans doute du fruit d'un pillage, ou tout au moins du résultat d'une situation de violence qui avait engendré la destruction ou l'abandon de monuments démembrés ou privés de leur décor. Dans le contexte politique qui est celui du Bassin méditerranéen à la fin du IIe siècle et au début du Ier siècle avant J.-C. (la période à laquelle on s'accorde à placer le dernier voyage du navire de Mahdia), le pillage d'Athènes par les troupes de Sylla en 86 constitue une référence de choix qu'ont retenue la plupart de ceux qui se sont intéressés à l'épave. La découverte au Pirée, il y a trente-cinq ans, d'un dépôt d'œuvres d'art (des statues en bronze) manifestement rassemblées avant leur embarquement peut venir à l'appui d'une telle hypothèse (voir Paraskevaidis 1966, et dans *Das Wrack* 1994, Hellenkemper, p. 154, n. 8 et Gasterer, p. 865, n. 4). Certains éléments d'architecture, les bustes en marbre destinés à des médaillons (voir Prittwitz dans *Das Wrack,* 1994, p. 303-328), la statue en bronze traditionnellement considérée comme celle d'Agôn, une des pièces les plus importantes de la trouvaille, comportent ainsi des traces d'un premier emploi.

*Satyre*
Vers 125 - 100 avant J.-C.
Bronze
H. 35 cm [socle H. 3 cm ; L. 25 cm ; l. 15 cm]
Prov. fouilles sous-marines de Mahdia
Tunis, musée national du Bardo

En revanche, beaucoup d'autres objets n'avaient jamais servi avant d'être chargés à bord du navire et sortaient directement des mains des artisans qui les avaient créés : c'est le cas de la plupart des colonnes, qui n'étaient pas toutes terminées, des chapiteaux, et surtout des candélabres et des cratères en marbre. Or ces derniers appartiennent par leur décor à des séries qui, on le sait maintenant grâce aux travaux récents de H.-U. Cain (1985) et D. Grassinger (1991), ont été produites en Grèce pour l'exportation vers l'Italie, non pour une clientèle locale. On peut ainsi écarter l'idée que ces pièces provenaient elles aussi d'un pillage qui aurait été opéré cette fois-ci directement dans les stocks d'ateliers athéniens en attente de livraison. Il semble donc se confirmer que le chargement du navire n'est pas en rapport, tout au moins directement, avec le sac d'Athènes par Sylla.

Il n'en reste pas moins que ce chargement n'est pas homogène et réunit des objets de dates différentes. Certains, ceux qui viennent d'être évoqués notamment, peuvent être raisonnablement placés, selon des critères stylistiques, autour de 100, ou dans le premier quart du Ier siècle avant J.-C. D'autres sont en revanche un peu plus anciens et devaient apparaître déjà au moment du naufrage comme des antiquités : l'Agôn, l'hermès de Dionysos, les médaillons ou bien encore les trois danseurs grotesques en bronze, parmi d'autres (voir Hellenkemper dans *Das Wrack* 1994, p. 22). Toutefois, la fourchette chronologique proposée par ceux qui les ont étudiés reste relativement étroite ; elle ne dépasse guère, vers le haut, le milieu du IIe siècle avant J.-C. et se fixe même souvent dans le dernier quart du siècle.

On observera encore que le bateau renfermait aussi quelques pièces nettement plus anciennes : quatre inscriptions d'origine athénienne datées du IVe siècle (une cinquième, très fragmentaire, est probablement plus récente, voir Petzl dans *Das Wrack* 1994, p. 381-398), dont la présence à bord s'explique difficilement (des pierres prises ici et là pour servir de lest dans la cale, ce qui paraît étonnant, ou destinées à un remploi ? voir Galsterer dans *Das Wrack* 1994, p. 865, n. 49), et quatre reliefs contemporains, attiques eux aussi (deux d'entre eux proviennent d'un sanctuaire du héros Paralos, sans doute au Pirée), qui pourraient avoir été embarqués pour répondre à la demande de clients italiens désireux d'en orner leurs jardins en leur donnant une atmosphère de vague religiosité (voir dans *Das Wrack* 1994, Bauchhenss, p. 375-380, et Kuntz, p. 889-900).

Mais, tout bien pesé, l'analyse de la cargaison impose au moins une certitude : c'est du Pirée, le port d'Athènes, que le bateau de Mahdia a appareillé, vers 100 peut-être, avant le pillage de Sylla (voir Fuchs 1960), plus probablement entre 80 et 70, comme le suggèrent l'étude de la céramique retrouvée sur l'épave, mais aussi une comparaison avec deux autres épaves, celle découverte à Anticythère, au nord-ouest de la Crète, qui transportait un chargement d'œuvres d'art assez comparable, à bien des points de vue, à celui de Mahdia, assez bien daté des alentours de 80, et celle de la Fourmigue C (voir dans *Das Wrack* 1994, Gelsdorf, p. 761, no 6 et p. 765, no 42 et Himmelmann, p. 849-854), à bord de laquelle on a retrouvé des éléments de lits sortis probablement du même atelier que ceux de Mahdia et que la céramique recueillie permet de dater vers 70.

*Hermès*

Vers 100 avant J.-C.
Bronze
H. 32 cm [socle H. 10 cm ; L. 11 cm ; l. 11 cm]
Prov. fouilles sous-marines de Mahdia
Tunis, musée national du Bardo

L'étude stylistique des objets, mais aussi l'analyse technique des matériaux incitent également à penser que l'essentiel du chargement, sinon la totalité, avait bien été rassemblé à Athènes, même si la tradition n'a pas conservé pour cette époque le souvenir d'ateliers de bronziers aussi actifs que dans d'autres centres du monde hellénistique.

À qui était destiné ce remarquable chargement ? C'est encore l'examen du contexte politique qui fournit des éléments de réponse. En dépit du lieu du naufrage, au large du cap Africa, il est peu probable que la cargaison ait été destinée à la terre d'Afrique. Quelle que soit la prospérité dont jouit déjà la province romaine d'*Africa* au début du Ier siècle avant J.-C., rien ne permet de penser, dans l'état actuel de nos connaissances, qu'il y ait eu l'emploi d'un matériel décoratif analogue à celui que transportait le bateau. Plus à l'ouest, les princes numides, largement hellénisés, auraient pu constituer des clients potentiels (voir Ferchiou dans *Das Wrack* 1994, p. 207) ; mais cette hypothèse demeure néanmoins peu vraisemblable. En fait, selon toute probabilité, le navire se dirigeait vers les côtes italiennes, vers la Campanie ou vers les ports qui desservaient Rome. Là, en effet, au sein de l'aristocratie très ouverte à la culture grecque, on pouvait trouver une clientèle avide d'œuvres d'art pour la construction, l'aménagement et le décor de ses grandes villas (voir Lafon 1981 et Neudeker 1988). Il suffit de citer l'exemple bien connu de Cicéron : sa correspondance conserve le souvenir des instructions qu'il adressait à ses agents et à ses amis, Atticus notamment, installé à Athènes, pour qu'ils lui procurent mobilier et statuaire destinés à ses villas de Tusculum et d'Arpinum (Cicéron, *Att.*, I, I, 7 ; 2, 2 ; 4, 2 ; 6, 3 ; 7, 3 ; 8, 2 ; 9, 3 ; 10, 5). Ce commerce – qui mobilisait certainement d'importants capitaux – devait être en grande partie aux mains de quelques grandes familles de commerçants italiens, appartenant souvent à l'ordre équestre (voir Galsterer dans *Das Wrack* 1994, p. 861-862).

L'analyse du chargement du navire, à la fois divers par la nature des éléments trouvés à bord, et homogène (on y rencontre toutes les catégories d'objets nécessaires au décor des salles et du jardin d'une grande villa, y compris des pièces d'architecture), peut même donner à penser que la plus grande partie de la cargaison était destinée dès le départ à un unique client qui en avait en quelque sorte passé commande : ce sont les hasards de la navigation, des courants et des vents, une tempête sans doute, qui auraient entraîné le navire au large des côtes africaines (on ne perdra pas de vue l'existence d'une route maritime longeant le rivage méridional de la Méditerranée, dont l'importance a été rappelée à plusieurs reprises ; voir Braemer 1985).

Un bateau chargé au Pirée d'œuvres d'art destinées à embellir la villa d'un membre de l'aristocratie romaine quelque part en Italie, en Campanie par exemple, provenant en partie de monuments pillés ou ruinés après la prise d'Athènes par Sylla, en partie d'ateliers travaillant désormais pour satisfaire la clientèle romaine, et englouti après avoir été chassé, désemparé, par l'ouragan : voilà l'image que suggère, avec une certaine vraisemblance, l'épave de Mahdia. Mais on doit souligner que ce ne sont là, très largement, que des hypothèses, certaines moins discutées que d'autres, certes (tous s'accordent sur le point de départ du navire, assuré notamment par la présence

*Ariane*
(figure d'un monument en forme de proue ?)
Vers 120 avant J.-C.
Bronze
H. 40,5 cm ; L. 27 cm ; PR. 44,5 cm
Prov. fouilles sous-marines de Mahdia
Tunis, musée national du Bardo

à bord de quelques stèles attiques et d'inscriptions votives de même provenance). Mais d'autres propositions peuvent encore être défendues, sur le trajet du bateau, voire sur la date précise de son naufrage, même si les recherches récentes ont restreint le champ des possibilités.

L'intérêt de l'épave de Mahdia ne réside pas seulement dans le témoignage qu'elle apporte sur la situation culturelle et artistique d'une partie du Bassin méditerranéen au début du Ier siècle avant J.-C. (voir Coarelli 1976 et 1983). Considérées individuellement, plusieurs des œuvres d'art qu'elle a livrées suscitent elles aussi réflexion et discussion : les cratères et les candélabres de marbre par exemple, deux groupes de sculptures destinées par les artisans athéniens eux-mêmes, comme l'ont montré récemment H.-U. Cain et D. Grassinger, à une clientèle spécifiquement italienne, conduisent à réfléchir, en particulier, sur le phénomène du « néo-atticisme », une catégorie souvent employée sans discernement par les historiens de l'art antique (voir dans *Das Wrack* 1994, Cain et Dräger, p. 809-829 et Geominy, p. 927-942). L'analyse de ces objets permet d'observer d'une manière privilégiée les rapports de Rome avec l'art grec : il ne s'agit pas d'une reprise servile de formes du passé purement et simplement recopiées, mais d'une création véritable qui élabore des figures et des compositions nouvelles à partir des formes classiques.

Le même processus est à observer à propos des sculptures. On remarque par exemple avec intérêt que, dans ce chargement destiné à un amateur italien, il n'y a que peu de copies d'œuvres célèbres, en dehors de deux des têtes fixées sur des médaillons, un satyre reprenant pour modèle celui d'un groupe statuaire bien connu, « l'Invitation à la danse », et la Niobé du groupe de Florence (voir Prittwitz dans *Das Wrack* 1994, p. 322-325). Plus discuté encore est le cas de l'hermès de Dionysos en bronze, signé de Boethos de Calcédoine (voir dans *Das Wrack*, les observations de Mattusch, Söldner et Linfert). Les observations faites à l'occasion de la restauration ont montré qu'il convenait sans doute de le dissocier de la statue d'Agôn (ou plutôt

*Dionysos*
(figure d'un monument en forme de proue ?)
Vers 120 avant J.-C.
Bronze
H. 40,5 cm ; L. 27,5 cm ; PR. 38 cm
Prov. fouilles sous-marines de Mahdia
Tunis, musée national du Bardo

*Naine*
Vers 150 - 100 avant J.-C.
Bronze
H. 30 cm [socle H. 12 cm ; L. 15 cm ; l. 15 cm]
Prov. fouilles sous-marines de Mahdia
Tunis, musée national du Bardo

*Hermaphrodite lampadéphore*
Vers 100 avant J.-C.
Bronze
H. 49 cm [socle H. 5 cm ; L. 22 cm ; l. 22 cm]
Prov. fouilles sous-marines de Mahdia
Tunis, musée national du Bardo

d'Éros) à laquelle on l'avait souvent associé ; ce dernier, que l'on considérait évidemment dans la première hypothèse également comme une œuvre de Boethos, ne peut plus être attribué que de manière hypothétique au sculpteur. Encore doit-on s'accorder sur la personnalité de ce dernier, puisque la tradition littéraire et les inscriptions nous apprennent l'existence de plusieurs artistes du même nom entre le IIIe siècle et les premières décennies du Ier siècle avant J.-C.

L'existence dans les collections du musée J. P. Getty d'un autre hermès réalisé sur le même modèle que celui de Mahdia complique encore l'analyse (voir Frel 1980 et Mattusch dans *Das Wrack* 1994, p. 441 *sq.)* : la signature de Boethos sur ce dernier s'applique-t-elle directement à l'exemplaire retrouvé dans l'épave, dont l'exécution se situerait, d'après l'analyse stylistique, autour de 125 avant J.-C., ou bien n'est-elle, elle aussi, qu'une copie de la signature qui figurait sur l'original ?

L'exemple de l'hermès souligne la complexité des questions de toute nature que posent les objets de Mahdia. Outre les caractéristiques stylistiques et la chronologie, il peut s'agir de problèmes d'origine : celle de certains des chapiteaux, ou bien encore des nains danseurs en bronze, un thème qui s'accorde bien avec l'ambiance d'Alexandrie, où les modèles de deux des trois statuettes ont été vraisemblablement créés ; mais les exemplaires de Mahdia viennent-ils de la grande cité égyptienne, d'où ils auraient été exportés vers Athènes, ou s'agit-il de copies exécutées en Attique ? Il n'est pas possible de le dire (voir Pfisterer-Haas dans *Das Wrack* 1994, p. 483-504).

Les interrogations peuvent concerner tout simplement l'aspect même des œuvres et leur identité : le problème que pose la statue d'Agôn, souvent combinée à l'hermès de Dionysos pour former un groupe et datée elle aussi des alentours de 125, a déjà été évoqué ; on peut toutefois rappeler, à titre d'exemple, qu'une nouvelle analyse, accompagnée d'observations plus précises sur le geste de la main gauche, amène à y reconnaître non plus un jeune athlète posant sur sa tête la couronne de la victoire, ou la personnification de la victoire athlétique, mais Éros lui-même, tenant un arc, symbole de sa toute-puissance (voir Söldner dans *Das Wrack* 1994, p. 421-422).

Les incertitudes pèsent aussi sur la fonction même de certaines de ces œuvres. Elle est claire, bien sûr, pour les éléments de lits, les candélabres, les lampes ; les deux statuettes d'Éros androgyne et d'Hermaphrodite lampadéphore trouvaient parfaitement leur place dans le décor, par exemple, d'une salle à manger (voir Hiller 1994). En revanche, la destination est moins évidente pour les deux bustes qui représentaient Dionysos et Ariane. Le montage qui les accompagne suggère qu'il s'agissait d'appliques qui ornaient une proue de bateau, ou un monument en forme de proue : H. G. Horn propose cette dernière hypothèse, en suggérant que l'ensemble appartenait à une fontaine ; mais l'idée demeure que les deux bustes aient pu orner directement le bateau naufragé (voir dans *Das Wrack* 1994, Horn, p. 451-466, et les réserves de Geominy, p. 927).

Ces quelques exemples, empruntés aux récentes recherches sur la trouvaille de Mahdia, montrent la richesse et la complexité de cette exception-

*Nain*
Vers 150 - 100 avant J.-C.
Bronze
H. 32 cm [socle H. 4 cm ; L. 15 cm ; l. 15 cm]
Prov. fouilles sous-marines de Mahdia
Tunis, musée national du Bardo

*Naine*
Vers 150 - 100 avant J.-C.
Bronze
H. 32 cm
Prov. fouilles sous-marines de Mahdia
Tunis, musée national du Bardo

nelle découverte, dont l'étude met en œuvre aussi bien la géographie, l'océanographie que l'histoire et l'histoire de l'art (on soulignera notamment l'importance d'une réflexion approfondie sur les routes maritimes de l'Antiquité pour apprécier le plus exactement possible le trajet du bateau de Mahdia, et donc l'origine et la nature de son chargement : voir Gelsdorf dans *Das Wrack* 1994, p. 751-758 et Braemer 1985, n. 19). Mais, quelles que soient les incertitudes, il est un phénomène qu'elle illustre à coup sûr et qui passe pourtant trop souvent inaperçu en dehors du cercle restreint des spécialistes : celui de la circulation des œuvres d'art dans l'Antiquité, dans le monde romain plus particulièrement. Celles-ci voyageaient tout autant qu'à l'époque moderne. Mais les circonstances et les modalités de ces mouvements sont diverses.

Ceux-ci constituent d'abord une conséquence normale des guerres. C'est ce qui se produit à l'époque républicaine, lorsque les armées romaines commencent à parcourir l'Italie, puis le Bassin méditerranéen (voir Pape 1975 ; Waurick 1975 ; Galsterer dans *Das Wrack* 1994, p. 857-866). Les attestations en sont pourtant relativement tardives : l'une des plus anciennes, très concrète, est fournie par les deux bases inscrites retrouvées à Rome, dans le secteur de San Omobono, près du Forum Boarium (voir Torelli 1973, p. 103 *sq.).* Elles avaient été dressées là en 265, après la prise de la cité étrusque de Volsinii, pour servir de socles aux statues rapportées comme butin par le vainqueur, M. Fulvius Flaccus, et dédiées par lui dans le sanctuaire de *Fortuna* et de *Mater Matuta.* On sait, notamment grâce aux travaux de F. Coarelli, combien les fruits du pillage des cités du sud de l'Italie, de Grèce et d'Asie Mineure par les généraux vainqueurs, présentés avec le plus grand faste à Rome à l'occasion de leurs triomphes, ont contribué à bouleverser les mœurs des Romains et à y introduire ce que les tenants de la tradition appelaient avec mépris la *luxuria,* le goût du luxe effréné, par opposition à la sage et modeste conduite des ancêtres. La description par Tite-Live du cortège

*Eros ailé lampadéphore*
100 avant J.-C.
Bronze
H. 49 cm
Prov. fouilles sous-marines de Mahdia
Tunis, musée national du Bardo

triomphal de M. Claudius Marcellus après le pillage de Syracuse en 212 (Liv. XXV, 40, 1-3.), ou de celui de Fabius Maximus après la prise de Tarente en 209 (Plutarque, *Fab.* 1.) en sont des exemples spectaculaires qui renseignent à la fois sur l'extraordinaire quantité d'œuvres d'art qui inondent alors Rome et sur la qualité de certaines d'entre elles : peintures, sculptures, vases précieux sortis des mains des artistes les plus renommés de la Grèce sont ainsi apportés à Rome, puis dans les autres villes d'Italie pour y être offerts dans les temples, servir d'ornements dans les lieux publics, mais contribuer aussi, de plus en plus, au décor des demeures privées (voir Waurick 1975, p. 45-46), sans que les nouveaux possesseurs veuillent toujours replacer les œuvres qu'ils réutilisent dans leur fonction primitive, ou qu'ils en connaissent même la valeur artistique réelle (Lafon, *op. cit.,* p. 171 : la fonction de l'objet importe bien plus que le nom de celui qui l'a créé). Le phénomène ne fait que s'amplifier tout au long du IIe siècle, les exemples de Mummius, le vainqueur de Corinthe en 146 et celui de Sylla, pillant Athènes en 86 (voir Waurick 1975), le rappellent avec un éclat tout particulier.

Mais avec l'accroissement du luxe privé, l'importance grandissante des villas hors de Rome, l'attention apportée désormais même aux demeures dans la ville, le goût pour un décor raffiné s'impose et avec lui un nouveau phénomène, celui du commerce de l'art (voir Chevallier 1991). Ceux qui ont rapporté des œuvres d'art de leurs campagnes en Orient comprennent le parti qu'ils peuvent en tirer ; ceux qui n'y sont pas allés cherchent à acquérir des objets de ceux qui les possèdent. L'exemple de Corinthe montre à quel point ce commerce est devenu banal à la fin de la République : les colons romains installés par César sur le site de la ville rasée en 146 pillent les tombes de la cité grecque pour en extraire les statuettes de terre cuite qu'ils revendent ensuite aux amateurs (Strabon, 381). Le développement de la mode des collections, dont Pline l'Ancien, dans son *Histoire Naturelle,* donne de nombreux exemples, soulignant le prix fabuleux auquel les amateurs s'arrachent certaines œuvres, et qu'illustre encore le portrait que dresse Cicéron de Verrès, le gouverneur maniaque de Sicile qui profitait de ses fonctions pour assouvir son goût maladif des œuvres d'art (Cicéron, *Verr.* 2, 4), n'a pu que contribuer à développer ce commerce (mais aussi l'activité des faussaires) : des rabatteurs pouvaient désormais rechercher jusqu'en Orient les œuvres convoitées, et – l'exemple des cratères et des candélabres de Mahdia le montre – des ateliers se sont progressivement ouverts, à Athènes, mais ailleurs aussi, pour satisfaire la clientèle de Rome et de l'Italie.

La situation politique une fois stabilisée, et la Méditerranée entrée tout entière sous la puissance de Rome, la situation ne devait plus se modifier fondamentalement : en dépit des difficultés d'un transport coûteux, les œuvres d'art (mais aussi bien évidemment les artistes) circulent à travers tout l'Empire. Elles se déplacent parfois avec leurs possesseurs, au gré du déroulement de leur carrière : citons seulement ici le cas de l'Arlésien A. Pompeius Paulinus, gouverneur de Germanie inférieure entre 54 et 56 après J.-C., qui ne voyageait jamais sans une quantité considérable de vaisselle d'argent (Pline, *Histoire naturelle,* 33, 143). Le contenu des grands trésors d'argenterie

*Agôn*
Vers 125 avant J.-C.
Bronze
Prov. fouilles sous-marines de Mahdia
Tunis, musée national du Bardo

ŒUVRE NON EXPOSÉE

*Aphrodite*
Vers 120 avant J.-C.
Marbre
H. 68,5 cm ; L. 53 cm ; ÉP. 28 cm
Prov. fouilles sous-marines de Mahdia
Tunis, musée national du Bardo

du IV^e siècle met d'ailleurs en évidence la présence, dans un même service de table, de pièces venues d'ateliers très différents. Les œuvres d'art suivent aussi les circuits commerciaux : les sarcophages constituent un cas relativement bien connu, puisqu'on en a identifié assez précisément les ateliers, et qu'on a pu déterminer leurs caractéristiques, et dresser ainsi des cartes de diffusion de leur production. On reconnaît par exemple la présence à Rome et en Gaule d'exemplaires sortis des mains d'artisans travaillant à Athènes (voir Koch-Sichtermann 1982, p. 461-470, fig. 7), ou en Afrique celle de cuves importées depuis les ateliers de Rome (voir Koch-Sichtermann 1982, p. 268-269, fig. 4). Mais il en va de même pour toutes les autres catégories d'œuvres d'art : les sculptures en marbre de toutes sortes (voir Braemer 1988), portraits, reliefs, sculptures décoratives, statuaire en bronze grande ou petite, les créations des arts précieux, la verrerie et la vaisselle d'argent notamment (rien n'indique, par exemple, que le grand plat d'argent trouvé à Bizerte, conservé au musée du Bardo, a bien été exécuté par des orfèvres installés en Afrique).

La difficulté, que l'on peut percevoir en parcourant l'exposition, est que la situation apparaît rarement aussi claire que pour les sarcophages. Le plus souvent, il est malaisé de caractériser dans tel ou tel domaine, celui des portraits par exemple, l'activité d'un atelier particulier. Ainsi, distinguer parmi les effigies impériales celles importées dans l'Afrique romaine depuis les ateliers de Rome de celles créées sur place n'est pas toujours possible avec une absolue certitude (voir Zanker 1983).

C'est donc une leçon de prudence qui s'impose : l'épave de Mahdia et son chargement, en raison même de leur caractère spectaculaire, rappellent à la fois les incertitudes de l'histoire de l'art, mais aussi avec quelle force dans l'Antiquité circulent à travers la Méditerranée, dans l'Afrique romaine comme ailleurs, suivant des routes qu'il convient de déterminer de manière précise, les œuvres d'art et les grands courants culturels et artistiques.

*François Baratte*

5

# La renaissance de Carthage

# La renaissance de Carthage et l'essor de l'Afrique romaine

Deux dates ou événements symboliques illustrent le sort de l'Afrique romaine avec la renaissance de Carthage et la place nouvelle de cette région dans le monde antique : 146 avant J.-C. et la destruction de la capitale punique, 193 après J.-C. ou l'avènement sur le trône impérial d'un Africain, Septime Sévère. Ce dernier, héritier d'une famille de notables de Tripolitaine, était certes un parfait « Romain » de l'époque impériale (surtout en comparaison avec les princesses syriennes de sa famille par alliance) : néanmoins, quel renversement de situation entre l'époque où Carthage était l'ennemie par excellence et le Haut Empire où l'Afrique devint un foyer de romanité et un des piliers de la puissance de Rome à qui elle fournit le nécessaire aussi bien que le superflu, les hommes et le blé, le marbre jaune et les bêtes de l'amphithéâtre ! Cette situation n'est pas sans rappeler, malgré bien des différences, celle de la Grèce vaincue par Rome, qu'elle domina pourtant de toute sa culture. Il n'est pas question d'entrer ici dans le détail de cette évolution de trois siècles, de la période augustéenne à la dynastie sévérienne (voir Picard 1990 et Février 1989-1990) : on se contentera de souligner la différence qu'il faut établir, semble-t-il, entre le cas de Carthage même et celui du reste de la province.

## *Renaissance et romanité de Carthage*

Sur le site même de Carthage, la renaissance de la capitale de l'Afrique a pris pour l'essentiel l'allure d'une rupture avec le passé punique. En effet lorsque la vie urbaine est relancée par le pouvoir augustéen, plus d'un siècle après la destruction, que conserve-t-on dans la nouvelle cité d'une occupation séculaire et d'une culture originale ? Essentiellement la permanence du cœur de la ville sur la colline de Byrsa où le forum remplace le sanctuaire d'Eshmoun ; une autre persistance remarquable est la superposition presque exacte, dans la zone du bord de mer, du carroyage de la ville romaine sur les *insulæ* puniques, ce qui suggère d'ailleurs que, dans certains quartiers, la destruction de Carthage n'avait pas été un anéantissement intégral ; certes on pourrait ajouter bien d'autres traits comme la réutilisation des installations portuaires, ou la survie sous une forme plus ou moins romanisée des cultes des dieux nationaux (Saturne, Cælestis) et le nom même de *Karthago,* désormais valorisé et non plus honni, conservé dans le titre de la *Colonia Julia.*

Mais que pèse cette continuité en face de la création sur le site de Carthage d'une nouvelle « Nouvelle Ville » radicalement différente de la cité punique, ne serait-ce que par sa forte population immigrée ? D'abord les ruines de Byrsa sont profondément enfouies sous une immense esplanade, définitivement masquées par les remblais ; un quadrillage d'une remarquable ampleur (plus de 250 ha, en 4 quadrants d'une contenance théorique de 120 grandes *insulæ* allongées) et d'une régularité presque absolue, étend sur un site pourtant vallonné la plus artificielle géométrie. Les monuments qui s'insèrent dans ce réseau relèvent de la typologie la plus romaine, à commencer par le centre monumental du forum sur la colline Byrsa, le théâtre et l'odéon, l'amphithéâtre et les thermes d'Antonin, ainsi que les *domus* à péristyle et aussi probablement les immeubles collectifs ; parfois, les bâtisseurs ont importé les systèmes de construction italiques comme l'*opus reticulatum* de l'amphithéâtre.

À l'intérieur de ce cadre monumental, c'est une vie toute romaine qui s'est installée avec les organismes de l'administration de la province et de la colonie, avec les cultes romains et la dévotion officielle à la majesté impériale (que l'on pense à l'autel de la *Gens Augusta* sur Byrsa), avec les installations utilitaires (égouts, citernes et surtout l'aqueduc en provenance de Zaghouan) autant qu'avec la culture latine des universitaires et des intellectuels qui, comme Apulée, font des conférences à l'odéon, et avec les mille produits d'une activité économique importante : en un mot toutes les activités qui font de la Carthage romaine une autre Rome et la seconde métropole de l'Empire.

C'est bien cette vision d'une nouvelle cité à la romaine qu'évoquait la description par Virgile au livre I de l'*Énéide* de la construction de la Carthage de Didon. C'est cette même ville que les fouilles nous font découvrir ; elles nous permettent une chronologie plus précise, depuis l'époque augustéenne avec l'immense projet du sommet de Byrsa (esplanade, portiques et monuments) jusqu'à l'incendie de l'époque d'Antonin et la grande reconstruction du troisième quart du IIe siècle : on ne peut qu'être frappé par l'ampleur des monuments et leur force idéologique, comme les thermes impériaux de 162 (si l'on n'en voit plus que les sous-sols, leur majesté est bien suggérée par la colonne de 15 m, surmontée d'un gigantesque chapiteau, qui a été récemment remontée), ou la basilique de l'époque de Marc Aurèle, un édifice judiciaire et politique, symbole de l'État romain et impérial, dont on a ici l'un des plus grands exemples connus dans l'architecture romaine), ou encore les grandes Victoires sur les reliefs d'un monument triomphal de la deuxième moitié du IIe siècle. Et cette romanité profonde de la nouvelle

Carthage s'exprime aussi bien dans le modeste décor d'un sol de maison, bétonné ou mosaïqué à la mode italique, ou dans un tesson d'amphore ou de céramique sigillée rouge-orangé, humbles héritiers des techniques, des modes et des mœurs de la capitale. C'est dans ce cadre qu'il faut imaginer tant d'œuvres d'art, en particulier celles qui furent collectées ultérieurement dans la maison de la Cachette, et qui évoquent la culture classique et l'iconographie gréco-romaine, comme les statues de Déméter et de Proserpine.

## *La culture mixte de l'Afrique*

En dehors de la capitale, la situation de l'Afrique se présente sous un jour assez différent. Le Haut Empire voit la romanisation de la province s'établir en profondeur, mais avec une « saveur » particulière qui vient de la survie de la culture « africaine » dans les villes et surtout dans les campagnes, et qui fait ressortir combien le cas de Carthage, reconstruite pour être le centre et le symbole du pouvoir impérial en Afrique, est exceptionnel.

L'acculturation s'est, avec le temps, particulièrement bien réalisée dans la zone qui dépendait directement de la Carthage punique et qui est restée la *pertica* – le territoire –, de la colonie romaine, mais aussi bien plus loin vers la Numidie ou vers la Tripolitaine. De très nombreuses cités préromaines ont obtenu un statut de municipe ou de colonie qui faisait de leurs élites des Romains à l'instar des citoyens de Rome. L'emprise romaine s'est tout aussi fondamentalement inscrite sur le sol même de l'Afrique et se reconnaît dans la gestion du territoire provincial, par exemple dans la centuriation des campagnes, dans l'établissement du réseau des grandes voies vers Hippone, vers Tébessa ou vers le Sahel, et dans l'attention portée à l'exploitation rurale : particulièrement importante est la mise en place d'une politique agraire, avec ses lois et ses règlements affichés dans les domaines, pour favoriser, outre

*Thugga (Dougga)*
Théâtre
168-169 après J.-C.

le sort des paysans, le défrichement, la production de blé et l'oléiculture ; on ne peut que constater le succès – du point de vue de Rome – de mesures qui ont fait de l'Afrique le grenier à blé, mais aussi la cave à huile de Rome.

Cette acculturation a surtout touché les élites d'origine africaine, les notables, plus ou moins grands propriétaires, qui peuplaient la moindre cité (on sait qu'elles étaient particulièrement nombreuses), vivier renouvelé par tous ceux qui, à force de travail, pouvaient, comme le fameux *Moissonneur de Mactar,* entrer dans leurs rangs. La romanisation s'est accompagnée d'une latinisation décisive : que l'on pense au latin des textes littéraires, et surtout à celui des milliers d'inscriptions publiques et privées, sur pierre comme sur mosaïque (par exemple le dialogue entre le public de l'amphithéâtre à Smirat et Magerius, le généreux donateur des jeux) qui témoignent de la profondeur de cette culture tout autant que la carrière des intellectuels, juristes ou fonctionnaires originaires d'Afrique, comme les rhéteurs Apulée et Fronton, les chrétiens Cyprien et Tertullien, les soldats et administrateurs Lusius Quietus ou Septime Sévère lui-même.

C'est dans cette ambiance parfaitement romaine, dans une province presque dépourvue de soldats, que se sont élevés les grands monuments de l'Afrique, l'amphithéâtre de Thysdrus ou les théâtres et les thermes de toutes les villes, que les maisons ont adopté sur leurs pavements mosaïqués les décors mythologiques transmis par la culture gréco-romaine, et que les temples et les forums se sont peuplés des statues de l'Olympe, comme l'*Apollon* de Bulla Regia, des empereurs en cuirasse ou des évergètes en toge.

Mais cette romanité bien assimilée n'a pas aboli les traces du passé, qu'elles soient numides, libyques ou puniques. D'abord les villes de l'Afrique impériale ne font souvent que prolonger des cités bien plus anciennes qui, elles, n'avaient pas été détruites, avec des rues et des places remontant à un urbanisme – ou à une absence d'urbanisme – préromain, avec des monuments toujours en place comme c'est le cas du mausolée royal de Thugga ou

*Thugga (Dougga)*
Capitole
166-167 après J.-C.

de l'autel hellénistique de Simitthus, ou seulement avec des murs réutilisés comme fondations dans des bâtiments ultérieurs. Certaines cités ont conservé partiellement et pour un certain temps leur constitution punique, où des suffètes et non des *duumvires* jouaient le rôle dirigeant ; Thugga a même réuni son « conseil municipal » non dans un forum central mais aux « portes » de la ville.

Les Romano-Africains ont parfois préservé leur langue punique, encore mentionnée à la fin du IVe siècle par l'évêque d'Hippone, Augustin ; la plupart ont dû, d'une certaine façon, dans la vie quotidienne et surtout dans leurs pratiques religieuses, rester fidèles à leurs traditions : les dieux classiques ne sont souvent que l'adaptation plus ou moins réussie des *dii patrii* (Esculape pour Eshmoun, Saturne pour Baal), et parfois même ces dieux locaux ont été honorés sans aucune transposition comme les *dii mauri* (voir la contribution de Habib Ben Younès). Pour ces cultes, des sanctuaires bien différents des temples romains à podium et colonnade, réduits souvent à une cour et à une salle de plain-pied, furent édifiés un peu partout, pour abriter les ex-voto en l'honneur de Saturne le plus souvent.

C'est dans ce domaine de la religiosité personnelle que l'art romano-africain se manifeste de la façon la plus pittoresque, surtout sur les stèles qui représentent, sans les conventions de l'art classique, les dieux protecteurs, les offrandes et les prières des fidèles, la vie bienheureuse qui était espérée, ou dans certaines statues qui combinent iconographie cultivée et traits populaires (il suffit de penser aux fameuses stèles dites de la Ghorfa, avec leur iconographie complexe, étagée en plusieurs registres, ou à l'*Hercule de Massicault*, qui réunit les traits d'un paysan berbère et les attributs d'Héraklès, massue et peau du lion de Némée).

Les exemples seraient innombrables de ce syncrétisme qui paraît sans problèmes, de cette culture, duelle plutôt que double, imbriquée comme la maçonnerie d'un édifice de la vieille cité de Bulla Regia, sur la Medjerda, qui allie dans le même mur la construction africaine avec ses harpes verticales et la construction la plus italique en *opus reticulatum*, de cette symbiose qui permet sur les forums de bien des villes de juxtaposer les temples de Jupiter capitolin et de l'empereur, des dieux de l'Olympe et des dieux sémitiques. C'est ainsi que s'est réalisée une civilisation originale qui mérite le nom de « romano-africaine ».

## *Originalité de l'Afrique romaine*

La renaissance de Carthage, l'essor de l'Afrique impériale ont un tel succès que, paradoxalement, on a parfois l'impression que désormais, à partir du siècle des Antonins, l'Italie est souvent « dépassée » par sa grande province méridionale. Certes, elle reste le centre politique de l'Empire mondial, mais il est frappant que certains courants d'échanges et d'influences s'inversent ; le rayonnement de l'Afrique s'exerce sur la métropole même. Outre l'accession finale de la dynastie sévérienne sur le trône romain, on peut citer bien des exemples de ce renversement, certains très révélateurs par leur humilité même. Ainsi à partir de la fin du Ier siècle, c'est l'Afrique qui donne au monde méditerranéen le ton en matière de vaisselle et ses productions de céramique (la sigillée claire) s'imposent sur le marché italien lui-même. De même, l'huile de toute l'Afrique et surtout du Sahel envahit, avec celle de l'Espagne du sud, toute l'Europe : plus tard, à la fin du IVe siècle, Augustin sera toujours frappé, à Milan, par la différence des mœurs entre Africains habitués à utiliser sans compter de l'huile pour s'éclairer la nuit et Italiens plus économes d'un produit moins courant.

La production artistique donne souvent aussi la même impression : si les riches notables d'Afrique n'ont pas vraiment adopté la mode des grands sarcophages décorés, typiques, à partir du IIe siècle surtout, des sépultures aristocratiques dans le reste du monde romain, du moins leurs demeures ou leurs thermes écrasent-ils les bâtiments comparables d'Italie du luxe de leurs pavements. La mosaïque polychrome, si remarquable par sa beauté dans les réalisations non seulement de Carthage ou de Thysdrus, mais de la moindre cité d'Afrique, de Numidie ou de Tripolitaine, est sans conteste d'une facture très supérieure aux réalisations contemporaines d'Italie qui se cantonnent encore dans la formule du dessin en noir et blanc, comme on le voit à Ostie, et de plus en plus à mesure qu'on se rapproche du Bas-Empire, c'est désormais l'Italie qui se met à l'école de l'Afrique.

De façon encore plus profonde, la culture matérielle de l'Afrique romaine a fait localement preuve d'une grande inventivité et mis au point des formules étonnantes ou originales qui n'ont pas vraiment circulé en dehors de ses frontières : entre tant d'exemples possibles, ne citons que la technique de construction des voûtes sur des coffrages de tubes de terre cuite qui va autoriser des réalisations de plus en plus hardies, ou des trouvailles, ponctuelles mais remarquables, comme les étages souterrains des maisons riches de Bulla Regia. Le grand succès de la romanisation de l'Afrique est ainsi d'avoir amené Carthage et toute la province à une certaine autonomie culturelle, qui a eu la chance historique d'échapper à la « crise du IIIe siècle » qui a frappé au contraire l'Europe.

*Roger Hanoune*

*Enfant noir à la colombe*
IIe siècle après J.-C.
Calcaire noir
H. 53 cm ; L. 13 cm
Prov. Sousse
Sousse, musée

# Rome et ses provinces : le monde de la romanité ?

*L'Abondance*
IIIe siècle après J.-C.
Marbre
H. 141 cm ; L. 57 cm ; PR. 50 cm
Prov. Carthage
Carthage, musée national

« Je te félicite d'être à Rome, comme je félicite Rome de te posséder. Tu es, en effet, dans une ville à laquelle rien au monde n'est comparable ; elle-même te compte parmi ses citoyens qui ont eu des dieux pour ancêtres, et ta place n'y est pas la dernière », écrivait Libanius à son ami Ammien Marcellin, en 392 (Libanius, *Epist.*, 1063, éd. Foerster). Ainsi, à la fin du IVe siècle de notre ère, comme aux origines de l'Empire, après des siècles d'une histoire troublée, Rome demeure la ville souveraine du monde romain. Initialement centre du pouvoir, géographique et politique, elle est désormais le lieu de consécration des élites culturelles et de la romanité. La longévité de l'Empire et son rayonnement culturel inaltéré s'expliquent, aux yeux de l'historien grec écrivant en latin, par la prédestination de Rome à dominer le monde « civilisé », ainsi qu'il l'exprime en retraçant son histoire : « Au temps où commençait à surgir à la lumière du monde cette Rome destinée à vivre aussi longtemps qu'il y aura des hommes, afin de lui assurer une glorieuse croissance, la valeur et la Fortune, si souvent opposées, se mirent d'accord pour un traité de paix éternelle : si l'une d'elles eût fait défaut, Rome ne serait pas parvenue au comble de la grandeur. Son peuple, dès le berceau jusqu'au terme de son enfance, période qui comprend environ trois cents ans, guerroya autour de ses murailles. Puis, entré dans l'adolescence, après les épreuves de guerres multiples, il franchit les Alpes et la mer. Parvenu à la jeunesse et à l'âge d'homme, de toutes les régions qu'embrasse le vaste monde il a rapporté lauriers et triomphes. Et maintenant, penché vers la vieillesse et ne devant parfois la victoire qu'à son nom seul, il s'est retiré dans une vie plus tranquille.» (Ammien Marcellin, *Hist.*, Livre XIV, VI, 3 et 4.)

La pérennité de Rome ne peut s'expliquer que par l'adhésion à ses valeurs du monde conquis ou dominé par elle. Un fait est à cet égard significatif : le terme de *romanitas* apparaît, et de façon tardive, chez Tertullien, auteur de langue latine mais d'origine africaine, vivant à Carthage dans la seconde moitié du IIe siècle et au début du IIIe siècle de notre ère. En effet,

*Déméter*

Ier siècle après J.-C.
Marbre
H. 103 cm ; L. 36 cm ; PR. 25 cm
Prov. Carthage, maison de la Cachette
Carthage, musée national

cette notion prend tout son sens par rapport à Rome et donc hors de Rome, celle-ci étant perçue comme référence. Cette extension de la romanité est la résultante logique de la romanisation politique accomplie par Rome dans les provinces. Elle est la marque de son succès. Avec le recul du temps, l'Empire romain peut apparaître comme une entité unifiée et cohérente. En fait, il n'en était rien. L'expansion romaine est un phénomène qui s'étend sur plusieurs siècles, sur le continent et en Méditerranée. Rome émerge progressivement, au centre de l'Italie, aux confins de l'Étrurie et de la Grande Grèce (Italie du sud et une partie de la Sicile). Elle se nourrit de leurs cultures et les absorbe politiquement de manière continue, avant de se heurter à l'empire punique, fortement implanté en Occident (une partie de la Sicile, la Sardaigne, l'Espagne).

La date de 146 avant J.-C. est essentielle pour l'histoire de Rome. Elle marque la destruction de Carthage, sur la côte d'Afrique du nord et la fin de son empire méditerranéen. La même année, à l'est, Corinthe, la principale cité commerciale du monde grec, est conquise et passe sous la domination romaine. Rome devient donc une véritable puissance impériale et maîtrise la Méditerranée. Au IIe siècle avant J.-C., elle annexe les royaumes asiatiques. Le Ier siècle voit la conquête des Gaules et la chute de l'Égypte qui devient province romaine. En 31 avant J.-C., la victoire d'Octave sur Antoine à Actium consacre la domination romaine sur tout le Bassin méditerranéen de l'Atlantique à l'Euphrate.

## *La romanisation des provinces occidentales*

Les œuvres d'art rassemblées dans cette exposition, provenant de Gaule, d'Italie ou de l'Afrique romaine, témoignent de l'existence d'une culture gréco-romaine perceptible dans l'ensemble du Bassin méditerranéen dès le Ier siècle de notre ère. Évidence culturelle, la romanité n'en est pas moins un phénomène historique et politique complexe.

Par l'intermédiaire des échanges commerciaux et donc culturels, l'ensemble du monde méditerranéen a été plongé très tôt dans des influences émanant des cultures les plus avancées, celle de la Grèce, d'abord, celle de Rome ensuite. L'hellénisation de l'Italie, celle de la Gaule, sont loin d'être des phénomènes récents. En témoigne la *Vénus* en marbre, traditionnellement datée du Ier siècle avant J.-C., découverte au Mas d'Agenais en 1876, « une petite figure antique à demi-nue, mutilée et si belle que le regard ne peut s'arrêter d'en caresser les formes fines » (A. France). Plus généralement, l'Italie fut l'intermédiaire entre la Méditerranée orientale et la Gaule pour un certain nombre de motifs, en particulier hellénistiques. Le monde punique s'hellénisa principalement au contact des cités grecques de Sicile.

La romanisation s'accomplit au fil du temps dans des régions déjà familiarisées avec le monde romain et qui progressivement s'intègrent comme provinces dans l'Empire. Cette intégration se fait à des époques différentes suivant les cas et dans des conditions qui sont loin d'être uniformes, mais

*Aphrodite du Mas d'Agenais*

Ier siècle avant J.-C.
Marbre
H. 102 cm ; L. 33 cm ; PR. 32 cm
Prov. trouvé au Mas d'Agenais en 1876
Agen, musée des Beaux-Arts

selon un processus que l'on retrouve dans toute la partie occidentale de l'Empire : sur une initiative d'ordre politique se greffe un phénomène d'acculturation plus large et plus spontané.

D'emblée, chaque cité, chaque province qui venait s'ajouter à l'Empire, possédait ses lois, ses dieux, ses classes dirigeantes. L'extension de l'Empire excluait un contrôle centralisé. L'administration et les garnisons romaines ne pouvaient s'implanter très profondément dans des zones aussi vastes. Dans les premiers siècles de l'expansion romaine, une solution pragmatique fut adoptée qui consistait à laisser les provinces et cités se gouverner pour l'essentiel par elles-mêmes, tandis qu'un administrateur levait les taxes et réglait les différends. Les progrès de la romanisation dans les provinces de l'Empire entraînent une diffusion des institutions et des pratiques cultuelles et culturelles nées à Rome de la fusion d'éléments romano-italiens et provinciaux, plus particulièrement grecs. La romanisation résulte de la combinaison des initiatives du gouvernement central et des réponses locales.

Les initiatives du gouvernement central ont un caractère politique et ne comportent pas de programme culturel. La démarche romaine est essentiellement pratique et ses objectifs culturels limités. Les peuples des frontières doivent être soumis, neutralisés et exploités dans des domaines précis. Placer les barbares conquis au contact d'un mode de vie supérieur est un effet de cette politique, mise en œuvre en Gaule ou encore en Bretagne, mais n'est qu'un moyen utilisé à cette fin et non une fin en soi.

Dans beaucoup de régions, s'opère « une transplantation, dans un cadre urbain créé de toutes pièces, du langage, de l'éducation, de la religion, de l'architecture et de l'art de la métropole par l'entremise des empereurs et de leurs représentants » qui apportent avec eux leur mode de vie et leurs œuvres d'art. « Toutefois, même dans ces régions occidentales de l'Empire, la rapidité et l'intensité de la romanisation dépendaient essentiellement de la bonne volonté des élites locales notamment en ce qui concerne la transformation des institutions et des valeurs de leurs communautés. » (Garnsey et Saller 1994, p. 286.)

L'intérêt romain ne se portera donc que sur une aristocratie qu'il faut dominer et se concilier. Pour celle-ci, l'adhésion à l'ordre romain est un moyen de confirmer une prééminence sociale déjà existante. La « romanisation » des provinces s'opère ainsi suivant un mode assez constant, dans lequel les élites locales jouent un rôle déterminant. La ville est dirigée par un « conseil municipal » (curie) composé des membres des clans les plus fortunés. Ceux-ci reçoivent bien souvent, en contrepartie des charges qu'ils assument, la citoyenneté romaine.

Cette aristocratie locale manifeste le goût du confort et de l'élégance d'une vie à la romaine. Les descendants des chefs de guerre qui s'étaient opposés à Rome, ceux qui s'enrichissent en exploitant de vastes domaines, se font alors construire de luxueuses demeures décorées de fresques, de mosaïques, et importent des œuvres d'art. Leur exemple est une incitation, pour le peuple, à adopter le costume romain et à parler latin. Évoquant la « romanisation » de la Bretagne (Angleterre), Tacite, grand défenseur des

*Éphèbe des Fins d'Annecy*
Vers 50-30 avant J.-C.
Bronze
H. 63 cm ; L. 23,5 cm ; PR. 17,5 cm
Prov. découvert aux Fins d'Annecy en 1867, coll. Dutuit
Paris, musée du Petit Palais

vertus antiques, né peut-être dans la vieille province gauloise de Narbonnaise, dénonce ce changement :

« Au dégoût qu'inspirait jadis la langue latine a succédé la fureur de la maîtriser. De la même façon, notre costume national devint l'objet d'un véritable engouement et l'on put voir partout notre toge. Les Bretons se laissèrent leurrer par les agréments de l'existence qui rendent le vice acceptable, les arcades, les bains et les somptueux banquets. Ils qualifiaient ces nouveautés de « civilisation » alors qu'il s'agissait en réalité d'une manifestation de leur asservissement ». (Tacite, *Agricola,* XXI.)

Le jugement de Tacite n'est guère flatteur. Il n'en constitue pas moins le témoignage d'une « romanisation » en cours, selon un processus déjà appliqué en Gaule à une époque antérieure. C'est la constatation d'un fait : l'adoption d'un mode de vie, de pensée. Cela se traduira également par l'adoption des dieux du panthéon romain, la fusion de dieux romains et de dieux existants.

C'est dans le cadre de cette romanisation que prennent tout leur sens des œuvres à la fois décoratives et religieuses comme l'éphèbe dit des Fins d'Annecy, daté par Detlev Kreikenbom (cat. exp. *Polyklet,* 1990) du Ier siècle avant J.-C. et trouvé en Gaule ou les statues de la maison à la Cachette de Carthage, du Ier siècle après J.-C. À la phase de romanisation politique correspond une période d'importations d'œuvres d'art qui vont constituer des références culturelles communes. On retrouve, en Gaule et en Afrique, les mêmes goûts pour les modèles du premier et du second clacissisme grec, avec un décalage chronologique normal, dû à l'historique de la romanisation dans ces deux provinces occidentales. Cette implantation artistique et religieuse est facilitée par l'assimilation de certaines divinités gréco-romaines à des cultes locaux fortement enracinés.

L'éphèbe en bronze, découvert aux Fins d'Annecy en 1867 dans une cache, est une œuvre importée qui date des débuts de l'Empire (entre 50 et 30 avant J.-C.). À cette date, les ateliers gaulois ne produisaient pas, semble-t-il, de bronzes figurés. Pline l'Ancien mentionne, en effet, différentes régions, dont la Gaule, où se fabrique du bronze pour des récipients d'usage courant *(Histoire Naturelle,* XXXIV, 95 et 96). Il énumère d'innombrables statues, sans donner le lieu de leur fabrication, précisant toutefois que la statuaire fut en Italie un art indigène et ancien, qu'on y fabriqua de nombreux colosses dont celui de Néron, érigé dans l'atelier de Zénodore, à Rome probablement ; sur la Gaule, il ne dit rien, sinon que Zénodore y réalise le Mercure arverne. Apparemment, vers le milieu du Ier siècle de notre ère, la production des bronzes figurés devait encore être très limitée, sinon inexistante. Les bronzes figurés antérieurs à cette date et retrouvés en Gaule sont donc des œuvres importées soit par les Romains qui s'y installent, soit par les élites romanisées qui les font venir. L'éphèbe serait la réplique la plus proche d'un original grec du Ve siècle avant J.-C. dû au maître argien Polyclète. Exécutée en Italie ou en Grèce, cette œuvre exceptionnelle démontre l'existence en Gaule, non pas seulement d'un art purement conventionnel et commercial, aux sujets stéréotypés, mais de pièces d'un type rare qui sont la marque d'une véritable

*Bacchus de la Via del Babuino*
Ier siècle après J.-C.
Bronze
H. 78,5 cm ; L. 37,5 cm ; PR. 33,5 cm
Prov. découvert à Rome, via del Babuino en 1880
Coll. Dutuit
Paris, musée du Petit Palais

culture. Représentatif de la prédilection marquée des élites patriciennes pour les créations grecques du V^e^ et du IV^e^ siècles, daté entre 50 et 30 avant J.-C., ce bronze est extrêmement difficile à identifier : s'agit-il d'un Mercure, d'un *Bonus Eventus ?* Peut-être simple représentation d'athlète à l'origine, il fut pourvu, apparemment dès l'Antiquité, d'un attribut, caducée ou corne d'abondance qui modifiait sa fonction et le transformait en divinité. Le caducée en ferait un Mercure, dieu très populaire en Gaule, la corne l'identifierait comme *Bonus Eventus,* génie veillant à la fertilité des moissons (voir Petit 1980, p. 88-93).

Le groupe de statues retrouvé à Carthage dans la maison dite de la Cachette, *Déméter, Korè* et la *Canéphore,* trahit les mêmes goûts que l'on retrouve dans la bonne société romaine et romanisée pour les modèles grecs du premier et du second classicisme. On voit s'y manifester le même éclectisme dans l'association d'une Déméter aux traits fortement empreints de l'influence d'un Praxitèle et d'une *Korè* beaucoup plus proche de la sobriété du V^e^ siècle grec. Là encore, l'existence d'un culte local traditionnel a pu faciliter l'introduction de nouvelles références plastiques, venues de Rome. Le culte de Déméter et de Korè est abondamment attesté à Carthage, dès l'époque punique. En 396 avant J.-C., le culte des déesses grecques Déméter et Korè, particulièrement honorées en Sicile, est officiellement introduit à Carthage. La représentation de ces divinités est nettement influencée par les types siciliens, ainsi qu'en témoignent les terres cuites votives figurant *Déméter kernophoros,* portant sur la tête une sorte de brûle-parfum. La déesse, punicisée, est également représentée assise, trônant *(Déméter* provenant de Korba, cap Bon). La statue de marbre, importée de Rome peut-être, et retrouvée dans une cache – avec la *Korè,* la *Canéphore,* une tête de taureau vouée à Saturne et une plaque portant une dédicace à Jupiter Hammon Barbarus Silvanus (Louvre, MA 3395) – ne répond plus aux mêmes conventions esthétiques et s'inscrit dans le processus de romanisation de la province d'Afrique.

La romanisation des provinces est particulièrement nette dans le cadre des cités et remporte ses succès les plus éclatants dans les régions où la croissance urbaine est la plus prononcée : sud et surtout est de la péninsule ibérique, sud de la France et Afrique du nord. L'urbanisation de ces régions favorise l'apparition d'un type de hauts fonctionnaires, d'origine indigène ou non, capables de se fondre, à Rome, dans une hiérarchie sociale traditionnelle. On voit également se distinguer des poètes en Espagne, des orateurs en Gaule, et, à commencer par Suétone, une moisson étonnante d'auteurs africains qui, quel que fût leur talent, s'enorgueillissaient de leur culture latine.

## *La romanité : la religion et la création artistique dans les provinces*

Le II^e^ siècle voit l'émergence d'une véritable *koinè* « méditerranéenne ». Contrairement aux affirmations de Tacite, la romanisation ne revêt pas qu'un aspect négatif, celui de l'asservissement et de la perte d'identité des provinces. En effet, au II^e^ siècle, celles-ci vont intervenir, à leur tour, dans les destinées de la romanité. Portant un jugement sur l'Empire à son apogée, vers le milieu du IIe siècle après J.-C., Aelius Aristide, sophiste et rhéteur, provincial originaire d'Asie mineure, salue l'accomplissement du rêve de Claude, Rome, « patrie commune » du monde *(Discours,* XXVI, 63, 65) : « Vous avez fait que le mot " romain " n'appartienne pas à une cité, mais qu'il soit le nom d'une sorte de race collective, et ce n'est pas une race parmi toutes les autres, mais un contrepoids aux autres. Aujourd'hui, vous ne séparez pas les races entre les Grecs et les barbares [...]. Mais vous avez divisé les peuples en Romains et non-Romains [...]. Pourtant, l'envie ne règne pas dans votre empire. Car vous avez été vous-mêmes les premiers à ne pas donner avec mauvaise grâce, puisque vous avez tout mis à la disposition de tous, et tout octroyé à ceux qui sont capables de ne pas être des sujets, mais des maîtres. » La romanisation se traduit par les avantages tangibles de la citoyenneté. Une fois devenus citoyens, les membres des peuples soumis, complètement intégrés au système, eurent accès, pour eux-mêmes et leurs descendants, à une élévation sociale pratiquement sans limite. Des non-Romains d'origine – Espagnols, Gaulois, Africains ou Germains – parvinrent à la dignité de consul ou de gouverneur de province. Certains même devinrent empereurs, donnant ainsi un sens nouveau à la notion de romanité.

Les débuts de ce processus peuvent être datés du règne d'Hadrien qui, le premier, diminua les privilèges spécifiques de l'Italie. Un demi-siècle après la mort d'Hadrien, l'empereur Septime Sévère (193-211), africain de naissance, issu d'une famille italienne établie en Afrique, parlant punique et marié à une Syrienne, abolit les privilèges militaires de l'Italie et confère la citoyenneté à de nombreuses cités provinciales, particulièrement dans sa province d'origine. Point culminant de cette politique, tout autant que résultante d'une tendance inhérente à la conception même de l'Empire, en 212, Caracalla promulgue la *Constitutio Antonina* par laquelle tout homme libre de l'Empire reçoit la citoyenneté romaine. L'édit de Caracalla ne signifie pas seulement l'émergence d'un monde cohérent, il implique également la disparition de statuts différents au profit d'une égalité de fait. L'existence de cette *koinè* est confirmée par les activités artistiques des centres du monde romain. Après une première phase d'importations, assez rapidement, naissent des ateliers locaux qui répondent aux demandes d'une population romanisée, fournissant des œuvres soit destinées à prendre place dans un cadre public, civique ou religieux, soit de petites dimensions, décoratives ou destinées à la piété domestique, dans les laraires privés. Toutes ces créations, avec leurs accents régionaux, participent d'une communauté culturelle. Dans le domaine des grandes créations, cette communauté artistique est telle qu'il devient difficile, en l'absence de contexte archéologique, d'en attribuer l'exécution à un atelier précis. Dans certains cas, il est même difficile d'identifier à coup sûr la divinité représentée ou de dater l'œuvre.

Les œuvres religieuses témoignent de la création d'une *koinè* à la formation de laquelle la province participe, en donnant et recevant à la fois. Dès le IIe siècle, on trouve en Gaule des ateliers produisant de grands bronzes. L'adoption d'un thème, au départ étranger, rencontrant un terrain particu-

*Neptune du Rhône*
IIe siècle après J.-C.
Bronze
H. 143 cm ; L. 54 cm ; PR. 46 cm
Prov. atelier gaulois,
découvert dans le Rhône en 1859
Lyon, musée de la civilisation
gallo-romaine

*Buste d'Antonin le Pieux*
Vers 138 - 171 après J.-C.
Bronze
Paris, musée du Petit Palais

ŒUVRE NON EXPOSÉE

lièrement favorable, peut également devenir un trait caractéristique de la culture d'une province, peut-être parce qu'il trouve un équivalent sur place et offre une solution plastique. C'est ainsi que le culte de Neptune s'implante avec un rare succès en Gaule, où l'on vénère traditionnellement les sources et les fleuves. Neptune, en Gaule, n'est plus seulement la divinité de l'Océan, il est adoré dans les villes proches de grands fleuves. Il existait probablement à Lyon un ou plusieurs sanctuaires dédiés à Neptune, dieu des eaux, et non pas seulement dieu de la mer. Le *Neptune du Rhône,* parfois considéré comme Jupiter et daté du IIe siècle après J.-C., tient une place primordiale parmi les effigies divines de bronze découvertes en Gaule. On y reconnaît l'imitation vraisemblable d'un prototype grec, due à un atelier gaulois (Boucher et Tassinari 1976, p. 64-65).

Les œuvres d'art à vocation publique, portraits impériaux, portraits de magistrats, révèlent une même acculturation des pratiques romaines et la persistance de cheminements culturels traditionnels qui ne passent pas tous nécessairement par Rome (la Gaule entretient des relations avec l'Italie du nord depuis le VIIe siècle avant J.-C.). Ces voies culturelles et commerciales sont toujours utilisées à l'époque romaine, pour la diffusion de toute une série de types de bronzes, ainsi que l'atteste la trouvaille faite aux Fins d'Annecy en 1867. L'*Éphèbe des Fins d'Annecy* fut, en effet, retrouvé avec un ensemble de bronzes qui lui étaient largement postérieurs, en particulier trois têtes grandeur nature. L'une est un portrait impérial en buste, identifié comme celui d'Antonin le Pieux qui régna de 138 à 161. Le culte impérial fut implanté dans les provinces à l'époque d'Auguste et l'on assiste dès lors à une diffusion des portraits impériaux dans les centres de la vie publique. Mais ce portrait d'Antonin ne renvoie pas aux effigies impériales de l'Italie centrale, il est plutôt à rapprocher de celles retrouvées en Italie du nord (voir Petit 1980, p. 113). L'érection de statues honorifiques récompensant l'œuvre de magistrats municipaux est une pratique désormais bien ancrée : les deux têtes de

*Abondance (?)*
IIe siècle (?) après J.-C.
Argent doré au feu
H. 22,3 cm [H. du socle 6,3 cm]
Prov. découvert en 1992 dans
le quartier de Vaise, à Lyon IXe ar.
Lyon, musée de la civilisation gallo-romaine

Romains inconnus qui l'accompagnaient appartenaient très probablement à de grandes statues, exécutées à la fin du règne de Trajan ou au début du règne d'Hadrien, donc au début du IIe siècle de notre ère. Il s'agissait certainement de personnages officiels et cependant ces portraits se distinguent des créations de l'art officiel de Rome (voir Petit 1980, p. 114-116). Ils ont certainement été réalisés dans un même atelier régional.

À côté de telles œuvres qui restent exceptionnelles, on trouve des groupes d'objets absolument équivalents qui apparaissent à la fois en Italie et dans les provinces. Certaines divinités romaines se retrouvent dans tout l'Empire romain, associées à la dévotion publique ou privée, c'est le cas des divinités de la Fortune que l'on retrouve sous les formes de Tyché, Fortuna ou Tutela et de l'Abondance, popularisées dans tout le monde romain en grand et petit format, sculptures de pierre, de bronze, d'argent, revêtant selon les lieux des formes plus ou moins diversifiées. Une généralisation des motifs et des thèmes se produit, qui correspond à la participation du monde antique tout entier à la romanité. En attestent la *Junon* du musée du Petit Palais (IIe siècle ?), l'*Abondance (?)* de Vaise (IIe siècle) ou l'*Abondance* de Carthage (IIIe siècle).

La *Junon* du musée du Petit Palais et l'*Abondance (?)* découverte à Vaise, près de Lyon, en février 1992, sont toutes deux des statuettes d'argent, datant probablement du IIe siècle de notre ère et que l'on pourrait replacer dans le contexte de la piété domestique. Elles évoquent le classicisme grec des Ve et IVe siècles avant J.-C. Certains des traits de la *Junon* (la tunique, le traitement du drapé moulant le buste et le ventre) se retrouvent dans une statue de bronze, datée du Ier siècle de l'Empire, provenant d'Aoste et représentant une Fortune ou une Abondance, debout. Isolée, car les statuettes d'argent sont assez rares, elle est cependant à rapprocher d'une série de statues de marbre, debout ou assises, datées du IIe siècle de notre ère, telle la statue romaine dite De Braye. Ce type, connu par un nombre relativement élevé d'exemplaires, fut particulièrement apprécié au IIe siècle en milieu urbain et communément utilisé pour représenter Tyché-Fortuna, le plus souvent vêtue d'un *chiton* léger, à manches, retenu sous le buste par une ceinture aux pans flottants, et d'un *himation*. Il a également été repris en Égypte pour représenter Isis-Fortuna. On retrouve la popularité du thème, au IIIe siècle, en Afrique, avec l'*Abondance* de Carthage. L'identification de la divinité comme Junon, Abondance ou Fortuna dépend essentiellement des attributs dont la divinité est pourvue. Ainsi, la disparition de ces attributs ou la fantaisie de l'artiste rendent-elles parfois cette identification problématique.

On a pu écrire que la romanisation fut un phénomène superficiel, reposant sur des élites, et cantonné dans un cadre urbanisé. Ce fut probablement vrai dans les premiers temps de l'Empire. Cependant, des œuvres comme celles du Trésor de l'Esquilin, trouvées à Rome où elles furent peut-être exécutées, ou la mosaïque des thermes de Sidi Ghrib en Tunisie attestent une profonde adhésion à un mode de vie, de culture et de pensée. Parmi les pièces du trésor de l'Esquilin découvert à Rome en 1793 et daté de la seconde moitié du IVe siècle, figuraient le coffret dit « de Projecta » (Londres, British

*Junon*
IIe siècle après J.-C. ?
Argent
H. 7,3 cm ; L. 4 cm ; PR. 4 cm
Hist. coll. Dutuit
Paris, musée du Petit Palais

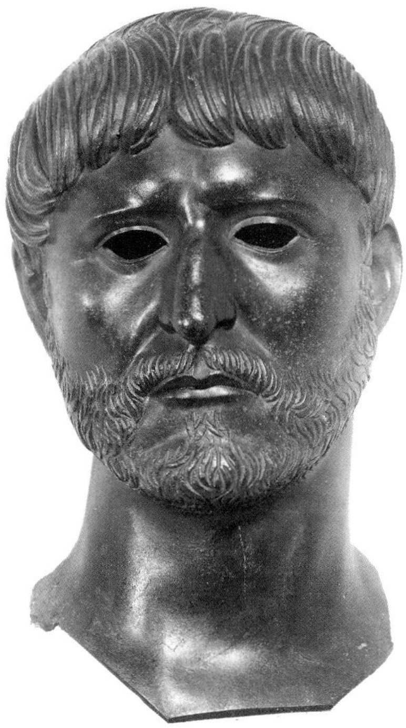

*Tête de Romain*
Début IIe siècle après J.-C.
Bronze
Paris, musée du Petit Palais

ŒUVRE NON EXPOSÉE

Museum), probablement offert en présent de noces à Turcius Secundus, issu d'une famille païenne et converti au christianisme et à Projecta, son épouse, et la « patère de l'Esquilin » (musée du Petit Palais). Cette argenterie appartenait à une famille romaine opulente, celle des Turcii qui occupa de hautes charges à Rome, aux IVe et Ve siècles. Le décor du coffret montre des servantes présidant à la toilette d'une matrone romaine. Celle-ci, présentée au centre, arrange ses cheveux. Au-dessus d'elle, Vénus esquisse les mêmes gestes, exact pendant visuel de la propriétaire du coffret. La scène a longtemps été interprétée comme une scène du rituel du mariage : la toilette nuptiale de la jeune mariée qui avait lieu la nuit précédant le mariage ; la « jeune mariée », richement vêtue, assise de face, sur un siège très orné, domine la scène, par sa position autant que par sa taille.

La patère de l'Esquilin reprend le thème de la toilette de Vénus, dont le visage se reflète dans le miroir que lui tend un Éros en vol. Le style du trésor de l'Esquilin ne peut en rien être qualifié de classique : le traitement des figures, leurs relations dans l'espace appartiennent à l'antiquité tardive : les figures, vues de face, sont isolées sur un fond neutre. Ce « trésor » offre l'évidence flagrante de la survivance d'une iconographie classique, traitée d'une manière caractéristique de l'antiquité tardive, et adoptée avec la plus grande facilité à la fois par les païens et les chrétiens du Bas-Empire. Ce même thème de la *domina* à sa toilette, assise sur un siège à haut dossier, de face, encadrée par ses servantes, se coiffant et se mirant, se retrouve sur une mosaïque qui décorait les vestibules d'entrée de la salle pour les bains froids *(frigidarium)*, dans de somptueux thermes privés, construits à Sidi Ghrib, vers la fin du IVe siècle ou au début du Ve siècle. C'est la même composition avec, bien évidemment, des variantes dans la coiffure, le costume et la pose des trois femmes. On retrouve ici le même rituel de toilette et d'habillement qui était évoqué par les pièces du trésor de l'Esquilin, lié aux activités du bain et au mariage.

« Les provinces furent moins directement exposées que la capitale aux processus de transformation culturelle encouragés par l'arrivée au pouvoir d'un empereur ; les empereurs et leurs conseillers n'avaient pas non plus formé le grand projet de diffuser la culture de Rome dans tout l'Empire. Néanmoins, dans les provinces occidentales en expansion, les empereurs intensifièrent la politique romaine traditionnelle qui consistait à mettre en place les institutions politiques et culturelles métropolitaines, complément essentiel de la conquête militaire. L'impérialisme romain eut toutefois pour conséquence non pas tant la romanisation que la création, grâce à la fusion des éléments impériaux et locaux, de cultures distinctives : romano-africaine, gallo-romaine, etc. C'était surtout dans les villes que les idées et les coutumes romaines circulaient ; l'impact de la culture impériale est nettement moins perceptible dans les régions faiblement urbanisées et dans les campagnes. Dans les provinces orientales, rien ne fut tenté pour bouleverser la culture indigène de la cité qui existait depuis longtemps et prospérait. En général, la romanisation prenait racine uniquement lorsque les élites locales voulaient adopter la culture romaine, et en Orient, cet état d'esprit était totalement absent. Enfin, la culture impériale ou métropolitaine était elle-même un mélange d'éléments indigènes et étrangers. La réceptivité aux autres cultures – surtout à la culture grecque, dont la supériorité n'était pas contestée par les classes gouvernantes romaines – augmenta grâce à l'unification politique de la Méditerranée sous Auguste, et elle fut particulièrement encouragée par les empereurs philhellènes. » (Garnsey et Saller 1994, p. 275-276.)

La romanisation ne naquit pas d'un projet précis. Faut il en conclure pour autant qu'elle resta un phénomène superficiel, uniquement lié à des élites locales ? Si tel avait été le cas, elle n'aurait survécu ni à la dislocation de l'Empire (phénomène politique) ni à l'abandon des dieux traditionnels du panthéon romain au profit du christianisme triomphant (phénomène religieux). Ce serait méconnaître l'ampleur d'un processus qui aboutit à imposer une langue et une culture de manière ineffaçable à l'ensemble des territoires de l'Empire. Ainsi, saint Jérôme, né en Dalmatie vers 347 et mort à Bethléem en 420, pouvait-il écrire, à la fin du IVe siècle, dans sa lettre XXII, décrivant la manière dont il avait abandonné son mode de vie ancien, sa famille : « [...] Je ne pouvais toujours pas me résoudre à me séparer de la bibliothèque que je m'étais constituée à Rome avec un soin et une peine extrêmes. Ainsi, malheureux que j'étais, je jeûnais et retombais dans la lecture de Cicéron. Après tant de nuits passées à veiller, à verser des larmes venues des profondeurs de mon cœur, à me ressouvenir de mes anciens péchés, une fois encore je reprenais Plaute. Et lorsque, par instants, je recouvrais mes sens, commençant la lecture des prophètes, je trouvais leur style grossier et repoussant. » Rêvant sa mort et sa comparution devant Dieu, Jérôme déclare : « Je suis chrétien » et entend cette réponse : « Tu mens, tu es un disciple de Cicéron et non du Christ. »

*Paulette Pelletier-Hornby*

*Patère de l'Esquilin : la Toilette de Vénus*
Vers 380 après J.-C.
Argent
DIA. 24 cm ; L. avec le manche 37 cm
Prov. découvert à Rome sur l'Esquilin, vers 1793, coll. Dutuit
Paris, musée du Petit Palais

# Rome et la Tunisie : la sculpture de l'Afrique proconsulaire

*Korè*
Ier siècle après J.-C.
Marbre
H. 97 cm ; L. 35 cm ; PR. 23 cm
Prov. Carthage, maison de la Cachette
Carthage, musée national

Dans le monde romain, c'est peut-être la sculpture qui rend le mieux compte du phénomène d'acculturation et de résistance aux modèles de la culture artistique du vainqueur. L'Afrique n'échappe pas à la règle et nombreux sont, à côté des statues des principales divinités du panthéon gréco-romain et des portraits officiels des empereurs, les reliefs, votifs ou funéraires, qui conservent et véhiculent tout au long de cette période des éléments d'un langage antérieur ou, à tout le moins, d'une formulation plastique différente de la tradition classique des classes dominantes.

Dans les grandes villes, au cœur de ces colonies et municipes qui constituent, selon le mot fameux d'Aulu-Gelle, autant de petites Rome, sur les places publiques, dans les basiliques judiciaires ou au mur de scène des théâtres, l'image du prince, provenant le plus souvent d'ateliers de la capitale, diffuse les types iconographiques successivement adoptés, éléments d'une idéologie du pouvoir dont on analyse mieux, d'année en année, les composantes et dont on perçoit aujourd'hui bien les subtilités. Du *Caligula* de Mustis à l'*Antinoüs* de Carthage, du *Caracalla adolescent* de Thuburbo Maius au *Tétrarque* anonyme d'Utique, conservé à Leyde, ce sont bien les différentes étapes d'une longue évolution, dans un des domaines les plus officiels de l'art romain, qui nous sont livrées.

Dans la *cella* des capitoles – haut-lieu de la religion romaine traditionnelle –, leur répondent, conformes aux canons de la sculpture idéale, des figures souvent monumentales qui disent assez, elles aussi, leur dépendance directe de Rome. Le *Jupiter* de Thuburbo Maius, la *Minerve casquée* de Carthage, l'*Apollon Lycien* de Bulla Regia en sont les exemples les plus remarquables, à côté de tant d'autres que multiplient la petite statuaire de bronze et la coroplastie à l'usage des laraires domestiques et des tombes.

On n'oubliera pas le culte impérial, et son développement rapide dès les premières décennies du régime. À Carthage encore, l'autel dédié à la *Gens*

*Hercule dit de Massicault*

IIIe siècle après J.-C.
Marbre
H. 205 cm ; L. 77 cm ; PR. 28 cm
Prov. plaine de la Mornaguia, près de Borj el-Amri
Tunis, musée national du Bardo

*Relief aux Ménades*
Deuxième moitié Ier siècle
Prov. Thuburbo Maius
Tunis, musée national du Bardo

ŒUVRE NON EXPOSÉE

*Relief de la Gens Augusta : Énée, Anchise et Ascagne ; la déesse Rome*
Fin du règne d'Auguste
Tunis, musée national du Bardo

ŒUVRE NON EXPOSÉE

*Augusta* reprend quelques-uns des leitmotive de la propagande augustéenne dans la ville nouvelle, ressuscitée après un siècle d'abandon : piété d'Énée sauvant le vieil Anchise de Troie et piété de l'empereur lui-même (?) ou du dédicant sacrifiant aux dieux, représentations d'Apollon, dieu protecteur d'Auguste, et de Rome, *Dea Roma* victorieuse et annonciatrice de fécondité. Sur un relief de la Malga, aujourd'hui au Louvre, l'allégorie de la Terre nourricière *(Tellus)* renvoie à son tour au panneau célèbre de l'Ara Pacis, si souvent rapproché par les commentateurs de « l'Éloge de l'Italie » au chant II des *Géorgiques* de Virgile. Images d'un âge d'or certes, de la concorde revenue après les désordres des guerres civiles, images de l'ordre romain aussi, imposées par les moyens d'information de l'époque aux populations africaines dans le chef-lieu de la province, comme elles l'étaient ailleurs, et sous la même forme, partout dans l'Empire. L'intention est claire et la signification univoque : Rome et le prince dominent l'espace urbain.

Mais le substrat reste fort, qui nous vaut par ailleurs d'innombrables figures de Saturne, *interpretatio romana* d'une divinité indigène que l'on retrouve, d'un bout à l'autre du territoire, sous les traits d'une de ces vénérables effigies masculines barbues issues du classicisme grec ou ceux, plus populaires, dans des reliefs à la facture simpliste mais combien expressive, d'un dieu local farouche, brandissant la *harpé,* flanqué du bélier et entouré de symboles variés, sympathiques ou apotropaïques. Dans ce pays de grandes terres fertiles vouées à la culture du blé et à l'élevage, on ne s'étonnera pas de l'omniprésence de ce Baal africain dont le culte favorisa un certain particularisme berbère et cimenta les résistances à la romanisation, non plus que de la récurrence d'images de Déméter ou de Korè – telles celles de la maison à la Cachette à Carthage – mais ces dernières sont importées.

Votives ou funéraires, les stèles trahissent en effet, à côté de croyances ancestrales, les aspirations sociales de chacun au sein de ce monde nouveau qu'était l'Empire. Les plus riches y proclament cette aisance que leur assurent précisément le travail des champs et d'opulentes récoltes : témoin le fameux *Relief de Cuttinus,* provenant des environs de Siliana, où la représentation d'un sacrifice effectué en famille est en même temps l'occasion de rappeler l'origine de cette fortune par des scènes de la vie quotidienne (labour, moisson et transport des gerbes) telles qu'on en trouve sur les mosaïques des grands domaines ruraux. Mais comment ne pas évoquer aussi l'émouvante épitaphe du moissonneur de Mactar (CIL VIII 11824) qui, « né d'une famille pauvre », atteignit les honneurs de sa cité et, de petit paysan qu'il avait été, devint censeur ? Plus proches de la tradition indigène et apparentées aux monuments puniques de l'époque qui précéda la colonisation, les stèles les plus pauvres se limitent souvent à quelques signes malhabiles – et l'on ne saurait, à cela, les dater – figurant le dieu honoré, ses symboles ou le dédicant ; mais il y manque rarement l'indication du nom de ce dernier que seul l'usage du latin permet d'attribuer à l'époque romaine.

Que dire de l'étonnant *Hercule de Massicault,* sur lequel on a tant écrit ? Exemple, certes, « d'apothéose privée » de la part de celui qui, comme on le voit à Rome, dans les classes moyennes, dès le milieu du Ier siècle de notre ère, se fait ici représenter sous les traits de son héros protecteur psychopompe et, assimilé à lui, s'apprête à franchir, héroïsé, le seuil de la mort ; mais aussi témoignage d'africanité que ce personnage au relief expressif, volontiers schématique, tenant en main le bouquet d'épis et de fleurs de pavot qui renvoie à ces mêmes divinités agraires de l'au-delà.

En revanche, la stèle des *Dii Mauri* de Béja énumère comme une litanie et représente côte à côte sept dieux indigènes dans une oasis aux palmiers chargés de régimes de dattes. On songe aux théories de dieux palmyréniens de la steppe syrienne. Ici comme là, le schéma iconographique répétitif est semblable et ce petit panthéon local, qui évoque peut-être le nomadisme avec ses dieux cavaliers et ses figures cosmiques (?), n'est sans doute qu'une forme de plus de résistance en dépit du nom romain des dédicants et de l'utilisation du latin dans le texte qui les désigne.

Dans un autre domaine encore – celui du goût –, témoins des collections constituées par quelques amateurs éclairés, la jeune nymphe de l'*Invitation à la danse* d'El-Jem ou le *Relief aux Ménades* de Thuburbo Maius attestent l'emprise de la culture artistique classique sur les élites de l'Afrique romaine ; et le portrait du « pseudo-Sénèque » de Carthage, quel que soit le personnage représenté (Hésiode ?), suffit à évoquer, comme maintes mosaïques, leur culture littéraire, traduisant une même dépendance de clientèle des grands ateliers de sculpture de la Méditerranée que la statuaire des sanctuaires.

On le voit bien, ce va-et-vient d'influences est le propre d'une province d'exception, largement ouverte sur Rome et dépendante de ses choix artistiques, mais qui a su créer dans ce creuset nombre d'œuvres d'un indéniable accent original au point que l'on peut souvent parler ici d'une véritable sculpture romano-africaine, avec ses thèmes et ses traits propres.

*Jean-Charles Balty*

*Bas-relief dit des Dii Mauri*

IIIe siècle après J.-C.
Calcaire
Prov. environs de Béja (El-Ayaida)
Tunis, musée national du Bardo

ŒUVRE NON EXPOSÉE

*Canéphore*

Ier siècle après J.-C.
Marbre
H. 94 cm ; L. 32 cm ; PR. 28 cm
Prov. Carthage, maison de la Cachette
Carthage, musée national

# Mosaïques africaines

Évoquer l'histoire de l'art de la mosaïque en Tunisie, c'est, d'une certaine façon, remonter à ses origines. Non pas aux origines de la peinture de pierre – inventée, avec quel brio, dans le monde grec du IVe siècle avant J.-C., qui sut porter la technique de la mosaïque de galets jusqu'aux sommets d'Olynthe, d'Érétrie ou de Pella – mais peut-être aux origines de la technique du *tessellatum*, qui consiste à découper en petits carrés réguliers les éléments de pierre ou de terre cuite destinés à entrer dans la composition des revêtements de sol, technique qui devait triompher partout dès l'époque hellénistique et notamment s'imposer, jusqu'à la fin de l'Antiquité, à travers tout le monde romain.

Les recherches de ces trente dernières années à Carthage même et dans sa région ont montré la présence tout à fait courante, dès le IIIe siècle avant J.-C., de petits éléments ainsi prédécoupés de façon uniforme dans différents types, souvent originaux, de décors de sol. Mais la plupart des chercheurs ont proposé de remonter encore plus haut : à Kerkouane, petite cité carthaginoise à la pointe du cap Bon, J.-P. Morel, puis M. Fantar ont daté du Ve siècle avant J.-C. les plus anciennes tesselles de pierre découvertes sur ce site où, par la suite, on fit abondamment usage des revêtements en mortier de tuileau incrustés de tesselles blanches, formant des ébauches de décor géométrique simple ou même figuré, comme celui représentant le signe dit de Tanit *(in situ)* ; à Carthage, dans le quartier Magon, des pavements de ce type ont été datés par F. Rakob du IVe siècle avant J.-C., et F. Chelbi date également du IVe siècle un petit tapis à décor géométrique entièrement réalisé au moyen de tesselles de pierre de format identique : ce serait le premier exemple complet connu d'*opus tessellatum* au sens strict (musée de Carthage).

Un des plus anciens tableaux figurés en *opus tessellatum* – l'*Enlèvement de Ganymède* de Morgantina – a été découvert en Sicile, région depuis toujours disputée entre Carthaginois et Grecs et, sur la foi des textes, certains ont proposé Syracuse comme lieu de création du *tessellatum* à décor figuré ; on a donc pu suggérer – c'est en tout cas l'hypothèse de K. Dunbabin – que cette innovation avait été le fruit de la rencontre, promise à une extraordinaire fécondité, entre la tradition picturale de la mosaïque grecque de galets et la technique carthaginoise du *tessellatum*, rencontre qui aurait toute chance

*Le Dieu Océan*
Milieu IIIe siècle après J.-C.
Mosaïque
H. 223 cm ; L. 188 cm
Prov. Chatt Meriem (Themetra), thermes
Sousse, musée

de s'être produite en Sicile. Notons toutefois que cette hypothèse, très séduisante pour nous ici en ce qu'elle ferait de Carthage l'un des berceaux de l'art de la mosaïque, n'a pas que des partisans ; d'autres, avec W. Daszewski, verraient plutôt dans ce rôle Alexandrie d'Égypte.

Indépendamment de ce problème d'antériorité, il n'en demeure pas moins que les premiers siècles de l'histoire de la mosaïque en Tunisie ont bien été carthaginois, et que, au cours des deux cents ans qui ont précédé sa chute, Carthage a connu plusieurs types originaux de revêtements de sol, tous proches du *tessellatum.* S. Lancel en a naguère proposé un inventaire, tout en soulignant les insuffisances actuelles de la typologie et les incertitudes du vocabulaire : pavements entièrement formés de petits carrés de terre cuite juxtaposés *(opus figlinum),* sols lissés où fragments irréguliers et tesselles de marbre sont noyés dans du mortier *(lithostrôton),* bétons de tuileau à incrustation de tesselles (proches de l'*opus signinum* des sols siciliens ou italiens), en bref, tout ce que les Anciens appelaient peut-être *pavimenta punica.*

Plus d'un siècle après la première destruction de Carthage, lorsque des mains sans doute italiennes réintroduisent des pavements de *signinum* à incrustation de tesselles – on en a retrouvé plusieurs – dans les *insulae* de la ville ressuscitée par la volonté de César et d'Auguste, les nouveaux maîtres, à leur insu, réimplantaient peut-être une invention carthaginoise : même à ce niveau trivial d'une simple technique artisanale, on pourrait alors lire ce mouvement de navette qui a toujours enserré l'ancienne rivale de Rome, l'ancienne alliée des Étrusques, l'ancienne ennemie des Grecs, dans les rets de l'Italie et de cet Occident où la nouvelle Tyr était venue fonder son empire.

Toute l'histoire, si exceptionnellement riche, de la mosaïque dans ce qui devint, pour plus d'un demi-millénaire, la province d'Afrique, vient confirmer et la puissance d'invention de cette terre et ses incessants échanges avec tout le reste du monde unifié sous l'autorité de Rome.

La phase de lent réveil, au Ier siècle de notre ère et sans doute durant toute la première moitié du IIe siècle, est marquée, comme dans bien d'autres provinces d'Occident, par l'influence, et sans doute la présence, des ateliers italiens. On retrouve ici et là en Afrique du nord l'écho de leurs ornementations élégantes mais sévères et de leurs formes géométriques simples, en noir et blanc : G. Pesce les a décelées dans les quadrillages du péristyle du Palais des Colonnes à Ptolémaïs, M. Alexander en a signalé à Utique, A. Ennabli dans la maison aux Banquettes à Sousse. Un méandre de svastikas couvre, à Carthage, le péristyle de la maison de la Volière dans son premier état ; et nous venons de mettre au jour (été 1994) une composition en nid d'abeille noire et blanche, élégante et sobre, dans les niveaux du IIe siècle d'une *insula* de Carthage. Ce goût et ce choix de motifs élémentaires, rigoureux dans leur sobriété, sont encore très présents aux thermes d'Antonin, toujours à Carthage : le dossier, qui en a été instruit par W. Ben Osman, montre qu'encore à l'époque antonine, et même pour un édifice particulièrement somptueux destiné à orner magnifiquement le bord de mer de la capitale de l'Afrique proconsulaire, les mosaïstes – encore italiens ? ou africains, formés désormais à l'école italienne ? – n'ont utilisé, pour les pavements, que des canevas géométriques fort simples, traités en noir et blanc.

*Orphée charmant les animaux*
Fin IIe - début IIIe siècle après J.-C.
Mosaïque de marbre et calcaire
H. 360 cm ; L. 415
Prov. Bararus (Henchir Rougga, près d'El-Jem)
El-Jem, musée

Le véritable départ semble avoir eu lieu un peu plus tard (mais d'autres, comme G. Ch.-Picard ou L. Foucher, font remonter à l'époque d'Hadrien, déjà, les premières manifestations du génie propre des mosaïstes africains, en tout cas en Byzacène). Quoi qu'il en soit, dans le courant du IIe siècle, qui fut un siècle d'or pour tout l'Empire romain, surgissent en Afrique les premières manifestations d'un talent original, d'un véritable génie inventif de plus en plus fécond au fil des décennies. En deux ou trois générations, les sols de toutes les pièces principales et toutes les galeries péristyles dans les demeures aristocratiques des très nombreuses villes dont est dotée cette province prospère, sont bientôt recouverts de mosaïques. Des ateliers locaux s'y affirment avec maestria, tout particulièrement dans les sites de Byzacène (l'actuel Sahel tunisien), de Thysdrus (El-Jem, aujourd'hui fouillé par H. Slim assisté de M. Hamrouni), d'Acholla (Botria), dont S. Gozlan a révélé la maison du Triomphe de Neptune, ou d'Hadrumetum (Sousse), mais aussi dans des sites plus directement liés à Carthage, comme Thuburbo Maius (près du Fahs), mieux connu par les publications récentes de M. Alexander et A. Ben Abed, Thugga (Dougga), Uthina (Oudna), Utique et, bien sûr, à Carthage même. Les ateliers de mosaïstes interprètent, en usant d'un nuancier de pierres digne de la plus subtile peinture, notamment à El-Jem, les inventions décoratives nées en Italie à partir du règne d'Hadrien ; ils exécutent d'admirables tableaux mythologiques dans la plus pure tradition hellénistique et diffusent à profusion les réalisations de motifs nouveaux ou les interprétations nouvelles de thèmes traditionnels, comme celui des Saisons, étudié par D. Parrish, ou celui des *xenia* (natures mortes), indéfiniment répété sous mille formes diverses.

Cette première grande floraison de la mosaïque africaine, à l'époque des Antonins et des Sévères, produisit un si grand nombre d'œuvres, de nature si diverse, qu'il ne saurait être question ici de les décrire, même de façon sommaire. Quelques-unes des œuvres exposées ici en donnent cependant une idée : c'est assurément à ce groupe qu'il faut rattacher la mosaïque de *Rome et ses Provinces* et celle de l'*Afrique,* qui attestent si bien l'art des ateliers d'El-Jem, auteurs également du *Silène à l'âne,* figure centrale d'une mosaïque à la fois géométrique, végétalisée et figurée, magistralement conçue, et des combats d'animaux ornant le *triclinium* de la maison de la Procession dionysiaque ; ou encore l'*Orphée* de Henchir Rougga qui, par la mise en page et l'habileté des peintures animalières, est un véritable chef-d'œuvre de la série, sans doute créé, lui aussi, par un atelier d'El-Jem, ville toute proche ; et cette tête de *Méduse,* provenant de Sfax, si typique de la virtuosité et de l'expressivité de ce que l'on a appelé parfois le « baroque sévérien ».

On pourrait multiplier les références à des pavements célèbres, très représentatifs de l'art avec lequel les mosaïstes africains surent adopter et faire vivre dans leur province le meilleur de la tradition hellénistique en matière de décor géométrique, végétal et figuré : de la mosaïque du *Poète pensif* de Thuburbo Maius (musée national du Bardo) à celles de la maison des Masques à Sousse *(in situ),* des décors foisonnants de l'*Aiôn-Annus* d'El-Jem (musée d'El-Jem) et des grands thermes d'Acholla (musée national du Bardo)

*Virgile méditant l'Énéide,*
*entre les muses Clio et Melpomène*

Début IIIe siècle après J.-C.
Mosaïque de marbre, calcaire et pâte de verre
H. 122 cm ; L. 122,5 cm
Prov. Sousse
Tunis, musée national du Bardo

aux fins rinceaux du *Neptune avec les Saisons* de la Chebba (musée national du Bardo), ou à l'élégante résille des *xenia* à la langouste, du même site (musée national du Bardo).

Aux IIIe et IVe siècles, et jusqu'aux premières décennies du Ve siècle, la production mosaïstique ne se ralentit pas, tout en changeant progressivement de caractère dans la conception du décor ornemental aussi bien que figuré, sans doute sous l'influence de plus en plus prépondérante des ateliers de Carthage. Le goût s'affirme pour des compositions géométriques plus densément chargées, où les trames végétalisées sont surtout traitées en riches et épaisses guirlandes de laurier, et pour des mégalographies figurées, soit délimitées en grands tableaux, soit s'étendant sur toute la surface d'un pavement.

Ces images continuent à assurer la pérennité des thèmes classiques : scènes mythologiques, comme ce *Philoctète* de la maison des Nymphes de Néapolis (musée de Nabeul), ou le *Dionysos changeant les pirates en dauphins* de Dougga (musée national du Bardo), ou encore ce tableau d'*Athéna et Marsyas* de Kélibia ; scènes marines où domine souvent la puissante face du dieu Océan, comme à Thémétra ; natures mortes ; figures des Saisons – dont le *Printemps* de Sidi Ghrib est un exemple tardif, aussi brillant qu'atypique –, hommages appuyés à la culture, avec les représentations des Muses ou les portraits d'hommes de lettres, dont le plus célèbre est sans conteste le *Virgile* de Sousse.

La diffusion de thèmes nouveaux renvoyant à des réalités contemporaines, riches d'enseignements, comme l'a montré G. Ch.-Picard, sur les centres d'intérêt et les valeurs de l'aristocratie dont les demeures étaient pavées de mosaïques, caractérise cependant ces derniers siècles de l'Afrique romaine. Les jeux d'abord : jeux de l'amphithéâtre et jeux du cirque occupent autant de place dans le décor que dans la vie des cités. A. Beschaouch a prouvé que les images relatives à l'amphithéâtre permettaient de déceler l'existence de bestiaires et d'associations (sodalités) de gladiateurs rivalisant pour s'acquérir les faveurs du public, et que de telles images – dont la plus éloquente reste celle de Smirat, avec son inscription à la gloire de Magerius (musée de Sousse) – servaient à commémorer des jeux d'amphithéâtre réellement offerts. Il en allait de même des allusions aux jeux du cirque : les catalogues de chevaux de la maison de Sorothus à Sousse ou de la maison aux Chevaux de Carthage témoignent de la grande place de ces activités et préoccupations dans les aristocraties urbaines de l'Antiquité tardive, et le thème, étudié par M. Ennaïfer et par M. Yacoub, des chevaux vainqueurs associés au cylindre de prix symbolisant leur victoire (sans doute un *modius* rempli de pièces d'argent ou d'or), semble avoir eu une valeur tout à la fois commémorative, bénéfique et hautement valorisante.

Il s'agissait là d'insister sur la fortune et l'évergétisme des grandes familles, capables d'offrir au peuple des villes, et parfois de Rome même, d'aussi coûteux divertissements, à l'occasion de l'exercice de hautes charges politico-administratives. L'évocation très fréquente des chasses, souvent à courre, a sans doute un caractère plus privé mais vise aussi à glorifier, en les mettant en scène, ces maîtres de maison, ces riches *domini,* dépeints dans une

*Tigre attaquant deux onagres*
Milieu IIe siècle après J.-C.
Mosaïque de marbre
H. 160 cm ; L. 230 cm
Prov. El-Jem
(Thysdrus), maison de la Procession dionysiaque
El-Jem, musée

activité particulièrement noble, qui consacrait leur statut social de grands propriétaires terriens et d'aristocrates. Il peut s'agir de chasses de proximité, au lièvre, au cerf ou au sanglier, qui donnent parfois lieu à des peintures d'un réalisme étonnant, comme à Althiburos ou à Carthage (musée national du Bardo), ou de grandes chasses lointaines, aux fauves et autres animaux exotiques ou fabuleux, comme celle de Carthage (musée national de Carthage), encore plus valorisantes en ce qu'elles élargissent le champ d'action du *dominus* évergète aux dimensions du monde romain tout entier et à ses confins.

Le plus bel hommage rendu aux commanditaires des œuvres consiste en de véritables portraits dont on a retrouvé quelques exemples indiscutables, comme celui du fameux Seigneur Julius de Carthage (musée national du Bardo) et de son épouse, représentés dans leur domaine rural, et surtout, découverts par A. Ennabli, ceux du *dominus* et de la *domina* anonymes de ces petits thermes privés de Sidi Ghrib, qui sont des bijoux de l'art aristocratique africain de l'Antiquité tardive, réalisés quelques années à peine, peut-être, avant l'invasion vandale.

Celle-ci, du reste, n'interrompt sans doute rien complètement, et nous savons que les rois vandales ont cherché à glorifier à leur tour Carthage, conçue cette fois comme la rivale ressuscitée du pouvoir romain. Trop d'incertitudes pèsent sur les datations des pavements pour que l'on puisse exclure que certains des riches décors privés de la Basse Antiquité africaine aient appartenu à cette période.

L'archéologie contemporaine nous a fait redécouvrir les nombreux vestiges d'une production de quatre siècles d'activité créatrice. Ces mosaïques, conservées par milliers, révèlent des trésors d'inventions ornementales, géométriques et végétalisées, d'une exceptionnelle variété, et des centaines d'images, riches d'innombrables enseignements sur la culture, les goûts, les valeurs et les références des catégories sociales dominantes en Afrique, tout au long de l'histoire de cet Empire romain aux ambitions universelles auquel elles furent intimement intégrées et dont elles furent l'un des principaux piliers.

L'art de la mosaïque était-il donc si exceptionnel ? Certes, la vitalité et la créativité des ateliers de mosaïstes en Afrique jusqu'à la fin de l'Antiquité n'est plus à démontrer. Mais ce que l'on devine aujourd'hui, c'est qu'ils n'étaient pas les seuls. Sans doute les créations décoratives de la peinture à fresque s'étalaient-elles partout ; on suppose l'omniprésence de tapis, tapisseries et tentures richement ornés ; on se rend compte, de plus en plus, du rôle important joué par les décors d'argenterie dans l'iconographie domestique. Mais ces argenteries ont été la plupart du temps fondues, et les découvertes en sont rarissimes ; les tissus ont disparu, sauf de rares lambeaux retrouvés en climat désertique ; les peintures, détruites avec l'écroulement des murs qu'elles recouvraient, n'existent plus, sauf exception, qu'à l'état de fragments ; il en va de même des céramiques. Seules, quasiment, les mosaïques de sol, protégées par l'effondrement même des architectures, sont très souvent parvenues intactes jusqu'à nous à travers les siècles, et forment de très loin le trésor documentaire le plus complet que nous ait légué l'art romain en matière

*Lions dévorant un sanglier*

Milieu IIe siècle après J.-C.
Mosaïque de marbre
H. 160 cm ; L. 230 cm
Prov. El-Jem (Thysdrus)
El-Jem, musée

de créations d'ornements et d'images. Et, de ce fait, les enseignements qu'elles nous transmettent sur les valeurs culturelles, artistiques, sociales, voire éthiques, des élites du monde romain, en Afrique comme ailleurs, sont irremplaçables.

C'est sur ce fonds, et à partir de cet héritage que se fait jour, au cours du V^e^ siècle après J.-C., et surtout à partir de sa seconde moitié, un phénomène nouveau : le développement du décor en mosaïque des édifices religieux du monothéisme, désormais omniprésent. Il est passionnant d'en suivre, par exemple, les tâtonnements et les progrès dans la petite église de Jedidi, près de Hammamet, récemment fouillée sous la direction de A. Ben Abed et M. Fixot. Le savoir-faire ornemental y est, globalement, sauvegardé ; mais le savoir iconographique classique paraît perdu, ignoré ou détourné, et l'on réinvente ou réutilise plus ou moins adroitement certaines des images héritées, en les reliant désormais à la symbolique chrétienne ou juive. Il existe, en effet, au moins un cas célèbre d'usage de la mosaïque dans la décoration de synagogues africaines, vers la fin du V^e^ ou au VI^e^ siècle, c'est celui de la synagogue de Hammam Lif, dont j'ai récemment rappelé les données principales. Et l'on possède de très nombreuses informations sur les pavements d'églises, dont la plupart paraissent appartenir à la période immédiatement postérieure à la reconquête byzantine. N. Duval, dans un grand nombre d'exemples, notamment à Sbeitla et à Haïdra et T. Ghalia, pour la basilique de Hergla, ont montré tout le parti qu'on pouvait tirer de ce décor pour la connaissance des réalités liturgiques et des conceptions religieuses de ce temps.

Cette exposition présente, dans ce domaine, quelques documents prestigieux : la mosaïque, bien connue depuis longtemps, de l'*Ecclesia Mater,* symbolise à merveille le christianisme triomphant dans l'Afrique des derniers siècles de l'Antiquité et illustre la façon dont les représentations traditionnelles des architectures et de la perspective avaient pu être récupérées, pour la plus grande gloire de la foi dominante ; une des tombes de Tabarka, à la riche symbolique funéraire, présage de résurrection ; et enfin le baptistère de Békalta, toute récente découverte de la région de Téboulba, qui vient à peine d'être proposé à l'admiration des participants au Colloque international de Tunis sur la mosaïque, et qui montre, après le baptistère de Kélibia (musée national du Bardo), jusqu'à quels sommets étaient encore capables de se hisser les mosaïstes africains des derniers siècles précédant la chute définitive de Carthage, abandonnée après la conquête arabe.

Il n'est pas interdit de penser, au reste, que l'art de la mosaïque a pu survivre quelque temps dans ce nouveau contexte. C'est la question qu'on pouvait déjà se poser à propos des documents mosaïstiques très tardifs en provenance de la région de Béja, signalés par A. Mahjoubi et M. Yacoub, et que l'on est tenu d'envisager aujourd'hui au vu de la mosaïque découverte récemment à Ouled Haffouz par N. Jeddi, mosaïque dont les personnages, bien que portant des noms issus de la mythologie classique, montrent, dans le dessin et le style, des affinités certaines avec ceux de peintures des palais omeyades d'Orient. Quoi qu'il en soit, une mosaïque géométrique d'époque sans doute fatimide découverte à Mahdia (musée national du Bardo) témoigne à elle seule des quelques survivances médiévales, en Afrique, d'un art qui fut, dans l'Antiquité, autrement prestigieux, mais sut résister, semble-t-il, encore quelque temps avant de disparaître tout à fait.

*Jean-Pierre Darmon*

*Tête de Méduse*
IIIe siècle après J.-C.
Mosaïque
H. 89 cm ; L. 90 cm
Prov. Thyna
Sfax, musée

# Les demeures de Thysdrus

La réputation de Thysdrus (El-Jem) est due avant tout à son gigantesque amphithéâtre dont la masse particulièrement imposante, visible de très loin, domine à la fois le paysage sans relief du plateau d'El-Jem et les constructions basses de l'agglomération moderne. Dès le Moyen Âge, les chroniqueurs arabes ne cachaient guère leur admiration pour ce monument qu'ils considéraient comme le legs le plus fabuleux de l'Antiquité avec l'aqueduc de Zaghouan. De leur côté, les explorateurs européens des siècles passés voyaient en cet édifice la marque distinctive de l'Afrique romaine.

Mais Thysdrus est célèbre aussi, au regard de l'histoire, pour le rôle essentiel qu'elle a joué dans un événement de première importance tel la révolte de 238 et la proclamation de Gordien I^er^ comme empereur. Enfin, Thysdrus occupe également une place de choix dans le domaine de l'histoire de l'art dans la mesure où elle a fourni à la Tunisie l'une de ses plus importantes collections de mosaïques, reflet de l'enrichissement matériel et artistique de la bourgeoisie thysdritaine dont les membres, rivalisant de munificence, étalaient leur opulence avec ostentation, bâtissant et décorant inlassablement monuments publics et privés. Temples, thermes, et surtout villas de maître étaient ornés des plus belles parures de sol que l'on puisse imaginer.

L'attention et l'admiration ont été concentrées jusque-là surtout sur l'extraordinaire richesse du répertoire de cette abondante production ainsi que sur la finesse d'exécution de la plupart des mosaïques tandis que le contexte architectural demeurait plus ou moins occulté. Outre l'intérêt primordial qu'il présente en soi, ce contexte apporte un éclairage indispensable à la connaissance des pavements qui lui servaient d'ornement. Les maisons qui ont livré la majeure partie des mosaïques thysdritaines méritent, en tout cas, d'être mieux connues.

Méditerranéenne dans son schéma de base, enrichie par tous les emprunts à l'Orient et à l'Occident qui caractérisent d'une manière générale

*Athéna et Marsyas*
IVe siècle après J.-C.
Mosaïque de marbre
H. 133 cm ; L. 188 cm
Prov. Kélibia (Clupea)
Nabeul, musée

l'architecture domestique africaine d'époque romaine, la maison thysdritaine porte, en outre, la marque de son adaptation à des conditions locales spécifiques : situation sur un plateau particulièrement exposé à la rigueur des vents froids, l'hiver, et très chauds l'été, et d'une manière générale aux inconvénients d'une continentalité sensible ; rareté et irrégularité des pluies posant de graves problèmes d'alimentation en eau, absence de carrières de pierre imposant le recours à la brique crue et au pisé.

Par ailleurs, selon la fortune du propriétaire, l'habitation thysdritaine se présente sous forme soit d'une modeste maison à cour, soit d'une demeure aux proportions imposantes groupant plusieurs dizaines de pièces autour d'un péristyle impressionnant et dotée d'appartements annexes ainsi que d'une multitude de dépendances de toutes sortes.

On connaît, à Thysdrus, une douzaine de maisons à cour présentant des traits communs. De dimensions modestes, comprises entre 130 et 160 $m^2$, elles sont toutes situées dans la partie centrale de la ville correspondant au noyau le plus ancien caractérisé par un urbanisme archaïque avec des rues étroites et tortueuses découpant des îlots irréguliers. Elles sont souvent elles-mêmes de formes très irrégulières. En outre, elles ne comportent qu'un seul logement et sont toutes liées organiquement à des boutiques ou à des ateliers et semblent donc avoir appartenu à une classe moyenne d'artisans et de marchands. Leur plan s'organise toujours autour d'un espace central sur lequel donnent l'entrée et les diverses pièces de la maison, dont le nombre n'excède jamais sept ou huit. Une pièce principale servant de salon et de salle à manger se détache de cet ensemble par ses dimensions, son orientation et ses éléments de confort et de décoration : atteignant parfois le quart de la superficie totale, elle paraît immense proportionnellement au reste de la maison ; elle possède deux entrées, l'une principale, assez large, l'autre étant un simple accès de service ; son orientation est choisie en fonction de la meilleure exposition au soleil ; son sol est souvent richement pavé de mosaïques. Mais quel que soit leur degré de confort, ces maisons sont beaucoup plus modestes que les grandes demeures à péristyle des quartiers périphériques.

On attribue souvent à ces demeures des noms qui évoquent les motifs les plus caractéristiques de leurs pavements, comme la maison dite de la Procession dionysiaque, celle du Paon, ou encore celle des Dauphins. Parfois le contexte fournit le nom des propriétaires : ainsi une antichambre d'une de ces habitations portant une inscription sur sa mosaïque nous apprend qu'on est dans la « maison de Sollertius qui a toujours vécu heureux avec les siens » *(Sollertiana Domus Semper Felix Cum Suis)* ; le surnom de Sollertius signifiant le débrouillard, l'astucieux, on peut aussi y voir une allusion à l'ingénieux dynamisme de la bourgeoisie thysdritaine.

Ces villas cossues se sont implantées dans les grands espaces libres des zones périphériques où aucun obstacle ne s'opposait à leur extension. Ainsi l'une de leurs premières caractéristiques est-elle leur très vaste étendue. Les plus grandes parmi ces demeures atteignent 3000 $m^2$. La *Sollertiana Domus* qui est la plus petite parmi les maisons à péristyle ne compte pas moins de 1120 $m^2$. Elle est trois à quatre fois plus vaste que la plus grande des maisons

*Deux coqs entourant une urne remplie de pièces*
IV^e siècle après J.-C.
Mosaïque de marbre
H. 171 cm ; L. 171 cm
Prov. Nabeul (Néapolis), maison des Nymphes
Nabeul, musée

situées au centre de l'agglomération où la superficie totale d'une douzaine de ces habitations atteint à peine 3000 $m^2$, soit celle d'une seule des grandes demeures périphériques connues.

Le plan de ces immenses demeures, sans être d'une régularité parfaite, est souvent harmonieux. Un grand péristyle, entourant presque toujours un jardin situé en contrebas, occupe le centre de l'habitation. Quatre galeries séparent les pièces du jardin. Bordées de colonnes stuquées et peintes et souvent pavées de mosaïques à décor géométrique ou végétal, elles ont chacune une vocation précise, bien individualisée : la galerie est se présente généralement comme la galerie d'accès desservant les entrées principales et secondaires de la maison ; la galerie sud est celle sur laquelle sont situées les pièces secondaires et les chambres de service à cause de sa mauvaise orientation vers le nord ; les galeries nord et ouest, bien orientées en revanche, sont celles sur lesquelles donnent presque toujours les pièces principales de la demeure et notamment les *œci* ou grandes salles de réception, les *triclinia* ou salles à manger et les *cubicula* ou chambres à coucher. Un ou plusieurs édicules du culte domestique où l'on vénérait notamment les dieux lares, protecteurs du foyer, étaient aménagés dans de petites pièces ouvrant sur l'une ou l'autre des galeries du péristyle.

L'entrée principale de la maison est généralement située sur une grande rue dallée. Elle donne sur un premier vestibule flanqué de part et d'autre de boutiques qui ouvrent sur la rue et d'arrière-boutiques qui ne sont pas reliées à la demeure proprement dite. La plupart de ces villas comportent une entrée secondaire ou de service, tantôt indépendante tantôt formant un couloir desservant une série de pièces et rejoignant le vestibule. Ce premier vestibule débouche sur un second beaucoup plus vaste qui constitue la véritable pièce de transition et de distribution, ouverte sur le péristyle par deux portes de largeurs inégales et décalées par rapport aux ouvertures sur la rue de manière à rendre l'intérieur de la maison peu visible de l'extérieur et à permettre à ses habitants d'évoluer entièrement à l'abri des regards indiscrets des passants.

Vestibules et couloirs de service mènent aux galeries qui desservent les diverses pièces de la maison. Parmi ces pièces, certaines se distinguent par l'ampleur de leurs proportions et la richesse de leur décor. Situées dans l'aile noble de la demeure, elles forment des salles d'apparat où le maître de maison reçoit souvent et luxueusement. Les unes sont des *triclinia* facilement identifiables par le dessin de leur mosaïque en forme de T encastré dans un U : l'emplacement des lits disposés le long des murs et destinés à accueillir les convives est généralement orné d'un décor géométrique ou végétal simple ; la partie centrale, en revanche, visible de toutes parts, porte des motifs figurés souvent très élaborés. L'importance de ces *triclinia* est par ailleurs soulignée par les trois portes qui en forment les accès : l'une, axiale, a souvent plus de deux mètres de large, les deux autres, généralement réservées au service, sont plutôt latérales et assez étroites. La superficie de ces pièces varie à Thysdrus entre 60 et 80 $m^2$. Plus somptueuses encore sont les immenses salles de réception à colonnade intérieure auxquelles Vitruve a donné le nom d'*œcus*. Quatre demeures thysdritaines comportent des *œci* qui mesurent respective-

ment 113, 178, 232 et 272 m². Ces salons possèdent une immense entrée axiale et deux entrées plus petites situées de part et d'autre de l'entrée principale. Chacun de ces accès ouvre sur une galerie de service. Les galeries entourent l'espace central de l'*œcus* sur trois côtés et sont généralement bordées de colonnes en marbre. Les parois de la salle, comme celles des *triclinia,* sont plaquées de plinthes en marbre et décorées de fresques aux couleurs chatoyantes et aux motifs très variés. Quant au sol, il retient toujours l'attention par la splendeur de ses mosaïques. *Œci* et *triclinia* sont les pièces d'apparat que le maître de maison orne avec le plus de soin et de recherche car ce sont les endroits où il affiche son image de marque. Face à ces salles, on trouve toujours dans la galerie une abside-fontaine circulaire faisant saillie dans le jardin. Une citerne est aménagée sous l'abside, généralement décorée d'une mosaïque à thème marin et toujours axée sur l'entrée de la pièce principale.

Les cuisines sont généralement situées au voisinage du *triclinium* ou de l'*œcus.* Elles sont reconnaissables à leur sol fait d'une simple dalle de béton de chaux et de cailloux où l'on remarque souvent de nombreuses traces de feu. La cuisine devait se faire soit sur des braseros portatifs en poterie, soit dans des foyers fixes sommairement aménagés avec des briques ou des matériaux du même genre. Nulle part on n'a trouvé de traces de fours ou d'installations élaborées. Par ailleurs, ces cuisines sont toujours placées à proximité d'une courette ou d'un puits d'air et de lumière pour assurer le dégagement de la fumée ainsi que l'aération et l'éclairage de la pièce. Elles sont enfin rarement pourvues de citernes, l'eau devant être amenée dans des récipients.

*Silène à l'âne*

Vers 200 - 250 après J.-C.
Mosaïque
H. 111 cm ; L. 170 cm
Prov. El-Jem (Thysdrus), maison du Silène à l'âne
El-Jem, musée

Les autres pièces de la maison qui se laissent aisément identifier sont les chambres à coucher. Celles-ci sont de deux types : les unes simples et les autres d'apparat. Elles sont dans presque tous les cas précédées d'antichambres destinées à préserver leur intimité. De même, elles sont souvent groupées par deux et dans ce cas, l'une des deux pièces est plus importante que l'autre. Dans chacune d'elles, l'emplacement du lit est aisément reconnaissable à son décor simple, généralement un dessin géométrique, alors que la partie visible du sol porte des ornements beaucoup plus élaborés, voire des motifs figurés. Quant aux chambres à coucher d'apparat, elles se composent également de deux parties distinctes : la première, surélevée d'une trentaine de centimètres par rapport au sol de la pièce, marque l'emplacement du lit ; la seconde, beaucoup plus vaste et mieux décorée, constitue l'espace libre de la chambre. Un des meilleurs exemples de chambre à coucher est fourni par la *Sollertiana Domus* où le *cubiculum* mesurant près de 30 $m^2$ est divisé en deux parties bien matérialisées. Au fond, une banquette réservée au lit de 20 cm de hauteur, 2,20 m de largeur et 5 m de longueur est ornée d'un motif géométrique constitué de lignes noires se coupant en croix sur fond blanc. Le reste de la pièce est pavé d'une mosaïque en excellent état de conservation où le médaillon central représente l'enlèvement de Ganymède et où, tout autour, prédominent, à côté des quatre saisons, des scènes érotiques. Le tableau peut paraître quelque peu hétéroclite, à première vue, mais il ne comporte pas moins une certaine unité, ne serait-ce que dans la mesure où les choix se sont délibérément portés sur des scènes mythologiques et notamment bachiques particulièrement bien adaptées à une ambiance d'alcôve. Le souci d'adaptation des décors à la nature des lieux a été poussé à son point culminant comme on le voit par la concentration des scènes galantes et des nus les plus osés dans les parties les plus proches de la banquette et du lit. On est là au cœur de l'espace le plus fermé de la maison, là où se déroule la vie intime du couple.

D'autres pièces de la maison portant des décors se référant à la mythologie ou à la culture, avec notamment des représentations des neuf muses, constituent des sortes d'exèdres, petits salons intimes largement ouverts sur les galeries du péristyle ou sur les portiques des appartements privés. Ce sont les lieux réservés à la méditation ou à l'accueil des familiers du maître de maison. Parmi les autres pièces, il en est peu qu'on puisse identifier avec certitude. Il s'agit essentiellement de chambres de service aux dimensions modestes dont le sol est simplement bétonné. Elles donnent sur un couloir de service, sur une antichambre modeste ou directement sur les galeries du péristyle.

Les maisons étant généralement de très grandes dimensions, certaines de leurs pièces auraient été privées d'air et de lumière, faute d'ouverture sur un espace à ciel ouvert. Aussi a-t-on été amené à aménager de petites cours aux parois recouvertes d'un enduit étanche et dont le fond est souvent occupé par un jardin aménagé à un niveau inférieur à celui des pièces. En l'absence de jardin, ces courettes sont de simples puits d'air et de lumière destinés avant tout à aérer et éclairer les pièces qui les entourent. Parfois aussi, les pièces s'ouvrent sur des cours annexes voire sur des jardins bordés de portiques sur un ou plusieurs côtés. Dans ce cas, un certain nombre de pièces s'articulent autour de cet espace découvert formant une sorte de petit péristyle et constituent un appartement secondaire autonome composé de quelques chambres, d'une cuisine et d'une salle de séjour. Chacune des grandes demeures de Thysdrus est pourvue d'un ou de plusieurs appartements secondaires qui devaient servir de refuge à la vie familiale tant aux heures d'affluence des visiteurs et de la clientèle du maître de maison qu'à tout autre moment où l'on recherchait l'intimité dans un cadre moins solennel que celui offert par le grand péristyle et la grande salle de réception. Avec leur jardinet, leur portique et leurs principales pièces généralement tournées vers l'est, ces appartements jouissaient de la meilleure orientation possible en toute saison et étaient ainsi mieux adaptés que toute autre partie de la maison à la vie quotidienne de la famille et à la détente.

Quoi qu'il en soit, ces maisons situées sur le plateau d'El-Jem, continuellement balayé par les vents brûlants du Sahara, devaient jouir d'une certaine fraîcheur grâce à la multiplication des espaces à ciel ouvert et à l'ombre dispensée par les portiques. Ailleurs, le recours à des fontaines, bassins ou même piscines à l'intérieur des cours, apportait un supplément de confort et d'agrément très apprécié des propriétaires. Mais à Thysdrus, compte tenu de l'extrême rareté de l'eau, il fallut se contenter des absides-fontaines aménagées au dessus des citernes, en face des salles de réception. Dans les maisons aristocratiques, les plus somptueux des *euripes* traversaient les jardins mais on ne connait pas un seul cas de demeure disposant de thermes privés comme cela se voit couramment dans la partie nord du pays, beaucoup mieux arrosée et disposant de ressources hydrauliques beaucoup plus considérables.

Si le manque d'eau a privé les riches Thysdritains des agréments des bains privés, l'absence de carrières de pierre à proximité du site a imposé le recours systématique à un mode de construction caractéristique de la région : sur une base d'une cinquantaine de centimètres de moellons liés par un mortier de sable et de chaux, l'élévation du reste des murs est en briques crues et dans de rares cas, en pisé. L'enduit recouvrant ces structures assurait la sécurité et la solidité de ces murs.

Si toutes les demeures somptueuses de Thysdrus sont situées dans les zones périphériques de la cité, il en est une, la maison dite du Portrait de Lucius Verus, qui déroge à cette règle. Située en plein cœur de la ville, là où l'espace est mesuré, elle s'étend sur plus d'un quart d'hectare, au voisinage immédiat des monuments publics les plus importants comme l'édifice du culte impérial, le capitole (?) et sans doute le forum. Elle ouvre sur un immense portique et dispose d'une entrée monumentale marquée par des colonnes imposantes. Elle est conforme au plan classique des villas romano-africaines avec un ensemble principal de pièces groupées autour d'un grand jardin et d'un péristyle, des appartements secondaires et des dépendances diverses. Toutefois, elle présente quelques traits spécifiques. D'une part, toutes les pièces sont revêtues de mosaïques, d'autre part, à une seule exception près, toutes ces mosaïques portent un décor géométrique ou végétal, généralement très élaboré, et le plus souvent en noir et blanc. Ce parti pris de sobriété à un moment où les motifs figurés triomphent est un cas unique à El-Jem. On ne peut l'expliquer ni par la maladresse des mosaïstes dont les panneaux sont ici d'une rare élégance ni par l'absence de moyens car, par sa situation, ses dimensions et les éléments de confort dont elle est pourvue, la maison reflète au contraire une grande opulence. Elle dispose en outre de tuyauteries en plomb qui indiquent un abonnement à l'eau courante. Elle est également dotée de deux pièces, probablement des chambres à coucher, chauffées par des hypocaustes. Tous ces éléments invitent à la considérer comme la demeure de personnages riches et puissants.

En définitive, c'est surtout dans le domaine du décor que les propriétaires thysdritains cherchèrent à donner la mesure de leur puissance en étalant leur goût du luxe. C'est ainsi que les murs des pièces les plus nobles furent recouverts de plaques de marbre et de fresques tandis que les sols reçurent des pavements de mosaïques qui reflètent les préoccupations des habitants et certains aspects de leur vie quotidienne : scènes mythologiques, thèmes exaltant la richesse agricole et commerciale et rendant hommage aux divinités dispensatrices de ces bienfaits, épisodes des jeux d'amphithéâtre rappelant des moments palpitants de l'arène ou perpétuant le souvenir de généreux donateurs, banquets, loisirs, abondance de biens de toutes sortes célébrant la joie de vivre de la classe aisée, tableaux représentant des scènes galantes adaptées à l'intimité des alcôves...

## *Rome et ses provinces*

Ce tableau inédit de la seconde moitié du IIe siècle provient d'une pièce contiguë à la salle pavée de la mosaïque figurant la déesse Africa entourée des quatre saisons et appartient à la même demeure récemment mise au jour dans le quartier sud-est d'El-Jem, dont les pavements sont d'une exceptionnelle richesse. Cette pièce de 6 m x 4,50 m, probablement une chambre à coucher, est ornée d'un pavement tripartite constitué d'une bande à décor géométrique marquant sans doute l'emplacement du lit et d'un panneau figuré. Ce panneau a pour bordure une guirlande de laurier, sur fond sombre, chargée de fleurs et de fruits. Inscrit dans ce carré, un cercle est compartimenté par une tresse à deux brins qui divise le champ en sept médaillons hexagonaux et six triangles. Dans les écoinçons, sont représentés des masques végétaux plus ou moins bien conservés. On note dans le coin gauche, en bas, une restauration antique qui a restitué un culot d'acanthe à la place du masque détruit : l'artisan, moins habile que ses prédécesseurs, n'a sans doute pas été capable de redessiner le motif d'origine.

À l'intérieur du champ, les triangles sont agrémentés de motifs floraux ou géométriques. Les compartiments sont doublés de frises denticulées bichromes. Il s'agit probablement de la projection sur le sol d'un décor de plafond.

Le médaillon central est occupé par un personnage féminin assis sur un siège qui semble recouvert d'un tissu. Le personnage est représenté de face, la tête légèrement tournée à gauche. Le costume de type gréco-romain est classique : une tunique, courte et sans manches, et un manteau rouge fixé sur l'épaule droite. Le visage, d'un ovale arrondi, est surmonté d'une chevelure coiffée en bandeaux et séparée en deux parties par une raie médiane. La tête est recouverte d'un casque à aigrette où les fentes de la visière sont marquées par deux traits noirs. Le personnage tient dans la main droite tendue la sphère céleste où les grands cercles des méridiens et de l'équateur sont représentés avec beaucoup de précision par des tesselles rouges. La main gauche s'appuie sur une lance. Un bouclier est posé contre le siège, à gauche, orné d'une tête de gorgone ailée. L'attitude du personnage et en particulier les attributs qu'il tient ou qui l'accompagnent montrent qu'il s'agit d'une représentation de Rome dont le type dérive ici d'Athéna ou de Minerve en armes. On sait que cette image de Rome, surtout lorsqu'elle est associée aux personnifications des provinces, est le symbole par excellence de l'Empire romain. Les six hexagones qui entourent le personnage central contiennent en effet six figures féminines, allégories des provinces, identifiables par leurs attributs ou certains détails. Rome, placée au centre du tableau, est la seule assise, portant des attributs guerriers (habillée en amazone et disposant d'une lance et d'un bouclier), maîtresse de l'*orbis terrarum,* tenant la sphère céleste.

Si Rome ne pose aucun problème d'identification, il n'en est pas de même des provinces : trois sont en effet en buste et trois autres sont en pied. Deux parmi les premières sont aisément reconnaissables grâce à leurs attributs : il s'agit de l'Afrique et de l'Égypte. En bas et à droite du médaillon où est représentée Rome, figure l'Afrique. C'est une femme d'âge mûr représentée de face, la tête légèrement tournée à gauche et coiffée de la traditionnelle dépouille d'éléphant.

En bas et à gauche du médaillon central est figurée l'Égypte. C'est un personnage féminin, robuste, à l'allure plutôt masculine. La coiffure et surtout le sistre, instrument de musique caractéristique de la déesse Isis et l'un des principaux attributs de l'Égypte, permettent une identification certaine.

Le troisième personnage en buste est, en revanche, beaucoup plus délicat à identifier, tant ses attributs sont difficiles à reconnaître et communs à de nombreuses provinces. Il s'agit d'une femme en pleine force de l'âge représentée de face, légèrement penchée vers la droite. Un diadème lui ceint la tête coiffée de la couronne crénelée qui indique que l'on a affaire à une province mais sans apporter plus de précision.

L'identification des personnages en pied pose également quelques problèmes. Le premier, représenté dans l'hexagone situé au-dessus de l'Afrique, est une jeune femme regardant vers la gauche dans la direction de Rome. Ses cheveux semblent ramenés en chignon derrière la tête surmontée d'une couronne crénelée. Elle porte une tunique courte sans manches et un manteau. Sa main gauche tient un rameau d'olivier portant des fruits. Le bras et la main droite sont des restaurations anciennes. C'est à l'Espagne, principal fournisseur d'huile pour Rome, que le rameau d'olivier est le plus fréquemment associé.

Le second personnage est une femme aux cheveux relevés en arrière, coiffée d'une couronne crénelée. Elle porte également une longue tunique turquoise et un manteau rouge. On distingue mal ce qu'elle tient dans la main gauche (des flammes ?). La main droite tient une patère ou une coupelle remplie d'une matière rouge, peut-être des braises, ce qui pourrait indiquer la représentation d'un rite sacrificiel. Son identification demeure problématique.

Le dernier personnage, représenté en pied au-dessous de Rome, est une femme aux traits accentués ; elle est bottée et vêtue en chasseresse d'une courte tunique sans manches, un manteau de couleur rouge jeté sur le bras gauche, une lance à la main. La main droite exhibe un massacre de cerf. Elle semble porter en bandoulière un sac ou une gibecière. Son attribut le plus remarquable est constitué des trois jambes qui se réunissent derrière la tête du personnage et constituent la *triskelis* évoquant les trois pointes de la Sicile qui sont à l'origine de l'appellation *Trinacria* de la littérature antique. La *triskelis* est l'attribut le plus caractéristique de la Sicile. Toutefois, soulignons que cette personnification de la Sicile n'est pas sans évoquer Diane-Artémis, tant par sa tenue et ses attributs que par le massacre de cerf qui pourrait être une allusion à Actéon qui surprit la déesse en train de se baigner.

Cette allégorie souligne, à des fins de propagande politique, un certain nombre de valeurs comme l'étendue et l'unité de l'Empire, sa puissance et ses richesses économiques. Le choix des provinces a dû se faire en tenant compte de critères précis : l'Afrique parce qu'on est en terre africaine, et qu'elle est de surcroît le grenier de Rome ainsi que l'une des deux provinces sénatoriales majeures avec l'Asie (peut-être personnifiée par le troisième personnage en pied) ; l'Égypte, compte tenu également de son importance dans le ravitaillement en blé de Rome et du fait qu'elle était considérée comme un domaine personnel de l'empereur gouverné par un magistrat spécial, le préfet d'Égypte ; la Sicile, parce qu'elle était la plus ancienne des provinces et l'une des plus fertiles, considérée par Cicéron comme « l'île de Cérès » ; l'Espagne, pour son rôle de principal fournisseur d'huile de la Rome antique. Ces représentations des provinces de l'Empire romain – un des éléments essentiels de l'art officiel servant l'idéologie impériale – ont été curieusement utilisées dans une demeure privée. Le propriétaire était peut-être un personnage officiel, qui manifestait ainsi son attachement à l'Empire et sa fierté d'appartenir à l'œkoumène ou *orbis terrarum.*

### *L'Afrique*

Ce tableau, comme le précédent, provient d'une demeure du quartier sud-est de Thysdrus (El-Jem), l'une des plus importantes maisons romaines jamais découvertes en Afrique du nord tant par ses dimensions que par la somptuosité de son décor. Il constituait l'élément central d'une mosaïque carrée de 2,50 m de côté qui ornait le sol d'une petite salle de réception. Pour mieux mettre en relief le panneau central, le mosaïste a eu recours à l'utilisation de cubes de marbre d'un blanc éclatant contrastant nettement avec les tesselles en calcaire du reste du pavement.

*Rome et ses provinces*
Vers 150 - 200 après J.-C.
Mosaïque
H. 349 cm ; L. 344 cm
Prov. El-Jem (Thysdrus), quartier sud-est
El-Jem, musée

Aux angles de celui-ci, des représentations des saisons sont placées à l'intérieur de cercles. Cette formule de décor ornemental paraît spécifiquement africaine; on n'en connaît qu'un petit nombre d'exemplaires exécutés pour la plupart à El-Jem ou dans sa région. En bas, à gauche, le Printemps est personnifié par une jeune femme aux cheveux bruns relevés en bandeaux vers l'arrière. Elle porte une tunique et un manteau dont un pan lui recouvre l'épaule gauche. La tête est ceinte d'un bandeau jaune orné d'une guirlande de marguerites, symbole du printemps. Cet emploi des marguerites, remplaçant les roses, attribut traditionnel du Printemps, n'est connu que par ce seul décor. L'Été est représenté par une femme au visage expressif malgré une certaine disproportion dans les traits: nez large et aplati et bouche à peine esquissée. Elle est vêtue d'une tunique légère recouvrant simplement l'épaule gauche. La tête est ceinte d'un bandeau jaune se terminant par des rubans. À l'arrière du bandeau, l'Été porte quatre épis de blé placés deux par deux dans sa chevelure, les uns mûrs les autres verts, qui symbolisent la saison. Le visage de l'Automne, au regard plus vague et plus lointain, n'est pas sans rappeler celui de Dionysos. Un large bandeau coiffe la tête, chargé, de part et d'autre, de grappes de raisin et de feuilles de vigne. Une pardalide (peau de panthère) portée en bandoulière recouvre l'épaule gauche. Cet attribut, qui accompagne généralement la représentation de Dionysos, renforce le caractère dionysiaque de la scène, l'automne étant la saison des vendanges. L'Hiver est figuré par le buste d'une femme d'âge mûr: vêtue d'une tunique, elle est emmitouflée dans un manteau qui lui recouvre la tête. Deux rameaux d'olivier fleuris sont fixés derrière sa tête, constituant le symbole le plus caractéristique de cette saison en Afrique romaine.

Le champ du médaillon central est occupé par un octogone curviligne doublé extérieurement par un octogone aux angles qui se terminent alternativement en volutes agrémentées de roses ou coiffées de pétales trifides. À l'intérieur de l'octogone, une femme d'âge mûr attire l'attention par sa chevelure crépue, disposée en boucles fines qui masquent le front, encadrent le visage et retombent en longues mèches. La tête est coiffée d'une dépouille d'éléphant surmontée d'une trompe, attribut qui permet d'identifier le personnage à la déesse Africa. La dépouille du pachyderme est savamment placée sur la tête de la déesse: flottant de part et d'autre du visage, elle laisse les tempes et les oreilles dégagées et forme une sorte de chapeau. Le visage de la déesse est nettement plus foncé que celui des quatre saisons; ses caractéristiques physiques accentuent l'aspect négroïde du personnage (nez épaté, bouche aux lèvres ourlées, teint basané).

Africa, placée au centre du tableau, domine les quatre saisons à la manière d'une divinité. Sa position vis-à-vis des Saisons – dont la présence est habituellement liée aux représentations des divinités de l'Abondance et de la Fécondité – confirme le fait qu'il s'agit bien ici de la déesse Afrique elle-même et non de la personnification de la province, représentée dans une autre pièce de la même maison.

L'importance de cette déesse dispensatrice de richesses et de fertilité – à qui l'on rendait un culte privé et un culte public – a été bien soulignée par Pline : « En Afrique, personne ne prend une résolution sans avoir au préalable évoqué Africa ». Son portrait était largement diffusé sur les documents les plus divers : monnaies, sculptures, céramiques, peintures, gemmes, etc. En revanche, on a à peine recensé cinq mosaïques la représentant à travers le monde romain, dont quatre sont d'identification plutôt incertaine. C'est dire assez l'importance de cette découverte sur le site de Thysdrus, qui est la première et la seule représentation en mosaïque d'Africa trouvée en Afrique.

*L'Afrique*

Vers 150 - 200 après J.-C.
Mosaïque de marbre
H. 160 cm ; L. 160 cm
Prov. El-Jem (Thysdrus), quartier sud-est
El-Jem, musée

## *La chouette*

Ce panneau faisait partie d'un ensemble de mosaïques qui pavaient le sol d'un petit établissement thermal récemment découvert dans le quartier sud-est de Thysdrus. Il était inséré dans une assez grande mosaïque ornant le *frigidarium* de l'édifice balnéaire aux abords du bassin d'eau froide.

Une scène particulièrement insolite se déroule dans un paysage indiqué par quelques touffes d'herbe au milieu et deux arbres (des oliviers ?) aux extrémités. Au premier plan se dresse une énorme chouette, plus grosse que nature, les serres fermement accrochées au sol, le corps légèrement de profil et la tête de face, avec de gros yeux aux pupilles dilatées qui lui donnent un regard fixe et pénétrant. Elle est vêtue d'une espèce de toge pourpre dont les pans s'enroulent autour d'une partie du corps et de l'aile gauche. Tout autour de l'animal voltigent des oiseaux, sans doute des grives, qui tombent au pied des arbres, morts. À chaque extrémité du panneau, on trouve le motif d'un croissant sur hampe flanqué de part et d'autre de deux barres verticales. Il s'agit là de l'emblème d'une sodalité (confrérie) très en vogue en Afrique à l'époque romaine. Ces sodalités auxquelles adhéraient différents groupes sociaux avaient des activités économiques très diversifiées. Elles produisaient notamment des spectacles et fournissaient pour les jeux d'amphithéâtre des équipes de gladiateurs ou de chasseurs et des bêtes de combat et de parade. En outre, elles formaient des confréries ayant leurs sièges propres et célébrant le culte de leurs divinités protectrices, à l'instar de véritables collèges funéraires. Des rivalités d'intérêt les opposant les unes aux autres, chacune avait ses propres devises ainsi que des emblèmes et des chiffres distincts : le croissant sur hampe et le trois (III) formaient l'emblème et le chiffre caractéristiques de la sodalité des Telegenii qui avait sans doute constitué l'établissement thermal pour l'usage de ses adhérents et de ses partisans. Un autre établissement du même genre, également mis au jour à Thysdrus, comportait un pavement orné de cinq couronnes contenant chacune un poisson et le chiffre cinq (IIIII), symbole d'une autre sodalité, les Pentasii, à laquelle il a dû appartenir.

Incorporée au panneau de la chouette et organiquement liée à elle, une inscription latine : INVIDIA RUPUNTUR AVES NEQUE NOCTUA CURAT (« Les oiseaux crèvent de jalousie et la chouette n'en a cure »).

Tout en étant original, par la formule comme par l'image, ce panneau ne se rattache pas moins à une scène fréquente, surtout dans les thermes, qui est destinée à conjurer le mauvais œil et à écarter les sorts funestes. Souvent les inscriptions qui accompagnent ces panneaux célèbrent d'une manière explicite la victoire sur l'envieux et expriment la joie des propriétaires d'avoir mené à terme la construction de leurs établissements de bain.

Il s'agit donc ici très probablement d'une variante du défi lancé à l'envieux. Les porteurs du mauvais œil – les envieux – sont personnifiés par les oiseaux qui meurent. Quant aux propriétaires, ce sont les Telegenii, qui, protégés par la chouette, ne craignent rien. On sait que la signification symbolique de cet oiseau nocturne est ambiguë : il peut être à la fois le bon et le mauvais œil. Créature maléfique, son apparition ou son cri peuvent s'accompagner des pires catastrophes mais, en même temps animal apotropaïque par excellence et oiseau d'Athéna-Minerve, déesse patronne de Thysdrus, elle a le don d'écarter le malheur. C'est sans doute ce rôle qui lui est attribué ici.

Ce panneau a subi une importante restauration au cours de l'Antiquité, à une période difficile à déterminer dans l'état actuel des recherches, qui a affecté une partie de la bordure et du champ.

*Hedi Slim*

*Chouette*

Fin IIIe siècle après J.-C.
Mosaïque de marbre
H. 112 cm ; L. 125 cm
Prov. El-Jem (Thysdrus), établissement thermal
El-Jem, musée

# Le trésor de Chemtou

1648 ! Tel est le nombre total des pièces de monnaie d'or composant le trésor qui a été mis au jour le mercredi 12 mai 1993 à Chemtou, l'antique Simitthus, dans le nord-ouest de la Tunisie. Cité numide d'une importance insoupçonnée jusqu'ici, puis déduite colonie romaine sous le règne de l'empereur Auguste entre 27 avant J.-C. et 14 après J.-C. Simitthus était jadis connue comme la patrie du marbre de Numidie, le célèbre *marmor numidicum* des Anciens et le *giallo antico* des savants modernes. Pourtant de nombreux vestiges, témoins de plus de quinze siècles d'une histoire qui va du V^e siècle avant J.-C. jusqu'aux premiers temps de l'Islam, constituent un ensemble insigne, d'une beauté rare et d'un intérêt scientifique exceptionnel. Bon nombre de ces monuments sont uniques en leur genre, tels la nécropole et le sanctuaire numides, les carrières, le camp militaire-prison transformé après son abandon en atelier pour le travail du marbre ou la colline sacrée qui, en plus de trois sanctuaires, renferme la plus importante collection de reliefs rupestres du pays. Certains sont d'une extrême rareté (pont romain sur la Majrada, moulin à turbine, etc.) ; s'y ajoute une importante collection d'objets archéologiques (inscriptions libyques et latines, statues, statuettes, stèles votives et funéraires, céramiques, mosaïques, etc.) encore enrichie par la découverte exceptionnelle du trésor. C'est au cours des sondages préliminaires à la construction du musée archéologique de Chemtou, dans un terrain qui fut fortement perturbé par l'installation d'une marbrerie moderne aujourd'hui désaffectée, que fut mise au jour une cruche en poterie commune contenant 1646 *solidi*, un *demi-solidus* et un faux *solidus* (pièce en argent doré) d'un poids total d'environ 7 kg 200. Neuf empereurs y sont représentés dont trois sont des usurpateurs : Valentinien I^er (364-375), 78 *solidi ;* Valens (364-378), 24 *solidi ;* Théodose I^er (379-395), 4 *solidi ;* Arcadius (395-408), 400 *solidi ;* Honorius (395-423), 1124 *solidi*, un *demi-solidus*, un faux *solidus ;* Théodose II (408-450), 10 *solidi ;* Constantin III (407-411), 4 *solidi ;* Priscus Attale (409-410), un *solidus ;* Jovin (411-413), un *solidus*.

Sans entrer ici dans le détail des nombreux problèmes d'ordre numismatique et historique que soulèvent tant la composition du trésor que la date de son enfouissement qui serait à situer vers les dernières années du règne de l'empereur Honorius, ainsi que les raisons (locales ou régionales ?) qui l'ont motivé, cette découverte corrobore ce que les recherches récentes historiques et archéologiques ont établi de manière suffisamment sûre : l'extraordinaire richesse de l'actuelle Tunisie au temps du Bas-Empire romain et quelques années avant l'invasion vandale, en 439 après J.-C.

*Mustapha Khanoussi*

*Trésor monétaire de Chemtou*
(1648 pièces)
Avant 420 après J.-C.
Or
Prov. Chemtou (Simitthus)
Chemtou, musée

# 6 Saint Augustin

# L'histoire de l'Afrique du nord chrétienne et le rôle de saint Augustin

Après Rome, la communauté chrétienne de l'*Africa* antique (qui comprend les quatre pays du Maghreb actuel) est certainement la plus ancienne et l'une des premières organisées en Occident. Les Passions des martyrs du IIIe siècle, dont la plus connue est celle de Perpétue et Félicité (sans doute en 203), les écrits d'auteurs qui figurent parmi les premiers Pères de l'Église d'Occident (surtout Tertullien pour la première moitié du IIIe siècle, puis Cyprien qui fut évêque de Carthage et fut exécuté lors de la persécution de Dèce en 258) montrent une communauté nombreuse, déjà agitée par des discussions théologiques et par les débats sur la liturgie, qui garde son originalité par rapport à Rome (on y pratique par exemple, contrairement à la doctrine des papes, le baptême des hérétiques ou des *lapsi* – qui ont renié l'Église – après le retour à l'orthodoxie). Du temps de Cyprien, dont la correspondance permet de suivre le fonctionnement quotidien de l'Église, la religion chrétienne est déjà profondément établie dans le pays : on dénombre près d'une centaine d'évêchés en 256 (surtout dans l'est du Maghreb). Malgré la persécution de Dioclétien qui fut brève – l'usurpateur Maxence, fils de Maximien, rétablit la *Pax* dès qu'il prit possession de l'Afrique en 306-307 – mais relativement violente en Afrique (surtout dans les provinces de l'*Africa, i.e.* la Tunisie actuelle et la frange est de l'Algérie, et de la Numidie, *i.e.* l'est de l'Algérie jusqu'à Sétif), le christianisme continua sa progression et l'édit de paix de Constantin, qui rendit en 313 à l'Église la totale liberté du culte et ses biens confisqués, marqua son triomphe, bientôt terni par une longue lutte entre les catholiques orthodoxes et les donatistes (partisans de l'évêque Donatus) : ceux-ci tenaient pour une plus grande sévérité contre ceux qui avaient failli *(lapsi)* au moment de la persécution et accusaient l'évêque de Carthage Caecilius de faiblesses coupables pendant cette période. Les querelles ne se limitaient pas à ce problème de discipline ecclésiastique (le donatisme est un schisme, non une hérésie), mais on trouve en Afrique des représentants de toutes les hérésies des IIIe et IVe siècles

*« La Dame de Carthage »*
VI^e siècle après J.-C.
Mosaïque de marbre, calcaire et pâte de verre
H. 106,5 cm ; L. 102 cm
Prov. Carthage, colline de Sayda
Carthage, musée national

(peu cependant de la grande hérésie arienne jusqu'à l'arrivée des Vandales), si bien que, comme les donatistes se sont divisés à leur tour (avec un sous-schisme « maximianiste » du nom d'un évêque, Maximianus), certaines cités comptaient trois évêques ou plus en même temps, et beaucoup (environ trois cents au début du Ve siècle) au moins deux, totalement antagonistes.

L'histoire politique et socio-économique du Maghreb antique a été profondément marquée par cet épisode donatiste qui est connu essentiellement par des actes officiels, civils ou ecclésiastiques (lois ou correspondance des empereurs, procès-verbaux de perquisitions lors de la persécution et de procès relatifs à l'attitude des responsables chrétiens après la Paix de l'Église – qu'on peut comparer à des « procès d'épuration » modernes –, procès-verbaux des « conciles » (réunions d'évêques) catholiques et de la conférence contradictoire organisée sur l'ordre de l'empereur en 411 à Carthage), par des textes de propagande (Passions de « martyrs » donatistes exécutés par les catholiques), et par des écrits polémiques, surtout ceux d'Optat de Milev (Mila en Algérie) et de saint Augustin : on doit à ces deux auteurs (catholiques) de nous avoir conservé (mais presque un siècle après les faits) les principales pièces officielles qui constituent le « dossier du donatisme ». Depuis le XIXe siècle mais surtout pendant cinquante ans – entre 1920 et 1970 –, avec la vogue du marxisme et la décolonisation, on a tenté de lire ce conflit à la lumière des antagonismes modernes : puisque le donatisme a été particulièrement puissant dans l'intérieur du pays, dans les campagnes de Numidie de culture punico-numide et superficiellement romanisées, pensait-on, puisqu'Optat et Augustin se sont élevés contre les violences anti-catholiques des « circumcellions » (littéralement : « ceux qui vivent autour des *cellae* », interprétées dans le sens de « greniers »), on a fait du donatisme un mouvement populaire anti-romain, anti-urbain, anti-nantis de la « colonisation ». Ces connotations sont étrangères pour la plupart (il y a effectivement des particularités « numides ») à la mentalité antique, et parfois contredites par les faits : on sait, par exemple, que les « purs » ont été poussés au début par une grande dame de Carthage – qui en voulait à l'évêque Cécilien de l'avoir réprimandée pour le port de reliques douteuses de prétendus martyrs de la Grande Persécution –, que les donatistes étaient bien représentés aussi dans la plèbe urbaine des villes les plus romanisées et parmi les notables (par exemple à Carthage et à Hippone).

L'effervescence du christianisme en Afrique n'est pas spécifique à cette région (on la retrouve en Égypte, en Syrie-Palestine, en Asie Mineure, dans l'Illyricum, en Italie du nord) ; elle ne doit pas dissimuler une grande vitalité qui se marque par ailleurs dans l'archéologie et l'épigraphie, lesquelles apportent des témoignages plus quotidiens sur la vie des communautés (voir *infra).* Étrangement, en apparence, on a été incapable – sauf dans de rares cas où est nommé un dignitaire ou un saint donatiste connu par d'autres documents – de distinguer les basiliques catholiques et donatistes (comme d'ailleurs, plus tard, les ariennes et catholiques) et les inscriptions émanant de l'une et l'autre Église, ce qui montre bien que la distance entre les deux revêt un caractère surtout historique et psychologique.

*Paire de boucles d'oreille*
Ve siècle après J.-C.
Or, améthyste et pâte de verre
*1* H. 6,5 cm ; L. 1,5 cm ; poids 5,64 g
*2* H. 6,3 cm ; L. 1,4 cm ; poids 5,77 g
Prov. Thuburbo Maius
Tunis, musée national du Bardo

Le IVᵉ siècle fut néanmoins l'époque d'une christianisation profonde et assez rapide de l'Afrique, malgré des réactions violentes des païens quand on s'attaquait à leurs sanctuaires et à leurs dieux comme à Tipasa (martyre de Salsa) ou à Sufes (Sbiba) en 399. Si, au début du siècle (par exemple à Carthage), les sanctuaires cimetériaux ou de périphérie dominent, on constate, là où les fouilles ont été suffisantes, par exemple à Mactar, Sbeitla (Sufetula) ou Haïdra, la conquête progressive du centre urbain dès la seconde moitié du IVᵉ siècle par des lieux de culte chrétiens, soit aménagés dans des temples païens ou des édifices publics désaffectés (Sbeitla I, III et IV, église des thermes de Mactar), soit bâtis à neuf (Sbeitla II, Haïdra I).

Alors que, dans l'importante cité côtière d'Hippone (Annaba en Algérie), dominait une Église donatiste active, qui allait jusqu'à interdire aux boulangers de cuire du pain pour les catholiques (d'après Augustin), fut élu, d'abord comme prêtre puis comme coadjuteur de son prédécesseur Valerius, enfin comme évêque catholique de la ville en 396, un ancien professeur de rhétorique, originaire de Thagaste (Soukh Ahras), qui avait été tenté au temps de sa jeunesse, au grand désespoir de sa mère Monique, déjà chrétienne, par les plaisirs coupables de Carthage, puis avait cherché fortune en Italie où il aurait pu faire une carrière dans la haute administration, mais où il avait été, après une période manichéiste (religion para-chrétienne influencée par le mazdéisme perse), converti au christianisme. Augustin n'était pas un grand théologien avant son ordination forcée : la population (comme de nos jours pour les maires venus d'ailleurs) cherchait avant tout quelqu'un d'introduit dans les cercles du pouvoir et d'apte à aborder les problèmes d'organisation et les rapports avec les notables locaux. Mais, très bon « rhéteur », oralement et par écrit, d'une grande culture classique qu'il étendit facilement aux livres saints du christianisme, Augustin se prit au jeu et nous a laissé une œuvre abondante, variée (traités théologiques, philosophiques et moraux, commentaires des lectures liturgiques, sermons, pamphlets anti-donatistes ou anti-manichéens, confessions sur son cheminement personnel, correspondance) et de qualité, qui doit à son très grand prestige au Moyen Âge d'avoir été presque intégralement conservée (on découvre encore souvent des inédits dans les recueils de cette époque). Ce docteur de l'Église, parmi les plus célèbres et qui a joui d'un prestige durable, comme l'atteste le *Saint Augustin et sainte Monique* d'Ary Scheffer ici exposé, nous permet de suivre au jour le jour la vie d'une communauté, de la cité d'Hippone, son diocèse, d'autres cités d'Afrique, surtout Carthage, où il est venu souvent et dont l'évêque, Aurelius, était de ses amis. On apprend par exemple qu'il existait des difficultés de recrutement pour le clergé et qu'après la réunification de 412-413 (voir *infra),* l'immense diocèse (un département français moderne) d'Hippone était tellement lourd et étendu qu'il a été nécessaire de créer des évêchés dans des bourgs ou domaines éloignés de la ville ; comme il fallait pour ces régions rurales des clercs parlant aussi punique (preuve que c'était la langue courante de ces campagnes), Augustin avait ordonné, un peu rapidement, un jeune homme qui n'avait pas l'âge canonique et qu'il connaissait mal (il l'avait recueilli autrefois avec des parents non mariés dans ses

*Paire de boucles de vêtement*
Vᵉ siècle après J.-C.
Or et grenat
*1* H. 2,3 cm ; L. 1,5 cm ; poids 7,22 g
*2* H. 2,3 cm ; L. 1,6 cm ; poids 7,75 g
Prov. Thuburbo Maius
Tunis, musée national du Bardo

« monastères » – voir *infra).* Une fois installé à Fussala, cet Antoninus s'est révélé un adepte de la rapine et de la violence, mais, protégé par une grande dame résidant souvent à Rome et bien conseillé, il avait argué du caractère sacré et définitif de l'ordination et de l'autonomie totale de chaque évêque pour refuser de se plier aux remontrances d'Augustin et aux sanctions des conciles africains, dont il fit appel au pape de Rome. L'affaire s'est terminée – on le sait par des lettres récemment découvertes, plus explicites – par un compromis boîteux : on a découpé à nouveau le « mini-diocèse » pour laisser à l'évêque prévaricateur les quelques communautés *(plebes)* qui acceptaient encore son autorité.

Augustin est considéré comme le créateur ou le premier organisateur du monachisme en Afrique (on parle de la « règle augustinienne » et il existe plusieurs ordres, masculins et féminins, qui ont adopté cette « règle »). En réalité, Augustin a introduit à Hippone l'habitude, pour le clergé de l'*ecclesia* (église principale de la ville, cathédrale ; le mot signifie, à l'origine, assemblée ou communauté, d'où le local pour la communauté), de vivre ensemble dans des dépendances de la basilique sous le contrôle de l'évêque. Dans le *monasterium* des clercs, à côté de simples *clerici* affectés aux besognes secondaires, entraient aussi des enfants qui étaient destinés au service de l'Église et qui recevaient d'abord le grade de lecteur *(lector:* un des quatre « ordres mineurs »), même quand leur âge leur interdisait en réalité de lire les livres saints pendant l'office : le *monasterium* des clercs jouait donc le rôle de séminaire et c'est là qu'avait été élevé Antoninus de Fussala. Les évêques amis d'Augustin ont imité cette organisation, notamment à Thagaste, mais l'épigraphie ou l'archéologie permettent de confirmer que cette vie en communauté existait aussi dans d'autres villes pour lesquelles on ne possède pas de textes (c'est le cas en Tunisie à Sbeitla-Sufetula et à Haïdra-Ammaedara, en Algérie pour Tébessa-Théveste). Elle n'est d'ailleurs pas particulière à l'Afrique : on retrouve ce même *cursus* ecclésiastique interne à Rome ou à Tours. À côté du *monasterium* des clercs, Augustin avait rassemblé, sous la direction de sa sœur, des femmes, veuves ou vierges, ayant fait le vœu de chasteté. En raison d'incidents, Augustin avait été obligé de réglementer le mode de vie de ces saintes femmes et c'est le seul « monastère » pour lequel on puisse parler de « règle » au sens classique du terme dans les ordres monastiques. Outre ces deux communautés, une troisième – non permanente – regroupait des laïcs, généralement de bonne culture, venus « faire retraite », lire, méditer et prier dans le cadre de l'*ecclesia.* L'ambiguïté de ce « monachisme » encore bien informel fait que la mention d'un *monachus* dans les textes ou l'épigraphie n'est pas suffisante pour imaginer un monastère au sens où nous l'entendons.

La conférence réunie à Carthage sur l'ordre de l'empereur de Ravenne pour régler le problème donatiste en 411 (suivie par « l'union » – *unitas* toujours réclamée par les deux parties – forcée des deux Églises concurrentes) reflète l'apogée du christianisme africain : le principal avocat des catholiques était Augustin, qui a ajouté un compte rendu résumé au procès-verbal officiel, que nous avons la chance d'avoir conservé intégralement dans un unique manuscrit parisien et qui vient d'être réédité avec un commentaire

*Ornement de vêtement composé de vingt-trois plaques*
V^e siècle après J.-C.
Or
Plaque : L. 1,1 cm ; poids total 11,65 g
Prov. Thuburbo Maius
Tunis, musée national du Bardo

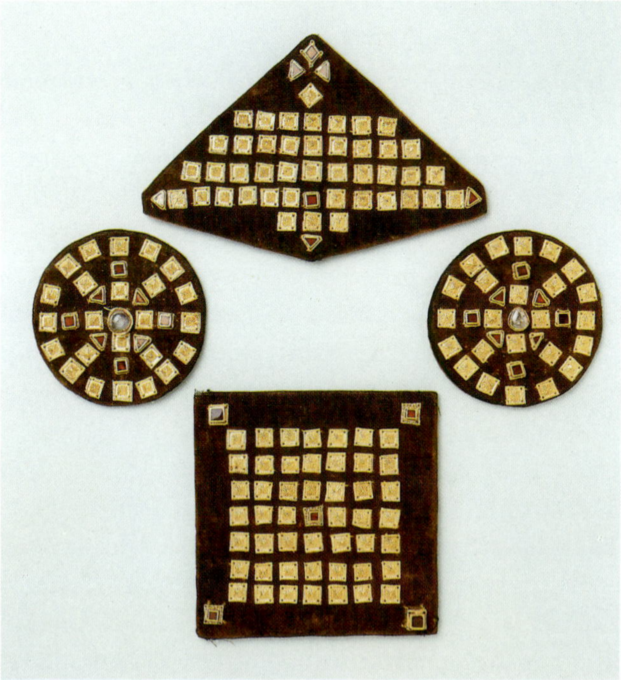

*Ornement de vêtement composé de cent soixante-huit pièces*
Ve siècle après J.-C.
Or, grenat et cristal de roche
Chaque élément : H. 0,8 cm ; L. 0,8 cm environ.
Prov. Koudiat Zâteur
Carthage, musée national

abondant dans la collection des *Sources chrétiennes*. Grâce aux listes d'évêchés dressées à cette occasion, on constate une floraison de « diocèses » assez particulière à l'Afrique (cinq à six cents, mais quantité de villes comptent plusieurs évêques de partis ou de sectes différents), non seulement dans les cités – très nombreuses surtout en *Africa* et en Numidie – mais aussi dans des bourgs et des grands domaines *(fundi)*.

L'invasion de l'Afrique par les Vandales, qui étaient chrétiens mais hérétiques ariens, venus d'Espagne en 429 (saint Augustin mourut pendant le siège d'Hippone en 430), vint compliquer la situation en ajoutant une hiérarchie supplémentaire et en provoquant des persécutions sporadiques contre les catholiques et des confiscations d'églises, surtout après l'occupation de Carthage et de l'est de l'*Africa* en 439. Un auteur catholique, Victor de Vita, écrivit l'histoire de cette « persécution vandale » sous les couleurs les plus noires. On possède pour 484 une liste d'évêques africains, qui est probablement un document d'archives ecclésiastiques : cette liste, bien que confuse, est la plus complète avec celle de 411 ; on y constate effectivement que bien des évêques catholiques sont morts ou exilés en Sardaigne et en Corse, dépendances du royaume vandale (on date couramment de cet exil l'évangélisation en profondeur de la Corse). L'évêché catholique de Carthage ne fut pas occupé pendant plusieurs années. Mais les périodes de réconciliation avec la royauté vandale équilibrent à peu près les persécutions et, sur le terrain, on constate que l'activité constructrice n'a pas cessé, sans qu'on puisse distinguer en général clairement les églises catholiques de celles occupées ou construites par les Vandales. Il faut un indice précis comme la présence d'une tombe de Suève (peuple allié des Vandales) et d'autres épitaphes de personnes d'origine germanique dans la seule église fouillée à Hippone – que certains croient être la cathédrale d'Augustin – ou la mention d'un évêque « des Vandales » (qui porte d'ailleurs un nom latin) dans la principale église d'Haïdra pour retrouver des traces concrètes de l'Église arienne. De là à conclure que les Vandales

*Collier avec médaillon d'origine vandale*
Ve siècle après J.-C.
Or, perles, béryl et grenat
L. 45 cm ; DIA. du médaillon 2,7 cm ; poids 40,95 g
Prov. Koudiat Zâteur
Carthage, musée national

n'ont rien détruit, contrairement à leur légende, et que l'Afrique et même l'Église étaient prospères sous leur règne, il n'y a qu'un pas qu'avait franchi C. Courtois. Depuis cette thèse provocatrice, on a pu mesurer, surtout à Carthage, la réalité des destructions vandales, mais on a recueilli aussi de nouveaux témoignages (notamment dans la région de Kasserine) du mécénat religieux des princes vandales.

Cette période est aussi celle de la formation des premiers monastères de Fulgence de Ruspe (sur la côte du Sahel au nord de Sfax) à qui l'on doit, semble-t-il, d'après son biographe Ferrand, la définition d'un véritable monachisme à la manière des moines syriens, palestiniens ou égyptiens.

Les Vandales, peu nombreux, n'occupaient d'ailleurs pas effectivement toute l'Afrique romaine mais surtout l'est et plus particulièrement l'*Africa*, avec des terres confisquées en Byzacène. En 442, après la prise de Carthage en 439, ils avaient « rendu » à l'Empire la Maurétanie et une partie de la Numidie (dont le gouverneur résidait peut-être à Djémila). Mais l'extinction de l'Empire d'Occident en 476 laissa bientôt à lui-même ce vaste territoire, partagé sans doute entre principautés « maures » (ou berbères), qui continua à parler latin et à pratiquer le christianisme, au moins jusqu'à l'occupation arabe, comme on le constate d'après des épitaphes datées dans l'ouest algérien et à Volubilis, au Maroc.

La reconquête d'une partie seulement de l'*Africa* antique par l'expédition de Bélisaire en 533, puis par les campagnes de Solomon sous Justinien (l'est jusqu'à la Grande Kabylie plus quelques ports jusqu'au détroit de Gibraltar) et la recréation des anciennes provinces romaines provoquèrent un renouveau : on rétablit les évêchés et on reconstruisit souvent les églises ; on les restaura toujours (par exemple en les pavant de nouvelles mosaïques à la mode du temps) ; c'est d'ailleurs cet état du VIe siècle que l'archéologie nous fait le mieux connaître, surtout en Tunisie et en Tripolitaine. Mais l'environnement avait profondément changé. L'insécurité (surtout dans le sud en butte aux guerres « maures », que décrit par exemple de façon épique la *Johannide* du poète africain Corippe) et le changement des tactiques militaires ont amené à fortifier les villes ou à bâtir des points d'appui pour abriter les garnisons byzantines relativement peu nombreuses. Se créent ainsi, comme nous le fait connaître le *De aedificiis* de Procope, qui recense les constructions de Justinien, des réseaux de villes restreintes (dans des cités qui n'étaient pas auparavant fortifiées), de citadelles et de forts bâtis avec les pierres d'édifices détruits ou de cimetières. On voit bien cette transformation, assez radicale, du paysage urbain à Haïdra ou à Thélepte dans le sud-ouest, alors que d'autres cités comme Sbeitla ou Bulla Regia semblent conserver leur aspect d'autrefois avec quelques bâtiments fortifiés, ou qu'on se contente d'édifier un fort de dimensions restreintes, bâti « à neuf » – avec des pierres empruntées – comme à Ksar Lemsa ou aménagé sommairement dans d'anciens bâtiments comme à Mactar et à Dougga.

Par ailleurs, le christianisme africain n'a pas retrouvé la paix avec le retour en force du catholicisme : les Byzantins et plus encore, à la fin de la période, les moines égyptiens fuyant la conquête arabe ont importé leurs

*Deux fibules*
Ve siècle après J.-C.
Or, perles et grenat
*1* H. 6,5 cm ; L. 2,6 cm ; ÉP. 2 cm
*2* H. 6,4 cm ; L. 2,6 cm ; ÉP. 2,4 cm
Prov. Koudiat Zâteur
Carthage, musée national

*Plaque de ceinture*
Ve siècle après J.-C.
Or, perles et grenat
H. 5,3 cm ; L. 2,8 cm ; ÉP. 1,4 cm
Prov. Koudiat Zâteur
Carthage, musée national

querelles théologiques et on note dans la correspondance du pape Grégoire le Grand autour de 600 une crainte renouvelée du donatisme, surtout, il est vrai, en Numidie. La même correspondance et les canons des conciles nous montrent que les problèmes de discipline et d'intégrité du clergé n'ont pas disparu. À travers l'unité de l'Église africaine, dont le chef restera toujours l'évêque de Carthage, les particularités provinciales restent patentes et s'affirment même dans des synodes provinciaux et par l'action des « primats » de chaque province qui, suivant le cas, sont attachés à un siège (comme Carthage), sont les doyens d'élection (comme en Numidie) ou sont élus par les autres évêques.

La conquête arabe ne fit pas disparaître d'un seul coup le christianisme. La première campagne de 647 a laissé quelques marques concrètes : des destructions (à Sbeitla près de laquelle a eu lieu la bataille décisive) et l'enfouissement d'un trésor à Rougga au sud-est d'El-Jem. On croit discerner à Sbeitla des preuves d'une reconstruction sommaire, notamment l'aménagement d'une nouvelle église. On suit mieux depuis la campagne archéologique internationale de Carthage la lente décadence urbaine, y compris des lieux de culte, jusqu'à la prise de la ville en 697. Après la conquête, les Berbères chrétiens, autour de la Kahina, ont mené assez longtemps la vie dure aux nouveaux maîtres ; des évêques subsistent en Tunisie, en particulier à Carthage, comme on le voit d'après la correspondance de la papauté, encore au xe siècle, et des communautés chrétiennes sont mentionnées par les voyageurs

*Stèle tombale dite de l'Ecclesia Mater*
ve siècle après J.-C.
Mosaïque de marbre et pâte de verre
H. 113 cm ; L. 241 cm
Prov. Tabarka, chapelle dite des Martyrs
Tunis, musée national du Bardo

1

2

3

4

5

1 *Broche (?) ornée de deux têtes de dauphins stylisées*
DIA. 2,4 cm ; poids 8,35 g

2 *Deux anneaux d'oreille*
DIA. 1,7 cm ; poids 2,58 g et 2,70 g

3 *Fibule*
L. 3,2 cm ; ÉP. 0,7 cm ; poids 6,75 g

4 *Bague à chaton orné d'un oiseau*
DIA. 1,6 cm ; poids 2,90 g

5 *Bague octogonale avec inscription*
DIA. 2 cm ; poids 7 g

Ve siècle après J.-C.
Or
Prov. Koudiat Zâteur
Carthage, musée national

arabes, surtout au Jérid. En Tripolitaine, on a fouillé dans le Jébel deux cimetières de communautés indigènes avec des tombes du XIe siècle portant des épitaphes latines. Mais on ne sait à qui attribuer le cimetière chrétien de Kairouan (trois épitaphes, datées ou datables du XIe siècle) puisque la ville est nouvelle et que les caractères paléographiques sont apparentés à des inscriptions du sud de l'Espagne : fonctionnaires, commerçants ou artisans, immigrés ou autochtones ? L'une est datée aussi de l'Hégire et témoigne bien de la coexistence des deux religions.

Les textes n'apportent en Afrique qu'un éclairage ponctuel dans le temps et concentré sur quelques personnalités et quelques régions. La connaissance de la vie quotidienne de l'Afrique chrétienne, que ce soit pour de très grandes villes comme Carthage, l'une des métropoles de l'Antiquité, ou, *a fortiori,* pour les campagnes les plus reculées, est le fruit de l'archéologie et de l'épigraphie : les premières mentions de documents chrétiens datent du XVIIIe siècle, mais on a commencé à fouiller des églises (en particulier celle, célèbre parce que datée de 324, d'Orléansville – actuel Chlef – en Algérie et une autre à Constantine, connue par une très belle aquarelle de l'officier Delamare) dès les années 1840 en Algérie. On compte maintenant peut-être cinq cents églises fouillées en Afrique du nord dont une seule au Maroc, mais plus d'une centaine en Tunisie (pour une seule synagoguc juive à Hammam Lif au sud-est de Tunis) et des dizaines de milliers d'inscriptions chrétiennes, principalement des épitaphes.

Ce sont surtout les pavements en mosaïque, parfois de haute qualité, comme le « rinceau peuplé » d'oiseaux d'une église du VIe siècle à Sabratha en Tripolitaine, ou puissamment expressifs comme le *Daniel* du musée de Sfax, qui sont appréciés du public, et aussi les panneaux symboliques ou pittoresques (avec la silhouette du défunt), dits mosaïques funéraires dont les chrétiens d'Afrique avaient coutume de recouvrir les tombes, principalement dans les églises. L'exposition en présente deux célèbres, prélevés dans l'église dite chapelle des Martyrs à Tabarka, fouillée par un officier français au début du siècle. L'une, légendée *Ecclesia Mater,* symbolise l'entrée dans la communauté éternelle (l'Église-Mère) de la défunte, mais cette *ecclesia* est figurée comme un bâtiment de culte présenté en « éclaté » – comme sur des dessins d'enfants ou de peintres naïfs – avec son abside, ses colonnades intérieures, sa toiture et la rangée de fenêtres extérieures, et l'autel au milieu de la nef centrale suivant l'usage africain : cette mosaïque est connue aussi pour cette technique de représentation architecturale, fort répandue dans l'Antiquité tardive. L'autre panneau montre les défunts, comme sur beaucoup de « mosaïques funéraires » de Tabarka, mais ici l'un d'eux est présenté dans son activité quotidienne : comme il est assis derrière un comptoir où sont dessinées des pièces, on l'appelle « le banquier » mais il peut s'agir aussi bien d'un comptable, intendant, ou agent du fisc ; l'équivalent existe en sculpture, par exemple sur l'un des blocs des mausolées (païens) exposés au musée de Trèves. Cet « art populaire », peu soigné sur le plan technique, est en outre précieux (comme les pavements de mosaïques en Afrique, les tissus et portraits « coptes » en Égypte ou les peintures des catacombes de Rome et d'hypogées

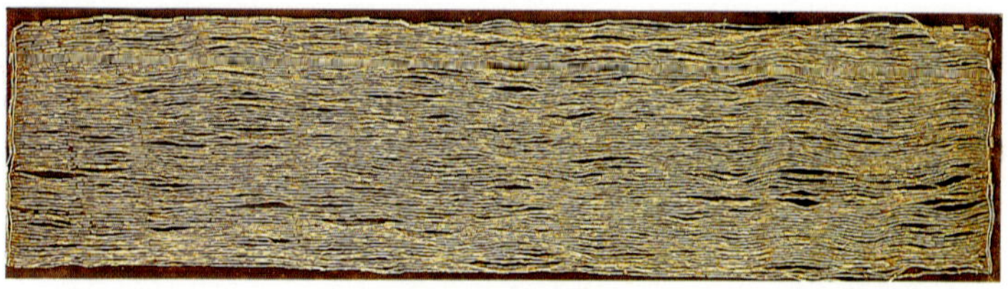

*Ceinture*

ve siècle après J.-C.
Or
Avec montage : H. 9 cm ; L. 38 cm
Prov. Koudiat Zâteur
Carthage, musée national

*Le Banquier et sa fille*

ve siècle après J.-C.
Mosaïque de marbre et calcaire
H. 238,5 cm ; L. 78,5 cm
Prov. Tabarka, chapelle dite des Martyrs
Tunis, musée national du Bardo

dans d'autres régions) pour connaître les couleurs et la forme du vêtement de cette période, fait d'une tunique galonnée et ornée d'appliques carrées ou rondes, d'un manteau et d'une sorte d'écharpe (à l'origine de l'étole ou du *pallium* ecclésiastique). On date ces panneaux par convention de la deuxième moitié du IVe siècle et du début du Ve siècle mais, comme le style est très particulier, cette datation est approximative.

Ni l'architecture chrétienne d'Afrique ni l'épigraphie (à part certains thèmes comme l'insistance sur les purs et les justes chez les « intégristes » de l'Antiquité) ne permettent d'apercevoir des différences entre les sectes (voir *supra) :* c'est donc plus par la doctrine que par les pratiques que ces religions adverses se différenciaient. En revanche, on peut à travers cette documentation abondante et variée connaître bien des aspects de la liturgie et du culte pour lesquels les textes manquent. Sauf dans les grandes villes et certains sanctuaires de pèlerinage, les églises africaines sont rarement spectaculaires de l'extérieur et monumentales. De dimensions moyennes ou médiocres, sans la sculpture extérieure exubérante de la Syrie, elles se singularisent par la variété de l'orientation (l'occidentation est très fréquente dans l'est de l'*Africa* comme à Rome), par la surélévation très forte de l'abside qui sert de tribune parce qu'on prêche de la cathèdre épiscopale ou presbytérale ; l'autel est devant l'abside (voir l'*Ecclesia Mater)* et parfois très avancé dans la nef centrale de façon à ce que le peuple de Dieu l'entoure, même s'il est protégé par des barrières. Les reliques des saints locaux (parfois leurs corps) sont omniprésentes, sous ou bien près de l'autel et attirent des sépultures privilégiées des membres du clergé et de ceux qui recherchent la proximité des « mémoires » des martyrs. Celles-ci prennent place aussi dans des chapelles annexes sur les côtés, ou encore dans des « contre-absides » ou « contre-chœurs » face à l'abside principale. Ces deux absides opposées sont une particularité de l'Afrique (on en trouve aussi quelques cas en Espagne mais avec un usage différent) et peuvent avoir servi d'exemple à une disposition qui connaîtra une grande vogue dans la France du nord et en Rhénanie aux époques carolingienne et ottonienne. On recherche volontiers d'ailleurs en Afrique une communauté charnelle avec les défunts, surtout les saints : on mangeait dans des banquets anniversaires au-dessus de leurs tombes, dans les cimetières, jusqu'à la fin du IVe siècle, malgré les réserves puis les interdits de l'Église qui avait proscrit ces pratiques plus tôt en Italie, mais on continua parfois à verser des « libations » dans les tombes, suivant un usage d'origine païenne, jusqu'à une époque avancée. Ces pratiques ne surprennent pas dans une religion populaire puisqu'elles sont encore répandues chez les chrétiens, dans les Balkans et en Russie par exemple.

La période byzantine – qui a marqué les paysages par la construction de villes restreintes ou de forteresses (voir *supra)* – a été une époque d'intense activité architecturale et de mutation technique : on substitue parfois des voûtes – au moins pour les portées restreintes (bas-côtés des églises) – aux charpentes traditionnelles couvertes de tuiles, mais certainement on utilise aussi largement la terrasse dans les climats les plus secs. Les voûtes des absides sont coulées très souvent sur un coffrage permanent de tubes de terre cuite

*Porte-lampe*
Ve siècle après J.-C.
Or et cabochons de pierres précieuses
DIA. 10,6 cm ; H. 2,1 cm ; poids 48,54 g
Prov. Carthage, Borj Jedid
Tunis, musée national du Bardo

emboîtés et scellés au plâtre (technique utilisée aussi à la même époque dans les monuments de plan centré de Ravenne et de Rome). La coupole s'introduit aussi timidement dans quelques églises du VI^e^ siècle, au moment où elle s'impose en Orient pour couvrir tout ou partie de la nef centrale dans une basilique ou pour servir de noyau au plan centré des rotondes et tétraconques.

Une des particularités de l'Afrique, et principalement de la Tunisie, est la forme des cuves baptismales, fréquemment entaillées de lobes sur le rebord de la margelle (je pense que cette forme – qui existait dans les bassins d'atrium ou de péristyle – a été prisée à cause de son caractère décoratif et de sa ressemblance avec un des types de table d'autel à lobes, issu de la table de salle à manger) et le somptueux décor en mosaïque, soit de type aquatique (poissons et animaux marins), soit fait de symboles chrétiens, souvent accompagné d'une inscription, qui les recouvre entièrement. Jusqu'à une époque récente, ces cuves, laissées en place, ont été détruites, sauf une récemment restaurée à Sbeitla. On avait su déplacer dans les années 1950 la cuve devenue célèbre du baptistère de Demna (près de Kélibia), exposée au Bardo. On vient de prélever une nouvelle cuve qui est exposée ici et qui se signale par la forme carrée de la margelle et l'alternance d'indentations rondes et carrées (voir la contribution de M. Ben Lazreg et mon commentaire).

Il ne faudrait pas restreindre l'Antiquité tardive aux églises. Les villes continuent à comporter de grandes maisons, souvent décorées de somptueuses mosaïques, qu'on a fouillées en grand nombre, notamment à Cherchel, Djémila, Timgad, Hippone (en Algérie), Carthage, Nabeul, Thuburbo Maius, El-Jem, Sbeitla, Kasserine (en Tunisie). La côte autour de Leptis Magna (en Tripolitaine) était parsemée de villas de banlieue de

*Baptistère quadrilobé*
Fin VI^e^ siècle après J.-C.
Prov. Kélibia, église dite du prêtre Felix
Tunis, musée national du Bardo

ŒUVRE NON EXPOSÉE

1

2

3

4

la même époque, et on connaît depuis peu des villas de l'intérieur des terres à Sidi Ghrib, non loin de Carthage, et dans la région de Gafsa, avec des thermes particulièrement somptueux. Un panneau de Sidi Ghrib est exposé ici : il représente sans doute la propriétaire à sa toilette, comme c'est aussi le cas dans la salle froide des thermes de la célèbre villa de Piazza Armerina en Sicile. Mais ce tableau est particulièrement intéressant par la représentation des différents ustensiles de toilette, dont une coquille-cuvette (en argent sans doute d'après la couleur) qu'on retrouve dans plusieurs trésors d'argenterie de la même époque et un coffret formé de deux parties à parois obliques inclinées en sens contraire, qui ressemble au fameux *Coffret de Projecta* du Trésor de l'Esquilin exposé au British Museum.

La *Dame de Carthage,* trouvée après la deuxième guerre mondiale dans le salon d'une maison du quartier nord, est un remarquable témoin du décor de l'architecture profane. Pour ma part, ayant étudié le plan et l'ensemble des mosaïques de la maison (qui sont d'un style cohérent et rappellent des pavements de cette même époque trouvés en Afrique, en Sicile et en Orient), je reste fidèle à la datation initiale du IVe siècle, récemment contestée et reportée au VIe siècle, sur des bases purement conjoncturelles d'iconographie ponctuelle, mais je demeure dubitatif sur le sens de cette figure dont la fibule (de typologie « impériale ») et le costume sont masculins, mais dont le visage et la coiffure sont plutôt féminins. Il ne s'agit manifestement pas d'un simple portrait et, faute d'une inscription qui en préciserait la signification, celle-ci nous échappe et continue à suciter de nombreuses interrogations.

La relative sobriété de l'architecture est compensée en Afrique par la débauche de couleurs au sol et probablement sur les murs où l'on conserve quelques traces de décors stuqués, peints ou mosaïqués. La sculpture, à côté de la multiplicité des remplois, surtout pour les chapiteaux, produit quelques ensembles neufs de qualité, notamment dans la région de Tébessa (sud-est de l'Algérie) et de Thélepte, et, partout, quelques pièces originales, notamment

1 *Carreau avec Adam et Ève*
H. 27 cm ; L. 26 cm
Prov. Hajeb el-Aïoun

2 *Carreau avec le sacrifice d'Abraham*
H. 27 cm ; L. 26,5 cm
Prov. Hajeb el-Aïoun

3 *Carreau avec le Christ et la Samaritaine*
H. 27 cm ; L. 25,5 cm
Prov. Hajeb el-Aïoun

4 *Carreau avec Pégase soigné par les nymphes*
H. 24 cm ; L. 24 cm
Prov. Bouficha

VIe siècle après J.-C.
Terre cuite
Tunis, musée national du Bardo

1

2

3

4

pour les éléments qui n'avaient pas leur place dans l'architecture classique (corbeaux, piliers porteurs) avec une grande variété de décors géométriques ou végétaux qui sont restés de tradition dans la sculpture sur bois ou sur pierre tendre. Quelques cargaisons de marbre de Proconèse (île de la mer de Marmara près de Constantinople) ou de Thasos (île de la Grèce du nord) trouvées dans des bateaux coulés en Méditerranée occidentale montrent l'existence d'un commerce de matériaux préfabriqués pour l'architecture cultuelle, dont l'usage est prouvé aussi par le remploi de nombreux chapiteaux de marbre orientaux dans les grandes mosquées de Tunisie.

De nombreux musées (y compris le Louvre) et collections privées regorgent de lampes « chrétiennes » fabriquées en Tunisie, et de carreaux de terre cuite de ce pays (mais il en existe aussi dans l'est algérien) dont la production a été abondante aux VIe-VIIe siècles mais avait peut-être débuté avant. L'exposition n'a pas manqué d'en montrer une série empruntée aux collections du Bardo et de Carthage. On distingue bien maintenant les ateliers de production dans les zones où l'argile est abondante, notamment dans la basse vallée de la Medjerda (près de Tébourba) et entre El-Jem, Kairouan et Hajeb el-Aïoun. Il existe sur le plan technique deux types de plaques : certaines comportent deux bâtonnets (parfois en forme de colonnes) sur le côté, qui étaient destinés à caler la plaque dans la poutraison du plafond pour former un petit caisson ; d'autres, cernées d'un cadre continu, peuvent avoir été scellées soit au plafond, soit sur les murs comme des carreaux vernissés. Les motifs sont peu variés : quelques thèmes mythologiques (Pégase soigné par les Muses), un petit nombre de motifs chrétiens (Adam et Ève, le sacrifice d'Abraham, la Samaritaine au puits, la Vierge et probablement la face du Christ, saint Pantaléon – saint cavalier représenté comme saint Georges – certainement importé par les Byzantins), surtout des rosaces ou des combinaisons de motifs végétaux et des animaux (par exemple un lion dans l'atelier de la région de Carthage). Naturellement, ces plaques étaient peintes de

1 *Carreau avec saint Pantaléon*
H. 25 cm ; L. 24 cm
Prov. El-Jem (Thysdrus)

2 *Carreau avec saint Théodore terrassant un serpent*
H. 26,5 cm ; L. 26,5 cm
Prov. Hajeb el-Aïoun

3 *Carreau avec Jonas rejeté par le monstre marin*
H. 27 cm ; L. 27 cm
Prov. Kasserine

4 *Carreau avec Daniel dans la fosse aux lions*
H. 26 cm ; L. 26 cm
Prov. Hajeb el-Aïoun

Terre cuite
VIe siècle après J.-C.
Tunis, musée national du Bardo

1

2

4

3

couleurs vives (il en reste parfois des traces). Bien que la plupart des exemplaires connus proviennent d'églises, l'usage dans des édifices profanes est très probable. Ce type de décor est connu à la même époque en Espagne (surtout en Andalousie), en France (un carreau de la région de Nantes, avec Adam et Ève, ressemble fort à une plaque tunisienne) et en Macédoine ex-yougoslave (avec une thématique chrétienne plus variée).

Les sarcophages sculptés, en revanche, sont beaucoup plus rares en Afrique qu'en Italie, en Gaule ou en Orient et une seule officine (dans le cap Bon ou à Carthage ?) a exporté des cuves en Espagne, à Tarragone.

Les musées d'Afrique ne sont pas riches en objets de luxe ou de parure d'époque chrétienne, disparus au cours des temps, à part quelques trésors comme celui de Ténès en Algérie ou le Trésor de Carthage partagé entre le Louvre et le British Museum. Les tombes chrétiennes d'Afrique ne contiennent généralement pas de matériel suivant l'usage observé depuis la christianisation, sauf chez les peuples d'origine « barbare ». C'est pourquoi on attribue aux Vandales (aussi à cause d'un nom germanique relevé à Thuburbo Maius et d'affinités techniques et stylistiques avec des parures germaniques) deux ensembles de bijoux assez modestes trouvés dans des tombes à Thuburbo Maius et à Carthage, qui sont exposés ici.

L'art chrétien d'Afrique, en dehors de la mosaïque et de la céramique, ne montre pas une très grande originalité et ses qualités artistiques ne peuvent être comparées à celles des églises de Grèce, de Syrie ou même d'Égypte et d'Arménie. Mais il écrit pour une bonne part l'histoire d'une communauté chrétienne ardente et foisonnante, qui a couvert de lieux de culte ou de mémoire des terres parfois arides mais dont les Romains, à la suite des Carthaginois, avaient su tirer le meilleur. La saveur populaire de certains objets ou de certains décors a survécu dans l'artisanat local jusqu'à nos jours.

*Noël Duval*

1 *Carreau avec deux personnages assis sur un trône : la Vierge à l'Enfant (?)*
H. 26 cm ; L. 24,5 cm
Prov. Bouficha

2 *Carreau avec la Multiplication des pains*
H. 26 cm ; L. 26 cm
Prov. Hajeb el-Aïoun

3 *Carreau avec l'effigie du Christ*
H. 20 cm ; L. 19 cm
Prov. Télepte

Terre cuite
Tunis, musée national du Bardo

4 *Carreau à rosace avec fleurs de lotus*
Ve - VIe siècle après J.-C.
Terre cuite
H. 29,6 cm ; L. 29,2 cm
Prov. Carthage
Carthage, musée national

1

2

3

4

5

6

7

8

1 *Carreau à rosace avec pampres*
H. 30,7 cm ; L. 30,2 cm

2 *Carreau avec lion polychrome*
H. 31,8 cm ; L. 31,8 cm

3 *Carreau avec cerf*
H. 29,2 cm ; L. 28,7 cm

4 *Carreau avec lion tête baissée*
H. 25,3 cm ; L. 26,3 cm

5 *Carreau avec cerf polychrome*
H. 31,8 cm ; L. 31,8 cm

Ve - VIe siècle après J.-C.
Terre cuite
Prov. Carthage
Carthage, musée national

6 *Carreau avec lion*
VIe siècle après J.-C.
H. 29 cm ; L. 28,5 cm
Prov. Ain Metouia

7 *Carreau avec deux panthères affrontées dans une rosace*
VIe siècle après J.-C.
H. 25,5 cm ; L. 25,5 cm
Prov. Bouficha

8 *Carreau avec deux paons autour d'un calice*
Ve - VIe siècle après J.-C.
H. 26 cm ; L. 26 cm
Prov. Hajeb el-Aïoun

Terre cuite
Tunis, musée national du Bardo

# Saint Augustin et le rayonnement de sa pensée en Europe

De ceulx qui dient q̃ adourer les dieux non mie pour ceste vie presente. mais pour la vie pardurable. .i.

Il me semble que iaye assez dispute aux cinq liures precedens contre ceulx qui cuidẽt que pour le prouffit de ceste vie mortelle. et des choses terriennes on doye honnourer et adourer p telle ordonnance et seruitude / cestadire vraye religion qui en grec est appellee latria / laq̃lle est deue a vng vray dieu seulement plusieurs dieux & faulx. lesquelz la verite crestienne conuaint estre p doles non prouffitables / ou ors esperis et mauuais dyables / ou certes creatures / et non mie createur Et qui est celluy qui ne sache q̃ ces cinq liures ou autres de q̃sconq̃ grāt nombre ne peuent pour certain souffire a tresgrande folie ou obstinacion quant on cuide q̃ icelle gloire de vanite ne donne lieu a aucunes forces de verite en sa mauuaistie. Toutesfois de celluy en qui si grant vice a seigneurie / car non pas par la mauuaistie du medecin mais du malade la maladie est faicte non curable & inmuable

A i.

Saint Augustin (354 - 430)
trad. par Raoul de Presles
*La Cité de Dieu* (t. I, livre VI, p. 1)
Abbeville, chez Jean Du Pré et Pierre Gérard, 1487
2 vol., in-f°
Paris, musée du Petit Palais

ŒUVRE NON EXPOSÉE

C'est paradoxalement en Afrique du nord, donc dans un pays aujourd'hui presque totalement islamisé, qu'est né le christianisme occidental latin. Apparue en Orient, dans un milieu juif assez vite imprégné d'hellénisme, la nouvelle religion ne compta longtemps dans ses rangs, à Rome et dans le reste de l'Europe de l'ouest, que peu de membres issus de colonies orientales. En Afrique du nord pourtant, dès la seconde moitié du IIe siècle, la communauté chrétienne occidentale la plus nombreuse et la plus dynamique prit son essor dans tous les milieux sociaux. D'emblée, elle s'exprima en langue latine. C'est là aussi qu'au Ve siècle le christianisme occidental trouva sa personnalité propre, intellectuelle et spirituelle, grâce à la marque indélébile que devaient lui laisser la pensée et l'œuvre de saint Augustin.

Pour l'historien, Augustin possède trois particularités. D'abord, il est l'écrivain ancien le plus prolixe, car des milliers de pages de son œuvre sont parvenues jusqu'à nous, et l'on découvre encore dans les manuscrits des textes de lui que nous ignorions (30 lettres en 1974, 26 sermons en 1990). D'autre part, il est l'homme de l'Antiquité dont nous connaissons le mieux la vie, les sentiments, la psychologie, car il a beaucoup parlé de lui, et pas seulement dans ses *Confessions* qui contiennent le récit des trente-quatre premières années de sa vie. Le troisième caractère est l'immense influence de sa pensée, qui a marqué de manière décisive l'Occident chrétien, au Moyen Âge et à l'époque moderne. Un indice de cette empreinte est que les moines médiévaux ont inlassablement recopié ses œuvres, et nous ont transmis plus de quinze mille manuscrits reproduisant ses écrits.

Augustin est né en 354 dans la petite ville de Thagaste, aujourd'hui Souk-Arhas (en Algérie, près de la frontière tunisienne). Ses parents n'étaient que de petits notables locaux, mais ils parvinrent à lui faire donner une brillante éducation, ce qui lui permit de devenir dès 375 professeur de rhétorique à Carthage. Parti en Italie en 383, il devint professeur à Milan,

résidence de l'empereur, et il brigua alors une brillante carrière administrative et politique. Sa conversion, en 386, mit fin à ces projets et l'incita à revenir en Afrique dès 388, pour se vouer à la vie religieuse. Il devint prêtre (391), puis évêque (395) à Hippone, aujourd'hui Annaba (anciennement Bône), et il se consacra au ministère pastoral, ainsi qu'à la rédaction de son œuvre immense, jusqu'à sa mort, en 430, à près de soixante-seize ans, dans sa ville épiscopale assiégée par les Vandales.

Augustin séjourna cinq années en Italie, mais durant tout le reste de sa longue existence, il vécut et écrivit en Afrique ; pourtant son œuvre eut aussitôt un très grand retentissement en Europe. De fait, les rives nord et sud de la Méditerranée n'étaient pas alors des univers linguistiques et culturels différents. Les provinces de l'Afrique romaine comptaient parmi les plus riches de l'immense Empire et on y trouvait de multiples villes prospères où vivait une élite cultivée formée le plus souvent de Berbères latinisés (comme l'étaient, de toute évidence, Augustin lui-même et sa famille). L'Afrique ne

Saint Augustin (354 - 430)
*La Cité de Dieu* (f° 189 v.)
trad. par Raoul de Presles
Miniatures attribuées au
Maître de la Cité des Dames

Atelier parisien, ca 1415
Ms. parch.
H. 49 cm ; L. 31 cm
Hist. bibliothèque de Colbert
Paris, Bibliothèque nationale de France (Ms. fr. 24)

paraît nullement avoir été touchée par le déclin que subirent au Bas-Empire certaines régions de l'Empire romain. Les échanges culturels aussi bien qu'économiques avec l'Europe étaient continuels, et la métropole carthaginoise, la seconde ville de l'Occident après Rome, connaissait un rayonnement qui dépassait de loin les rives africaines. On comprend donc que, rédigés en Afrique, les ouvrages d'Augustin aient été d'emblée lus et commentés dans tout le monde occidental. À Carthage, des admirateurs faisaient faire des copies de ses livres, qu'ils expédiaient en Italie, d'où elles étaient diffusées en Gaule et en Espagne. Ce rayonnement était, pour une bonne part, dû à l'immense talent littéraire d'Augustin, à sa langue riche, puissante, originale, à son art consommé de rhéteur, à sa faculté d'exprimer par le langage écrit sa sensibilité aiguë et la profondeur, inconnue avant lui, de son analyse psychologique.

Les augustiniens des siècles ultérieurs ont souvent systématisé et durci la pensée du maître, qui se révèle complexe, subtile et non sans contradictions (elle évolua beaucoup au fil des années), ce qui rend bien difficile une présentation sommaire : nous ne pouvons évoquer ici que quelques aspects d'une pensée variée, multiple et multiforme. Ce n'est que dans une ultime étape, dans le feu de la controverse avec ses adversaires pélagiens, qu'il a présenté sa doctrine d'une manière systématique et durcie, en particulier pour la doctrine de la prédestination où, en quelque sorte, le vieil homme, sans le vouloir, se caricaturait lui-même. Retenons que, pour Augustin, la nature humaine est irrémédiablement corrompue par le péché, et que nous ne pouvons accéder au salut par nos mérites personnels ou nos bonnes œuvres : seule la grâce divine peut nous sauver. Telle était l'expérience d'Augustin lui-même, relatée dans les *Confessions :* après ses multiples errances, Dieu l'avait amené à la conversion en lui révélant sa présence au plus intime de lui-même, et la toute-puissance de Son pardon.

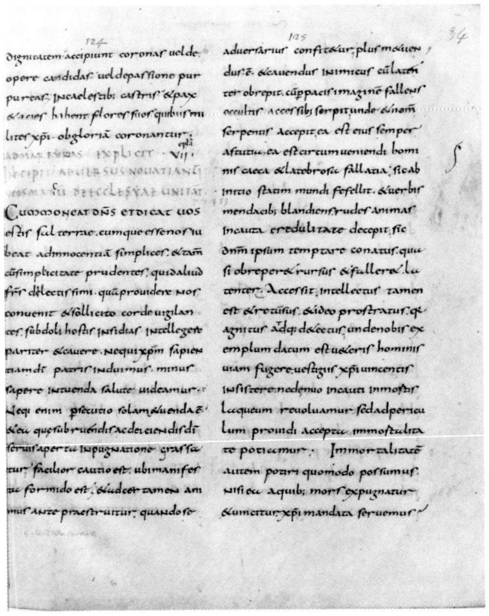

Saint Cyprien (v. 200 - 258)
Prudence
*Textes divers* (f° 34 r.)
IXe - Xe siècle
Ms. parch., 262 f[os] à deux colonnes
H. 28,5 cm ; L. 24,5 cm
Hist. abbaye de Saint-Denis, bibliothèque de J.-A. de Thou
Paris, Bibliothèque nationale de France (Ms. lat. 1647 a)

Les adversaires d'Augustin, Pélage et surtout ses disciples, voyaient avant tout le christianisme comme un rigoureux moralisme ; en accomplissant strictement la loi divine, chacun pouvait, selon eux, parvenir à la perfection, et Dieu devait le récompenser de ses mérites (ou le punir de ses fautes) dans la vie future. La nature humaine étant vue par les pélagiens comme bonne, ce programme était supposé réalisable. Ces idées connurent du succès dans les milieux monastiques. Le pélagianisme fut aussi prisé dans le monde aristocratique romain, où l'exaltation de la vertu individuelle rencontrait de profonds échos, ceux de la tradition vieille-romaine et du stoïcisme. Augustin réagit fortement : à la base d'un tel système, on trouvait, selon lui, une illusion sur la bonté de la nature humaine, et la négation du péché originel qui rendait cette nature encline au mal. Surtout, Pélage et les siens faisaient bon marché de la grâce divine et de la nécessité du salut par le Christ : dans leur orgueil, ils s'estimaient aptes à devenir parfaits par leurs propres forces, ils pensaient, en quelque sorte, pouvoir se passer de Dieu. Dans cette affaire, Augustin avait conscience de défendre un élément central de l'essence du christianisme. Mais la polémique dura et s'aigrit, et Augustin finit par élaborer un système anti-pélagien radical, où il réservait le salut à un petit nombre d'élus choisis par la grâce divine de toute éternité, les prédestinés, tirés gratuitement de la « masse damnée » qu'était l'humanité pécheresse. Ce fut souvent cette phase ultime de sa pensée que la postérité devait, à tort assurément, retenir sous le nom d'augustinisme.

C'est à l'époque des invasions barbares, entre 413 et 425, qu'Augustin rédigea *La Cité de Dieu,* qui est une vaste réflexion, sous le regard de l'éternité, sur la destinée de l'humanité, et qui, vu l'actualité tragique, était un peu, comme a pu l'écrire Henri-Irénée Marrou, un « art de vivre en un temps de catastrophe ». De cette somme immense, retenons ici un aspect : pour Augustin, nul État, même si, comme l'Empire romain de son temps, il se voulait chrétien, ne pouvait se dire le royaume de Dieu sur la terre ni prétendre à une quelconque transcendance. La Cité de Dieu, c'est à dire la communauté des saints, est, dans le temps de l'histoire, en route vers sa réalisation à la fin des temps, mais elle ne saurait se confondre avec un État ou une société humaine quelconque, même l'Église visible. Ce profond connaisseur moderne d'Augustin qu'était Marrou a bien perçu comment cette pensée constituait une puissante récusation de tous les totalitarismes, et aussi de tous les intégrismes.

Augustin se trouva aussi entraîné dans une dramatique querelle qui déchirait la chrétienté africaine depuis l'époque de Constantin. Une communauté schismatique, appelée d'après le nom de son fondateur l'église donatiste, dominait des régions entières, dont la Numidie d'Hippone. Les donatistes accusaient les évêques catholiques d'avoir faibli lors de la persécution de Dioclétien : ils prétendaient constituer à eux seuls l'Église authentique, celle des saints, des purs, des martyrs. La forte implantation de cette Église dans les milieux ruraux, et son implication dans une jacquerie qui ensanglanta la Numidie dans les années 340 (la révolte des « circumcellions ») ont incité des historiens modernes à voir, non sans anachronisme, dans ce mouvement religieux une forme de nationalisme anti-romain ou de lutte des classes. En fait, il s'agissait d'une forme sommaire et intransigeante de religiosité, ce que nous appelons un intégrisme, sans programme politique particulier, qui comprenait parmi ses partisans beaucoup de notables, et même des sénateurs. Le baptême, le plus souvent reçu à l'âge adulte, introduisait dans la communauté chrétienne et avait une immense importance dans la spiritualité du temps. Les donatistes rebaptisaient les chrétiens des autres églises qui adhéraient à leur communauté, car ils se considéraient comme les seuls chrétiens authentiques. Augustin tenta vainement de les ramener à l'unité par la persuasion. En fin de compte, il fut l'une des figures majeures de la conférence épiscopale contradictoire réunie à Carthage en 411, qui amena l'autorité impériale à dissoudre l'église schismatique en usant de la contrainte (les donatistes obstinés étaient frappés de lourdes amendes). Ce conflit souvent très violent entre frères chrétiens fut incontestablement une cause de faiblesse pour l'Église d'Afrique, et des historiens ont pu à bon droit voir en lui une des causes lointaines de la future disparition du christianisme dans ce pays. Nous verrons comment cette affaire, qui constitua assurément un échec pour Augustin, a connu de nos jours une postérité très inattendue, à la suite d'hypothèses hasardeuses de quelques historiens modernes.

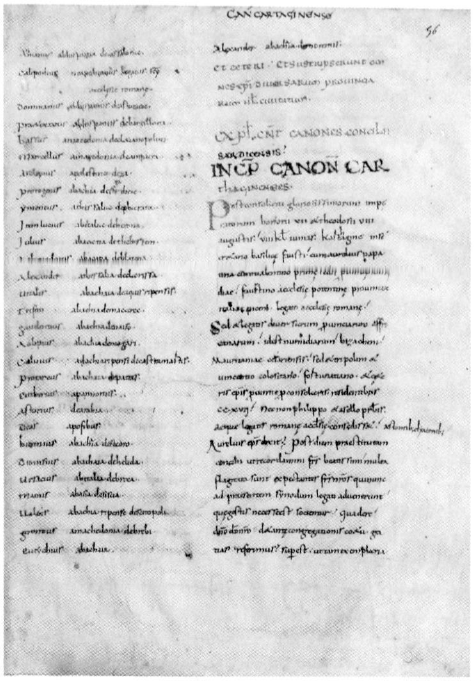

*Concilia Antiqua* (f° 56 r.)
IX^e^- X^e^ siècle
Ms. parch., 202 f^os^ à deux colonnes
H. 36,5 cm ; L. 27 cm
Hist. abbaye du Puy, donné à Colbert en 1681
Paris, Bibliothèque nationale de France
(Ms. lat. 1452)

Jusqu'à Augustin, la pensée théologique et philosophique chrétienne était avant tout de langue grecque. Désormais, l'Occident chrétien latin possédait un maître à la puissante personnalité, qui exprimait son génie propre avec d'autant plus d'originalité créative que, connaissant mal le grec, il avait été amené à penser par lui-même, plutôt que de rester tributaire de ses devanciers. La naissance en Afrique d'une théologie occidentale particulière est d'ailleurs l'une des causes, lointaine mais majeure, du schisme, consommé à partir du XIe siècle, qui devait séparer l'Occident latin catholique de l'Orient grec orthodoxe. En Occident, au cours du haut Moyen Âge, Augustin fut le seul maître à penser, sans pour autant que les aspects extrêmes de sa doctrine fussent admis ; le Saxon Gottschalk fut condamné et emprisonné à vie au IXe siècle pour avoir soutenu la doctrine de la prédestination. La pensée scolastique, à partir du XIIe siècle, prit de grandes distances par rapport à Augustin, tout en partant de lui.

Les controverses religieuses du XVIe siècle mirent Augustin au premier plan. Luther et Calvin ont rompu avec l'Église catholique parce qu'ils l'accusaient d'être pélagienne. Pour eux, l'homme ne pouvait être justifié devant Dieu que par la grâce et la foi et non par ses œuvres, car il était dépourvu de mérites à cause de sa nature corrompue. Le protestantisme a donc été, au départ, un retour résolu à l'augustinisme, y compris, chez Calvin, à la doctrine de la prédestination. Pourtant, les adversaires catholiques des réformateurs s'inspirèrent eux aussi, au concile de Trente, de la pensée du vieil Africain, tout en refusant certains aspects radicaux, comme la prédestination, ou la négation de toute valeur aux œuvres humaines.

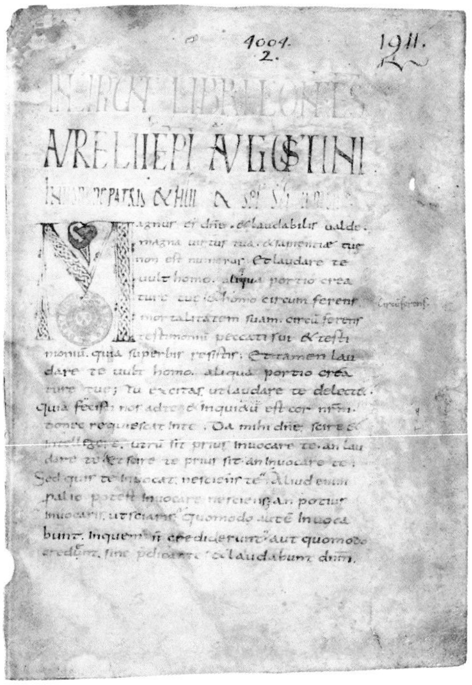

Au XVIIe siècle, le prestige et l'autorité d'Augustin furent incontestés en France où il fut sans cesse invoqué comme une autorité infaillible. Il a inspiré tous les mouvements spirituels du temps, ainsi l'Oratoire du cardinal de Bérulle. En 1641 fut publié l'*Augustinus,* gros livre posthume de Jansen, évêque d'Ypres en Flandres, qui reprenait les arguments d'Augustin contre les pélagiens et prônait une théologie augustinienne radicale. L'Église de France se partagea entre les partisans et les adversaires du jansénisme. L'abbaye de Port-Royal-des-Champs devint le centre du mouvement. L'*Augustinus* fut condamné successivement par plusieurs papes ; le soutien que lui accordaient beaucoup de parlementaires le rendit suspect, à partir de 1665, aux yeux de Louis XIV qui fit détruire Port-Royal en 1710. Un des arguments favoris présentés pour leur défense par les jansénistes était qu'ils ne faisaient qu'exprimer la doctrine d'Augustin, et que leurs adversaires, fussent-ils papes, ne pouvaient qu'avoir tort puisqu'ils s'attaquaient à l'illustre docteur.

Au XVIIIe siècle, la grande époque de l'Europe augustinienne appartenait au passé. Le jansénisme était en total déclin : il n'était plus qu'un mélange de rigorisme moral et d'opposition politique. Les théologiens protestants, de leur côté, abandonnaient de plus en plus le strict augustinisme de leurs prédécesseurs. Surtout, on constate un rejet de l'augustinisme dans l'Europe des Lumières. L'idée d'une nature humaine corrompue irrémédiablement et imperfectible choquait évidemment les philosophes, convaincus de la possibilité d'un progrès indéfini, aussi bien moral qu'intellectuel.

Saint Augustin (354 - 430)
*Les Confessions* (fo 1 r.)
IXe - Xe siècle
Ms. parch., 188 fos
H. 27,5 cm ; L. 20 cm
Hist. bibliothèque Ulrich Obrecht de Strasbourg
Paris, Bibliothèque nationale de France
(Ms. lat. 1911)

Jean-Jacques Rousseau élabora sa théorie d'un homme né bon, corrompu seulement par la société, peut-être par réaction contre le calvinisme dans lequel il avait été élevé au cours de sa jeunesse genevoise. Plus tard, les romantiques aimèrent la très vive sensibilité d'Augustin et son sens du tragique de la destinée humaine, mais cet intérêt resta superficiel.

Le destin de la pensée augustinienne peut paraître singulier. Depuis le triomphe de l'Islam, son souvenir a été occulté dans son propre pays, où Augustin n'a nulle postérité intellectuelle ou religieuse. Dans l'Algérie d'aujourd'hui, on ne retient que son conflit avec les hérétiques donatistes, vus fort anachroniquement comme les ancêtres du nationalisme local ; Augustin, dans cette perspective, devient un partisan du colonialisme... Visant un tel génie, enfant d'un pays auquel il resta toute sa vie profondément attaché, cette attitude paraît à la fois absurde et dérisoire : c'est un peu comme si les Anglais refusaient Shakespeare ! Mais on prend ici la mesure de la rupture radicale qu'a suscitée l'islamisation du Maghreb. C'est dans l'Europe occidentale, non en Afrique du nord, qu'ont été copiés au cours du Moyen Âge les milliers de manuscrits qui nous ont transmis les œuvres d'Augustin. Mais, s'il a marqué d'une empreinte plus puissante qu'aucun autre la vie religieuse et intellectuelle de l'Occident européen, là aussi, depuis le XVIIIe siècle, cette influence a décliné irrémédiablement : l'idéologie de l'Occident moderne exalte l'humanisme, la croyance au progrès et en la perfectibilité de la nature humaine. Une telle vision du monde et de l'humanité s'inscrit résolument contre le théocentrisme augustinien, et sa conception pessimiste, ou peut-être simplement lucide, d'une nature irrémédiablement encline au mal.

Pourtant, si l'augustinisme en tant que système doctrinal paraît aujourd'hui peu prisé, on constate que nos contemporains sont toujours sensibles à l'exceptionnelle profondeur de l'analyse psychologique d'Augustin : ainsi, ne fut-il pas le premier à déceler, au fond de notre être, les forces obscures qui, lors de la conscience claire et du libre exercice de la volonté, peuvent déterminer notre comportement ? Chez les latinistes, on refuse aujourd'hui un engouement exclusif pour les seuls auteurs classiques, on redécouvre les beautés de la langue tardive, et la splendeur de la prose augustinienne suscite à nouveau une légitime admiration. De même, tout philosophe demeurera toujours redevable envers la réflexion augustinienne sur le temps et la mémoire. Bien des esprits religieux, enfin, restent profondément marqués par la spiritualité d'Augustin, en particulier sa vision du tête-à-tête, dans l'intériorité du cœur, entre l'âme et son Créateur. Dernier paradoxe : c'est dans le monde musulman qu'on trouve aujourd'hui la fidélité la plus explicite à des principes qui furent augustiniens avant d'être islamiques : l'affirmation sans concession de l'absolue transcendance divine, l'acceptation paisible de la volonté de Dieu et l'attente du salut par Sa seule miséricorde. Si l'on parvenait à établir un dialogue religieux serein et dépassionné entre les deux rives de la Méditerranée, la pensée du vieux docteur chrétien africain pourrait, peut-être, servir de trait d'union.

*Claude Lepelley*

Grégoire de Nazianze (v. 330 - v. 390)
*Homélies*
*Saint Cyprien au travail ; saint Grégoire écrivant le panégyrique de saint Cyprien* (f° 87 v.)
Première moitié du XIVe siècle
Ms. parch., 357 f[os]
H. 26,5 cm ; L. 20 cm
Hist. envoyé à Louis XV par Chrysanthe Notaras, patriarche de Jérusalem
Paris, Bibliothèque nationale de France
(Ms. grec 543)

# Saint Augustin dans l'art

Fra Angelico (v. 1400 - 1455)
*La Componction de Saint Augustin*
Peinture sur bois
Cherbourg, musée Thomas Henry

ŒUVRE NON EXPOSÉE

L'étude des représentations peintes ou sculptées de saint Augustin commence par une grande frustration. De cet homme qui a tant livré ses souvenirs, ses mouvements intérieurs, ses quêtes de la compréhension du cœur et de l'esprit humains, nous ne connaissons pas les traits physiques. Sans doute notre curiosité aurait rencontré sa critique. Comme saint Jean dans les *Actes apocryphes de l'apôtre Jean* (écrit grec du IIe siècle), il nous aurait dit devant notre curiosité satisfaite par la commande à un portraitiste : « Cela me ressemble. En fait, non pas à moi, mais à mon image charnelle... Mais toi, sois un bon peintre pour moi. Tu possèdes les couleurs que te donne, par mon intermédiaire, Celui qui nous peint tous, Jésus, qui connaît les traits, dispositions et figures de nos âmes. Mais ce que tu viens de faire est puéril et imparfait : tu as peint le portrait d'un mort. »

Cependant, des portraits de saint Augustin ont dû exister, tant les témoignages écrits sont nombreux, dans les milieux chrétiens issus du paganisme, de la perpétuation parmi eux de l'usage de garder l'image physique d'un maître en philosophie, d'un fondateur d'une communauté, de tout guide d'un groupe humain. Mais les invasions barbares ont été tellement destructrices qu'il nous reste peu de traces artistiques de cette haute époque de l'Église. Aussi, nous ne disposons pas, pour l'évêque de Carthage, de l'équivalent de cette impressionnante mosaïque du début du Ve siècle offrant le portrait de son maître saint Ambroise (Milan, basilique Saint-Ambroise).

Il faut attendre le début du VIIe siècle pour rencontrer la première représentation du saint qui nous soit conservée. Dans cette fresque de la bibliothèque du Latran, il apparaît selon la double tradition iconographique du maître de sagesse dont l'image est gardée par ses disciples et du portrait d'auteur figurant en frontispice du manuscrit de ses œuvres. En tunique et pallium, assis devant la Bible qu'il semble commenter et tenant dans sa main gauche un rouleau de ses écrits, il figure déjà en pilier de l'Église, au-dessus

Gérard de Lairesse (1640 - 1711)
*La Conversion de saint Augustin*
Vers 1663
Huile sur toile
H. 322 cm ; L. 275 cm
Hist. peint pour l'église du couvent des Ursulines de Liège, envoi du Museum central en 1800
Caen, musée des Beaux-Arts

d'une inscription significative : « Les divers Pères ont expliqué diverses choses, mais lui seul a tout dit en latin, expliquant les mystères dans le tonnerre de sa grande voix. »

Aussi est-il logiquement la référence des intellectuels chrétiens des temps barbares, comme Fulgence de Ruspe (v. 467 - 533), Césaire d'Arles (v. 470 - 542), Grégoire le Grand (v. 540 - 604) et Isidore de Séville (v. 570 - 636). Et quand s'amorce la renaissance de l'Occident, à l'époque carolingienne, c'est tout naturellement lui qui apparaît comme le modèle incontesté, immédiatement après les apôtres. Mais, lorsque l'évêque de Metz, Chrodegang (712 - 766), entreprend de donner une règle de vie commune aux clercs qui l'entourent, il ne fait pas appel à l'exemple de la communauté canoniale organisée par saint Augustin dans son siège épiscopal d'Hippone. Et, lors de la définition de l'idéal canonial par le concile d'Aix-la-Chapelle, en 817, il ne sera pas plus fait mention du modèle augustinien. Voilà pourquoi, contrairement aux siècles suivants, les chanoines carolingiens n'ont pas dû générer d'images monumentales de saint Augustin. Il n'en a sans doute pas été de même dans les *scriptoria* si friands de portraits d'auteurs – notamment des évangélistes, mais aussi de saint Jérôme et de saint Grégoire – à placer en tête des manuscrits.

Louis de Boullogne (1654 - 1733)
*Baptême de saint Augustin*
1702
Huile sur toile
H. 74 cm ; L. 49 cm
Hist. envoi du Museum central en 1800
déposé par le musée de Dijon en 1977
Paris, musée Carnavalet

Il n'est donc pas étonnant de rencontrer, quelques décennies plus tard, tant de représentations de saint Augustin dans les manuscrits de cette époque romane qui voit non seulement ses principaux intellectuels, comme Anselme (1033 - 1109), Abélard (1079 - 1142), Bernard de Clairvaux (1091 - 1153), se tourner vers l'évêque d'Hippone, mais aussi les nouvelles réformes canoniales se référer enfin à la règle augustinienne ; par exemple Reims dès 1067, Prémontré en 1120, puis le pape Nicolas II qui, à partir de 1135, place sous cette règle toutes les communautés de chanoines faisant appel à son approbation. Comme l'ont montré Jeanne et Pierre Courcelle, en plus de représentations hiératiques (bibliothèque de Dijon, ms. 641), saint Augustin figure inspiré par l'Esprit-Saint (Bibliothèque nationale de France, ms. lat. 1987), disputant avec les hérétiques (bibliothèque d'Avranches, ms. 72), s'adressant à des clercs (bibliothèque Laurentienne de Florence, ms. 12) ou donnant sa règle (manuscrit du Grand Séminaire de Strasbourg). C'est dans cette fonction que nous le retrouvons dans la première œuvre médiévale monumentale aujourd'hui connue : la fresque de Saint-Sernin de Toulouse (XIIe siècle).

Avec le concile du Latran de 1215, la création iconographique augustinienne s'amplifie considérablement. En effet dorénavant tous les ordres nouveaux doivent adopter une des trois règles suivantes : celle de saint Benoît, celle de saint François d'Assise ou celle de saint Augustin. Ainsi, en 1256, de multiples groupements d'ermites, notamment italiens, sont réunis en un seul ordre, celui des Ermites de saint Augustin ou Augustins. Au XIVe siècle, ils sont 30000 religieux en 2000 couvents organisés en 42 provinces. Parallèlement, les chanoines réguliers comptent à peu près autant de communautés. Se trouvent aussi placés sous la règle augustinienne : les Dominicains, les Hiéronymites, les Trinitaires, les ordres militaires... Alors, saint Augustin est de plus en plus représenté en figure isolée tenant crosse et livre (Giotto,

*Polyptique de la Badia,* Florence, musée des Offices) ou donnant sa règle (Rimini, église Saint-Augustin). Mais surtout de grands cycles illustrant sa vie apparaissent, depuis les vitraux de l'église Saint-Augustin d'Erfurt (v. 1320) jusqu'aux fresques de l'église Sant'Agostino de Gubbio (v. 1400), en passant par les bas-reliefs du tombeau du saint dans l'église de San Pietro in Ciel d'Oro à Pavie (1362). Les scènes choisies puisent dans les *Confessions,* dans la *Vita* de Possidius, dans la compilation de Jacques de Voragine, mais aussi dans des légendes propres aux Augustins, avec un goût des développements narratifs où la part faite au merveilleux est importante.

Au début de la Renaissance italienne, les cycles ne disparaissent pas. Ils finissent même par trouver leur accomplissement dans les fresques de l'église Sant'Agostino à San Giminiano. Peintes par Benozzo Gozzoli de 1463 à 1465, suivant les directives du fameux théologien Domenico Strambi, elles constituent en quelque sorte pour saint Augustin ce que sont, pour saint François, les fresques de Giotto à Assise : un ensemble magistral dans lequel le talent de l'artiste veut témoigner, par les apparences extérieures, de l'éminente profondeur intérieure du saint évoqué. Elles prouvent aussi que l'iconographie augustinienne se dégage peu à peu du merveilleux pour retrouver plus de gravité. Ainsi, à cette époque, saint Augustin est très souvent représenté comme un intellectuel de la Renaissance, assis à sa table de travail (anonyme, Vich, musée diocésain), avec des papiers tombés au sol (Botticelli, 1495, Florence, musée des Offices), entouré de livres et d'instruments scientifiques (Botticelli, 1480, Florence, église d'Ognissanti). Il voisine parfois avec les maîtres de sagesse dignes d'inspirer un prince désireux d'incarner l'idéal du *Buon Governo* (Studiolo de Federico da Montefeltro, vers 1470, Paris, musée du Louvre). Mais surtout, il apparaît de plus en plus avec les trois autres piliers intellectuels et spirituels de l'Église occidentale : saint Ambroise, saint Jérôme et saint Grégoire (Pacher, *Retable des Pères de l'Église,* vers 1483, Munich, Alte Pinakothek ; Sacchi, *Les Quatre Docteurs de l'Église,* 1516, Paris, musée du Louvre). Aussi ne faut-il pas s'étonner de constater l'importance croissante prise par un curieux thème apparu au XIIIe siècle dans les textes et au XIVe siècle dans l'art : celui de l'enfant qui est occupé à verser avec une cuiller de l'eau de la mer dans un trou fait dans le sable de la plage, afin de vider l'océan. Au saint qui lui explique l'impossibilité de l'entreprise, l'enfant – se révélant être un ange ou Jésus lui-même – lui répond : « Cela me serait bien plus facile qu'à toi d'expliquer, comme tu l'as entrepris, la moindre partie des mystères de la Sainte Trinité. » Rappel humoristique de l'incapacité de connaître l'intimité de Dieu, même pour l'esprit humain le plus élaboré.

Et justement, la crise de la pensée, comme de l'Église, éclate au XVIe siècle, de par les paroles et les écrits d'un Augustin d'Erfurt : Martin Luther (1483 - 1546). Alors, Réforme protestante puis Réforme catholique entreprennent de tout reconsidérer, les dogmes comme le culte et la discipline. Autant les réformés repoussent le culte des saints et détruisent leurs images, autant les catholiques poursuivent leur vénération et multiplient les représentations. La gravure, souple et efficace moyen de communication, est largement utilisée au cœur de ces polémiques. Aux caricatures protestantes répondent

Louis de Boullogne (1654 - 1733)
*Saint Augustin sacré évêque d'Hippone*
1702
Huile sur toile
H. 74 cm ; L. 49 cm
Hist. envoi du Museum central en 1800 déposé par le musée de Dijon en 1977
Paris, musée Carnavalet

les Vies illustrées de saints, diffusées notamment depuis Anvers ; parmi les plus célèbres, celle de Thérèse d'Avila publiée par Collaert et Galle en 1613, et celle d'Augustin par Schelte a Bolswert en 1624.

Dans l'évolution de l'iconographie augustinienne, cette Vie illustrée favorise l'abandon des scènes de l'enfance et de la jeunesse. La vie de saint Augustin semble désormais commencer avec sa conversion : cette scène qui se déroule dans un jardin, avec Augustin entendant une voix lui disant « *Tolle, lege, tolle lege !* » (« Prends et lis, prends et lis »), a déjà été abondamment représentée, au moins depuis le XIVe siècle (Fra Angelico, vers 1430, Cherbourg, musée Thomas Henry). Elle l'est alors encore plus souvent, en témoignage de l'action de la Grâce, en ce XVIIe siècle marqué par la querelle janséniste (Lairesse, v. 1663, Caen, musée des Beaux-Arts).

La *Vie* éditée par Bolswert encourage aussi toutes les représentations de visions. D'intellectuel, saint Augustin devient mystique. Cette évolution correspond à celle de toute l'hagiographie de l'époque. Comme l'a écrit Émile Mâle dans son *Art religieux de la fin du XVIe siècle, du XVIIe siècle et du XVIIIe siècle* : « Pour le Moyen Âge, c'est le miracle qui est la marque de la sainteté ; pour le XVIIe siècle, c'est l'extase... Dans la vie des saints les plus anciens, le XVIIe siècle saisissait le moindre prétexte à les montrer sous l'aspect contemplatif. » Alors, saint Augustin paraît éclairé par la lumière divine (Ribera, vers 1648, Madrid, Museo del Prado), en extase devant la Trinité (Murillo, vers 1666, Séville, Museo de Bellas Artes), lavant les pieds du Christ (Lanfranco, Rome, église Sant'Agostino), hésitant entre le sang du Christ et le lait de la Vierge (Murillo, vers 1665, Madrid, Museo del Prado), etc. Mais surtout, il tend à bout de bras son cœur enflammé vers le Ciel ; un cœur parfois transpercé d'une flèche (Murillo, vers 1666, Séville, Museo de Bellas Artes), sorte d'équivalent de la Transverbération de sainte Thérèse d'Avila, dont la source scripturaire se trouve dans les *Confessions* : « Tu nous avais, toi, planté au cœur une flèche, ta charité. » (Livre IX.)

Ary Scheffer (1795 - 1858)
*Saint Augustin et sainte Monique*
1855
Huile sur toile
H. 146,5 cm ; L. 114,5 cm
Hist. répétition du tableau du Salon de 1846
Acquis en 1859
Paris, musée du Louvre, département des Peintures

À Paris, à la fin du XVIIe siècle, saint Augustin est très à l'honneur. De 1679 à 1700, paraît l'édition générale de son œuvre publiée par les Bénédictins de la congrégation de Saint-Maur, chef-d'œuvre de l'exceptionnelle équipe rassemblée autour de Jean Mabillon (1632 - 1707), dans l'abbaye de Saint-Germain-des-Prés. Sont peints aussi deux grands cycles iconographiques. L'un a été dispersé et a en majeure partie disparu : celui du réfectoire du couvent des Augustins de Notre-Dame-des-Victoires. L'autre est toujours en place : celui de la chapelle Saint-Augustin dans l'église des Invalides, peint par Louis de Boullogne entre 1702 et 1704 ; plusieurs dessins et esquisses préparatoires en sont connus, comme le *Baptême de saint Augustin* et le *Saint Augustin sacré évêque d'Hippone* (tous deux à Paris, musée Carnavalet). Centré sur quelques scènes historiques incontestables, ce cycle abandonne toutes les légendes rattachant directement l'ordre des Augustins à saint Augustin lui-même. Cette orientation rigoureuse se retrouve dans l'autre ensemble conçu, quelques décennies plus tard, pour le couvent des Augustins de Notre-Dame-des-Victoires : les tableaux du chœur de l'église peints par Carle van Loo de 1746 à 1755 ; ils sont toujours en place. Dans le décor et les costumes s'y

manifeste parfois un goût pour l'Antiquité, qui va trouver son accomplissement au siècle suivant, notamment dans le célèbre *Saint Augustin et sainte Monique* d'Ary Scheffer (1855, Paris, musée du Louvre) ou dans les *Saint Augustin fait cesser un usage barbare* et *Saint Augustin au concile de Carthage* conçus par J.-E. Lenepveu, en 1876, pour l'église Saint-Ambroise de Paris.

Ce panorama historique ne constitue – le lecteur l'aura compris – qu'une approche très sommaire d'un univers iconographique considérable. L'ensemble des représentations de saint Augustin est à l'image de la production littéraire de ce Père de l'Église occidentale : abondant, varié, complexe. De même que chaque époque de l'histoire de l'Église a pu et su puiser des sources de spiritualité et de théologie dans l'œuvre de cet écrivain magistral, chaque époque a pu et su trouver des sources d'inspiration artistique dans la vie de cet homme d'exception.

*Gilles Chazal*

Jacques de Létin (1597 - 1661)
*Saint Augustin terrassant l'Hérésie*
Huile sur toile
H. 144 cm ; L. 301 cm
Troyes, église de la Madeleine

# Le baptistère de Békalta

Ce baptistère mosaïqué, trouvé au printemps 1993 entre Békalta et Téboulba dans la région de Monastir, à El-Gaalla, est l'une des découvertes récentes majeures de l'archéologie tunisienne. En effet, bien que les cuves baptismales mosaïquées fussent fréquentes dans la Tunisie paléochrétienne, bien peu nous sont parvenues dans un état de conservation satisfaisant. La précédente découverte remonte à 1949 : il s'agissait du baptistère de Kélibia, bien conservé et aujourd'hui célèbre (Tunis, musée national du Bardo). On comprend mieux ainsi l'importance de cette trouvaille qui présente un décor remarquable et apporte, par son contexte et sa typologie très originale, des éléments nouveaux d'un intérêt certain.

El-Gaalla, site rural assez éloigné de toute cité antique (la ville la plus proche, Thapsus, étant à deux kilomètres au sud-est), a également livré des vestiges de tombes dont l'une au moins contient un matériel d'origine incontestablement punique, qui laisse supposer la présence d'un sanctuaire d'origine indigène. Révélé par les activités d'une carrière de tuf, ce baptistère – enfoui sous une couche de terre d'une vingtaine de centimètres – n'a survécu que par la profondeur de son enfouissement. Des travaux de nivellement au bulldozer avaient déjà détruit une grande partie de son rebord et le pavement mosaïqué de la salle.

La basilique à laquelle il appartenait, déjà fort arasée bien avant l'exploitation de la carrière, a été amputée depuis de sa nef centrale et de la nef latérale gauche. Les fouilles alors entreprises ont montré que cette cuve était le troisième et dernier baptistère de cette basilique et qu'elle se situait du côté sud d'un édifice orienté vers l'ouest. La cuve était dans un axe ouest-est incliné de cinq degrés vers le sud-est. Les tesselles qui composent la mosaïque mesurent environ un centimètre de côté ; elles sont en calcaire d'une palette peu variée vert olive foncé et clair, ocre-jaune, blanc, rose et noir, ainsi qu'en terre cuite rouge, et plus rarement en marbre blanc. Les tesselles de verre

*Baptistère*

VII^e^ siècle après J.-C. ?
Mosaïque de marbre, calcaire
et pâte de verre
H. 250 cm ; L. 220 cm ; PR. 143 cm
Prov. basilique de Békalta, près de Téboulba
Sousse, musée

bleu, jaune et rouge utilisées pour la représentation des oiseaux ont malheureusement beaucoup souffert.

Les dimensions maximales des parties subsistantes du décor mosaïqué de l'ensemble du baptistère sont de 2,80 m dans le sens nord-sud et de 2,37 m dans le sens est-ouest. La profondeur à partir du rebord est de 1,32 m. Du rebord du baptistère ne subsiste qu'une partie du côté sud de 2,21 m de long sur 0,68 m de large. Cependant, l'empreinte creuse laissée par l'emplacement taillé du rebord donne au baptistère une configuration carrée. Cette empreinte mesure 4,77 m x 4,77 m, pour un rebord d'une largeur comprise entre 1,30 m et 1,40 m. Ces dimensions devraient être majorées, car cette mosaïque, élevée de 15 cm par rapport à la roche, possédait sans doute une margelle en relief de plus grande taille.

Le rebord sud est parcouru par une bande de rinceaux d'acanthe peuplés de fruits (grenades, poires), de volatiles et d'une fleur trifide. Les angles déterminés par ces rinceaux sont garnis de rameaux trifides et de coquillages. Cette bande est délimitée à l'extérieur par une ligne de flots à enroulements multiples et, à l'intérieur, par une ligne de cercles et de carrés sur la pointe, flanqués de feuilles de vignes tangentes, ornées de points sur un fond bichrome rouge et noir.

La cuve, rectangulaire dans le sens ouest-est, mesure 2,18 m sur 1,96 m. Sa bordure est couronnée des côtés sud et ouest par une inscription incomplète qui devait commencer du côté est où elle a été entièrement détruite. Le texte en était [GLORIA IN EXCELSIS DEO] / ET IN TERRA PAX (H)OMINIBUS BONE / BOLUM[TATIS L]AUDAMUS T[E] (Gloire à Dieu au plus haut des cieux et paix sur terre aux hommes de bonne volonté. Nous Te glorifions [Seigneur]).

Le décor de la cuve se répartit selon un axe ouest-est qui était celui du baptême, reflété par la disposition des escaliers. Le niveau supérieur est découpé par des marches carrées cruciformes et alvéolées en alternance. Les marges supérieures nord-est et sud-ouest sont ornées de volatiles entourant un rapace (faucon ou épervier) aux ailes déployées, dans un décor de roses et de palmettes. Les marges des deux autres angles sud-est et nord-ouest sont décorées de rinceaux et de deux canards, entourant symétriquement un culot d'acanthe d'où jaillit un pétale trifide. La mosaïque de l'angle nord-ouest a en grande partie disparu.

Les marches sont ornées de coquilles, et leurs parois de zigzags ou de losanges garnis de fleurettes, inscrits dans des rectangles. Les parois de la cuve rectangulaire qui séparent ces marches sont décorées d'oiseaux disposés symétriquement de part et d'autre des marches médianes.

Les parois situées au-dessous de ce niveau sont parcourues par une ligne de cercles et de carrés tangents sur la pointe, flanqués de feuilles de vigne. Les axes médians comportent des losanges garnis de fleurettes à croix grecques ou de Saint-André.

L'axe est-ouest comprend, plus bas, un deuxième niveau de marches. La marche du côté est est décorée d'une rosace à quatre pétales bilobés séparés par un quatre-feuilles, alors que celle du côté ouest ne comporte que la moitié de ce même motif. Le quart de ce même type de rosace orne les angles déterminés par la cuve rectangulaire et son fond elliptique. La bordure de ce dernier est constituée par un astragale en deux parties orné d'une bande gemmée de carrés sur la pointe et d'ellipses couchées, tangents, avec perlettes sur fond vert (perles et pirouettes). Les parois inférieures sont décorées d'une ligne de carrés sur la pointe tangents, ornés de fleurettes. Le fond, à contour irrégulier, mesure 1,17 m x 1,06 m. Il est frappé d'une croix latine pattée, bouletée et gemmée, blanche et rouge d'où pendent l'alpha et l'oméga, et que flanquent en haut des feuilles cordiformes bipartites.

Le décor de ce baptistère s'inscrit très aisément dans le répertoire des basiliques chrétiennes du VIe siècle. Pour ne prendre qu'un seul élément de comparaison, la composition de la ligne de feuilles de vigne présente de nombreuses similitudes avec le décor d'une mosaïque de pavement de la basilique de Dermech I à Carthage ou de Sbeitla I. On retrouve ce même type de feuille dans les pavements d'autres basiliques du même siècle, à Bulla Regia, Sabratha ou Ravenne. Son origine est peut-être Ravenne (pavement de S. Vitale).

La forme de la cuve, bien qu'inusitée et originale, semble être une variante des cuves circulaires dotées de marches alvéolées. D'ailleurs la forme, comme la disposition des marches, n'est pas sans rappeler celle des bassins situés dans les atriums des maisons romaines. Cette source d'inspiration profane est en partie étayée par la présence de coquilles, fréquemment utilisées pour le décor des niches de fontaine.

Si trois évêques de Thapsus des Ve et VIe siècles sont connus par la liste des conciles, ni basilique ni édifice chrétien n'ont été pour le moment identifiés dans ce site important du Sahel tunisien.

Cette basilique dans toute une série d'églises rurales d'époque byzantine presque toutes dotées d'un baptistère, comme l'est celle-ci. Ces églises sont particulièrement nombreuses dans le Sahel : l'une des découvertes les plus connues se situe près de Lemta (Henchir Sokrine) et les mosaïques en sont partiellement exposées au musée de Lemta.

Il faut admettre que le baptistère de Békalta doit être plus tardif (peut-être du VIIe siècle) car il était précédé au même endroit d'une cuve avec jet d'eau central (dont les tuyauteries ont été retrouvées dans la maçonnerie de la cuve) et d'une autre placée à l'ouest derrière l'abside, suivant le schéma d'Henchir Sokrine. L'épitaphe qui a été trouvée en même temps est d'un grand intérêt car elle donne pour une fois le nom probable du lieu-dit. Le nom est DIACONUS DE DINAMI (à compléter par FUNDO). Donc, il s'agit probablement de l'église d'un domaine patricien appartenant à Dinamus. Or le cap de Thapsus voisin s'appelle Ras Dimass qu'on pourrait rapprocher du toponyme en question.

*Nejib Ben Lazreg* *Noël Duval*

# L'Afrique au v^e^ siècle à l'époque vandale : nouvelles données de l'archéologie

Depuis plus d'une décennie, diverses découvertes archéologiques, effectuées dans de nombreuses cités africaines et datables de ce qu'il est convenu d'appeler aujourd'hui l'Antiquité tardive, sont venues combler quelques-unes des grandes lacunes de nos connaissances. En effet, pendant longtemps, les savants préférèrent garder une certaine réserve quand il s'agissait de définir le paysage africain du v^e^ siècle. Trop d'inconnues sur le plan archéologique – trop de préjugés également – laissaient les savants relativement sceptiques sur l'état de l'Afrique à ce moment, d'autant plus que, tout récemment encore, plusieurs « interdits » dominaient largement la pensée scientifique. L'un d'eux consistait à invoquer l'invasion vandale en Afrique pour contester l'innovation et la créativité constatées par certains chercheurs après le premier quart du v^e^ siècle.

Ces « interdits » avaient persisté malgré la publication, en 1955, de la belle synthèse de Christian Courtois qui, hormis un certain excès dans le sens contraire à la tradition, demeure une étape importante dans la nouvelle perception de l'Afrique vandale. Les principales sources qui alimentaient cette tradition sont d'une part l'œuvre de Victor de Vita, clerc originaire de Byzacène qui fut victime des persécutions vandales et en témoigna dans son *Historia persecutionis vandalicae* – d'où vraisemblablement son parti pris et sa haine des Vandales qui faisaient dire à C. Courtois : « Si Victor de Vita a dit vrai, on peut parler à bon droit de l'enfer vandale, et c'est bien l'image sinistre d'une authentique barbarie qu'évoquera cette " race de serpents ". Mais s'il a menti... ? Ou si seulement son témoignage n'a pas été porté avec le scrupule qu'exige un témoignage ? ». D'autre part, évoquons le *Bellum Vandalicum*, œuvre de l'historien Procope qui faisait partie de l'expédition du général byzantin Bélisaire venu « libérer » l'Afrique du joug des Barbares, et donc nécessairement adepte d'un certain ordre.

Face à ces sources fortement rattachées à la tradition romano-byzantine, et donc partisanes, les historiens contemporains restent relativement

*Danseuse à la corbeille de roses*
Début Ve siècle après J.-C.
Mosaïque de marbre et calcaire
H. 201 cm ; L. 154 cm
Prov. Sidi Ghrib, thermes de la villa
Carthage, musée national

démunis en témoignages vandales et particulièrement en sources littéraires, malgré l'existence de quelques documents comme par exemple une série de poèmes vandales ayant pour thème l'évergétisme des rois vandales, publiés et commentés en 1985 par un groupe de chercheurs de l'université de Montpellier-III, dans la revue *Antiquités africaines.*

Or, depuis quelques décennies, les découvertes se multiplient, essentiellement dans le domaine de l'archéologie, et permettent une approche plus cohérente et moins subjective d'une réalité riche et complexe. En effet, il semble bien que le Ve siècle ait été vécu comme un moment de grâce par des villes africaines comme Carthage, Thuburbo Maius (El-Fahs), Pupput (Hammamet), le lieu-dit Sidi Ghrib ou Asadi (Sidi Jedidi) – pour ne mentionner que quelques cités de la *Pertica* de Carthage.

Ainsi Carthage, la grande métropole, capitale incontestée de la province d'Afrique, s'enrichit-elle alors d'une multitude de basiliques, de grands édifices publics tels l'amphithéâtre ou le cirque, et de quartiers de somptueuses maisons dont la superficie réelle dépasse parfois 5 000 $m^2$, comme le prouvent aujourd'hui les fouilles entreprises par les équipes internationales.

*Thuburbo Maius*
Thermes d'hiver
Secteur réaménagé
Début IIIe siècle après J.-C.

C'est ainsi que les investigations récentes dans le quartier dit du Supermarché et sur la basilique dite de Dermech I, dans le parc des thermes d'Antonin, attestent l'existence d'un premier état datable du Ve siècle. La reconstruction ou plus exactement l'agrandissement et l'embellissement de la basilique de Dermech I au cours du VIe siècle, sans doute à la suite de la reconquête byzantine, ont été conçus comme une véritable renaissance et donc un nouveau souffle pour la civilisation romaine.

De même, les recherches effectuées tout récemment par une équipe tuniso-française ont bien prouvé que les villas du quartier de l'Odéon et tout particulièrement la maison de la Volière, celle du Cryptoportique et la maison de la Rotonde n'ont pris leur configuration définitive, caractérisée par une grande recherche sur le plan architectural, qu'à la fin du IVe siècle ou au début du Ve siècle. Ces demeures sont surtout remarquables par leur décor mosaïqué, très représentatif de la production carthaginoise du Ve siècle. Elles illustrent, plus que tout autre signe, le dynamisme et la créativité des ateliers de mosaïstes de la capitale qui, non seulement réalisent des chefs-d'œuvre, mais dictent et propagent la mode dans d'autres provinces romaines comme la Sicile, l'Espagne et la Gaule.

Une autre fouille toute récente dans le monument dit *Schola* du Culte impérial – nom donné d'après une mosaïque représentant un kiosque autour duquel dansent des *putti* – a démontré clairement que le « monument public » n'était autre qu'une superbe maison, datée par le matériel archéologique du Ve siècle, dotée de plusieurs salles de réception dont un *triclinium*, sans doute un triconque et une exèdre à abside, pavés l'un et l'autre de mosaïques exceptionnelles.

Cette dynamique carthaginoise se retrouve dans d'autres cités africaines dépendant de la métropole comme la cité de Thuburbo Maius, dans la moyenne vallée de l'oued Méliane, qu'une inscription du Ve siècle trouvée sur place qualifie de *Respublica Felix Thuburbo Maius.* Cette prospérité

a été confirmée par d'autres inscriptions trouvées à travers le site et célébrant notamment les réaménagements – une de ces inscriptions évoque même les « reconstructions » – effectués dans les deux principaux établissements de bains de la ville, les thermes d'hiver et les thermes d'été. Les travaux archéologiques entrepris depuis quelques années ont clairement confirmé l'existence d'un important mouvement de reconstruction et de réparations durant tout le vᵉ siècle. En effet, c'est sans doute durant cette période que certains monuments publics ont pris la forme qu'ils ont aujourd'hui comme l'amphithéâtre, partiellement dégagé mais dont les murs renferment des inscriptions des IIIᵉ - IVᵉ siècles en remploi. Notons en outre la découverte récente, dans le quartier ouest, d'un édifice dit des *Asclepia,* dont l'état actuel date apparemment du vᵉ siècle, comme le prouvent les indices archéologiques recueillis dans les sondages. Ce monument avait sans doute une fonction curative, comme semble l'indiquer son plan complexe doté surtout de petites cellules pour le rite de l'incubation et d'espaces d'eau pour la purification. À l'entrée de l'édifice a été découverte une mosaïque présentant une couronne agônistique semblable à celles que l'on rencontre sur quelques mosaïques africaines, où l'on peut lire la mention des *Asclepia,* jeux célébrés en l'honneur d'Esculape, dieu de la médecine et de la guérison. Le culte du dieu guérisseur a été confirmé par la trouvaille, dans les sondages effectués pour dater l'édifice, d'une série d'inscriptions votives datées des IIᵉ et IIIᵉ siècles. Il est évident que certaines croyances païennes, surtout dans le cas des dieux guérisseurs, ont duré bien après la christianisation du pays, sous des formes différentes certes, mais sans doute avec les mêmes craintes et les mêmes espérances dans les forces obscures de la nature. En effet, cet édifice paraît

*Ganymède et l'aigle*
Milieu vᵉ siècle après J.-C.
Marbre blanc
H. 49 cm ; L. 32,5 cm ; ÉP. 13,5 cm
Prov. Carthage
Carthage, musée national

avoir été en fonction, avec des réaménagements secondaires tout au long des Ve et VIe siècles, probablement jusqu'à l'abandon du site, vers le début du VIIe siècle.

À l'opposé de la cité, dans le quartier est, se trouvent les bains des Étoiles, dénommés ainsi du fait d'une mosaïque figurant un ciel étoilé. Ce monument, édifié sans doute aux IIe - IIIe siècles, fut étendu et embelli dans le courant du Ve siècle.

Parallèlement à ce mouvement de construction et de restauration dans les monuments publics, qui demeure toutefois modeste par rapport aux réalisations antérieures, les citoyens de Thuburbo avaient choisi de réserver l'essentiel de leur fortune à l'édification de somptueuses maisons décorées de façon très savante et situées dans de nouveaux quartiers, relativement périphériques par rapport au centre officiel de la cité. Certaines de ces habitations ont une superficie qui peut dépasser quelquefois 1 000 $m^2$, comme la maison de Bacchus et Ariane dans le quartier est. Ces demeures étaient dotées de plusieurs salles d'apparat, décorées avec beaucoup de soin et destinées à recevoir un grand nombre d'invités dans le cadre de réceptions importantes. On notera également les annexes réservées à la vie domestique comme les écuries, les remises de chars, ainsi que des espaces dévolus aux activités artisanales – la fabrication et l'emmagasinage de l'huile dans de grandes cuves et de grandes citernes.

Les salles nobles, réservées aux réceptions, étaient soigneusement mises en valeur par leur décor mosaïqué, souvent somptueux : ainsi, l'une d'elle, l'*œcus* (salon) de la maison de Bacchus et Ariane, est particulièrement remarquable par son sol recouvert d'un magnifique tapis de mosaïque représentant les noces de Bacchus et d'Ariane, figurés à demi-étendus et entourés de leur cortège habituel de satyres et de ménades, dominés par la présence de Silène et accompagnés par le dieu Pan. Ce thème, attesté dans la mosaïque orientale, est relativement rare dans la mosaïque occidentale. Une autre maison, située dans le quartier ouest, avec un décor de mosaïque refait au Ve siècle, offre une scène encore liée au répertoire païen, où l'on voit Vénus figurée presque nue, debout sur son char, tirée par quatre *putti,* à l'intérieur d'un cadre végétal avec des corbeilles et des branches de roses.

Non loin de cette habitation et toujours dans le quartier ouest se trouve la maison des Protomés, qui bien que légèrement antérieure aux deux habitations précédentes, présente un plan tout aussi somptueux et un décor architectural et mosaïqué assez exceptionnel. Ce dernier est dominé par le thème de la chasse et tout particulièrement la chasse professionnelle pour la capture des animaux destinés à animer les jeux d'amphithéâtre. Un magnifique tableau représente notamment des protomés d'animaux d'amphithéâtre. On remarquera aussi l'existence dans cette maison d'une salle de réception chauffée par le sol et les doubles parois des murs, fait très rare en Afrique.

Ces demeures soigneusement édifiées à partir de la deuxième moitié du IVe siècle par une bourgeoisie relativement prospère – qui tire essentiellement ses ressources de propriétés situées dans un terroir fertile et d'installations artisanales identifiées sur l'ensemble du site –, semblent avoir été habitées

*Maison de la Volière*
Carthage
Détail de la mosaïque dite aux Chevaux
IVe siècle après J.-C.

durant les ve et vie siècles, sans beaucoup de réfections. Leur abandon, progressif, s'étendrait de la fin du vie siècle au début du viie siècle.

Cette relative prospérité et ses manifestations urbanistiques, à la fin du ive siècle et au ve siècle, semblent se reproduire dans d'autres cités de l'Afrique antique. On les observe notamment à Pupput (actuellement sur le territoire d'Hammamet), située à la limite entre la Proconsulaire et la Byzacène et qui fut l'objet d'un dégagement hâtif dans les années 1960 pour faire face à la progression de la zone touristique. L'un des quartiers préservés est situé sur le front de mer, au nord-est de la ville antique ; le principal édifice est une grande maison d'environ 800 $m^2$ de superficie, formée d'une habitation et d'un ensemble thermal. Cette demeure offre un décor mosaïqué assez exceptionnel par ses thèmes et son programme iconographique, sans doute inspiré par son propriétaire. Le sol de l'entrée est revêtu d'un tapis de mosaïque orné d'un voilier naviguant en pleine mer, surmonté d'une inscription en latin dont le sens général est un vœu de navigation propice. Ce premier signe de l'identité du propriétaire est confirmé par le thème de la mosaïque ornant le centre du péristyle, la cour entourée d'une colonnade qui constitue le cœur de la maison. En effet, devant chaque colonne, a été représentée son ombre portée, comme le reflet de son ombre sur une surface d'eau immobile ; il en est de même pour les arcades. Cette manière de représenter des éléments d'architecture en projection plane en trompe-l'œil est unique dans la mosaïque, du moins à notre connaissance. Au centre de cette composition architecturale très savante se trouve la représentation d'un *pharus* ou phare, symbole de chance et de bon augure, comme l'a bien démontré Marie-Henriette Quet. La relation entre le thème de l'entrée et celui du cœur de la maison – espaces essentiels pour la symbolique générale de la demeure – nous paraît évidente : le voilier et le phare révèlent l'activité du propriétaire dont la fortune serait liée au commerce maritime.

Cette donnée est d'autant plus importante que les sondages effectués sous les pavements ont démontré que la mise en place de ces derniers ne peut être antérieure au premier tiers du ve siècle, donc à la conquête vandale. Ainsi, la maison fut-elle édifiée sans doute durant l'occupation vandale, ce qui témoigne de l'existence, à cette époque, d'une classe fortunée ayant recours à d'importants ateliers de mosaïstes, tout à la fois gardiens d'une longue tradition et en même temps très créatifs.

Vers la même époque, et cette fois à une vingtaine de kilomètres à l'ouest de Carthage, au lieu dit Sidi Ghrib, sur la route de Medjez el-Bab, un riche propriétaire terrien se faisait construire une immense villa, dont seuls les thermes privés qui recouvraient quelque 700 $m^2$ ont été jusqu'à présent dégagés (Abdelmajid Ennabli, l'inventeur du site, a récemment repris la fouille de la maison). Le plan des thermes, relativement complexe, est surtout remarquable par la richesse de son décor mosaïqué où les tableaux figurés alliés aux savantes compositions géométriques et florales, traités dans des tons vifs et contrastés, sont représentatifs des meilleurs ateliers africains de mosaïque de la fin du ive et du ve siècle. Le programme iconographique de ces thermes est dominé par le tapis du *frigidarium,* orné d'un majestueux thiase marin, organisé autour du couple formé par Neptune et Amphitrite, maîtres incontestés des mers, et réalisé dans la grande tradition musivale de l'époque. Il est évident que, dans le contexte des thermes de Sidi Ghrib, le thème mythologique du tapis du *frigidarium* ne présente pas forcément une connotation païenne : il s'agirait plus de la reprise d'un thème classique que d'une croyance dans les dieux du panthéon romain. Comme du reste pour toutes les mosaïques à thème païen précédemment évoquées, les images ne prouvent que la persistance d'une esthétique classique et la prédilection pour une tradition encore bien présente. D'ailleurs, associés à ces images, figurent deux tableaux dont l'un représente sans doute le propriétaire de la villa partant pour la chasse accompagné par deux serviteurs et l'autre, *La Dame de Sidi Ghrib à sa toilette :* la maîtresse des lieux, assise, se livre à sa toilette, entourée de ses servantes et de différents objets. Ces tableaux ne sont pas sans rappeler la célèbre mosaïque du Seigneur Julius, découverte dans une maison de Carthage, sans doute datable du Ve siècle, et qui présente, entre autres, deux scènes de la vie quotidienne des maîtres de la maison, tout à fait comparables à celles de la mosaïque de Sidi Ghrib.

Découverte voici quelques années, une maison de Kélibia (cap Bon) renforce notre connaissance de la société africaine au Ve siècle, plus particulièrement des élites. Cette immense habitation s'organise, comme il se doit, autour d'un péristyle sur lequel ouvrent plusieurs salles dont l'une est pavée d'une mosaïque de chasse où des cavaliers s'adonnent à leur activité favorite, sous la protection de la déesse Diane figurée à l'entrée d'un temple. Cette mosaïque est comparable à un autre pavement de Carthage dit de la Chasse à la grue qui figure également une chasse sous la protection de Diane et Apollon, représentés sur une façade de temple, devant un autel sur lequel a été sacrifiée une grue. Ce pavement est aujourd'hui daté par Wassila Ben Osman du Ve siècle, alors qu'il y a quelques années, les savants hésitaient et parfois refusaient, comme ce fut le cas de Gilbert Picard, une datation après la fin du IVe siècle à cause de l'édit de Théodose interdisant toute manifestation d'un culte païen.

Plusieurs autres découvertes sont venues confirmer cette vitalité africaine au cours du Ve siècle. Citons notamment l'identification d'une basilique trouvée à Henchir El-Gousset dans la région de Thélepte (aujourd'hui Kasserine) : les travaux de Féthi Béjaoui ont révélé une inscription permettant de la dater du règne du roi vandale Trasamund, soit en 521.

Les épigraphistes ont également admis – surtout depuis la thèse de Claude Lepelley, à partir d'une nouvelle lecture des textes recueillis sur un grand nombre de sites africains et les multiples constatations des archéologues Noël Duval et Paul-Albert Février, prématurément disparu – le dynamisme et la vitalité des villes africaines aux Ve et VIe siècles autrefois considérés comme une époque de « stagnation » sinon de « régression ». Il est désormais évident, pour la plupart des historiens de l'Antiquité tardive, que la réalité africaine au cours des derniers siècles de l'Antiquité est sensiblement différente de celle des autres provinces romaines. Le paysage des cités africaines au cours de ces « siècles maudits » semble être particulièrement riche

et coloré et prouve l'existence de classes aristocratique et bourgeoise actives et entreprenantes, donc d'une économie bien structurée et viable. Il atteste également la persistance de traditions artistiques véhiculées par des ateliers de sculpture et surtout de mosaïque qui ont su non seulement réaliser des chefs-d'œuvre sur place mais aussi essaimer dans des contrées lointaines et créer une « mode » suivie et imitée par les riches classes des autres provinces de l'Empire romain.

*Aïcha Ben Abed*

*La Dame de Sidi Ghrib à sa toilette*
Ve siècle après J.-C.
Mosaïque de marbre et calcaire
H. 185 cm ; L. 298 cm
Prov. Sidi Ghrib, thermes de la villa
Tunis, musée national du Bardo

# Bibliographie

## Généralités


Aziza Cl. (sous la direction de), *Carthage, le rêve en flammes,* Paris, 1993.

Slim H. *et al., Uncovering the Mysteries and Splendors of Ancient Tunisia,* New York, 1990.

Beschaouch A., *La Légende de Carthage,* Paris, 1993.

Brisson, *Carthage ou Rome,* Paris, 1973.

*Carthage et son territoire dans l'Antiquité,* Actes du IVe colloque international de Strasbourg, Paris, 1988.

Decret F., *Carthage ou l'Empire de la mer,* Paris, 1977.

*De Carthage à Kairouan,* cat. exp. Paris, musée du Petit Palais, 1982.

Ennabli A., *Carthage retrouvée,* Tunis, CERES (à paraître).

Ennabli A., *Pour sauver Carthage,* Unesco - INAA, Paris, 1992.

*From Hannibal to Saint Augustine, Ancient Art of North Africa from the musée du Louvre,* cat. exp. Atlanta, M. C. Carlos Museum-Emory University, 1994.

Gsell S., *Histoire ancienne de l'Afrique du nord,* Paris, 1912-1928.

Hours-Miédan M., *Carthage,* Paris, 1964.

Lancel S., *Carthage,* Paris, 1992.

Picard C., *Carthage,* Paris, 1951.

Picard G.-Ch. et Picard C., *Vie et mort de Carthage,* Paris, 1982.

Rakob F. (sous la direction de), *Karthago I, die deutschen Ausgrabungen in Karthago,* 2 vol., Mayence, 1991.

Yakoub M., *Le Musée du Bardo,* Tunis, 1993.


# La Carthage romaine

## 1 La fondation de Carthage


*Age of Spirituality,* cat. exp. New York, The Metropolitan Museum of Art, 1977-1978.

Contenau G., *La Civilisation phénicienne,* Paris, 1949.

Courcelle P., *Lecteurs païens et lecteurs chrétiens de l'Énéide. 1 - Les témoignages littéraires,* Paris, Institut de France, Mémoires de l'Académie des Inscriptions et Belles-Lettres, nouvelle série, t. IV, 1984.

Courcelle P. et J., *Lecteurs païens et lecteurs chrétiens de l'Énéide. 2 - Les manuscrits illustrés de l'Énéide du Xe au XVe siècle,* Paris, Institut de France, Mémoires de l'Académie des Inscriptions et Belles-Lettres, nouvelle série, t. IV, 1984.

*Énée et Didon. Naissance, fonctionnement et survie d'un couple mythique,* Actes du colloque international, Paris, CNRS, 1990.


*Énée et Didon. Naissance, fonctionnement et survie d'un couple mythique,* Actes du colloque international, Paris, CNRS, 1990.


Ferjaoui A., *Recherches sur les relations entre l'Orient phénicien et Carthage,* Carthage, 1992.

Garcia y Bellido A., *Fenicios y Carthaginenses en Occidente,* Madrid, 1942.

Gras M., Rouillard P. et Teixidor J., *L'Univers phénicien,* Paris, 1989.

*Lectures médiévales de Virgile,* Actes du colloque organisé par l'École française de Rome, 25-28 octobre 1982, Rome, 1985.

*I Fenici,* cat. exp. Venise, Palazzo Grassi, 1988.

Moscati S., *L'Épopée des Phéniciens,* Paris, 1971.

Moscati S. (sous la direction de), *Les Phéniciens,* Paris, 1971.

Parrot A., Chéhab M. et Moscati S., *Les Phéniciens,* Paris, 1975.

*Présence de Virgile,* Actes du colloque des 9, 11 et 12 décembre 1976, Paris, Les Belles-Lettres, 1978.

Sznycer M., « Les Phéniciens et la mer », *Dossiers Histoire et Archéologie,* Paris, nov. 1988.

Sznycer M., « Phéniciens et puniques. Leurs religions », in *Dictionnaire des mythologies,* Paris, 1979.


## 2 Splendeurs de Carthage


Bénichou-Safar H., *Les Tombes puniques de Carthage,* Paris, CNRS, 1982.

Bisi A.M., *La ceramica punica. Aspetti et problemi,* Naples, 1970.

Carton L., *Sanctuaire punique découvert à Carthage,* Paris, 1929.

Cintas P., *Manuel d'archéologie punique, I, Histoire et archéologie comparées, II, La Civilisation carthaginoise,* Paris, 1970-1976.

Fantar M. H., *Eschatologie phénicienne-punique,* INAA, Tunis, 1970.

Fantar M. H., *Carthage, la prestigieuse cité d'Élissa,* Tunis, 1970.

Ferron J., *Mort-Dieu de Carthage ou les stèles funéraires de Carthage,* Cahiers de Byrsa, t. II, Paris, 1976.

Lézine A., *Architecture punique, recueil de documents,* Paris, 1962.

Vercoutter J., *Les Objets égyptiens et égyptisants du mobilier funéraire carthaginois,* Paris, 1945.


### Sur Flaubert


Dumesnil R., *Gustave Flaubert. L'homme et l'œuvre,* Paris, 1947.

Flaubert G., *Salammbô,* éd. établie par R. Dumesnil, Paris, Les Belles Lettres, 1944.

Flaubert G., *Œuvres,* éd. établie par A. Thibaudet et A. Dumesnil, Paris, La Pléiade, 1951.


## 3 Des Guerres puniques à la chute de Carthage


Dupont-Sommer A., « Une nouvelle guerre punique de Carthage », *Comptes rendus de l'Académie des Inscriptions et Belles-Lettres,* Paris, 1968, p. 116-133.

Fantar M. H., *Kerkouane, cité punique,* Tunis, 1984.

Frost H. *et al.,* « Lilybaeum (Marsala). The Punic Ship. Final Report », *Notizie degli Scavi di antichità,* 30, 1976, suppl., Rome, 1976.

Heurgon J.-H., *Capoue préromaine,* Paris, 1942.

Hurst H., « Excavations at Carthage, 1974. First interim Report », *The Antiquaries Journal,* LV/1, 1975, p. 11-40.

*Jules Romain. L'Histoire de Scipion, tapisseries et dessins,* cat. exp. Paris, Galeries nationales du Grand Palais, 1978.

JUNQUERA DE VEGA P. et HERRERO CARRETERO C., *Catalogo de tapices del Patrimonio Nacional,* t. I : Siglo XVI, Madrid, 1986, n° 26.

LANCEL S., « Nouvelles fouilles de la mission archéologique française à Carthage sur la colline de Byrsa : campagne de 1974-1975 », *Comptes rendus de l'Académie des Inscriptions et Belles-Lettres,* Paris, 1976, p. 60-78.

LANCEL S., « L'enceinte péri-urbaine de Carthage lors de la troisième guerre punique : réalités et hypothèses », *Studia Phoenica,* X, *Punic Wars,* Louvain, 1989, p. 251-278.

LANCEL S., « Les ports puniques de Carthage : état des questions », *Actes du colloque international sur l'histoire et l'archéologie de l'Afrique du nord,* Avignon, 1990, p. 297-315.

LEFÉBURE A., « La tenture de l'Histoire de Scipion : un nouveau regard », *Revue du Louvre...,* 1993, n$^{os}$ 5-6, p. 81-87.

NICOLET C., « Les guerres puniques », *Rome et la conquête du monde méditerranéen,* II, Paris, 1978, p. 601.

PICARD G.-Ch. et PICARD C., *La vie quotidienne à Carthage au temps d'Hannibal,* Paris, 1982.

VEYNE P., « Y a-t-il un impérialisme romain ? », MÉFRA, 1975, p. 795-855.

## La Carthage romaine

### 4 La Méditerranée après la destruction de Carthage

BRAEMER F., « Le commerce des idées, des hommes et des objets luxueux, lourds, encombrants et fragiles », *La Méditerranée romaine. VI$^e$ rencontres internationales archéologie-histoire d'Antibes,* 1985.

BRAEMER F., « Les relations culturelles et commerciales de Carthage avec l'Orient romain à partir de documents sculptés », *113$^e$ Congrès national des Sociétés savantes,* Strasbourg, 1988, IV$^e$ colloque sur l'histoire et l'archéologie de l'Afrique du nord, I, p. 175-198.

CAIN H. U., *Römische Marmorkandelaber,* Berlin, 1985.

CHAKER S., *Textes en linguistique berbère,* CNRS, Paris, 1984.

CHEVALLIER R., *L'artiste, le collectionneur et le faussaire. Pour une sociologie de l'art romain,* Paris, 1991.

COARELLI F., « Architettura e arti figurative in Roma, 150-50 a. C. », *Hellenismus in Mittelitalien. Kolloquium in Göttingen,* 5-9 juin 1974, Göttingen, 1976, p. 21-51.

COARELLI F., *Dialoghi di Archeologia,* 3, 1, 1983, p. 45-53.

COARELLI F. et THÉBERT Y., « Architecture funéraire et pouvoir : réflexions sur l'hellénisme numide », MÉFRA, 100, 1988, p. 761-818.

COHEN D., « Les langues chamito-sémitiques », dans *Le Langage,* Encyclopédie de la Pléiade, p. 1288-1329.

*Das Wrack. Der antike Schiffsfund von Mahdia,* cat. exp. Bonn, Rheinisches Landesmuseum, 1994-1995.

*Die Numider. Reiter und Könige nördlich der Sahara,* cat. exp. Bonn, Rheinisches Landesmuseum, 1979-1980.

FANTAR M. H., *Carthage, les arts et les lettres,* Tunis, 1991.

FÉVRIER J.-G., *Histoire de l'écriture,* 2$^e$ éd., Paris, 1984.

FRANÇOIS F., « Caractères généraux du langage », dans *Le Langage,* Encyclopédie de la Pléiade, p. 20-45.

FREL J., *J. P. Getty Museum Journal,* 8, 1980, p. 96-98.

FUCHS W., *Der Schiffsfund von Mahdia,* Tübingen, 1960.

GALAND L., « Les alphabets libyques », *Antiquités africaines,* 1989, 25, p. 69-81.

GRASSINGER D., *Römische Marmorkratere,* Mayence, 1991.

KOCH H. et SICHTERMANN G., *Römische Sarkophage,* Munich, 1982, p. 268-269 et 461-470.

LAFON X., « À propos des villae républicaines. Quelques notes sur les programmes décoratifs et les commanditaires », *L'Art décoratif à Rome à la fin de la République et au début du Principat,* Table-ronde organisée par l'École Française de Rome, Rome, 10-11 mai 1979, Rome, 1981, p. 152-172.

MERLIN A. et POINSSOT L., *Cratères et candélabres de marbre trouvés en mer près de Mahdia, Notes et documents,* IX, Tunis-Paris, 1930.

NEUDECKER R., *Die Skulpturenausstattung römischer Villen in Italien,* Berlin, 1988.

PAPE M., *Griechische Kunstwerke aus Kriegsbeute und ihre öffentliche Aufstellung in Rom von der Eroberung von Syrakus bis in augustische Zeit,* 1975.

PARASKEVAIDIS M., « Ein wiederentdeckter Kunstraub der Antike. Piräusfunde 1959 », *Lebendiges Altertum,* 17, 1966.

THÉBERT Y., « Bulla Regia », dans *Encyplopédie berbère,* XII, Aix-en-Provence, 1992, p. 1647-1653.

WAURICK G., « Kunstraub der Römer. Untersuchungen zu seinen Anfängen anhand der Inschriften », *Jahrb. des Römisch-Germanischen Zentralmuseum Mainz,* 22, 1975, p. 1-46.

ZANKER P., « Provinzielle Kaiserporträts. Zur Rezeption der Selbstdarstellung des Princeps », *Bayerische Akad. der Wissenschaften,* Phil.-Hist. Kl., Abhandl. N.F. 60, Munich, 1983.

### 5 La renaissance de Carthage

#### Ouvrages généraux

*La Mosaïque gréco-romaine,* Paris, CNRS, 1965.

*La Mosaïque gréco-romaine II,* Paris, CNRS - J. Picard, 1975.

*Mosaïque. Recueil d'hommages à Henri Stern,* Paris, ERC, 1983.

*Terzio Colloquio internazionale sul mosaico,* Ravenne, Girasole, 1983.

*La Mosaïque gréco-romaine IV,* Paris, AIEMA, 1994.

*Fifth International Colloquium on Ancient Mosaics,* Ann Arbor, 1994.

*Sexto Coloquio Internacional sobre Mosaico Antiguo,* Guadalajara, 1994.

*Bulletin de l'AIEMA,* 14 vol., 1968-1993, vol. 15 sous presse, Paris, Association internationale pour l'étude de la mosaïque antique.

ALEXANDER M., BEN ABED A., ENNAIFER M. *et al., Corpus des mosaïques de Tunisie,* Tunis, 1976-1994 (6 vol. parus, 1 vol. sous presse).

BALMELLE C. *et al., Recherches franco-tunisiennes sur la mosaïque de l'Afrique antique,* I, Xenia, Rome, École française, 1990.

BARATTE F., *Recherches archéologiques à Haïdra,* Rome, École française, 1974.

BOUCHER S. et TASSINARI S., *Musée de la civilisation gallo-romaine, Bronzes antiques,* I, Lyon, 1976, p. 64-65.

DARMON J.-P., *Nymfarum Domus. Les pavements de la maison des Nymphes à Néapolis (Nabeul, Tunisie) et leur lecture,* Leyde, E.J. Brill, 1980.

DUNABIN K.M.D., « The Mosaics of Roman North Africa, Studies », *Iconography and Patronage,* Oxford, 1978.

ENNAIFER M., *La Cité d'Althiburos et l'édifice des Asclépiéia,* Tunis, 1976.

FOUCHER L., *Inventaire des mosaïques de Sousse,* Tunis, 1960.

FOUCHER L., *Découvertes archéologiques à Thysdrus en 1960,* Tunis, s.d.

FOUCHER L., *Découvertes archéologiques à Thysdrus en 1961,* Tunis, s.d.

FOUCHER L., *La Maison de la Procession dionysiaque à El-Jem,* Paris, 1963.

FRADIER G. et MARTIN A., *Mosaïques de Tunisie,* Tunis, CERES, 1976.

GAUCKLER P., *Inventaire des Mosaïques de la Gaule et de l'Afrique, II, Afrique proconsulaire (Tunisie),* Paris, 1910 ; *Supplément,* par Alf. MERLIN, Paris, 1915 ; *Planches,* Paris, 1914-1925.

GOZLAN S., *La Maison du Triomphe de Neptune à Acholla (Botria, Tunisie),* I, *Les Mosaïques,* Rome, École française, 1992.

HANOUNE R., *Recherches archéologiques franco-tunisiennes à Bulla Regia, IV, Les Mosaïques,* Rome, École française, 1980.
PETIT J., *Bronzes antiques de la collection Dutuit,* Musée du Petit Palais, Paris, 1980.
PETIT P., *Histoire générale de l'Empire romain,* Paris, 1974.
PICARD G.-Ch. *et al., Recherches archéologiques franco-tunisiennes à Mactar, I, La maison de Vénus,* Rome, École française, 1977.
PICARD G.-Ch., *La Civilisation de l'Afrique romaine* (2e éd.), Aix-en-Provence, 1989-1990.
YAKOUB M., *Le Musée du Bardo,* Tunis, ANP, 1993.

## 6 Saint Augustin

### Textes antiques

*Actes de la conférence de Carthage de 411,* édités par S. LANCEL (texte et traduction), dans *Sources chrétiennes,* 4 volumes, 1979-1991, voir compte rendu de N. DUVAL dans *Rivista di Storia e Litteratura Religiosa,* 1993.
AUGUSTIN, *Œuvres, Corpus Christianorum (texte latin),* Bibliothèque augustinienne (texte et traduction), Brepols, Turnhout-Paris, en cours de publication.
*Concilia Africana,* édition par MUNIER C. (texte latin), dans *Corpus christianorum,* Paris, en cours de publication.
CYPRIEN, *Œuvres, Corpus Christianorum (texte latin), Sources chrétiennes et Collection des universités de France* (texte et traduction), Paris, en cours de publication.
FONTAINE J., *La Littérature chrétienne latine,* Paris, 1970.
*Les Lettres de saint Augustin découvertes par J. Divjak,* Actes du colloque, Paris, 1982-1983.
« Nouveaux sermons d'Augustin », édités par F. DOLBEAU, *Revue des Études augustiniennes, Recherches augustiniennes, Revue bénédictine,* 1990.
TERTULLIEN, *Œuvres, Corpus Christianorum (texte latin), Sources chrétiennes et Collection des universités de France* (texte et traduction).

### Études

BROWN P., *Augustine of Hippo, A Biography,* Londres, 1967.
BROWN P., *Vie de saint Augustin,* (trad. par J. Marrou), Paris, 1971.
CAMPBELL Sh., « Enhanced Images : The Power of Gems in Abstract Personnification », *La Mosaïque gréco-romaine IV,* Paris, 1994, p. 55-59 et pl. XVIII-XXI (avec discussion p. 59).
CHADWICK H., *Augustin,* Paris, Cerf, 1987 (trad. fr. de *Augustine,* Oxford University Press, 1986.)
COURCELLE J. et P., « Scènes anciennes de l'iconographie de saint Augustin », *Revue des Études augustiniennes,* 1964, tome X, p. 51-71.
COURCELLE J. et P., *Iconographie de saint Augustin, les cycles,* 5 vol., Paris, 1965-1991.
COURTOIS C., *Les Vandales et l'Afrique,* Paris, 1955.
COURTOIS C. et POINSSOT C., « À propos du baptistère de Demna, répertoire des cuves baptismales de Tunisie », *Karthago,* 6, 1955, p. 106-114.
DIEHL C., *L'Afrique byzantine,* Paris, 1896.
DUVAL N. et LÉZINE A., « Nécropole chrétienne et baptistère souterrain à Carthage », *Cahiers archéologiques,* 10, 1959, p. 85-92 (sur la maison).
DUVAL N., *Les basiliques africaines à deux absides,* 2 vol., Paris, 1971-1973.
DUVAL N. et FÉVRIER P.-A., « Le décor des monuments chrétiens d'Afrique », dans *Actas VIII. Congreso de Arqueologia cristiana,* 1969, Barcelona - Città del Vaticano, 1972, p. 5-55 et pl. I-XXVI.
DUVAL N., « La mosaïque funéraire », *L'Art paléochrétien,* Ravenne, 1976.
DUVAL N., « Les baptistères d'Acholla (Tunisie) et l'origine des baptistères polylobés en Afrique du nord », *Antiquités africaines,* 15, 1980, p. 329-342.
DUVAL N., « Encore la Dame de Carthage », *Bulletin Monumental,* 139, 1981, p. 185-187 (avec des documents inédits).
DUVAL N., « Hippo Regius », *Reallexikon für Antike und Christentum,* 1988.
DUVAL N., « L'évêque et la cathédrale en Afrique du nord », dans *Actes du XIe congrès international d'archéologie chrétienne 1986,* Rome, 1989, p. 345-399.
DUVAL N., « Vingt ans de recherches archéologiques sur l'Antiquité tardive en Afrique du nord », *Revue des études anciennes,* 1991 et 1993 (à suivre).
DUVAL N., « Africa (bizantina) », *Encyclopedia dell'Arte Medievale,* Roma, 1991.
DUVAL N., GUI I. et CAILLET J.-P., *Inventaire des basiliques chrétiennes d'Afrique du Nord, I, Algérie* (2 volumes), Paris, 1992 (à suivre).
DUVAL N., « Provincie africane », *Enciclopedia dell'Arte antica, supplemento* (à paraître)
DUVAL Y., *Le Culte des martyrs en Afrique,* 2 vol., Rome, 1982.
ENNABLI A., « Carthage chrétienne », *Encyclopædia Universalis,* Paris, 1989.
FÉVRIER P.-A., *Approches du Maghreb romain,* 2 vol., Aix, 1991-1993, I, p. 178 ss et II, p. 39 ss, 222 ss.
FREDOUILLE J.-C., *Tertullien et la conversion de la culture antique,* Paris, 1972.
FREND W. H. C., *The Donatist Church, a movement of protest in Roman North Africa,* Oxford, 1952 et plusieurs éditions ultérieures.
GAUCKLER P., *Basiliques chrétiennes de Tunisie,* Paris, 1912.
LAPEYRE G. G., « La basilique chrétienne en Tunisie », *Atti del Quarto Congresso internazionale di Archeologia Cristiana,* Rome, 1938.
LE BRAS (sous la direction de), *Les Ordres religieux, la vie et l'art,* t. II, Paris, 1980, p. 6-138.
LEPELLEY C., *Les Cités de l'Afrique romaine au Bas-Empire,* 2 vol., Paris, 1982-1984.
LEPELLEY C. et LANCEL S., « Africa », *Augustinus-Lexikon,* 1986.
LOOS-DIETZ E.-P. de, « La Dame de Carthage », *Bulletin van Antieke Beschaving,* 55, 1980, p. 231-244.
MANDOUZE A., *Saint Augustin. L'aventure de la raison et de la grâce,* Paris, Études augustiniennes - Brepols, 1980.
MANDOUZE A., « Augustin d'Hippone », *Histoire des saints et de la sainteté chrétienne,* t. III, Paris, Livre de Paris-Hachette, 1987, p. 78-95.
MARKUS R. A., *Saeculum : History and Society in the Theology of Saint Augustine,* Cambridge University Press, 1970.
MARROU H.-I., *Saint Augustin et l'Augustinisme,* coll. *Maîtres spirituels,* Paris, Seuil, 1956.
MARROU H.-I., *Théologie de l'histoire,* Paris, 1968.
MAYER J.-L., *Le Dossier du donatisme,* avec traduction, Berlin, 2 vol., 1987-1989.
MONCEAUX P., *Histoire littéraire de l'Afrique chrétienne,* 7 vol., Paris, 1901-1923.
PÉRIN P., « Les Vandales », dans *Encyclopædia Universalis,* 1990.
PICARD G.-C., *La Carthage de saint Augustin,* Paris, 1965.
PRINGLE D., *The Defense of Byzantine Africa,* BAR, 1981.
SAXER V., *Vie liturgique et quotidienne à Carthage au temps de S. Cyprien,* Città del Vaticano, 1969.
SAXER V., *Saints anciens d'Afrique du Nord (traduction de textes de Passions),* Rome, 1979.
SAXER V., *Morts, martyrs, reliques en Afrique chrétienne,* Paris, 1982.
SCHNAPPER A., « Esquisses de Louis de Boullogne sur la vie de saint Augustin », *La Revue de l'art,* 1970, no 9, p. 58-64.
VAN DER MEER P., *Saint Augustin, pasteur d'âmes,* 2 vol., Paris, 1955.

Anderson - Giraudon : *60*
Arnaud Carpentier © Arnaud Carpentier : *245*
Biblioteca Apostolica Vaticana : *61, 63, 63*
Bibliothèque de l'Arsenal, Paris : *172*
Bibliothèque historique de la Ville de Paris - G. Leyris : *18, 131, 132, 138, 139*
Bibliothèque du Saulchoir : *17*
Board of Trustees of the National Museums and Galleries on Merseyside (Lady Lever Art Gallery) : *134*
Bulloz : *236, 238*
Castermann : *21*
Chechillot, Dole : *69*
Elke Walford, Hambourg, Kunsthalle : *78*
M. El Kéfi, photographe à l'Institut national du Patrimoine de Tunisie : *196, 198, 199, 224, 225, 242, 243, 310*
Enguerrand : *19, 20*
Galerie Samia-Saouma : *18*
Garanger : *17*
Giraudon : *16, 70, 144, 179*
Giuseppe Leone, Ragusa : *33*
J.-C. Golvin : *24*
Ph. Jambert : *151*
Koninklijke Bibliotheek, Den Haag : *66*
Kunstmuseum, Düsseldorf : *62*
S. Lancel : *27, 40*
Lauros - Giraudon : *80*
H. Lilienthal, Bonn, Rheinisches Lande Museum : *210-219*
F. Magnoux, photothèque du musée municipal de l'évêché, Limoges : *74, 76*
G. Mermet, Paris : *249, 251, 253, 255, 257, 259, 261, 269, 271, 277, 283, 285g, 305, 309, 315*
Musée de la civilisation gallo-romaine, Lyon - Christian Thioc : *235, 236*
Musée des Beaux-Arts de Caen - Martine Seyve : *56-57, 299*
Musée des Beaux-Arts, Nancy : *177*
Musée national du Bardo, Tunis : *287*
Musée Thomas Henry, Cherbourg : *298*
Musées de la Ville de Troyes : *303*
Museo Arqueológico, Barcelone : *32*
Museo Arqueológico Nacional, Madrid : *35*
Museo Arqueológico, Ibiza : *34*
Muzeo nazionale di Villa Giulia, Roma : *150*
National Gallery, Londres : *53*
Patrimonio Nacional, Madrid : *168-169*
C. Philippot, Nancy : *136, 137*
Photothèque des musées de la Ville de Paris - Patrick Pierrain, by SPADEM : *66, 73, 148, 154, 156, 158, 159, 174, 292*
Photothèque des musées de la Ville de Paris, by SPADEM : *173, 300, 301*
Renno - Weimar, Kunstsammlungen : *129*
RMN : *54, 71, 136, 165 et couverture, 190, 302*
RMN - Arnaudet : *72-73*
RMN - H. Lewandowski : *135*
RMN - M. Beck-Coppola : *146*
RMN - Ojeda-El Majd : *162*
F. Saint-Pierre, Lectoure : *231*
Service photographique de la Bibliothèque nationale de France : *65, 67, 128, 133, 142, 143, 176, 293-297*
Studio Basset - musée des Beaux-Arts de Lyon : *175*
Studio Éthel - bibliothèque Sainte-Geneviève, Paris : *180*
Tate Gallery, Londres : *79, 171*
Courtesy of the Trustees of the V & A : *75, 77*
Tyne & Wear Museums : *161*
Christophe Walter, © Paris-Musées 1995 : *25 et couverture, 26, 28-31, 37-41, 43-48, 72, 81, 82, 84-95, 97, 99, 100-127, 147* et *149, 153, 155, 170, 182-188, 189, 193, 195, 197, 200, 201, 203, 205, 227-229, 232, 233, 237, 239-241, 243, 247, 267, 273, 278, 279, 280-282, 284-286, 288, 291, 311*
Walters Arts Gallery, Baltimore : *51, 68*

*Cet ouvrage*

*a été mis en page et composé en Garamond par Christophe Ibach,*

*fabriqué par Sabine Brismontier, assistée de Audrey Chenu,*

*gravé par Pragmaphot à Châtillon,*

*flashé par Delta + à Paris,*

*imprimé sur ikonofix mat 150 g des papeteries Zanders.*

*Achevé d'imprimer sur les presses de l'Imprimerie Blanchard au Plessis-Robinson, en mai 1995.*


*Éditions des musées de la Ville de Paris*
*Diffusion Paris-Musées*
*31, rue des Francs-Bourgeois*
*75004 Paris*
*Dépôt légal mars 1995*
*ISBN 2-87900-196-X*